太田幸男著

汲古叢書69

中国古代国家形成史論

汲古書院

目　次

中国古代国家形成史論

序　章　中国古代の社会・国家研究の課題と方法

一、はじめに

本章でのべたことは、私がいままで取り組んできた中国古代史（春秋中期頃から前漢初頃まで）の研究において、私の主要な課題であると考えてきたこと、およびそれを追求するために必要な方法であると考えてきたことを現代日本における諸研究を検討しながらまとめたものである。したがって、以下の第一篇・第二篇における実証研究の前提とすべきものが本章である。

本章で私が研究課題として提出したことが、のちの第一・二篇ですべて取りあげられているわけではなく、その中のごく一部しか実証成果として示し得ていないことは、私の力不足と怠慢によるものである。また私が研究方法として提示したことのごく一部分しかのちにおいて駆使し得ていないこともまた事実であろう。

しかし、自分が実証して示したことが、自分が課題・方法として認識していた全体の中でどう位置づけられているのかを、まず冒頭に示すことが歴史研究者としてなすべきことであると考えた次第である。

本章の内容は、「あとがき」にも示したように、実は一九八〇年代中頃に、自分のそれまでの研究の中間総括と、それ以後の見通しをつける目的で執筆したものである。しかし当時私が考えていたことをまとめた初出論文の内容と、現在の私の考え方とはほとんど変わってはいない。また、ここで検討した日本における諸研究成果は、二〇年以上前のものであり、その後、数の上では多くの研究が出されているのも当然ではある。しかし、後述する中国史研究会（主にそのうちの渡辺信一郎氏）の研究以後、重要な研究課題と方法を示し得ているものを、私は見い出すことはできなかった。

したがって、旧稿（「はじめに」を除く）に若干の補正と削除をほどこしたものを本章とした次第である。

二、共同体、土地私（占）有、小経営

(1) 近年の諸議論にそくして

春秋末から戦国期にかけて、鉄製農具の使用・牛耕の出現を契機として、それまでの邑共同体内に階級分化が起こり、共同体は分解され、自立した経営をおこなって、農耕地を私（占）有する小農民[1]が析出され、それが普遍化してくる、とするシェーマは、日本でも中国でも学界の共通理解となっているかの観がある。高校の世界史教科書や大方の概説書でもほぼこのような説明がなされている。このようなシェーマのもとで、国家権力との関係や前漢初期から現われるいわゆる豪族との関係等がどうか、という形で問題が立てられて論議されているかのごとくである。[2]

ところが、同じく統一国家形成期の社会を議論しても、日本史や朝鮮史においては、このような自立して農業経営をおこなう小農民を、普遍的なものとしては考えていないようである。同じ東アジアの古代社会を追求していても、日本史と中国史の間には、ほとんど噛み合わない議論が繰り返されてきたが、一九八五年度の歴史学研究会大会の古

代史部会では、飯尾秀幸氏が首長制論と第三権力としての国家論をひっさげて中国古代国家形成期に関する報告をおこない、注目された[3]。その当否はともかく、以後の議論の契機となることを私は期待したが、今に至るまでさしたる議論の展開はないようである。

同じく東アジア地域であるからといって、日・朝・中三地域で、同じパターンで国家が形成され、その基底には同質の社会があると理解されなければならない必然性はない。形成された年代も大きく異なるのであるし、歴史的・自然的条件も全く別であるから、相違が出てきて当然である。ただ、議論の方向として、三地域、あるいは日中の比較論のような形になり、どこがより進んでいるとか遅れているとか、あるいは以後の歴史の展開過程として進歩と停滞などの観点を持ち出すような形になるのは好ましくない。帝国主義や大国主義のイデオロギーは、このような形になった議論の延長上に出てくると思われるからである。そうではなく、まず第一に、それぞれの地域における社会の質の相違が何故に生じたのか、を歴史的に探求すること、第二に世界史を理解するという観点に立って、それぞれの異なった質の社会が全体としてどういう世界史を作っていったか、さしあたって東アジア史の流れを作っていったか、が問われなくてはならないだろう。

さて、前述のような中国古代史についての、なかば共通ともいえる理解に対して、私は大学院生時代から疑問をもっていた。同様の疑問は豊島静英氏、多田狷介氏等によっても示されているが、この両氏と私との間にも一定の相違があるようである[4]。また、飯尾氏のように、中国古代史を首長制の理論によって理解しようとすることに対しても私は一定の躊躇を覚える。しかし、これらの相違をここで云々することは本章の主要目的ではない。また、一九五〇～六〇年代に体系的な中国古代史像を作られた木村正雄・増淵龍夫・西嶋定生の諸氏の説をあらためて検討することも必要ないだろう[5]。いま検討すべきは、中国史を古代から現代まで通してとらえる全く新しい体系を提示されながら、古代史の部分では、私のみるところでは前述の「通説」を結果としては踏襲された「中国史研究会」の成果の内容である。この共同研究は『中国史像の再構成・国家と農民』（文理閣、一九八三年）として世に問われている。本来ならば、この書物全体を対象として、中国史全体のとらえ方を検討すべきであろう。特に現在の社会主義国たる中国が直面している諸矛盾の歴史的検討という課題を無視して、この書物の一部のみを云々することは不適当であるかもしれない。しかし、一つは本章のテーマの問題、一つは十人を越える研究者の共同研究に対して私一人ではとても対応しきれないという能力の問題、[6] そして何よりも、中国史全体の性格づけに決定的意味をもつと主張される「小経営生産様式」の形成過程期を特にとりあげることは、それなりの意味をもつのではないか、と考えることによって、同書中の古代史にかかわる部分およびそれにかかわる他の諸論文、特に渡辺信一郎氏による諸論をとりあげていきたい。

(2) 分田、商鞅変法、小経営生産様式——渡辺氏の近年の論文から

渡辺氏の、小経営生産の成立過程を論じた「古代中国における小農民経営の形成」[7] に対して、私はかつて批判を加えたことがある。[8] 理論上の問題はほとんどそこでいいつくしている観があるが、氏は新たに「分田攷」を書かれ、古代人の観念としての「分田」から小経営の成立を説かんとされた。[9]『漢書』食貨志上にみえる「分田劫仮」についての諸説を批判することからはじまって、諸史料にみえる「分田」の語を集め、「分田」という観念の存在を説き、その成立を探らんとする渡辺氏の手際はさすがに鮮やかである。私はこの論文によってはじめて「分田」の語を知り、その観念のもつ歴史的意味を考える機会をもった。そして、渡辺氏のいわれるごとく、少なくとも『漢書』王莽伝中と『孟子』滕文公章句（上）にみえる「分田」が井田制と密接にかかわり、井田法の観念の中に位置づけられてのべられていることもほぼ明らかであろう。しかし、そこから先の渡辺氏の議論を私は理解できない。

渡辺信一郎氏もいわれるごとく、「分田」の語が『孟子』の井田説に淵源をもつ以上、この性格から考えねばならない。孟子が滕の文公に説いた井田法とは、まず助法とよばれる税制の実現のためのものであり、いかに公平に、かつ無理なく徴税するか、というところから発想されたものである、ということである。つぎに、この助法は西周初期におこなわれていた、と孟子が考えて、それが理想的制度であるとして滕の文公にすすめたものであることである。西周初期の農村は、いうまでもなく血縁を基本とした邑制社会であると一般に考えられており、孟子はこの牧歌的時代を理想化し、春秋末期以後の邑の分解がみられる社会を嘆いていたのである。その理想的社会の税制を可能にする土地制度たる井田法が、公田と私田に分かたれていた。ここでいう「公」「私」は、農地の経営方法にかかわるものでもなく、所有形態にかかわるものでもない。そこからの収穫がどこに納められるかによって分けられたものであり、中央に存在する公田は共同耕作して収穫全部が税として上納される土地、他の八等分された私田はそこからの収穫物が公ではなく私に入る土地、つまり農民の私用になるべき土地、という意味である。

そして、この私田にあたるものを分田とよび、均等に百畝ずつ八等分されているが故にそういわれる、とする渡辺氏の理解はその通りであろう。しかし、それが実現したと孟子が考えた西周初期においては、その土地は当然共同体的所有のもとにあるべきであり、等分したのは、その土地の耕作の分担のため以外ではない。中央の九分の一の土地もまた共同体所有地であり、かつ共同労働によって耕作されるべき土地である。耕作分担のために区分された土地を分田と表現したとするならば、農民によるその土地の耕作をたとえ小農経営と呼んだとしても、所有主体は厳然として共同体である。

そして、「分田」の語が渡辺氏が指摘されたように漢代史料にまでみられるのであれば、共同体的所有の土地が耕作者に均分された土地、という観念が漢代にもあったことを意味しよう。なぜこのような観念の語が使われていたのか、ということを、戦国期以後の他の史料にみえる「分田」とともに考えてみなくてはならない。渡辺氏に触発されながら、氏とは全然ちがう方向に私の思考は向かったようである。

さらに渡辺信一郎氏は同論文で続けて、商鞅の変法による阡陌制をはじめとする、戦国期における個別家族への土地割付け政策を示すと思しき史料をあげ、これを「分田」の観念と合わせ考えることによって、小経営生産の普遍化現象に対応する方針の表われであると理解される。氏はまた、「阡陌制論」（『東洋史研究』四三―四、一九八五年、のち、同氏前掲書〈注7〉に収録）でも、『青川木牘』にみえる阡陌制を商鞅のそれと同一に理解されている。少なくとも商鞅変法における阡陌制の理解が私と根本的に異なることは明らかであるが、より根本には戦国期の状況認識にあるといってよい[10]。この変革期を経て秦に統一されるという結果に至った歴史展開を、全体としてどう認識するかという点での根本認識に相違があるといえよう。しかし逆にいうと、つぎの二点では私と渡辺氏をはじめとする中国史研究会の人々とは一致した認識をもっているともいえる。第一は、春秋～戦国期において、共同体の分解→小農経営という発展のコースが明らかに存在したことである。そして、秦→漢と時代を経るにつれてこの傾向はより普遍化していったことも歴史の発展上当然のことであろうということである。第二には、宋以降の佃戸制の展開期についてはいい得ないが、少なくとも唐末期までの期間内においては、中国史研究会の認識されるような小経営生産が最も長い期間支配的存在であったであろうと考えることである[11]。

ありていにいえば、春秋・戦国期のいわゆる共同体の崩壊期においても、一気に、全中国的な普遍性をもって小農経営が現出してきたのでは決してなく、地域的な複雑な不均等性をもちながら、全体として徐々に共同体の殻を破りつつ自立した経営が成立したこと、また経営の自立後も、小土地所有に至るのはもう一段階あとであること、等が私の認識の基礎にあり、前述のような時代認識の相違となって表われてくるのである。つまり、その相違は中国史上のどの時代において、農民の経営の自立化と土地私有が全体としてどこまで進展しているか、という認識の相違として具体的には現出するであろう。

さらに、この認識の相違と密接にかかわるのは、中国古代における国家の認識であり、その形成過程、支配形態、政策のありようのとらえ方である。エンゲルスの『家族・私有財産および国家の起源』の有効性とのかかわりで、私の理論上のあらすじは前述の注（8）に掲げた拙稿でのべたが、私の問題点はより具体的に次節で示したい。その前に、もう一つ、前述の私の認識とかかわることで、当然のことでありながら具体的研究のうえで無視ないしは軽視されがちな問題――中国古代史研究における地域ないしは地域認識についてとりあげねばならない。

(3)　古代における地域・不均等性・地域認識――特に中国において

共同体か小経営または小土地私有か、という議論は、中国古代史研究者間においてしばしばおこなわれることである。最近における例をあげるならば、一九八五年度（第十九回）歴史科学協議会大会における報告者の飯尾秀幸氏と渡辺信一郎氏の間の議論である[12]。飯尾氏は『雲夢秦簡』の諸記事を拠り所として戦国期における農民の共同体諸関係を重視されるのに対し、渡辺氏は『居延漢簡』や『呂氏春秋』等にみえる小経営農民の土地私有を示すと思われる記事をあげて反論された。両者の時代認識の相違を知るには興味深いが、失礼ながらその議論の仕方は不毛ではないかと思われる。私にいわせると双方ともそれなりに正しいのであって、戦国・秦・漢時代において、双方が主張される農業経営や土地所有の実態はともに存在したといえるのではないか。

およそ一つの社会にあっては、複数のウクラードが並存することは当然であり、それらは、現存する文献にも表われてくることもまた当然であろう。一つの社会構成体の基本性格を知るために、そうした文献史料をいくつかもってきて証明することだけでは不可能であることはいうを俟たない。農業生産や土地所有にかかわる史料が僅少である中国古代においても、社会のありようは他と同じであるはずで、史料上の制約は研究方法を制約することはあっても、歴史上の社会のありようまで制約はしないであろう。

このような不毛な議論に陥る原因のもう一つとして重視したいのは、中国古代において一つの社会＝社会構成体を考える場合の、範囲のとらえ方に関する問題である。春秋期～漢代を通して考える場合、その範囲は秦・漢帝国の領域を一応の前提とするのが一般的である。しかし、戦国期においては、複数の国家が並立しており、それ以前でも封建諸侯による囲で考えられる傾向がある。「中国古代社会」という場合、秦による六国統一以前でも、統一以後の範独自の支配体制が作られていたのであり、周王室による統一体としての性格は、春秋中期以後は失われていた。つまり、春秋中期以後は、複数の社会から成り立っていたと認識することの方がより正当であろうと思われる。そして、秦による統一国家の形成以後は、この複数の社会は、一つの社会内の地域的差異としてとらえるべきであろう。

中国古代史研究において、地域の問題をその理論体系の枠組の中で重視されたのは木村正雄氏であり、氏はかの第一次・第二次農地論を展開されて、おのおのにおける生産力や生産関係のありようを問題にし、そのうえで秦・漢帝国の権力基盤を考察された[13]。氏の研究は、漢代社会の構成や豪族の出現の仕方の研究としてのちに受け継がれた[14]。これは一つの中国古代史研究における地域論の一つである。しかし、より大きな範囲での地域区分、自然的（地理的）条件によるよりも政治的、歴史的に形成された地域というものを、秦・漢帝国内においてより本質的問題として考えるべきであると思われ、それは前述の、統一以前における社会をそれぞれの地域として考えることであると私は考えている。

そして、この複数社会を秦統一以前において考えること、および統一後の地域の相違を考えることは、政治史にかかわる問題としてではなく、経済の問題として、まさに生産様式のありようの問題と結びつけて考えるべきであろう。また、この社会や地域の問題は、それぞれが存在した自然条件の差異をも含めて考えるべきであろう。

現代のように情報・交通機関、科学技術等が発達している場合、地域による生産力や生産様式の相違はそれほど大きくは現象しない。しかし、一般的に時代が古くなればなるほど、人間存在は自然条件に制約される程度がより大となり、生産力や生産様式の差となってそれは表われ、さらにそれに規定されて文化・思想・習俗等の差となって表われる。古代の場合は、人間が生産し、生活する場のほんの少しの相違でも、生死の差となって表われる場合が多かったであろう。ましてや、秦・漢時代における前述の意味での地域のように、以前においては諸侯や君主の支配下にあっておのおの別の社会を形成し、政治的にも独自の体制を上から作られている場合、地域差を無視、軽視した一般的古代中国の実態論は成り立ち得ないのではないか。極端な例でいうと、渭水盆地と『雲夢秦簡』が出土した睡虎地を考えてみると両地の自然条件の相違はいうまでもなく、農業を考えても農作物の種類・耕作方法も全く異なるはずである。生産の単位としての家族のありよう、村落の大きさやそれらの農業生産へのかかわり方も同じであるはずがない。したがって、睡虎地における人民のいかなる実態をもってしても、それを渭水盆地の人民にあてはめることはできないと思われる。さらに、両地域は統一以前は秦と楚という異なった諸侯または君主のもとにあった。おのおのの権力の性格や政策の相違が人民のありようを形作り、長期にわたって固定化してきた。統一後、諸制度は変わっても、ここで作られたものを一変するのは容易ではなかろう。

我々は古い時代ほど地域研究をより細かくおこなう必要があることがわかったが、それとは逆に、古い時代ほど人民の実態にかかわる史料は少ないこともまた前述の通り事実である。実は詳細な地域研究などはとても不可能である。ここに古代史研究、特に中国の古代史研究上の困難さがある。「中国史研究会」は、農業生産における生産力、労働過程研究を基礎においた全体像構想を主張され、それは全く正しいが、その成果として表われる実証研究は、統一以前における社会の相違や統一後の地域の相違を無視した結果にならざるを得なくなっているのではないか、と危惧するのである。[15]

我々が古代中国における人民の生産や生活にかかわる一定の事実を確定し得た場合、その時代考証とともにいかなる社会・地域にかかわる事実と認められるか、多様な全体の中でそれはどういう位置を占めていると考えられるかを、常に考慮し、一つ一つ確定していかねばならないであろう。そして、我々の知り得るその事実は、おおむねきわめて限られた、特殊性をもったものであり、それらをいくら積み重ねても、それだけの作業からは全体を知り得るものとはならないという前提のうえで、つぎに国家にかかわる問題が考えられるべきであろう。

三、中国古代で国家を考えることの意味と方法

以上の論述によって、我々の国家研究のもつ意味がおのずから理解されるのではないかと思われる。すなわち、中国古代において人民の生産や生活にかかわる個別の事実は、本来ごく一部の特殊性をもったものしか明らかにし得ないという制約があるのであり、それらはそれらなりに尊重しながら、多地域を統轄する国家機構、その法や政策との関連で考えることによって、時代を画する支配的ウクラードを見定めることへの見通しが開かれるのではないかと思われるからである。しかし、その場合でも、秦による統一以後の国家と、戦国期の、相い争う複数の国家とでは、我々の研究のアプローチの仕方もおのずと異なる必要があろう。また、この両種国家間の関連も追求する必要がある。中国古代国家研究にかかわるいくつかの問題点を指摘したい。

(1)　中国古代国家の成立に関して――それにあくまでこだわる

松丸道雄「殷周国家の構造」（『岩波講座世界歴史・4』所収、一九七〇年）に初めて接した時、私は大変な衝撃を禁じ得なかった。大方の概説書に依れば、周の前に秦・漢帝国と同様に強大な国家である殷が存在していたとしか考えられないが、それでは一体中国古代における歴史発展をどう解したらよいか、について悩んでいたからである。私の理解によると、松丸氏のいわれる殷の「国家」とは、要するに部族連合体であり、王はその代表者である。連合のために、擬制的血縁関係が作られる。そして、その連合によって「方」とよばれる非農耕民の略奪から農耕民の生産物と生産組織が守られるのである。部族の組織は、いうまでもなくその信仰の対象である神の観念までがすべて血縁をもとに構成されていた。また、周の場合も社会組織の本質は同じであるが、周王より封建された諸侯一族と在地の農民との間に一定の階級支配関係が生じているという点で一歩進んだ社会であると思われる。

この論文によって、初めて私は古代中国の、少なくとも漢代までは一貫して理解できると思った。私だけでなく、高校で世界史を教え、または大学で東洋史概説を教える先生方に共通する共感ではないか、とさえ思えた。そのうえでなお私に理解できないのは、松丸氏が表題に「国家」の語を使われたことであり、その後も氏の編著に『西周青銅器とその国家』（東大出版会、一九八〇年）と命名されたのをはじめ、殷も西周もともに国家であると考えられていることである。厳密な史料批判と考証、明快な論理によって多くの感銘を与えた松丸氏が、社会科学のうえで最も論議を呼び、古代史研究上のキーワードともいえる「国家」の政治史的、経済的な追求が十分されず、かなり便宜的に（と私には思える。それは国家認識の相違の故かもしれない）使われていることが今もって気になるのである。

しかし、松丸氏のみでなく、日・中両国の大部分の中国古代史家が国家の成立について明確に示されず、「国家」

の語がきわめて便宜的に使われていると思わざるを得ないことに私は問題を感ずる。たとえば日本史においては、大和朝廷の成立とはかかわりなく国家の成立について厳密な議論がなされ、激烈な議論がなされているではないか。社会科学の研究として、こちらの方が正常であると私は考えている。いつの間にか国家ができていて一向に怪しまない風潮、いわゆる王朝はすべて国家であると見立てて、夏王朝の遺跡が発見されれば（これも確定はされていない）、中国国家はより古くなったと簡単に考える風潮はやはりどこかで打破されねばならないであろう[16]。

前述のごとく、中国古代国家成立に関する私の考え方はすでに提示したが、もとより国家の成立に関する理論をエンゲルスの『家族・私有財産および国家の起源』をはじめとするマルクス主義の理論にのみ求める必要性はない。アジアにおける歴史的事実をふまえた新しい国家成立論が今ほど必要な時はないであろう。中国古代史研究が、この課題を避けてなされることが一般的になっているとするならば、現に国家の支配下にあって生きる我々が未来をどう展望し、何のために歴史学を学ぶのか、というより本源的問題をつきつけられた時、何と答えられるであろうか。それともそのような問いを発すること自体がナンセンスであるのが現代なのだろうか。

(2) 中国古代国家研究の視点——戦国国家と秦漢統一国家

私は、私の考える国家——社会の階級分化ののち、社会の中から出て外見上社会の対立を和らげるためにその上に立ちながら、社会からますます疎外されていく権力——の成立期を前五世紀～前四世紀（すなわち戦国時代初期）と考え、複数の国家がほぼ時を同じくして黄河流域を中心に成立してきた、と考えている。これらをいま、戦国国家と一応呼ぶことにする。

戦国国家は、それぞれが存立する基盤となった社会における生産力の発展段階、それに規定された階級分化のありようが異なっているという条件と、それ以前の各諸侯による人民支配のそれぞれの特殊性によって、おのおのが特殊な成立過程・機構・人民支配の方法を示していると思われる。それぞれの国家について、その成立過程と権力機構の特殊性を個別に究明していくことが戦国期研究の重要課題であり、戦国国家一般を論じたり、いずれか一国をとり出して一般化することの無意味さと危険性は、前述の各地域・各社会の人民の生産や生活の一般化の場合と同様である。私は戦国期の斉と秦について、それぞれの国家権力の分析とその変質の検討をおこなった。[17] そして、それらが全く異なった契機によって成立し、異なった基盤の上に立つ、異なった機構を持つ国家であることを明らかにした。しかし、これによって私は、すべての戦国国家がいずれか二つのタイプに分けられるとは必ずしも考えておらず、個別に分析をおこなった後に分類すべきものであると考えている。本書で以下に論じたことは戦国時代研究の重要部分をなしているとは思うが、あくまでも一部分であることをお断りしておく。

戦国国家のもとに一つの社会が形成される。その社会のもとには当然複数のウクラードが存在していたと考えるべきで、その国家の成立・機構・政策の究明は、その国家が人民のどのような生産様式を基盤として成り立っているか、つまりどの階級によって権力として維持されているかを知るための重要な一方法である。前述の、個別な人民の生産・生活に関する数少ない史料の研究は、このような国家研究とタイアップすることによってより生かされるであろう。

戦国国家が統一されて形成された秦・漢国家――いま、「統一国家」と仮称する――は、その成り立ちからして戦国国家とは異なる本質を持っている。それは、異なった社会を武力で統合し、一つの支配機構のもとに経済外的強制によって組み込んだ統一体である。統一したのは秦であり、漢は秦制を基本的に受け継いでいるので、かつての戦国秦の支配形態が統一国家の基本にあると考えられる。したがって統一国家（秦・漢）の研究においては、何よりもまずそのもとでの諸地域がいかにかつての戦国秦の支配機構の中に組み入れられていったか、ということを常に考慮していくことが不可欠であろう。そして、異なった社会であった各地域の人民の実状とその新たな上部構造との間の矛盾はもともとどのように存在し、それがいかに展開していったか、が明らかにされる必要があろう。つまり秦・漢帝国は、本来から全国的に普遍的に存在すると思われる各種の階級矛盾とともに、その地域的不均等性からくる諸種の矛盾を同時に内包する存在であったことを前提とし研究しなくてはならないであろう。

統一国家の支配のために、何よりも必要なことは、各地域に共通して必要な国家の公共的機能を最大限に発揮すること、およびかつての共同体的イデオロギーを新たな形で再現する統一的イデオロギーとそれに基づく諸行事の施行による統一体の形成・維持であると考えられよう。秦・漢時代における秩序構造、礼的秩序という観念、国家による様々な場でのその発現等の研究は、このような位置づけのもとで大きな意味をもつであろう。

以上、自分なりにとらえた中国古代国家研究の課題と方法を整理してみた。その中で、より具体的問題をとりあげてみる。

(3) 秦による中国統一の意味——あわせて『雲夢秦簡』研究の意義

なぜ秦は全中国の統一を成し遂げ得たか——これは現代政治家への教訓話の題目ではなく、中国古代史研究の最も重要な課題の一つではないかと思っている。一般的説明は、商鞅の変法によって秦は最も早い時期に、最も徹底して中央集権体制を確立し、富国強兵に成功したからだ、ということである。しかしこれでは歴史学の説明にはならないであろう、ということが私をして商鞅の変法の内容に関する研究に向かわせたのであった[18]。商鞅は、変法当時の秦における人民の生産力の段階を他国との比較で正確に把握していたのではないか、それ以上に、それに規定された人民の社会組織の実態を知悉していたのではないか、と私は考える。そして、その段階・実態に対応しながら、生産力と軍事力をともに高めるための具体的方策を作りあげたのではないか、と思われる。では他国ではなぜそれが完遂されなかったか、は今後の研究を俟たねばならないが、それを商鞅のような指導者個人の力量によって説明する等の、半ば偶然性に依って考えるのでは、教訓話になってしまうだろう。当時の中国全体を統一に向かわせる最大のヴェクトルは、どのような状態にある人民を、どのように組織・結集することであったか、を戦国国家の個別研究から導き出すことが、戦国史の課題であるのみでなく、秦・漢史の基本問題をとらえる鍵にもなるのではないか、と現在考えている。

さて、湖北省雲夢県より出土した『秦簡』（以後、『雲夢秦簡』と称する）は、戦国末期〜統一秦の時期の生《なま》の文書として貴重であることはいうを俟たない。しかし、それが秦の官僚によって、実務上必要とされたものであったこと、その実務は前三世紀後半になって秦に合併された、もと楚の領土においておこなわれた、という点において、戦国・秦・漢史研究上、格別に貴重な史料と考えなくてはならない。なぜなら、戦国秦において作られ適用された法が、全く異なった社会であった地域にも適用されていた実例が大量に発見されたということで、秦による統一国家の支配の方策の一端を知り得ること、秦の基礎を作った商鞅の法との関係をさぐり得ることによって、戦国中期〜統一秦帝国にかけての支配方策の変遷をうかがえること、および「法律答問」「封診式」等の文書によって、雲夢県を中心とした地域の人民の実態を知り得、さらに法によって人民をいかに支配するかの実例をも知り得る、等のことからである。秦の法の大系や『漢律』・『唐律』への法制史上のつながりを明らかにするのみではなく、この大量の文書から戦国末期の社会と国家のかかわりを探求することを歴史学の仕事としなくてはならないであろう。

(4)　国家の性格、および秦・漢国家の個別人身的支配論について

再び中国史研究会編の前掲書にもどろう。同書第一部第二章では、中国古代国家の性格を論じている。渡辺信一郎氏執筆のその説明によるとつぎのごとくである。小経営生産様式の展開した段階にあっては、その剰余労働部分の一部は社会的必要労働として管理編成され、社会的共同事務が遂行される必要がある。それをおこなうことによって、狭隘性をもちながらも階層分化によって利害の不一致のある小農民間を調整する役割をはたすのが官僚・皇帝であり、これが国家の支配層を形成する。しかし、人民が階級に分裂して国家段階にある社会においては、この社会的共同事務の遂行こそが階級支配の貫徹としての結果にならざるを得ない。

以上のとらえ方は、戦後の秦漢隋唐史研究の西嶋・多田・谷川三氏に代表される国家論を批判的に検討したうえで、「国家は単に階級支配の道具として便宜的に作為されたものでもなく、また階級的支配と公共的側面の二つの機能をもつものでもない」（同書四三頁）と考え、熊野聡氏の「階級抑圧は公共機能と別個にあるのではなく、公共機能が遂行される形式」であるとする考えによって導き出されたものである。

国家の性格の一般論としては正しい説明であると思われる。しかし、そのような国家が、具体的に中国のある社会の中で生まれてくる場合の生まれ方が、これだけでは私にはよく理解できない。それは、前提となっている事実、すなわち小経営生産様式が展開し、その間に階層分化がある、という状況のイメージ化が私には十分になされていないことによるのかも知れない。

国家の支配層を形成する者たちは、どこから、どのようにして現われてくるのか、これが問題である。人民の要望によって推戴されるのでは決してないであろう。おそらくそれは、農民の中で生産手段を自らのものとして集積し、それによって他の人民から労働や生産物を搾取し、さらに直接暴力等の経済外強制によって人民への支配力を強めた者が、やがて国家の支配層を形成していくのであろう。しかし中国の場合のように、国家成立以前に貴族層による農民の共同体のゆるやかな支配があり（周初）、また部族連合体の長（殷王）による統轄があって長期継続すると、そのことが国家形成の政治過程に影響して複雑な様相を呈してくる。階級分化から階級支配へ、そして国家的支配へという展開は、支配する側の者が主体となって作り出していくものであろう。ただ、支配される側の人民にとって不可欠である社会的実務機能を常にともないながら、そしてそれによって支配についての、人民からの容認を取り付けながら権力の伸張が図られることは見逃すことができない。すなわち、支配される側も、支配者に呼応した動きをとるのであるが、それはあくまで従属的側面である。この両側面は、安定した国家権力が形成されたのちには、社会的公共的実務機能の遂行が同時に階級的支配にもなるという一体化として認識する必要があろうが、その本質が端的に表われる成立期においては、支配がいかに形成され、伸張されていったか、というところに視点を合わせてみていく必要があると思われる。そして中国史においては具体的にそれがいつであって、誰が、どのような経過によって国家の支配層となり得たか、を追求していかなくてはならないであろう。「中国史研究会」によるその成果が示されてのちに、再び議論を再開したい。

国家による人民の支配、ということを最も強調して中国古代を考える典型が個別人身支配論である。「個別人身支配」とよばれる支配の様式が成立するのは、西嶋定生氏によると、支配する者もされる者もともに氏族制の解体から出現し、個別化された者であることを前提としている[19]。特に支配する者とは、一人の皇帝に公的権力が集中されるという形で現れる、とされる。そのあとで西嶋氏は、この公権が実現するためには秩序化された構造としての場を必要とする、とし、この場において両者が一つの集団として内面的に結合し、それを前提として支配、被支配の関係がはじめて成立する、とされる[20]。かくして二十等爵制論が展開されるが、この場が設定されたことによって実現する対一般農民への支配そのものの実態は、算賦・口賦・徭役・兵役・田租等の徴集をおいて他にはないであろう。これらのうち、賦と役は人頭にかかるものであり、文字通り個別人身支配そのものを示しているといえよう。しかし同時に、この両者は本来的な意味からして、渡辺信一郎氏もいうところの社会的必要労働部分を国家が人民から徴集して、まとめておこなうことによって、人民の再生産を保障するためのものである。両役はいうを俟たない。両賦も、本来は兵役に代わるものとして徴収されたとみなされ、兵役と同性質のものである。これらは、秦・漢帝国においては実質として階級支配をおこなう者による収奪に転化してはいるが、たてまえは、人民自身のための費用・労働なのである。つまり、人頭にかかるものはいずれも、本来は支配を意味するものではなかったのである。人頭税ではない田租こそが、農民の生産物そのものの収奪を意味し、農業の生産手段を国家が実質上所有している（中国古代における国家的土地所有という考え方は、「中国史研究会」や私も含めて、かなり一般的であるといえよう）ことによる収奪部分である。つまり、これこそが人民の剰余労働の本来的な搾取部分であり、階級支配を成立せしめた本来的内容である。そして、この田租は、実際の徴収方法は確認できないが、制度上は収穫量の十五分の一、または三十分の一と定められていたもので、個人毎にも戸毎にも課せられたものとはなっていないのである。

このことは何を意味するか。国家が実質上土地を所有している。国家が一人一人の人民を戸籍を通じて把握している。しかし、国家はその両者を結びつけて個別の農民（個人であれ、戸としてであれ）の農業生産としては把握していないのである。すなわち実状として小経営生産様式が秦・漢時代に普遍化していたかどうかとはかかわりなく、少なくとも国家は田租徴収の制度からみる限り、小農経営としてとらえてはいなかったといえるのではないか[21]。もし小経営農民を前提として課税するなら、（農民には階層差があるから戸毎に量を決めることはできないまでも）少なくとも土地面積単位に税量が決められたであろうからである。私の推測では、一定の共同体単位に年毎の収穫量がはかられることが前提となって、それを単位に田租が課せられたのではないかと思う。鳳凰山十号漢墓出土の木簡（前漢初期）には、市陽なる里の算賦徴収額と田租徴収量とをそれぞれ記したものがあるが、算賦は何算何々銭、と徴収された人数とともに額が記されているのに対し、田租は総量と、穀物別の量が記されているのみである。課税単位が里であったことを示しているのではないか、と推定している。[22]

国家による個別人身支配が完成するのは、人民個々人とともに、その耕作する土地が個別に把握されるようになってからであろう。それは均田制を俟たねばならない。すなわち、土地還授がおこなわれるようになってはじめて、土地と結びつけて人民を把握する、つまり個別人民の生産そのものを把握することができたのである。また人頭を単位に租を課すことができたのである。個別人身支配とは、個別人身の労働を単位に支配して収奪することをこそいうべきではないか、と私は考えている。

最後に、前引した渡辺信一郎氏と熊野聡氏の国家論について再考してみると、渡辺氏が依拠する熊野氏の論は、「階級抑圧」と「公共機能」の関係をのべているのであって、一般的国家論としてはその通りであると思うが、私の考える秦漢隋唐帝国は、基本的には人民にとっての唯一の階級的搾取者でもある（すなわちその中間には基本的に階級的搾取者はいない）のであるから、個別人身支配とは秦・漢時代ではその前者の側面についてのみいえるのであり、両側面を合わせた個別人身支配は均田制の確立以後において成立し得るであろう。そして中国においては、この国家支配形態こそ真の「アジア的専制国家」の形態といえるものであると私は考えるが、マルクスのいう「アジア的生産様式」、「アジア的共同体」とは先秦～秦・漢時代においてのみ適合性をもつ概念であろうと考えている。

注

（1）　のちにのべる「中国史研究会」のとらえ方では、農民は本来的には土地所有を実現したが、国家成立によってその所有権は国家に吸収され、農民は土地占有という状態にある、とする。以後は、「私有」と表現する時、このような意味での占有をもふくめていうものとする。

(2) この時代を歴史発展の時代区分のうえでどう位置づけるかについては、奴隷制社会説、封建制社会説、いずれとも断定または表現できないという説などに分かれる。前二者についてもその上に種々の条件をつけて、いずれにせよアジア的特殊性をもつもの、とする考え方が多い。

(3) 「中国古代における国家と共同体」(『歴史学研究』五四七号・一九八五年度大会報告増刊号)。

(4) これらの見解の内容については多田狷介「東アジアにおける国家と共同体」(『現代歴史学の成果と課題・Ⅱ』〈青木書店、一九八二年〉第2巻・前近代の社会と国家・第七章)参照。

(5) 私によるこれらの詳しい検討は「共同体と奴隷制・アジア」(『現代歴史学の成果と課題』〈青木書店、一九七四年〉第2巻「共同体・奴隷制・封建制」のⅢ「前近代史研究の課題と方法」の一。のち「中国古代の共同体と奴隷制」と改題して拙著『中国古代史と歴史認識』〈名著刊行会〉に収録)に示した。

(6) この書に対する論評として山根清志「アジア史把握の視角と理論」(『歴史評論』四〇八、一九八四年)がある。この論文に示された、この書に対する評価点も批判点も、私と共通する点が多い。しかし山根氏は、この書の現代的課題であり、この研究会の出発の契機になったと思われる現代中国の当面する矛盾とその根源に関してはほとんどふれていない。察するに、中国史研究会の面々は、このことに不満ではないだろうか。しかしまた、それについての検討を唐代史研究者の山根氏に要求するのは、失礼ながらやはり酷であろう。かくのごとく、この書を一人で全面的に論ずるのは至難なのである。

(7) 『歴史評論』三四四号、一九七八年。のち、渡辺信一郎氏『中国古代社会論』(青木書店、一九八六年)に収録。

(8) 拙稿「中国古代国家成立に関するノート」(『歴史評論』三五七号、一九八〇年。のち「中国古代国家成立について」と改題して前掲拙著〈注5〉に収録)。

(9) 中国史研究会編前掲書所収、のち「分田農民論」と改題して同氏前掲書(注7)に収録。

(10) 私の商鞅の変法に関する見解は本書第二篇第二章・第三章参照。

(11)　この点では、後漢時代以後も、共同体の転化・発展を軸として考えられる多田狷介「『後漢ないし魏晋期以降中国中世』説をめぐって」(『歴史学研究』四二二号、一九七五年、のち同氏『漢魏晋史の研究』〈汲古書院〉に収録)とは考えを異にする。
(12)　飯尾氏の報告「中国古代の家族研究をめぐる諸問題」の内容および大会での討論の要旨は『歴史評論』四二八号所載。
(13)　木村正雄氏『中国古代帝国の形成――特にその成立の基礎条件――』(不昧堂、一九六五年、のち比較文化研究所より修訂版)。
(14)　たとえば鶴間和幸「漢代豪族の地域的性格」(『史学雑誌』八七―一二号、一九七八年)をはじめとする鶴間氏の仕事である。
(15)　たとえば渡辺氏の前掲注(7)論文は先秦時代の農業労働過程に関する最初でかつすぐれた論考であると思われるが、そこでの論証がたとえすべて正しかったとしても、それによって中国全土で、普遍的に小経営生産が成立したとはいえないであろう。しかし、それがたとえ特殊な場合についての実証でも、その研究上の意義の大きさが減ずることはない。
(16)　国家の存在を、首都にあたる都市とそこに城壁を見い出せるかどうかで判断する傾向への批判としては五井直弘『中国古代の城』(研文出版、一九八三年)の一八三～一八四頁参照。
(17)　本書の第一篇と第二篇がそれぞれに相当する。
(18)　注(10)にのべたごとく、本書第二篇に収めた諸論文がこれにあたる。
(19)　西嶋定生氏『中国古代帝国の形成と構造』(東大出版会、一九六一年)の序章、三六頁。
(20)　同前四七頁。
(21)　秦・漢時代に、個別農民(個人単位であろうと戸単位であろうと)の私有もしくは耕作する土地の台帳のようなものが作成されていたのならば、小経営を前提とした人民の支配といえよう。私はそのようなものの存在はきかない。
(22)　この木簡の釈文および参考文献等は池田温『中国古代籍帳研究』(東大出版会、一九七九年)の二九二～二九八頁参照。
(追補)　戦国国家から秦漢国家への移り変わりについての私見のアウトラインは、注(8)所引拙稿の後半において私なりにまとめて示したので参照されたい。

第一篇　春秋戦国時代の斉国と田氏

第一章　春秋時代の斉国と田氏

一、はじめに

本篇においては、春秋～戦国時代の斉の有力世族である田氏について、斉の社会体制の変化との関連のもとで、系統的に追求した。田氏をとくに取り上げたわけは、田氏が斉国内の一世族から発展して、やがて斉国の権力を乗っ取って君主を出した世族であること、そのために、先秦時代における血縁集団である世族と、中国における初期の国家権力との関係をみるうえで適当な材料であると考えたからである。また、先秦～漢代に書かれた諸史料にも、田姓を持つ人物が多くみられ、彼らがどのような行動をとったかをみることができるのも好都合であると考えたからである。

本章においては、そのうちの前四〇四年まで、すなわち姜姓呂氏の斉公室に代わって田氏が公となり、周室に列して通称「田斉」が成立するまでの時期について考察した。

春秋～戦国期の中国社会の変質に関しては、増淵龍夫氏のすぐれた分析があり、私の本稿もそこから多くの影響をうけ、その方法にならったところが多い。しかし、戦国君主というもののとらえ方、戦国国家の権力構造の認識については、増淵氏と私とではかなりの相違があり、その相違はまた、その君主・国家の形成過程の認識の相違に原因すると思っている。そのことの具体的内容は第三章末においてまとめて記述した。

なお、以下に本章にかかわる田氏の系図を掲げるが、この作成においては大島利一・内藤戊申・伊藤道治・永田英正訳『春秋左氏伝』（筑摩書房〈世界古典文学全集13〉、一九七〇年）の巻末の「春秋王侯卿大夫世系表」に依るところが多かった。

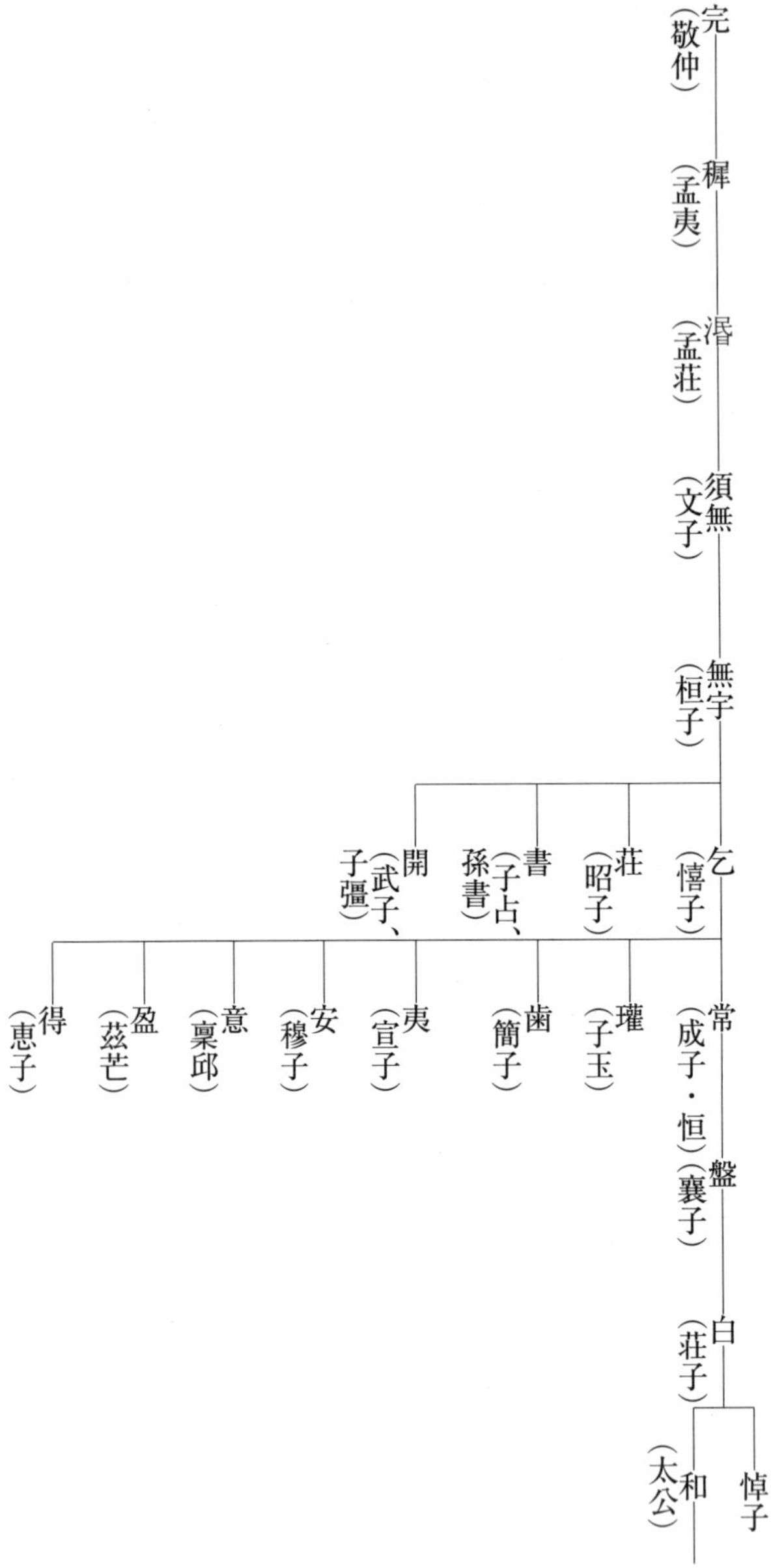

二、田氏の出自について

本論に入る前に、田氏という宗族の出自について簡単にみておきたい。

『史記』田敬仲世家、同斉太公世家、同陳杞世家、『左伝』荘公二十二年には、田敬仲が斉に入国した時の様子を伝えている。これらによると、田敬仲という人物は、陳国の公子完であり、陳国の内乱によって斉国に出奔した。その時は斉の桓公十四年（前六七二）であり、桓公は完を丁重に迎え、卿の地位を与えようとしたが完が辞したため「工正」という地位につけ、死後敬仲という諡を賜わった、とある。「田」という氏の名の由来はわからないが[1]、『左伝』では出身国名をそのままとって陳敬仲と記されており、その子孫もすべて陳氏で記されている。

しかし既存の史料に記されている田敬仲入斉の事情はきわめて疑わしいものであると思われる。すでに津田左右吉氏は、『左伝』荘公二十二年にある周史および陳の懿氏による卜筮についての二つの説話について考証し、これらが、陳の嬀氏が滅ぶことなく斉において栄えたという宗統不絶の思想を強調するために漢代の儒者が机上で創作して挿入したものとしている[2]。また後藤均平氏も、この時期およびそれ以後の陳・斉二国の関係から、この記載に疑問を提示している[3]。『史記』『左伝』の先秦に関する記事が、漢代の儒者によって創作もしくは潤色されたものの多いことは周知のことであるが、田敬仲入斉に関する記事は、津田氏のいう卜筮に関する説話のみでなく、田敬仲の出身および入斉の記事全体が、田氏がのちに斉国における政権を獲得したことを儒教倫理の立場から正当化するための虚構であると考えられないだろうか。この疑問の根拠となるべき事項をいくつかあげると、第一に、田敬仲出奔の原因となった陳国の内紛に関して、それの起こった年代および人物の血縁関係が、先にあげた『史記』三世家および『左伝』の記載の内容に大きなくい違いがあることである。[4] このことは、『史記』『左伝』の作者が共通して拠り所とする史料に基づいて他の一方が書きかえられたか、のちに挿入されたかであることを推測させる。第二に、斉の桓公が田敬仲に卿の位を与えようとしたということが、田敬仲を高貴でかつ謙譲な人物として粉飾するための創作であるという感を強く抱かせるのである。現に、のちにみるごとく、斉には卿の位につく者は三人に限られており、うち二人は世襲的に国氏・高氏の二世族が占め、他の一人は当時管仲が卿であったため、これ以上田敬仲を卿にすることは斉の制度上からも不可能であったと思われる（次節参照）。第三に、後藤均平氏もいわれるごとく、この時期以後の田氏一族と陳の公室との関係を推測させるべき記載は何もなく、斉・陳両国にも特別な関係はないと思われることである。第四に、『左伝』で使われている陳という氏の名は、陳国の公族であるが故とは必ずしもいい得ないのであり、金文において、陳国を表わす時は「敶」、陳氏を表わす時は「陳」と表記され、はっきり使い分けられているのである。[5] 第五に、田敬仲が卿の位を辞したため、その代わりに「工正」という地位を与えられたということがきわめて不自然だからである。

工正については、『史記正義』に「工巧の長、将作大匠の若し」、『史記集解』に「賈逵曰く、百工を掌る」、『左伝』の杜預注に「百工を掌る官なり」とあり、いずれにしても工人の上に立つ官であることは事実であろう。春秋時代の工人組織については、佐藤武敏氏の詳しい研究があるので、[6] これに基づいて少しくみてみよう。氏は、斉の『国差罎』の銘文および『管子』立政篇にみえる「工師」が工人たちの長であり、より古く「工正」という語ででているものと職掌は同じであると指摘し、さらに、春秋初期の作とみられる『国語』斉語の参国五鄙の制の「工に三族を立て、市に三郷を立つ」をあげて、この「族」は工業を担当した職業氏族を編成して三つにしたものと推測し、これら職業氏族の上に新しい官職として工師を置いた、としている。この佐藤氏の説に依って斉について考えると、岡崎文夫氏の研究[7]などからみて、『国語』の参国五鄙の制は斉の桓公の時定められたと考えられるから、工正は工の三族を監督する官であって、田敬仲はその任にあたったことになる。すなわち、桓公による中央集権化政策の中枢を占める官職に田敬仲がついたことになり、他国から出奔してきた公族をただちにこの地位につけるとは考えられないのである。

私は、先にあげた津田左右吉氏の考証および以上の疑問から、つぎのように推測できると考える。田敬仲が陳の公子であり、斉に出奔してきたとする『史記』『左伝』の記事は、のちに斉の政権を獲得した田氏一族が春秋期における公族の一つであったとするための、おそらく漢代の儒者による虚構であり、田氏は春秋初期においては支配階級を構成する血縁集団の出身ではなかった。桓公の官僚体制強化政策によって抜擢された人物の一人として田敬仲がいたのであり、田氏一族が、工人であったかどうか、また斉国内の出身かどうかは不明ではあるが、田敬仲は工正に任じられ、百工を率いるという重職を担当した。そして、この地位を足場にして、田氏一族は斉の有力世族として台頭し、やがて政権を獲得するのであり、西周以来の伝統的な血縁集団ではないこのような一族の今後の動きが、斉における支配体制の根本的変革を可能にする理由であると考えるのである。

三、田氏台頭の政治過程

斉の田氏の研究の第一段階として、前節でみた桓公以後の斉国の政治史のなかで、田氏一族が、どのような役割を担ってきたか、その過程を時代を追ってみることからはじめたい。

『左伝』僖公十二年（前六四八、斉の桓公三十八）に、

冬、斉侯管夷吾をして戎を王に平らげ使め、隰朋をして戎を晋に平らげ使む。王、上卿の礼を以って管仲を饗す。管仲辞して曰く、臣は賤なる有司なり。天子の二守たる国・高在る有り。若し春・秋を節して来りて王命を

承くれば、何を以ってか礼せん。陪臣は敢て辞す、と。王曰く、舅氏、余乃《なんじ》の勲を嘉し、乃の懿徳に応じ、督《あつ》く忘れざらんと謂う。往きて乃の職を践み、朕の命に逆うこと無かれ、と。管仲、下卿の礼を受けて還る。

とある。管仲が下卿であるということに関しては『説苑』や『韓非子』には上卿であるとしているので疑わしいが、(8) ここで問題とすべきは春秋初期における斉の卿という地位と、「二守」といわれる高・国両氏との関係である。『国語』斉語には、

士の郷は十五、公は五郷を帥う。国子五郷を帥い、高子五郷を帥う。国を参にして案を起して以って三官と為し、臣は三宰を立つ。

とあり、韋昭注では「国子・高子帥うとは、皆な斉の士卿なり。各おの五郷を帥いて左右の軍を為すなり。群臣を掌ら使むるなり」とあり、『礼記』王制の

大国は三卿、皆な天子に命ぜらる。……次国は三卿、二卿は天子に命ぜられ、一卿は其の君に命ぜらる。……小国は二卿、皆な其の君に命ぜらる。

と考え合わせると、斉では伝統的に三人の卿がおかれ、うち二人は天子に依って命ぜられた国・高両世族で世襲的につき、公と共に三軍を率い、他の一人はその時の公によって任ぜられた者であって桓公は管仲をこれにあてた、と考えられる。そして、管仲がたとえ上卿であったとしてもそれは特例で、一般的には国・高両氏の地位を上卿、他の一人を下卿とよんでいたとみて誤りはなかろう。また公が選ぶ下卿は、おそらく公を助けて内政一般を担当する者とみてよいだろう。

つぎに、国・高両氏とはどのような世族であろうか。『潜夫論』志氏姓に「……及び斉の国氏・高氏・襄氏・隰氏……皆な姜姓なり」とあり、ともに斉の公室と同姓の姜姓出身である。高氏については『元和姓纂』巻五の「六豪」に

「高は斉太公の六代孫、文公の子、高の孫傒、王の父の字を以って氏と為せり」とあり、『新唐書』宰相世系表には「高氏の出自は姜姓。斉の太公の六世孫文公赤、公子高を生む。高の孫傒、斉の上卿と為り、管仲と諸侯を合するに功有り。桓公、傒に命じて王の父の字を以って氏と為し、世よ上卿為らしむ」とある。また、国氏については、『広韻』入声巻五、二十五に「国は邦国。又た姓。太公の後なり。左伝に斉に国氏有り、世よ上卿為り」とある。これらはかなりのちの史料であるから確実とはいえないが、例えば秦嘉謨撰『世本輯補』巻七上には、これらの記載が『世本』に基づいたものと判断して採用してあり[9]、高・国両氏は公室と同祖であるのみならず春秋初期に公室から分かれて一世族を形成するにいたったものと推測して大過ないであろう。すなわち、斉の政治体制は、少なくとも桓公までは、いわゆる呂氏一族、すなわち公族である二大世族によって固められており、広義の血縁集団によって斉の支配体制が握られていたと判断できよう。

　この体制が、どのように変化していくかを、時代を追ってみていこう。まず『左伝』宣公十年（前五九九、斉の恵公十）に、崔氏についてつぎのごとくある。

　夏、斉の恵公卒す。崔杼、恵公に寵有り。高・国、其の偪《せま》るを畏《おそ》るるなり。公卒して之を逐う。衛に奔る。

ここでいう崔氏は、『新唐書』宰相世系表によると、「斉の丁公伋の嫡子、季子、国を叔乙に譲る。釆を崔に食す。……八世孫の夭、杼を生む」とある。高・国両氏と同じ公族である。崔杼はのちに再び斉にもどって権力をふるうが、この時は高・国両氏の力が強く、他の公族に権力を奪われるまでにはいたっていなかった。

　ところが、これから二十五年後の、『左伝』成公十七年（前五七四、斉の霊公八）の記事には、

　国子、霊公を相《たす》けて以って会す。高・鮑、処守す。還りて将に至らんとするに及び、門を閉じて客を索む。孟子之を訴えて曰く、高・鮑は将に君を納れずして公子角を立てんとす。国子これを知る、と。秋七月壬寅、鮑牽

を刖りて高無咎を逐う。無咎は莒に奔る。高弱は盧を以って叛す。斉人来りて鮑国を召して之を立つ。……斉侯、崔杼をして大夫為ら使め、慶克をしてこれを佐け使む。師を帥いて盧を囲む。国佐諸侯に従いて鄭を囲む。難を以って請うて帰る。遂に盧の師に如き、慶克を殺し、穀を以って叛す。斉侯之と徐関に盟して之を復す。十二月、盧降る。

とあり、同十八年（斉の霊公九）には、

斉、慶氏の難の為の故に、甲申の晦、斉侯は士の華免をして戈を以って国佐を内宮の朝に殺さ使む。師、夫人の宮に逃《のが》る。書して斉其の大夫国佐を殺すと曰うは、命を棄てて専殺し穀を以って叛きし故なり。清人をして国勝を殺さ使む。国弱来奔す。王湫莱に奔る。慶封大夫と為り、慶佐司寇と為る。既にして斉侯、国弱を反《かえ》し、国氏を嗣が使むるは礼なり。

とある。この事件の概要をのべると、国佐（＝国武子、ここでは国子ともいっている）が霊公をたすけて鄭を撃つために会している間、高無咎と鮑牽が留守を守っていたが、公等が帰ってきた時、ちょうど門を閉じて城中に潜在していた鄭の間諜の捜索をおこなっていた。慶克に通じていた霊公の母声孟子はこれを利用して、高・鮑氏が公子角を立てる陰謀があり、国佐もそれにあずかっていると訴えたため、鮑牽は刖の刑をうけ、高無咎は莒にのがれ、その子高弱は高氏の邑である盧によって叛いた。崔杼と慶克は盧を囲み、国佐は他の諸侯と鄭の征伐におもむいていたのを途中で引き返してきて盧に行き慶克を殺した。盧はまもなく降ったが、国佐は穀によって叛き、霊公は一時これと和解したが、やがて晋と手を結び、佐の子国勝を殺させ、また佐も内宮で殺し、勝の弟国弱は魯に奔った。慶克の子慶封・慶佐は、各々大夫・司寇となった。

ここには、卿の地位を世襲して実権をもっていた高氏父子が逐われ国氏父子は殺され、それに代わって慶氏が進出してきたことが示されている。また前に逐われた崔杼は斉に復して大夫となっている。このことは、国・高両公族の政治権力が大きくゆらぎ、新しい世族が台頭してきたことを意味する。しかし、一度出奔した国弱は反《かえ》されて国氏を嗣いでおり、また高無咎（固子）も『左伝』襄公六年の記事にはでてくるから、いずれかの時に莒から帰ったものと思われる。また鮑牽は、同前十七年の記載に国・高両氏と並んで記されていることから、おそらく卿の地位にあったものと思われるが、これも弟の鮑国があとを嗣いでいる。すなわち、新しい世族の台頭によるこの乱によっても、旧体制は形式的には保持されておわったのであり、この段階ではそこに限界があった。また、慶氏について『通志』氏族略三には、「春秋世譜引」として「桓公、公子無虧を生み、無虧、慶父克を生む。克、子家封及び慶佐を生み、封、子之舍を生む」とあり、やはり公族から分かれた一族であって、この乱は結局公族同士の争いの域をでることはなかったのである。

このの ち、崔氏の勢力が慶氏と組んで一層台頭してくる。『左伝』襄公十九年（前五五四、斉の霊公二十八）には霊公の病に乗じて、崔杼は公子光を太子に立てたのち、公の許した嫡子牙をとじ込め、その母を殺し、霊公の死とともに、光を荘公としたことがみえる。また高厚を殺し、高唐に逃れたその部下の夙沙衛は慶封によって高唐に囲まれて滅ぼされたとある。同二十一年には、慶佐は大夫となって三人の公子をとじ込め、また逐ったことがみえ、同二十五年（前五四八、斉の荘公六）には崔杼がついに荘公を殺し、

> 叔孫宣伯の斉に在りしや、叔孫還其の女を霊公に納る。嬖せられて景公を生む。丁丑、崔杼立ちて之に相たり。慶封は左相と為る。国人に大宮に盟いて曰く、崔・慶に與《くみ》せざる所の者あらば、と。

とみえて、崔・慶両氏が完全に実権を握るにいたった[10]。

ここにいたって、公族ではあるが新しい世族である両氏によって、公の廃立までおこなわれるにいたり、国・高両

氏の卿の地位は実権をともなわなくなり、斉における西周以来の伝統的政治体制の変革の第一段階を画するにいたると考えられる。特定の公族による世襲的地位が支配権力の中枢ではなくなったのである。

　政治体制の変革の第二段階は、公族以外の有力世族が実権を握ることによってもたらされるのであるが、ここにいたって田氏が登場してくる。そこで、今までみてきた時期における田氏の動きをみてみよう。田敬仲ののち二代については『史記』田敬仲世家に名前だけがみられるのみで、彼等の動きについて何の記載もない（これ以後の本論の記述については前に示した系図参照のこと）。四代目の田須無（文子）およびその子の無宇（桓子）について「田敬仲世家」には、

　田文子、斉の荘公に事う。……文子（卒し）、桓子無宇を生む。田桓子無宇力有り、斉の荘公に事え、甚だ寵有り（文意からして、張文虎は「卒」字を衍字とする）。

とあり、荘公の時代には、田氏が公室側近の有力世族として台頭してきたことは『洹子姜壺』の銘文に、

　斉侯の女𤳳《むすめらい》、聿《ここ》にその舅《きゅう》を喪う。斉侯、大子に命じて乗遽して来りて宗伯に敂《つ》げ、命を天子に聴かしむ。曰く、期ならば則ち爾《なんじ》期とせよ。余は其れ事とせざらん。女《なんじ》、冊を受けて帰らば、遄《すみや》かに□御せよ。爾《なんじ》其れ遹《いた》りて御を受けよ、と。斉侯、嘉命を拝せり。上天子に璧玉備《ふく》一嗣《し》を用う。大無嗣誓と大嗣命とに璧・両壺・八鼎を用う。南宮子に璧二備・玉二嗣・鼓鐘一肆《し》を用う。斉侯、既に洹子孟姜の喪を遹《お》う。其の人民都邑、宴舞に謹しみ、用って爾の大楽に従えり。用って爾の羞銅を鋳る。用って天子の事に御《もち》いん。洹子孟姜用って嘉命を乞《もと》め、用って眉寿を祈る。万年無疆にして爾の事に御《つか》えん。（第一器）

とあることによって知られる。郭沫若氏、白川静氏によるこの銘文の解釈(11)をもとに検討してみると、斉侯とは荘公であり、洹はその娘孟姜の名であり、大子が田桓子にあたり、孟姜は桓子の妻である。舅は『爾雅』釈親篇に「婦、夫

の父を称して舅と曰う」とあるように、ここでは孟姜からみた夫の父すなわち田文子を指すものと推測される。田氏は荘公の寵愛を受けただけでなく、田氏と公室とはすでに姻戚関係にあったと思われるのである。

また『左伝』においては、襄公六年に、斉が萊を滅ぼした時、「四月、陳無宇　萊の宗器を襄宮に献ず」とあるのにはじまり、襄公二十二年には晏弱が欒盈の入斉に関して荘公に諫言したが聴き入れられず田文子に訴えている記載がある。また同二十三年、二十五年には、田文子と崔杼との対話の記載がみえるが、いずれも田文子が崔杼の行動を批判した発言がみえる。崔杼は当時景公の相として政権を実質上握っていた最有力世族の中心人物であるから、彼に対抗できるだけの勢力をすでに田氏は有していたことが暗に示されているとみてよいだろう。

しかし、今までみてきた斉国内の乱に田氏がいずれにも参加していないのは、田氏が公族ではないという事情によるものであろう。この段階までは、卿の地位について国政の中枢となり得る者は公族に限られていたのであり、その限りで、斉の権力は姜姓一族の手中にあった。支配者たる広義の血縁集団は依然として実権を握っていた、といい得るであろう。

しかし、つぎに起こる慶氏追放の乱から、政争に田氏が直接参加してくる。

すなわち、『左伝』によると、襄公二十七年崔・慶両氏の対立から崔杼は逐われ、慶封が相となる乱があり、慶氏の独裁体制に入るが、翌襄公二十八年（前五四五、斉の景公三）には、慶封（子家）は内政を子の慶舎（子之）にまかせて遊楽にふけり、そのため欒氏（子雅）や高氏（子尾、この高氏は世襲の卿たる高氏と異なり、恵公の孫、公子祈高の系統である）[12]と対立するようになり、慶封が萊に田《かり》に出た際、欒・高・鮑・田の四氏の者が廟を襲って慶舎を殺し、田《かり》から帰った慶封を魯に逐い、慶氏の邑は子雅、子尾、北郭佐等に分割された事件が記されている。

この乱に関係した各世族をみると、欒氏は高氏と同じく恵公の孫、公子欒堅の子孫であり、子雅は堅の子である。[13]

この二氏は公族である。鮑氏は、先の成公十七年の記事に出てきた鮑国がここでは活躍するが、彼は恐らく崔・慶両氏の権力確立の際、卿の地位を逐われていたものと考えられる。そして鮑氏は有名な鮑叔牙の末裔であり、公族ではない。したがって、この乱に参加した四族のうち、欒・高両氏は公族、田・鮑両氏は公族ではない世族である。この乱は、非世族が公室をめぐる政争に参加したことに画期的な意味があり、公室とは血縁関係をもたない有力世族が、斉の権力の支配機構のなかに進出していく発端となるものであった。このことは、『左伝』昭公三年（前五三九、斉の景公九）に

十日、斉の公孫竈卒す。司馬竈晏子に見えて曰く、又た子雅を喪えり、と。晏子曰く、惜しいかな。子旗も免れず、殆《あや》ういかな。姜族弱し。而して嬀将《まさ》に始めて昌えんとす。二恵競爽せば猶お可なるがごとし。又た一个を弱くす。姜危ういかな、と。

とあることによっても示されている。公孫竈は子雅と同一人物、子旗は欒施のことであって、ともに欒氏一族である。嬀とは陳の公室の姓であって、田氏が陳公室の一族であることになっているから、ここでは田氏を指す。二恵とは公族の欒・高を表わす。この記事はつぎにみる事件の張本として書かれてあることはたしかであるが、晏子、すなわち晏嬰は『左伝』のなかでは一貫して儒教倫理の守り手として描かれており、その彼が、公族同士の争いならまだよい、田氏が栄えるのは斉にとって危険なことだ、と心配している様子は、西周以来の血縁集団による支配体制の崩壊の危機を反映しているといえるであろう。

四氏による慶氏追放の乱から十三年後、ついに公族の諸氏は追放された。『左伝』昭公十年（前五三二、斉の景公五三二）にある、この事件の部分を引用しよう。

斉の恵の欒・高氏皆な酒を嗜み、内を信じて怨み多し。陳・鮑氏より彊くして、而も之を悪《にく》めり。夏、陳桓子

に告ぐる有りて曰く、子旗・子良将の陳・鮑を攻めんとす、と。亦た鮑氏にも告ぐ。桓子、甲を授けて鮑氏に如く。子良の酔いて騁するに遭う。遂に文子を見れば、則ち亦た甲を授けり。二子を視《み》使むれば則ち皆な将に酒を飲まんとす。桓子曰く、彼信ならずと雖も、我甲を授けたりと聴かば則ち我を逐わん。其の酒を飲むに及びてや先ず諸を伐たんか、と。陳・鮑方に睦し。遂に欒・高氏を伐つ。子良曰く、先ず公を得れば、陳・鮑焉《いずく》にか往かん、と。遂に虎門を伐つ。晏平仲、端委して虎門の外に立てり。四族、之を召すも往く所無し。其の徒曰く、陳・鮑を助けんか、と。曰く、何ぞ善とせんか、と。欒・高を助けんか、と、曰く、庸《なん》ぞ愈《まさ》らんか、と。然らば則ち帰らんか、と。曰く、君伐たる。焉んぞ帰らん、と。公、之を召して後《のち》に入る。……五月庚辰、稷に戦う。欒・高敗れり。又た諸を荘に敗る。国人、之を追う。又た諸を鹿門に敗る。欒施・高彊来奔す。陳・鮑、其の室を分かたんとす。晏子　桓子に謂うに、必ず諸を公に致せ。譲は徳の主なり。譲るを之れ懿徳と謂う、と。……桓子、尽く諸を公に致して、老を莒に請えり。

ここで欒施は子尾の子、子旗であり、高彊は子雅の子、子良である。この二公族はさきの晏嬰の予言通り魯に逐われたのであり、これによって、世襲の卿としての実権を失った存在となった国・高両氏（二守）以外の公族はすべて追放され、田氏は次節で詳しくみるように高唐の地に大きな邑を獲得し、鮑氏と対決する事態にいたる。すなわち、姜姓の一族による支配体制は実質上崩壊し、実権は公族以外の有力世族に移り、これらの世族間の争いが今後の政治史の主要な内容となる。これをもって斉における政治体制の変革の第二段階とすることができよう。

なおここで晏氏について付言しておかねばならない。晏嬰は景公の相としてこの事件以後も引き続き卿の地位にとどまっていた。しかし、さきにもみたごとく、『左伝』においては一貫して儒教的立場から美化して描かれ、景公にのみ忠誠であり、内乱においても、いずれにも組していないことになっている。しかし、『史記』管晏列伝に「晏平仲嬰は、莱の夷維の人なり」とあり、『史記正義』には「晏氏の斉記に云う、斉城より三百里に夷安有り。即ち晏平仲の邑なり、と」とあるように、晏氏は莱に邑をもつ有力大夫であったと考えられ、公族が逐われたのちは当然田氏・鮑氏と並んで有力な世族であったと考えられる。なお『春秋大事表』巻一一によると、「欧陽公晏殊神道碑に云う、姜の斉に裔たるに晏氏と為る有り。是れ晏も亦た姜姓なり」とあり、晏氏は姜姓の出身であると判断している。

斉における政治史の第三段階は、田・鮑・晏の三有力世族のなかで田氏が勝利をおさめる過程である。つぎの事件は景公の死にともなっておこった。まず『左伝』哀公五年をみよう。景公が病に伏す時、太子として妾の鬻姒の子荼（安孺子）を立て、荼は公の死とともに五人の公子を衛・魯におのおの逐い、公位についた。この時、景公および荼は、同族の二卿、高昭子・国恵子に依拠し、姜姓一族の支配体制の立て直しの最後の努力をしたとみることができよう。しかしこれはむなしい努力であった。「莱人之を歌いて曰く、景公死してや埋に與《あずか》らず、三軍の事や謀に與らず、師や師や何の党にか之《ゆ》かん、と」という民歌が記されているが、国・高両氏（二守）は軍事統帥権をも奪われんばかりの状態であった。田氏はただちに攻撃を加えた。『左伝』哀公六年（前四八九）には、

夏六月戊辰、陳乞・鮑牧、諸大夫と甲を以って公宮に入る。昭子、之を聞き恵子と乗りて公に如き、荘に戦い敗る。国人之を逐う。国夏、莒に奔り、遂に高張・晏圉・弦施と来奔す。

とある。鮑牧は鮑国の孫、国夏・高張・晏圉はおのおの国恵子・高昭子および晏嬰の子にあたる。これによって姜姓一族のまき返しは失敗し、ついで晏氏が追放されたのである。こののちも卿の位は国書・高無平が襲うが、政権は田氏の手に移った。田乞はこののち、逐われていた公子陽生をひそかに斉によびもどし、冬十月にこれを悼公として立て、諸大夫に盟わせた。鮑牧の臣の鮑点はこれに若干の文句をつけたが、「鮑子曰く、誰か君の子に非ざらん、と。乃ち盟を受く」とあって、田氏の前に屈服させられたが、この二年後、鮑牧は悼公の命によって殺された。

この時の田乞の地位は、「(朱) 毛曰く、君大は陳子に訪《と》いて其の小を図れば可なり、と」という悼公への進言がみえることから、実質上悼公の相としての立場にあったと考えられる。田氏が正式に卿の位につき、相として内政を担当するようになったのは、これから八年後、乞の子の田常が簡公を殺して平公を立てた時からであり、以来、田盤、田白、田悼子を含めた五代にわたって相の地位にあり、ついに前三八六年、田和が斉侯となって周室に列するのである。そして斉の政治史は第四段階に入る。

以上、斉における諸世族の興亡と、その過程での田氏の進出について、四つの段階に分けて検討してきたが、この過程は、宗族制を基本とした諸侯権力機能の崩壊過程であり、その必然的趨勢のうえに田氏という一世族が乗ってきたものであろう。そして、この延長線上には戦国君主としての田氏による支配体制が新たに構成されるのであり、今までの過程は、同時に戦国君主制への準備過程でもあったわけである。田氏による新たな権力機構については順次扱っていくことにしたいが、次節では、田氏の政治権力を保障した経済的基盤をまずみたい。

四、田氏の邑と山林藪沢

春秋時代の村落組織は邑とよばれる。邑は数個以上の小宗的族団が地縁的に結合した共同体であり、生産の基礎単位であって、社が邑民の結合のシンボルであった[13]。邑は、それが属する国の諸侯によって、その国の大夫に与えられた。「与える」とは、すなわちその邑から賦税として一定量の生産物を収奪する権利を持たせることである。賦税の一部は諸侯に納入する義務があった。大夫は個人であるが、彼は同時に宗族の一員であり、その宗族員は邑から得られる賦税によって生活していた。すなわち、血縁集団たる宗族が、血縁集団の地縁的連合体たる邑を支配していたのであり、氏族社会の未崩壊のまま階級社会に入った段階として、この時代を把握できるであろう。

斉国の一宗族たる田氏もまた邑を支配する血縁集団であった。『左伝』昭公二年（前五四〇、斉の景公八）には、「叔向　陳無宇を晋侯に言いて曰く、彼何の罪あらん。君は公族をして之を逆《むか》え使め、斉は上大夫をして之を送ら使む。猶お不共と曰うがごときは、君の求むること以《はなは》だ貪なり、と」とあるが、ここは叔向が晋侯に陳無宇をとりなしていっているのであり、「彼」「上大夫」とはともに陳無宇を指す。田敬仲より五代目の田無宇（桓子）はすでに上大夫の地位を与えられていたのであるから、当然斉侯の支配地域内に邑を多くもっていたと考えられる。おそらく、陳無宇より前の代から田氏は大夫の地位にあったことが十分推測され、もしかすると、田敬仲が桓公より邑を賜わって大夫の地位にあって、かつ工正であったのかもしれない。しかし、田氏が何時大夫の地位を得たか、どこの邑を賜わったか、については、明らかではない。

田氏の邑に関する史料はこれ以後もわずかしかないが、『左伝』昭公十年の記載は注目すべきものと思われる。前節でみたごとく、景公十四年、田桓子は鮑氏と組んで高氏・欒氏を伐って追放するが、その二氏の私邑は晏嬰の提言によって公に差し出されたことが記されたのちに、つぎのような記載がある。

桓子、尽く諸を公に致し、而して請いて莒に老せり。桓子、子山を召し、私《ひそ》かに幄幕・器用・従者の衣履を具え、而して棘《きょく》を反せり。子商も亦た之の如くして其の邑を反す。子周も亦た之の如くして之に夫于《ふう》を与う。子城・子公・公孫捷を反して皆な其の禄を益す。凡そ公子・公孫の禄無き者は私かに之に邑を分かち、国の貧約孤寡なる者は私かに之に粟を与えて曰く、詩に云う、陳《し》き錫《たま》わりて周を載《な》す、と。能く施すなり。桓公是を以って覇たり、と。公、桓子に莒の旁邑を与う。辞す。穆孟姫、之が為に高唐を請う。陳氏始めて大なり。

ここにいう子山・子商・子周はいずれも公子であり、『左伝』襄公三十一年の杜注には公子子尾がこの三人を莒に逐った記載がある。子周に対しては「与《あた》う」とあり、杜預注でも「子周本もと邑無し。故に更めて之を与う」とあるが、他の二公子の私邑はその時から田桓子のもとに入っていたと思われる。また、子城・子公・公孫捷に関しては、『左氏会箋』によると、『左伝』昭公八年に子尾の子である子旗によって斉を逐われた頃公の子の子成・子工および孫の子車にあたる。彼等の禄の増額分はおそらく田氏の収入のなかから受け取ったと思われる。これらの記載は、のちに詩に引用があることからも明らかなごとく、公室尊重の道徳的意味が込められた創作の感が強いが、田氏が自ら邑を二公子に返したり、公子公孫に分与したり、私邑からの収入の一部分を禄として公子公孫に与えてもなお余裕があるほど、広大な邑を支配していたことは事実であろう。田氏は、桓公の時から台頭してきた世族であるから、おそらくこの記載にみられるように国外に追放された公子公孫や有力大夫がもっていた邑を奪うことによって着々と私邑を増やしていくというケースが多かったと推測される。また、景公の妃孟姫のはからいで公室から賜わった高唐の地は、『左伝』襄公二十五年に「祝佗父、高唐に祭る」、その杜預注に「高唐に斉の別廟有り」とあるごとく、公室の祖をまつる宗廟の置かれていた公邑として、政治的に意味をもつ地であった。田氏がその私邑を、諸公子公孫に返却、分与したのは、この地を獲得するための布石と考えられ、田氏が高唐を得て「始めて大」となるのは、その邑の大きさのためのみでなく、それを得ることによって政治的に重要な宗族として発展してきたことをも意味しよう。

さらに莒についてであるが、田桓子が「請いて莒に老す」とあり、また「公、桓子に莒の旁邑を与う。辞す」とあることから、田氏は以前から莒に自ら支配する地をもっていたことが推測される。『左伝』昭公三年に「斉侯、莒に田《かり》す」とあり、景公が田桓子に与えようとした「旁邑」とはこの田《かり》をした藪沢地を近くにひかえた公邑であったと思われ、おそらく元来はこの邑民が藪沢地を共同使用していたのを公の田の場として公室による直接支配がおよんできたものとみられる。したがって、田氏が以前から支配していた莒の地は公が田をした地と続いた、やはり田に適した藪沢地をひかえた場所ではなかっただろうか。そう考えてはじめて桓子がそこで「老す」、すなわち隠居する、といういい方も理解できるのであり、豊かな藪沢地で田などをして政争から身を引くことを願ったという表現で『左伝』には記されているのである。しかし、この「隠居する」といういい方をそのまま田桓子の意志と考えてよいであろうか。私は、むしろ、賦税の収入源である邑は諸公子、公孫に返却、譲渡しても、この藪沢地の開墾または藪沢地からの材木等の収入によって、田氏の富を増すことに重点を置き、田桓子は藪沢地の経営に専心した、というのがその実状ではないかと思う[14]。

すでに田桓子はこの時期以前から、山林藪沢の獲得を意識的に追求していたと思われる。『左伝』襄公二十八年には、

陳文子、桓子に謂いて曰く、禍将に作《おこ》らんとす。吾れ其れ何をか得ん、と。対えて曰く、慶氏の木百車を荘に得ん、と。

とある。これは前節でみた、慶氏が追放される時の乱の記載の一部であるが、ここで田桓子がいっているのは、単に文字通り、慶氏の支配する木材の積載された車《くるま》百台を得ようということにとどまらないであろう。この乱の結果、慶氏の邑が諸公子、大夫に分割されたが、その分前に田氏もあずかったかどうかは不明である。しかし、邑を得ないにしても何らかそれに代わるものを獲得していたとみるべきであり、慶氏の支配していた山林で多く木材のとれる地を獲得しよう、ということを桓子は父の文子に暗にほのめかしたのではないだろうか。結果がどうであったかは不明であるが、慶氏が追放される前の段階では、邑を獲得するより山林を獲得することをねらっていたと判断されるのである。

田氏と、魚塩の利との関係については、すでに増淵龍夫氏も指摘されているが[15]、『塩鉄論』刺権につぎのごとくみえる。

大夫曰く、今夫れ越の具区・楚の雲夢・宋の鉅野・斉の孟諸は国を有《たも》つの富にして覇王の資なり。人君統べて之を守らば則ち強く、禁ぜざれば則ち亡ぶ。斉は其の腸胃を以って人に予え、家強かれども制せざれば、枝大にして幹を折ること、巨海の富を専らにし、魚塩の利を擅にするを以ってすればなり。勢は足るに衆を使うを以ってし、恩は足るに下に卹《めぐ》むを以ってす。是を以って斉国は内は倍かれて外は附し、権は臣に移りて政は家に墜つ。公室卑くして田宗強し。

具体性の乏しい史料であるが、ここでは大夫の巨海の富、魚塩の利を君主が管理しなかったために、臣下である田氏がそれを専有し、それが故にやがて政権を奪うにいたったことを主張している。塩鉄の専売制を主張する大夫の言が、魚塩の利の国家財政上の重要性をことさらに強調した点もあろうが、斉が古来魚塩の産地として著名であり、[16] 特に塩は、他地域との交易による収入が多く見込まれるものであったことを考えると、塩の専売権、販売権が田氏によって掌握されたことが、田氏にとって重要な収入源であったとみてよいだろう。[17] ただ、「巨海之富」「魚塩之利」をどのようにして占有したかについて、史料上でこれ以上には明らかにできない。

以上、不十分ではあるが、田氏の収入源である私邑と山林藪沢・海浜に対する支配の事実を可能な限り明らかにしたが、これによって蓄積された富が、田氏の邑民の支配政策にどう作用されたか、そしてそのことが斉の「封建」的支配体制をどう変革していったかを次節でみよう。

五、田氏の邑民支配政策と封邑体制の変質

『左伝』昭公三年（前五三九、斉の景公九）に、景公の寵臣の晏嬰が公より派遣されて晋に行き、そこで大夫の叔向

の宴に招かれ、嬰が叔向の問いに答えて斉国の状況をのべ、暗に景公を批判した記載（イ）がある。また、『左伝』には晏嬰が景公との対話のなかで、景公の政治を諌めた記載が三箇所あるが、このうち昭公二十六年の記載（ロ）は、（イ）の内容の続編といえるものである。また、『韓非子』外儲説篇右上には、同内容を含みながら、（イ）（ロ）にはない注目すべき内容をもった記載（ハ）がある。これらは、斉における田氏の邑支配形態を、公邑におけるそれと対比させて晏嬰の言葉で語られている注目すべき史料と思われる。少々長いが、この三つの史料をまず引用し、それを検討していきたい。

（イ）叔向曰く、斉は其れ何如《いかん》、と。晏子曰く、此れ季世なり。吾れ知らず、斉其れ陳氏と為るを。公、其の民を棄てて之を陳氏に帰す。斉、旧《もと》四量は豆・区・釜・鍾なり。四升を豆と為し、おのおの其の四を自《もち》いて以って釜に登り、釜十なれば則ち鍾なり。陳氏は三量皆な一を登せり。鍾は乃ち大なり。家量を以って貸し、而して公量を以って之を収む。山木は市に如くも山よりも加わらず。魚・塩・蜃・蛤は海よりも加わらず。民は其の力を参にし、二は公に入れて其の一を衣食す。公聚は朽蠹して三老は凍餒す。国の諸市の屨は賤く踊は貴し。民人痛疾して之を燠休する或《あ》り。其れ之を愛すること父母の如くして之に帰すること流水の如し。民を獲る無からんと欲するも将た焉んぞ之を辟《さ》けん、と。

（ロ）斉侯、晏子と路寝に坐す。公歎じて曰く、美なるかな室、其れ誰か此を有するか、と。晏子曰く、敢えて問う、何の謂《い》いなるや、と。公曰く、吾れ以為らく徳に在り、と。対えて曰く、君の言の如くんば其れ陳氏なるか、陳氏は大徳無しと雖も民に施有り。豆・区・釜・鍾の数は、其れ之を公に取るや薄く、其れ之を民に施すや厚し。公は厚く斂するに、陳氏は厚く施せば、民之に帰せり、詩に曰く、徳の女《なんじ》に与《およ》ぶこと無しと雖も、式《も》って歌い且つ舞わん、と。陳公の施に、民は歌舞せり。後世若し少しく惰するに、陳氏にして亡びざれば、則ち国は其の国なるのみ、と。公曰く、善いかな。是れ若何にすべきや、と。対えて曰く。唯だ礼のみ以って之を已むべし。礼に在りては家施は国に及ばず、民は遷らず、農は移らず、工賈は変ぜず、士は濫ならず、官は滔ならず、大夫は公利を収めず、と。公曰く、善いかな。我れ能わず。吾れ今にして後、礼の以って国を為《おさ》むべきを知るなり、と。

（八）景公、晏子と少海に遊び、柏寝の台に登り、其の国を還望して曰く、美なるかな。泱泱乎たり、堂堂乎たり。後世将た誰か此を有たん、と。晏子対えて曰く、其れ田成氏か、と。景公曰く、寡人此の国を有つなり。而るに田成氏之を有たんと曰うは、何ぞや、と。晏子対えて曰く、夫れ田成氏は甚だ斉の民を得たり。其の民に於けるや、之を上にしては爵禄を請いて諸を大臣に行ない、之を下にしては私に斗・斛・区・釜を大にして以って出貸し、斗・斛・区・釜を小にして以って之を収む。一牛を殺さば一豆の肉を取り、余は以って士に食わしむ。終歳の布帛は二制を取り、余は以って士に衣せしむ。故に市木の価は貴きを山に加えず、沢の魚・塩・亀・鼈・蠃・蚌は貴きを海に加えず。君は重く斂して、田成氏は厚く施す。斉嘗て大いに飢え、道旁に餓死する者は数うるに勝《た》うべからざるなり。父子相い牽きて田成氏に趨く者の、生きざるを聞かず。故に周秦の民相い与に之を歌いて曰く、其れ謳乎《ああ》、已《や》める乎《か》、苞乎《ほう》、其れ往きて田成氏に帰せんか、と。詩に曰く、徳の女《なんじ》に与うること無しと雖も、式《も》って歌い且つ舞わん、と。今、田成氏の徳にして、民の歌舞するは、民徳として之に帰するなり。故に曰く、其れ田成氏か、と。公、泫然として涕を出して曰く、亦た悲しからずや。寡人国を有つに、而も田成氏之を有たんとは。今之を為すこと奈何、と。晏子対えて曰く、君何ぞ患わん。若し君之を奪わんと欲すれば、則ち賢を近づけて不肖を遠ざけ、其の煩乱を治め、其の刑罰を緩くし、貧窮を振《にぎわ》して孤寡を恤み、恩恵を行いて足らざるに給せば、民将に君に帰せんとす。則ち十田氏有りと雖も、其れ君を如何せん、と。

これらの説話は、他の諸文献にもみられる。例えば（イ）と文章もほぼ同じものが『晏子春秋』巻四に、また内容がほぼ同じものが『史記』田敬仲世家と斉太公世家にみられるし、（ロ）に関しても、文章がほぼ同じ記載が『晏子春秋』巻七、内容がほぼ同じものが同巻三にみられる。このことについては、津田左右吉氏による史料批判がある[18]。氏によると、（イ）（ロ）は『左伝』の作者が漢代において諸史料に基づいて一つの説話として構成し、それに儒家的思想による潤色を加えたものであり、『晏子春秋』巻四および巻七のものは、この（イ）（ロ）をそのまま写し入れたものとしている。『左伝』の作者の構成の際の史料のなかには、（イ）（ロ）と内容が同じである前期の三つや、（ハ）が含まれているとし、したがってこれらの方が現存の史料としてより古いものと判断している。

津田氏のいうごとく、（イ）（ロ）はともに晏嬰を儒教的道徳をもって景公を諌める立場に立たせ、また『詩経』を引用して礼を強調しており、のちに田氏が君権を奪う事件の張本として構成された感が強い。しかしまた、つぎの三点についても注目しなくてはならない。第一に、（イ）（ロ）（ハ）ともに田氏のいわゆる「厚施」の施策についての内容には大差はないこと。第二に、法家の手になる（ハ）においても（イ）（ロ）と同じく『詩』が引用されていること。第三に、上記の共通点があるにもかかわらず、田氏台頭への公側の対策としては（イ）（ロ）においては礼が強調され、（ハ）においては賢者の重用と不肖者の排除が説かれ、おのおの思想的な違いが明確であること。これらのことから、つぎのように判断できるであろう。『詩』の引用を含む晏嬰の公に対する発言内容は、春秋末以降の中国社会に伝えられていたものである。したがって、いかなる思想的立場の者であっても、この晏嬰の話を自説を展開するために利用できたのである。そして、晏嬰の話の中にある田氏の施策の内容はある程度歴史的事実であると考えて間違いないことである、と[19]。ここでは儒家・法家の思想的立場ではなく、「厚施」の内容に焦点をあてて検討していくことにしたい。

つぎにこれら三つの記載がいつ頃の事実をのべているか、についてであるが、景公と晏嬰によって斉の国政が進められた前六世紀中頃から後半にかけての事実が中心となっているとみてよいであろう。ただ、（ハ）の中に、晏嬰の言葉として田成子（氏）が出てくる。しかしこの田成子は晏嬰の死後活躍したと考えられる田常を指すと思われるから、この記載には矛盾がある。このことの解釈の参考となるのは『史記』田敬仲世家の「是に於いて田常復た釐子の政を修め、大斗を以って出貸し、小斗を以って収む」という記事である。田釐子は田乞のことで晏嬰とはほぼ同時代、景公に仕えた者であるから、田常の世代に復活された田氏の「厚施」政策をも、晏嬰の時代のそれと混同して（ハ）では書かれていると判断できよう。したがって、（イ）（ロ）には田成子は出てこないが、津田左右吉説によると（ハ）をも参照して書かれたと思われる（イ）（ロ）の中にも、田常の時代の事実が混入されている可能性があり、結論としては、これら三つの史料は、主として景公時代の事実に基づいているが、中には三十年後の簡公、平公時代の事実も混入しているとみられるのである。

内容の検討に入ろう。田氏がおこなった、いわゆる「厚施」政策について、最初に農民を対象としたものについてみよう。（イ）の「厚施」の内容を杜預注にしたがって要約すると、斉においては古くから枡目に豆・区・釜・鍾の単位が用いられ、各四進法で進み、鍾のみ十釜をもって一鍾としたが（これを「公量」と云っている）、田氏の「家量」は五進法であるため、一鍾の量が公量よりも大となる[20]。田氏の支配する邑の農民に粟を貸す時は家量ではかり、返済の時は公量ではかるため[21]、枡目の大きさの差だけ民の利となる。このため斉の領域内の民から田氏は慕われ、流水のごとく田氏に帰した、ということになる。（ハ）においては、枡目の単位が斗・斛・区・釜になっている点で（イ）と異なるが、このほかに注目すべきことは「厚施」の対象として「士」があることである[22]。牛肉や布帛は、その一部を田氏でとって、他はすべて「士」に与えた、とあるのがそれである。また、田氏の「厚施」は、その支配下の農民や士に対してのみでなく、山木や魚・塩・貝類等の海産物がその原産地たる山林や海浜と同じ価格で市において販売されていることが（イ）（ハ）で指摘されており、都市においてこれを買い求める者、すなわち商人や手工業者が対象になっていると思われるが、これについてはのちにみることにする。ただこのことは、前節でみたように、山林藪沢地帯が多く田氏の支配下にあったこと、および魚塩の利を田氏が獲得したことと符合するものである。以上のような田氏の政策は、その支配下の広大な邑や豊かな山林藪沢地、および魚塩の利の獲得によって宗族のもとに蓄積された富が、「厚施」という形でその支配下の農民、士、さらには田氏の私邑外の人民に対して使われることによって可能である。田氏という一宗族が、自らの家産を「厚施」することがどのような歴史的意味をもつことであろうか。『左伝』においては、「厚施」を儒教道徳に基づいてのべ、強権と搾取をもって民にのぞむ景公をいましめている。しかし、「厚施」の実施さるべき必然性は、田氏という一宗族のもつ歴史的特殊性と、当時の邑共同体自身の変質の両方の中に我々は見い出さねばならない[23]。

田氏は、第二節でみたごとく、桓公によって田敬仲が工正に抜擢されることによって、台頭してきた新進の宗族であり、大夫として邑をもつようになるのもそれ以後のことである。西周以来、卿・大夫として邑の支配を続けてきた他の有力宗族の中に、春秋中期以後に割り込んできたのが田氏であり、それは桓公による手工業者の掌握政策と官僚体制強化策を契機としている。田氏は邑の支配者として西周初期以来の伝統をもつ他の宗族とは異なっており、また諸公族のような公室との血縁関係をももたない新興宗族であり、桓公によって抜擢された官僚という点以外には、邑民に対しては何ら権威をもたない宗族であった。それは、西周以来の体制には相容れない大夫としての存在であり、このような宗族が邑を支配するようになったことに矛盾の根源が存在していた。つまり、桓公による有能な官僚の抜擢と、それが大夫となって邑を支配するようになることに、すでに矛盾を生ずる遠因が存していたのである。在来の大夫のような伝統的権威をもたない邑支配者の田氏が、邑民や士を自らの支配下に掌握するためには、邑から定額の貢納を徴収したあとは邑内の自給自足を主とした再生産にまかせておくということだけでは不十分であり、田氏はその邑民から離反される可能性があった。ここでは新しい、より積極的な支配方法が採用されなくてはならなかった。田氏による、新たな邑民支配のためには、邑そのものの変質を前提としたと思われる。

（イ）に「之に帰すること流水の如し」、（ロ）に「民之に帰せり」、（ハ）に「父子相い牽きて田成氏に趨る者、生きざるを聞かず」、「其れ往きて田成子に帰せんか」等とあるのは、田氏の邑民以外の者が、田氏の邑に流れ込んでくる状況をのべている。この移動する集団は「父子相い牽きて」という表現に示されているように、何らかの血縁的小集団、家族に近い集団であると推定される。これらの人民の移住についてはのちに詳述するが、このような血縁的小集団は他の邑から分離してやってきたものに相違ない。このような、邑の分解をもたらしたものはまさに田氏の「厚施」政策なのであり、「施し」に応じて邑という血縁的・地縁的集団が小単位に分解していく様を示している。しかし、田氏が自らの邑においておこなっていた「厚施」そのものもまた家族的集団を単位におこなわれていたと思われ、そうであるが故に他邑から同様の恩恵にあずかろうとして小血縁集団がやってくるのであろう。田氏の「厚施」政策は邑がより小さい家族的血縁集団に分化する社会的傾向に応じておこなわれ、そのことが斉の領域内における邑の分化を一層促進させる効果をもたらした、というべきであろう。この血縁的小集団は「父」を頭とする家父長的集団であったと思われ、「厚施」という恩恵を通してそれをさらに支配するのが田氏であったのである。邑支配に代わる、まさに新しい農民支配の形態である。[24]

田氏の、このような動きは、公室の公邑の民に対する支配の形態との相違となって一層明確化してくる。（イ）（ロ）・（ハ）のいずれも景公の「重斂」を指摘しているが、いずれも田氏との比較においていわれているのは、景公が公邑からの貢納を重くしたことを指しているのであろう。公邑では「民其の力を参にして、二は公に入れ其の一を衣食す」と（イ）にあるごとく、いわゆる「二公一民」の状態であった。田氏の邑において、どのような割合で貢納がとられていたかはここでは明らかにされていないが、両者の貢納の率が比較されて公室が「重斂」であるという結論が記されているのではなく、「重斂」と田氏の「厚施」が比較されているのがここでは問題である。すなわち、田氏の邑でも公邑よりは低かったと推測はされるが貢納が一定の割合でとられていたのは当然であろう。この点では、共同体から一定の貢納をその支配する宗族が徴収するという伝統的形態には変わりはない。公室ではこのような支配形態を一層強めて貢納を高率にしたのに対して、田氏は、一方では伝統的邑支配形態をとりながらも、一方では粟の出貸を通じて「厚施」をおこなったのである。粟の出貸は、邑全体が対象ではなく、粟の不足している家族を単位としておこなわれたと考えられるから、前記の諸史料においては公室による伝統的邑支配形態と、田氏による、邑内に分化してきた家族に対する「厚施」による把握政策が比較され、後者が次第に成功しつつあり、前者の形態が崩壊しつつあることを示しているのである。なお、ここでいう「家族」がどの程度の大きさのものかは定かではないが、従来にはみられなかったような新たなより小さい血縁的集団であったろうと思われる。

以上のことは、山林藪沢、海浜の利についても同様のことがいえるであろう。『左伝』昭公二十年には、同じく晏嬰が景公を諫めた説話があり、つぎのようである。

（嬰曰く）、山林の木は衡鹿之を守り、沢の萑蒲は舟鮫之を守り、藪の薪蒸は虞候之を守り、海の塩蜃は祈望之を守る。

これは、公室の支配する山林藪沢・海浜を虞鹿・舟鮫・虞候・祈望等と呼ばれる官吏が管理して、一般人民の進入を認めなかったことが晏嬰によって語られているものである。景公は嬰の諫言を入れてこれをゆるめた、とのちに出てくるが、従来共同体的規制下にあったこれらの地が、春秋中期以降、軍資材を獲得するために公室の所有下におかれ、官吏を派遣して管理させるこのようなやり方が、公邑民の不満をかったことは嬰の言葉に示される通りであろう。(25)しかし、田氏も、前節でみたように、これらの地をその支配下に置いたことは事実である。問題は、公室においては、邑の既得権を制限して管理を強め、そこから得られる富を君主権強化のために用いたのに対し、田氏は、そこから得られる物品を市で安く売り出すことによって、すなわち「厚施」によって、市に買いにくる、主として商人・手工業者等を個別に把握するための手段として用いたのである。これは前述の、邑の農民支配とは別の商人・手工業者等に対する田氏独自の政策であって、この結果は、斉における旧来のいわゆる封建体制の崩壊へと発展する。

このことは、(ロ)の後半において、田氏が斉の権力を奪うのを防ぐ方法として晏嬰が「唯だ礼のみ以って之を已むべし。礼に在りては家施は国に及ばず、民は遷らず、農は移らず、工賈は変ぜず、士は濫ならず、官は滔ならず、大夫は公利を収めず」といっていることが示唆的である。これについて『左氏会箋』では「民とは農・工・賈を総べて之を言えり、遷らず、とは其の郷を去らざるを謂い、公民・私民相い遷らざるを言う。蓋し公邑を去りて陳氏の邑に往く者有り。晏子之を云えり」と解釈していて、基本的に同意できるものである。ここでいう「農は移らず、工賈は変ぜず」とは、杜預注に「其の業を守るなり」とあるように、その職業を変えさせないことをいうと思われるが、農民・手工業者・商人が職業を変える前提は、おのおの定まった居を移すことであるから、これについて考えてみよう。まず農民についてては、邑民が、田氏の邑に続々移入することを防がなければ封建的支配体制そのものが崩壊していく、との危機感をのべているものとみたい。しかし、他の士・工・商の民の移住についてはどうであろうか。これに関して前にふれた参国五鄙の制との関連で考える必要があろう。『国語』斉語には、

桓公曰く、之を為すは若何、と。管子対えて曰く、昔者《むかし》聖王の天下を治むるや、其の国を参にして其の鄙を伍

とす。民の居を定め、民の事を成し、陵は之が終と為し、而して其の六柄を用いるを慎しめり、と。桓公曰く、民の事を成すは若何、と。管仲対えて曰く、四民は雑処せ使むること勿れ。雑処すれば則ち其の言哤《みだ》れ、其の事易《かわ》る。……桓公曰く、民の居を定むるは若何、と。管子対えて曰く、国を制するに以って二十一郷を為れ、と。桓公曰く、善し、と。管仲是に於いて国を制して以って二十一郷を為り、工商の郷六、士の郷十五なり。

とあり、管仲の発案によって桓公は士農工商の居を定めて、雑居させなかったことがのべられている。この記載と、『管子』小匡篇にある記載との詳しい比較研究が岡崎文夫氏によってなされている。(26) 岡崎氏は『管子』の方が「商工之郷六、士農之郷十五」となっていることをとりあげて論じ、『国語』の方が兵農分離を原則とする春秋初期、『管子』の方が兵農一致の状態にあった春秋末期の状態をおのおの示しているとし、初期の完全な分居政策が変化したものとしている。私はこの考え方を基本的に是としたうえで、『国語』『管子』および岡崎氏の説に基づいて先の（ロ）の記載を検討してみるとつぎのようなことがいえるであろう。

まず第一に桓公および管仲の政策は、手工業者および商人の居住区域を定め、彼等を公室の支配下に置き、一方農民は邑内にとどめておくのが目的であって、旧来の封建的支配体制を維持しながら公室に富を集中し、士に対しても公室直属下において定住させることによって強兵をはかったものであろう。したがって、桓公のいわゆる富国強兵策は、斉の社会体制の変革に基礎をおいてはいないが、この政策に必要な官僚体制強化が、社会体制の変革の遠因をなす。すなわち田氏はこの政策の過程で進出してくる宗族であるからである。

第二に、春秋末期、すなわち景公の時代になると、士が農と雑居しており、したがって、（ハ）にみた田氏の士に対する「厚施」も邑内における人民把握のための政策である。また、第三節でみた、有力大夫間の政争に田氏が勝ち抜いていくのは、田氏によって、「家父長的」に把握された士と農民の参加が大きな力になっていたであろう。晏嬰が「士の濫れる」のを危惧しているのは、士が田氏のために働いてやがて公室を危うくする動きを指しているのではないか。郭沫若氏のいうごとく士は本来公室のために働く武士であったからである。ただ、『管子』のいう「士農之郷十五」の「郷」とはどういう単位であるか、邑との関係はどうなっていたかは不明である。

第三に商人、手工業者についてであるが、田氏が都市において安く売り出した山木・塩蜃等は農民が買うことがあるにしても、多くはこれらを他国に売り歩く商人や、山木などを大量に使う手工業者であったと思われるから、彼等に対する「厚施」の結果、彼等が公室の直属下からぬけ出して田氏の邑に流入することは、桓公以来の分居政策と富国政策の根本的破壊となる。晏嬰の言はこのことを景公に諫言していると思われる。

第四に「官滔ならず、大夫公利を収めず」とあるのは、まさに田氏の進出を教訓として出てきた言葉であろう。工正の官に任ぜられた田氏が、大夫となって文字通り公利を収めている現実が、晏嬰の諫言の最後にきていることが、事態の本質をはしなくも暴露しているといえよう。

以上、斉における田氏の邑支配政策が、封建的支配体制の崩壊を導いた事実を検討してきたが、これは考えてみれば、斉における特殊な形での共同体の分解である。君権が有力大夫に奪われない体制を維持してきた国におけるそれは、また別の形で進むはずであり、その進行の仕方の相違は、必然的に戦国期における君主権のあり方の相違となって反映し、そのいずれが秦漢帝国につながっていくのか、という問題と結びつく。私は斉のような形は秦漢帝国にはつながらないものと考えているが、この点は、次章以下で田斉の国家体制の分析をおこなうときに詳らかにしたい。

注

（1）　田という氏の由来については、「陳」「田」両字の音通説（『史記索隠』）、戦国期になってから氏を変えたとする説（兪樾・

顧炎武）がある。『史記』の中でも、同一人物が「田軫」・「陳軫」等両方出てくる場合がある。

（2）津田左右吉『左伝の思想史的研究』第二篇第八章「卜筮及び占星術に関する説話」、および第三篇第三章「春秋の精神と左伝の思想との一致及び矛盾」。

（3）後藤均平「陳について」（中国古代史研究会編『中国古代の社会と文化』〈東大出版会、一九五七年〉所収）。この他、後藤氏は『因斉錞』の銘文に、因斉すなわち田因斉の祖が黄帝となっており、陳公の祖が舜であることと矛盾することを指摘している。

（4）梁玉縄『史記志疑』は『左伝』の記事を正とし、『史記』の記事を誤として、その誤を十三条あげて詳しく考証し、郭嵩燾『史記札記』では、『左伝』と『公羊伝』の記載を比較し、『史記』はこれらの混合であるとしている。

（5）郭沫若『両周金文辞大系図録考釈』の中の「陳公子甗」の釈文。なお陳夢家『六国紀年』（上海人民出版社、一九五六年）では「因斉錞」の銘文を解釈し、ここで斉の威王となった田因斉を「陳侯」といっているのは、田氏が陳の出身であるからである、といっているが（七頁）、私は従わない。『竹書紀年』には「田侯午生」「田侯炎立」などとみえ、侯の上に氏の名がついている例があるからで、「陳」は必ずしも出身国名とはなし得ない。

（6）佐藤武敏『中国古代工業史の研究』（吉川弘文館）第二章第二節「春秋時代の手工業」および第五章「中国古代の青銅工業」。

（7）岡崎文夫「参国五鄙について」（『羽田博士頌寿記念東洋史論集』〈東洋史研究会、一九五〇年〉所収）。

（8）『説苑』尊賢篇には

斉桓公使管仲治国。管仲対曰、賤不能臨貴、桓公以為上卿。

『韓非子』難一には

管仲曰、臣有寵矣、然而臣卑。公曰、使子立高・国之上。管仲曰、臣貴矣、然而臣貧。公曰、使子有三帰之家。管仲曰、臣富矣、然而臣疏。

とある。『韓非子』の方には上卿という言葉は出てこないが、高・国両氏より上にした、ということは上卿にしたと考えてよいであろう。

（9）『世本輯補』は商務印書館版『世本八種』による。なお、反対例として、張澍輯『世本粹集補注』では『新唐書』の記載はその出所不明として採用していない。なお、斉の諸世族の系譜については顧陳高『春秋大事表』巻一二、「列国姓氏表」を参照したが、これも国・高両氏は公族と判断している。なお、近年の研究として、陳韻『春秋斉国世族譜系研究』（台北・千華図書出版公司、一九八三年）があり、「二守」とよばれる両氏の系譜の詳しい研究が出された。

（10）慶封がついた左相なる地位については、詳らかにできない。竹添進一郎『左氏会箋』では「崔杼弑逆。故以慶封為左相以助己。出於非常。非旧制也」としている。

（11）郭沫若『西周金文辞大系図録考釈』二一二番、および同『殷周青銅器銘文研究』下巻。および白川静『金文通釈』巻四。なお、この訳文は白川書巻七の一三三頁による。

（12）高氏および欒氏については『呂氏春秋』慎行論・慎行に「慶封出猟、景公与陳無宇・公孫竈・公孫蠆誅封」とあり、その高誘注に「公孫竈・恵公之孫、公子欒堅之子子雅也。蠆、恵公之孫、公子高祈之子子尾也」とあって、その出自が知れる。なお、『左伝』の杜預注では竈は子雅であるとされており、ここでは杜注の方に従っておく。なお、注（9）に示した陳韻の書では「二恵」とよばれる欒氏・高氏の系譜についても詳述している。

（13）春秋時代の社会構造のとらえ方はさまざまになされているが、私はさしあたり宇都木章「宗族制と邑制」（『古代史講座』六、学生社、一九六二年）と増淵龍夫「春秋戦国時代の社会と国家」（『岩波講座世界歴史』四、一九七〇年）の二論文に主に依った。

（14）増淵龍夫『新版　中国古代の社会と国家』（岩波書店、一九九六年）第三篇第一章「先秦時代の山林藪沢と秦の公田」、特に三二五頁。

（15）同上三三二頁に増淵龍夫氏は上記の史料を引用したうえで「斉の田氏が臣下でありながら強大を致してついに君権を奪うに至ったことも、このことに関係あるというその議論の立て方が、ここでは私たちにとって問題なのである。そこでは藪沢が戦国期における覇王の、すなわち新しい専制君主の、重要な経済的基盤を提供するものであることが、暗示されている」とのべている。この箇所は、増淵龍夫氏の山林藪沢と君主権確立に関する理論が最も的確に示されていると思われる。私も氏のとらえ方に基本的に依拠するものであるが、田氏のごとく君権を奪うことによって成立した覇王と、西周以来の諸侯が覇王に成長した者とはともに山林藪沢・海浜の富をその経済的基盤としながらも人民の支配機構の点では相違があり、その相違が秦漢帝国成立後に影響をもってくるのではないかと思われるが、この点は以後に徐々に考えていきたい。

(16) 斉の公室に対して田氏を「臣下」というのは、漢代における君臣関係に比定して大夫たるものをのべているのであり、春秋後期において両者の関係を君臣関係として我々がとらえることは疑問としなくてはならない。

(17) 『史記』斉太公世家「太公至国修政、因其俗簡其体、通商工之業、便魚塩之利、而人民多帰斉」、同貨殖列伝「山東多魚塩漆絲声色」、同「斉帯山海、膏壌千里、宜桑麻、人民多文綵布帛魚塩」等。なお、影山剛「中国古代の塩業序説」（『歴史学研究』三〇八。のち同氏『中国古代の商工業と専売制』〈東京大学出版会、一九八四年〉Ⅲ章に収録）は、斉における製塩業についい て諸史料をあげて検討し、前記増淵氏の見解をも引用しながら田氏との関係にもふれている。

(18) 津田左右吉氏の前掲書第二編第九章「説話の概説」。

(19) 『左伝』の史料批判の方法として、小倉芳彦「『左伝』における覇と徳――「徳」概念の形成と展開――」（『小倉芳彦著作選』Ⅲ〈論創社、二〇〇三年〉に収録）および同「ぼくの左伝研究とアジア・フォード問題」（『歴史評論』一五三、一九六三年、のち、同前『著作選』Ⅲに要点を抄録）に依る所が多かった。

(20) 田氏の家量については、たとえば孫詒譲『籀膏述林』巻二「左伝斉新旧量義」は、杜預の豆・区・釜・鍾の進法の解釈に異論を出しており、この問題については諸説あるが、本質において変わりはない。

(21) 『周礼』地官司徒下に「凡用粟、春頒而秋斂」とあり、陸徳明の『釈文』には「上経所云是貸而生利」とあるように、春に農民に粟を貸し、秋の年貢をとる際その利息を含めて返還させるということが、春秋時代を通じて制度化していたと考えられる。

(22) 「士」については、郭沫若『十批判書』（野原・佐藤・上原訳『中国古代の思想家たち』上下・岩波書店、一九五三・五七年）の中の第一章「古代研究の自己批判」に詳しい考証があり、（イ）（ロ）の史料にふれている。郭氏によると、士はおよそ桓公の頃から現われたもので「春秋時代前期には大抵各諸侯の公室で養っていたもので、貴族や逃亡した貴族の子弟がその多数をしめている」とし、さらにのちには、「私門でも士を養った」とのべている（訳書九七頁）、のちにみる参国伍鄙の制をみても、このようなとらえ方は当を得ているといえよう。なお、楊向奎「試論先秦時代斉国的経済制度」（『中国古史分期問題叢』中華書局〈一九五七年〉所収）でも士の分析がなされており、士は耕作をしていたと判断している。その後、士については続々と研究が出されたが、ここでは検討を略す。

（23）　郭沫若前掲書、李剣農『先秦両漢経済史稿』（中書華局、一九六二年）八六～八七頁、李亜農『中国的奴隷制与封建制』（華東人民出版社、一九五四年）一二九頁、一五三頁等にこの田氏の「厚施」をとりあげて論じているが、いずれも、公室と田氏との農民搾取の程度の比較という観点から論じており、これでは『左伝』の記述と同じ立場からみていることであり、「厚施」の本質をとらえられないのではないか。金景芳『中国奴隷社会的几個問題』（中華書局、一九六二年）二八頁では、このような「厚施」が可能であったことは、奴隷からその前段階で剰余労働をいかに多く搾取していたかを物語っている、としている。これは奴隷かどうかは別として、その内容は全く賛成であるが、これだけでは「厚施」のおこなわれるべき歴史的必然性が出てこない。しかし、のちに検討する人民の田氏の邑への流入は、当時の人民の闘争の一形態であった。（イ）に「国の諸市、履賤にして踊貴し」とあるのは、公による刑罰が重いため、常の靴より義足の値の方が高い状態にあり、公邑下の農民はこの弾圧下より必死で逃亡したのであろう。しかし、結果は、田氏による新しい支配への従属であり、私が論じたいのは、何故に人民の闘争がそのような形でおこなわれざるを得なかったか、という当代における必然性である。

（24）　邑という共同体の内部に家族が分化し、家父長的権力が各家族において確立される段階にいたって、それを契機として、邑支配者である田氏が家父長に代わって各家族を個別に支配する体制を作っていったのである。田氏は家父長権力の代替者であり、このような特殊な支配形態が現われるのは、そもそも邑という共同体を宗族が支配して賦税をとるという共同体未分化の形で階級関係が成立したことに由来する。したがって、家父長でない者が、その富の集積を背景にして「家父長的支配」を実現する時、「厚施」という特殊な邑民への給付が媒介として必要であり、それなくしては実現できないものであった。なお、アジア的専制君主は、アジア的共同体を基盤として成り立つ。田氏の場合、その支配権は共同体の崩壊を前提として成立している。斉においてもし公室による邑支配体制の強化の上に立って、邑内における家族の分化を邑共同体内におしとどめることによって成立する権力が田氏より優勢となっていたならば、アジア的専制君主が斉において成立していたであろう。付言しておくことは、田氏という宗族内における家父長的権力は、この段階ではまだ生じていない。

(25) 増淵龍夫前掲書第三篇第一章第五節「専制君主による山林藪沢の家産化とその経済的意味」。

(26) 岡崎文夫前掲論文。

第二章　田斉の成立

一、はじめに

前章において私は、斉の田氏の出自、斉における田氏台頭の政治過程およびその経済的基盤についてそれぞれ考証し、さらに田氏の邑民支配政策として、いわゆる「厚施」がおこなわれたこと、これによって他邑（主に公邑）の民が田氏の邑に流入し、伝統的な邑支配体制の崩壊をもたらしたこと、共同体的秩序から分離した農民や、士・商工業者に対し田氏が個別に家父長的支配をおこなったことをのべ、またそれによって田氏の私兵集団形成も可能になり、軍事的にも他の有力貴族をしのぐ力を持ち得たのではないかと考えた。しかし、この段階までにおいては、支配者たる田氏という族的結合は強固に維持されており、したがって、族的秩序を維持した春秋貴族たる田氏のもとに共同体的秩序から解かれた農民・士・商工業者が従属するという形をとっていた。共同体的秩序の崩壊は、このように生産力の発展にともない、生産労働にたずさわる者の組織においてまず発生することを示すといえよう。

そしてこのことが、田氏が斉における支配権力を握る段階、および初期田斉の権力構造にどうつながっていくのか、を本章は主要なテーマとするものである。この時期においては、斉における具体的な生産関係や農民の組織を直接と

前章以後の田氏の系図

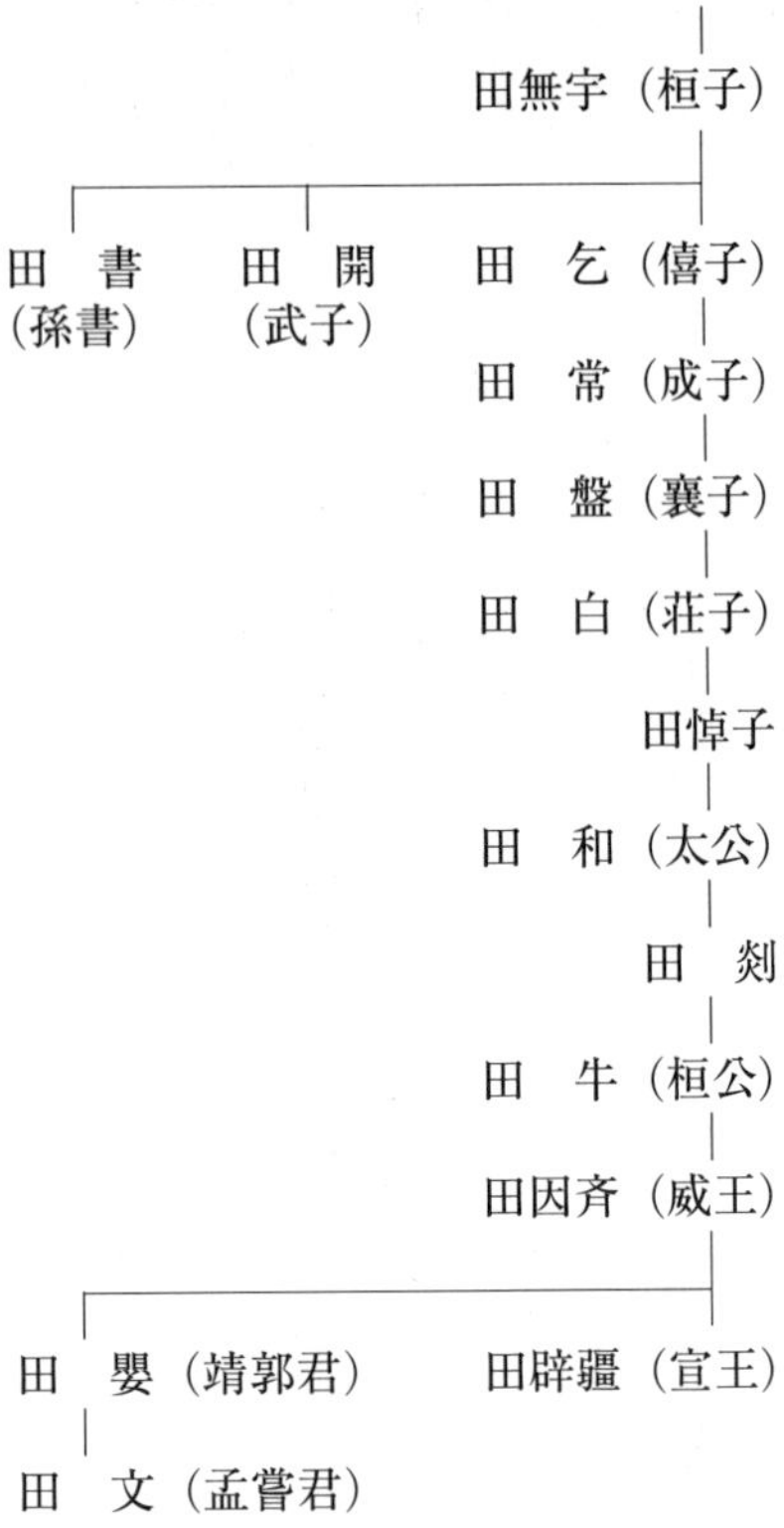

田氏の系図（その２）

補注
　この系図は、田氏の宗主が世襲的にうけつがれていくように記されている『史記』によって作られているが、必ずしも実態を表わしたものとはいいがたいと思われる。このことは第一節に詳述する。

りあげることが史料上困難であるので、主として田氏集団の変遷と、田斉の支配機構を分析することによって戦国初期の国家のあり方にせまる第一歩にしようとした。

二、田常と田氏集団

斉の簡公四年（前四八一）、田乞の子田成子（常）は、田氏一族の者を指揮してクーデターを敢行、簡公を殺し、その弟驁を立てて平公とし、自らは卿の位につき、相として斉の実権を確実なものとした。この事件の前から田氏が斉の最有力大夫として進出してきたことは前章でのべた通りであるが、政治史上、田氏勢力が表面化し、他国にも多くの影響を与え、また後世にも「田氏簒奪」として語り継がれるのは、やはりこの事件についてである。

このクーデターの経過は『左伝』哀公十四年と『史記』斉太公世家にほぼ同文の詳記がある。本節では、この事件を分析することによって、田氏の宗族的結合の内容を検討したい。まず、少々長いが、『左伝』の該当の箇所を引用する。

　斉の簡公の魯に在るや、闞止寵有り。位に即くに及び、政を為さしむ。陳成子之を憚り、驟《しば》しば諸を朝に顧みる。諸御の鞅、公に言いて曰く、陳・闞並ぶべからざるなり。君其れ択べ、と。聴かず。A子我夕せんとす。陳逆人を殺し、之に逢う。遂に執えて以って入る。陳氏方《まさ》に睦《むつま》し。疾《や》ま使めて之に潘木を遣り、酒肉を備えて囚を守る者を饗し、酔わせて之を殺して、逃がす。子我諸陳に陳宗に盟う。初め陳豹、子我の臣と為らんと欲す。公孫をして己を言わ使めんとす。已にして喪有りて止む。既にして之を言いて曰く、陳豹という者有り、長にして上僂・望視なり。君子に事うれば必ず志を得ん。子の臣と為らんと欲す。吾れ其の人と為りを憚るなり。故に緩れて以って告ぐ、と。子我曰く、何ぞ害あらん、是れ其れ我に在るなり、と。B臣と為ら使む。他日之と政を言い、説ぶ。遂に寵有り。之に謂いて曰く、我れ尽く陳氏を逐いて女を立たすは若何、と。対えて曰く、我れ陳氏に遠し、且つ其れ違なる者数人に過ぎず。何ぞ尽く逐わん、と。遂に陳氏に告ぐ。子行曰く、彼は君を得たり。先んぜ弗れば必ず子に禍せん、と。子行公宮に舎す。夏五月壬申、成子の兄弟四乗して公に如く。子我帷に在り。出でて之を逆う。遂に入りて門を閉ず。侍人之を禦ぐ。子行侍人を殺す。公婦人と酒を檀台に飲む。成子諸を寝に遷す。公戈を執りて将に之を撃たんとす。大史子余曰く、不利に非ざるなり、将に害を除かんとするなり、と。C成子出でて庫に舎す。公猶お怒ると聞き、将に出でんとす。曰く、何の所か君無からん、と。子行剣を抽きて曰く、需は事の賊なり。誰か陳宗に非ざらん、子を殺さざる所の者ならば、陳宗の如く有らん、と。乃ち止む。子我帰り、徒を属《あつ》めて闈と大門を攻む。皆勝たず。乃ち出ず。陳氏之を追う。（このあと、子我を郭関で、簡公を舒州

で殺したことがみえる）

傍線Aの部分が事件の契機となる出来事を示している。田逆は杜預注に「子行にして、陳氏の宗なり」とあるが、系図上の位置は不明である。子我は別名闞止、簡公の父悼公の家臣と杜預注にある。陳宗については、孔穎達の疏には「陳宗、陳氏の宗主にして、陳成子を謂うなり。尽く陳氏の宗族を集めて、成子の家に就きて盟うなり」とあり、『史記集解』引の服虔注には、「陳宗、宗長の家」とあるように、田氏一族の宗主、宗長を指し、ここではその家を指すのが一般的な解釈のようである。「陳氏方に睦し」とあるように、囚われた一人の宗族員を他の族員の協力による策謀で牢獄から救出するのに成功した。田氏からの復讐をおそれた子我は、田氏一族の集まった前で盟約したのである。「諸陳に陳宗に盟す」と表現されているごとく、盟約の対象が宗主（宗長）たる田成子ではなく、田氏という宗族全体であることが明らかである。そして宗主（宗長）は、その場所を提供したのみであり、つまり、一族のシンボルである場所において盟約がかわされたのである[1]。いわゆる宗主（宗長）としての田成子は、宗族の中心として、対外的な代表者として、すなわち首長として機能していたが、決して家父長的権力を族員に対してもつ存在ではないことがうかがい知れよう。

さて、しかし子我の盟約は偽りであったことが、子我の臣となった田氏の一族の田豹の活躍によって明らかとなり、事件へと発展する。それが傍線Bの部分である。田豹を子我の臣とした時から、子我の言を引き出させるまでは、すべて田氏の側の謀略があったと思われる。このことは、公孫による子我への忠言という形で傍線Bの前の部分で語られていることから知られる。「我れ其の人と為りを憚る。故に緩れて以って告ぐ」とあって、田豹の性格を危険視しているが、傍線Aにみる田氏の結束から考えて、田豹個人というより、田氏の族としての行動への危険視と考えられるからである。この前提に立って、子我の「我れ尽く陳氏を逐いて女（なんじ）を立たすは若何、と[2]」という言葉を検討してみよう。子我は、自らの忠実な臣である（と思い違いをしていた）田豹に、田氏一族の実権をとらせて、それをもって田氏を自らの支配下に置こうとしたと考えられる。ここには子我の二重の誤算があった。まず、田豹が田氏一族から送り込まれてきた者とは知らず、自らの臣下であり、強い主従関係によって結ばれ、それが田氏一族の結束を上回ると考えたこと、さらに、田氏一族の結束が宗主（宗長）の絶対権のもとに実現し、したがって宗主権を奪えば一族全体が自らの意のままになると錯覚したことである。後者についてはのちに検討することにし、まず前者については、田豹がこの言を「遂に陳氏に告げ」、田氏側に先手を打たしめたことによって明らかである。田豹は何よりもまず田氏一族の構成員として、しかるべく行動したのである。ではなぜ子我は誤算していたか。おそらく子我自身が悼公の臣下として仕えていた、それと同じ関係で田豹との間の主従関係をみていたからであろうと思われる。悼公はおそらく子我のような臣下を支配下におき、服従させることによって、西周以来の血縁関係を支柱とする支配体制の崩壊期に際して、公室権力を維持しようとしたのであろうが、少なくとも田氏一族の者にとっては、このような主従関係は通用しなかったのである。また、通用しなかったからこそ、田氏の側では一族の者を形式上の「臣」として送り込み、策謀をめぐらすことが可能であったと思われる。

つぎに、田氏一族の結束は何によって可能であったのであろうか。田豹は宗主（宗長）田成子のためにこの行動をとったのでないことは、「陳氏に告ぐ」という表現にまずうかがわれる。田豹が具体的に告げた相手は宗主（宗長）たる田成子であったかも知れないが、告げた対象は田氏という宗族集団であった。ここでは、先にみた盟約の形態と同様のことがいえよう。田豹は田氏集団の意を受けて行動し、結果をその集団に報告したのであって、田成子の命で行動したのではなく、田成子と田豹の間には家父長的支配関係はないのである。傍線部Aにみた「陳氏方に睦し」とは、ただ結束が固いというにとどまらず、特定の家父長の支配ではなく、同族意識によって、田豹のような「庶孽遠裔」[3]の者までも結束していること、族的集団の崩壊期にあってなおも強固な血縁組織を維持し続けるのが田氏であることを示しているのである。

このことは傍線Cの部分、すなわちクーデター敢行後、田氏一族の者が公宮を囲んでいる時の一事件の記述のなかにより具体的にみることができよう。田成子（常）は一旦公宮を離れたが、簡公の怒りを聞き、自らの行動に不安を感じ、出国して他の国に仕えようとする。その時田逆（子行）はこれを強く非難する。この田逆の言に注目しよう。「誰か陳宗に非ざらん」とは、杜預は「陳氏の宗族衆多なるをいうなり」と注し、孔穎達の疏では「陳氏の宗族衆多にして、力めて事を為すに足るを言う。何ぞ子我の言出奔を畏るると為すや」と解するが、亀井昱の『左伝纘考』によると、[4]「陳氏の族多し、皆以って代りて陳宗と為る可きなり。杜誤てり」とあり、『会箋』にもこれが引かれてあり、これに賛同したと思われる[5]「陳宗」とは傍線A部にもでてきたごとく、宗主（宗長）たる田成子を指すのであって、単に「陳氏の宗族」の意でないと思われるので、私もこれに従いたい。つぎに「陳宗の如く有らん」の解釈であるが、まず杜預は「子若し出でんと欲すれば、我れ必ず子を殺すこと、明らかに陳宗の如し」、疏には「子行其れ必ず出するを慮り、故に子を殺すを以って之を懼れしむ。陳宗とは陳の先入を謂う」、疏に引用された服虔は「陳宗とは先祖の鬼神なり」とおのおの解する。亀井昱は[6]「陳宗」を「陳氏の宗主」とする考えを貫き、「陳氏の族誰か子に代りて陳宗と為る者に非ざらん。需疑は大事を賊なう者にして、陳宗の赦さざる所、故に之に誓いて曰く、自ら陳宗在る有り、断じて子活きず」という。『会箋』では亀井説を引いたのち、「蓋し陳氏嘗つて私誓有り。志を同じくせざる者は相い与に之を殺すの意を言えり。今其の意を挙げて以って必ず殺すを示せり。故に陳宗の如き有りと曰うなり。凡そ盟誓は必ず諸鬼神に質して以って之を要す」という。いずれにしても、これは田氏集団の結束を象徴する者に誓って、「お前のような者は赦せない」と脅迫した言葉であるといえよう。以上の検討から、田逆の言葉はまさに田氏集団の性格をいい表わしたものであることがわかる。田成子は田氏集団において、絶対不動の宗主（宗長）たる地位にあったのではなく、集団のきまりを破り、集団の意志にそむく行為のある時は、その地位から降ろされ、しかも死刑をも受ける可能性があったのである。さらに、田成子に代わる者として、特定の後継者が存するのではなく、族員すべてが、族の推戴によって宗主（宗長）となり得るきまりがあったのである。おそらく、服虔や孔穎達のいうごとく、そのきまりは田氏の先祖から受け継がれ、それを守って集団を結集させ、集団意志のもとに行動する義務が宗主（宗長）には課せられていたのであろう。このような田氏集団における田成子の存在こそ、共同体の首長そのものといい得よう。そこでは個は存在せず、すべての構成員が集団に埋没し、首長もまた同様であったのである。したがってまた、個に従属する臣という存在もなく、構成員は同等に、身体の一部のごとく共同体の一部にすぎなかったのである。

田氏のいわゆる結束力、団結力は、このような性格のものであり、それが他の宗族より強固なものであったことは、このクーデター前後のことを記した諸史料からも見出すことができる[7]。そしてこのことが公室をめぐる他の有力宗族との争いに十分発揮されたことが、田氏の政権獲得の政治的理由と考えられる。特に公族の分散化にともなって、公室側はその権力を維持するのに必要な家臣の形成をはかりつつも、それが十分家臣団として形成され得ない段階で田氏によって実権が奪われた、というのが実情であろう。したがって冒頭にのべたように、田成子が相となって三卿の一つの地位を占め、しかもそれを四代にわたって維持したことも、一人の相であり卿である者が政権を握ったのではなく、田氏集団から派遣された代表者がその地位にあったのであり、その地位を利用して田氏という宗族が政権を握ったというべきであろう。

しかし一方では、前章でみたごとく、田氏はその支配下の邑民や、そこに流入してきた士・農の民に対しては、邑共同体の崩壊と家族単位への分化を契機として、「厚施」政策を媒介とする、個々の家族を単位として個別支配を進めていた。血縁的共同体としての組織である田氏に、個々の家族が支配され従属しているという形態、すなわち未崩壊の支配共同体のもとに、崩壊して家族に分化された旧邑民が従属しているという形態が、田氏が斉の権力を獲得した時の状態であった(8)。

かくのごとく、前五世紀中頃の斉においては、下部において邑体制が大きく崩壊しつつあったが、支配共同体たる宗族は依然として存続したのである。政治機構の上でも、頂上には平公を戴き、相たる田成子は同時に三卿の一つを占める点も変わらない。ただ、世襲に卿の位にあった国・高両氏は完全に実権を失い、他の有力宗族もほとんど追放されて、実質上田氏一族による独裁が実現した。そしてこの体制を支えるものが、『史記』田敬仲世家に、「而して斉を割くこと安平自り以東琅邪に至るまで、自ら封邑と為し、封邑は平公の食する所より大なり」とある広大な封邑の獲得であった。この封邑の支配形態は知り得ないが、おそらく家族を単位とする個別支配をここにも適用したと思われる。これが、戦国君主に至る過渡段階の斉における支配体制といえよう。

しかし、当時の他の国々においては、新官僚の配置、郡県の設置による君主権強化が進められ、また君主の「家産」獲得のための相互侵略、軍事的対立もそれにともなって激化しつつあった。前述のような斉の支配体制は、早急に集権化が外部的条件によって要請される。そのためには、血縁的共同体による支配形態は何らかの形で破られねばならない。『史記』田敬仲世家に、

田常乃ち斉国中の女子の長七尺以上を選びて後宮を為り、後宮は百を以って数う。而して賓客・舎人をして後宮に出入する者を禁じざら使む。田常の卒するに及び、七十余男有り。田常卒し、子の襄子盤代りて立ち、斉に相たり。(中略) 襄子其の兄弟宗人をして尽く斉の都邑大夫と為さ使む。

なる注目すべき記載がある。賓客・舎人とは、前章でみたごとく、「厚施」によって田氏のもとに参じた「士」であ

り、田氏に養われ前述のクーデターの兵力となった者と思われる。これら田氏集団に従属する者と、後宮の女子との間に生まれた者は当然田常卒後残された「七十餘男」の中に入っていたとみられ、したがってこれは、血縁的には田氏一族の者ではないのである。そして、田襄子が都邑大夫とした「兄弟宗人」のなかにも、この非血縁者、すなわち田氏一族の者に擬せられた者が多くいたと考えられる。田成子が獲得して国権の基盤となった広大な封邑は、田氏に従属する非血縁者の子で田氏一族に擬された者によって支配された。そしてそのことによって前述の過渡的支配体制を維持せんとした。このことはつぎのように転回する端緒をなすものである。第一に、田氏集団のなかに非血縁者が混入することによって（しかもそれらがかつて田氏に従属した賓客・舎人の子孫であればなおさらのこと）、本来の純粋な田氏一族の者が集団内で特別重要視されるようになり、これはやがて世襲の家父長権を生み出す基礎となるであろう。第二に、都邑大夫となった擬せられた一族の者は、家父長権強化とともに、臣下すなわち斉国の官僚へと転化していくであろう。この二つのことは、田氏集団の共同体的性格の変化が、斉の権力のあり方の変化を必然的にともなって現象する結果を生み出すのである。この転回された姿を次章でみていきたい。

三、田斉初期の権力機構――威王の時代――

田成子ののちも、田襄子、田荘子、田悼子はいずれも宣公の、田太公（和）は康公の相となり、前三八六年に田和は魏の文侯の助力を得て斉侯となり、周室に列していわゆる田斉が成立する。[9] そののち侯剡、桓公（田午）を経て田因斉[10]が立って威王[11]と称し、斉は戦国七雄の一に数えられる。

田常から威王の時代までの約百年間の斉における政治体制と田氏一族の実態については、残念ながら現存の史料では詳しくみることができない。そこで本節では、主に威王時代（前三五六〜三一九）の田斉の支配体制を検討し、それが田常の時代からどのように発展してきたものかを考えてみたい。

楊寛『戦国史（増訂本）』（上海人民出版社、一九九八年）は、戦国時代を中国における封建制の成立期として位置づけ、中国全地域にわたって詳しく論じた名著であるが、このなかで威王は秦における商鞅の変法（第二篇で詳論する）・韓における申不害の改革とならぶような、法家思想に基づく政治改革をおこなった王として位置づけられている。すなわち、のちにもみる鄒忌を用いて、官僚体制の確立を中心とした君主による行政の確立を断行したのがそれである、とする（同書一九九〜二〇一頁）。鄒忌による「改革」をこのように評価すべきかどうかについてはやや疑問も残るが、戦国君主による統一国家体制が、官僚制度の確立を軸にして威王の時代に成立したことは大方の認めるところであろう[12]。いわゆる戦国七雄の軍事的対決を準備した時期として、前四世紀中期を理解できよう。

しかし、威王時代の官僚制の内面をもう少し詳しく分析してみるならば、これは威王の出身宗族たる田氏集団と密着したものであることがうかがわれ、戦国君主なるものの規定とかかわる問題を内包していることがわかる。そこで、威王時代の官僚制度を再検討してみることにする。

まず、『史記』田敬仲世家のつぎの記事をみよう。

威王、初め即位して以来、治めず、政を卿大夫に委ね、九年の間、諸侯並び伐ち、国人治まらず。是に於いて威王即墨大夫を召して之に語りて曰く、子の即墨に居して自り、毀言日ごとに至る。然れども吾れ人をして即墨を視せ使むるに、田野闢かれ、民人給せられ、官は事を留むる無く、東方は以って寧し。是れ子の吾が左右に事えて以って誉を求めざればなり、と。之に万家を封ず。阿の大夫を召して語りて曰く、子の阿を守りて自り、誉言日ごとに聞こゆ。然れども使をして阿を視せ使むるに、田野闢かれず、民貧苦す。昔日趙の甄を攻むるに、子救う能わず。衛の薛陵を取るに子知らず。是れ子の幣を以って吾が左右に厚くして以って誉を求むればなり。是の日、阿大夫を烹、及び左右の嘗て誉むる者は并せて之を烹る。(この後、軍事的にも、内政面でも斉は大成功した、と記す)

威王時代の初期には春秋時代以来の政治体制が基本的に受け継がれた形で支配がおこなわれていたことが「政を卿大夫に委ぬ」の表現でわかるが、これを存続させ得ない理由には対外戦争における敗北と、内政における国人支配の失敗があった。[13]前者については、他国の中央集権体制による軍事力に、斉の体制下のそれが対抗し得ないことを示し、後者は、宗族的結合の弛緩によって血縁的紐帯をはなれた士階層の人々を、旧来の体制では掌握し切れないことを示していると考えられる。

さて、そのため即墨大夫と阿大夫をそれぞれ呼び出し、前者に万家を封じ、後者を死刑にした(大夫とは、前節の最後に示した「田敬仲世家」にみえる「都邑大夫」と同じであると考えられ、彼等は邑の支配者とみられる)判断の基準になった両者に共通する項目は、①開墾が進んでいるかどうか、②人民の生活が豊かかどうか、③外敵に備えるのにぬかりがないかどうか、の三点であるが、前者の場合はさらに官の仕事に留滞がないかということがあげられている。ここにみられる威王の行為は、旧来の統治方法を変えて、大夫を官僚として扱い、官僚の命令のもとで封邑は統治さるべきものとしたうえでの、すなわち君主としてのそれである。大夫による邑の統治方法や邑内の状態に対して、大夫に対する賞罰をもって上から命令できるような体制は春秋期における邑支配体制とは本質的に異なるものである。大夫は、その与えられた邑を王の命令のごとく治めることが王に対する責務であることがこれによって示されたのであり、すなわち大夫は王の領国統治の中間手段化したのである。この事件以後、実質的には君主のもとでの官僚、統治単位としての県に相当するものが成立したと思われる。[14]

このことは、「田敬仲世家」に、それから十数年後の威王二十四年のこととして出てくるつぎの記事を見ると一層明らかである。

威王曰く、寡人の宝と為す所以は王と異なれり。吾が臣に檀子なる者有り、南城を守ら使むれば、則ち楚人敢えて寇を為して東取せず、泗上の十二諸侯皆な来朝す。吾が臣に朌子なる者有り、高唐を守ら使むれば、則ち趙人敢えて東のかた河に漁せず。吾が吏に黔夫なる者有り、徐州を守ら使むれば、則ち燕人北門を祭り、趙人西門を祭り、徙りて従う者七千余家。吾が臣に種首なる者有り、盗賊に備え使むれば、則ち道に遺を拾わず。

これは威王が魏王と会して互いの宝物を自慢し合った時いった言葉である[15]。ここにはもはや「大夫」の語はみられず、代わって「臣」と「吏」が現われる。臣とは君との私的主従関係を示す語であり、吏とは国家機構のなかで官僚として働く者を示すものと思われるが、ここに出てくる四者はおそらく、まず威王の臣であり、それ故に吏として働く者であったと思われる。彼等は他国の侵入を防ぎ、盗賊を取り締って功ある地方官としての任務をはたしたが故に威王から国の宝として評価されたのであり、ここに地方行政体制の一応の成立を見取ることができる。

つぎに中央における官僚体制をみよう。「田敬仲世家」の威王二十六年には、「魏の恵王邯鄲を囲む。趙、救を斉に求む。斉の威王大臣を召して謀りて曰く、……」とあり[16]、「大臣」の語のみえる最初であるが[17]、これは官名で、緊急に王の諮問に答えうる所にいた者と思われる。つぎに春秋時代からあった「相」であるが、「田敬仲世家」に騶忌子が琴を鼓しながら、琴の音色を政治にたとえて威王と対話する記載がある[18]。ここで騶忌子は治国の三要素として、君・相・政令をあげ、この三者が乱れずに調和する時、国は治まるとのべて威王に認められ、相印を受けたのち、相の任務に関して淳于髠から五つの微言をうけ、そのあとで下邳に封ぜられた[19]。すなわち、①謹みて令を受け、謹みて前を離るる毋きを請う、②謹みて令をうけ、謹みて左右に事うるを請う、③謹みて令を受け、謹みて自ら万民に附すを請う、④謹みて令を受け、謹みて君子を択び、小人を其の間に雑うる毋きを請う、⑤謹みて令を受け、謹みて法律を脩め、而して姦吏を督するを請う、である。

相が治国の三要素の一つであるなら、当然大臣より上に位置すると考えられる。またその任務がこの五つに集約されていると考えれば、ここにいう相は、春秋期の卿のうちの一人がなる相とは異なる。王から出される政令をまず絶対命令として受けとめることがすべての前提となり、そのつぎに、民と王とをつなぎ、官に君子を採用し、またそれを監督する立場にある者は、王のもとの最高の臣下である。かくして、王―相―大臣―地方官という、中央集権的官僚体制が、王―相間の君臣関係をかなめとして作られた、とみなし得よう。(20)

つぎに軍事組織の検討に移り、まずつぎの宣王の時代にみえる「五都之兵」の検討からはじめる。『史記』燕召公世家に

　孟軻斉の宣王に謂いて曰く、今燕を伐つは此れ文・武の時にして、失する可からざるなり、と。王因りて章子をして五都の兵を将い、以って北地の衆に因りて以って燕を伐た令む。士卒戦わず、城門閉じず、燕王噲死して、斉大勝す。(21)

とあり、同「蘇秦列伝」には

　（蘇秦）因りて東して斉の宣王に説きて曰く、斉の南に泰山有り、東に琅邪有り、西に清河有り、北に勃海有り、此れ所謂四塞の国なり。斉の地は方二千余里、帯甲数十万、粟は岳の如し。三軍の良、五家の兵、進めば鋒矢の如く、戦えば雷霆の如く、解けば風雨の如し。即し軍役有るも、未だ嘗て泰山を倍《こ》え、清河を絶《わた》り、勃海を渉らざるなり。

とみえる。この「五都の兵」、「五家の兵」の両者について楊寛氏は同一物と判断し、さらに『管子』小匡篇の参国伍

鄙の制の記載で鄙の制度に関して「三郷を属と為し、属に帥有り、五属に一大夫あり、武政は属に聴き、文政は郷に聴く」とあることから、「五都」の「都」はおそらくこの「属」が変化したもので、他国にみられる「都」と同性格のものであり、五都には即墨、阿、莒、平陸を含むと推測している。(22)「五都」が「蘇秦列伝」等において何故に「五家」と表現されているか、また都＝他国の郡かどうかについては更なる検討が必要であるが、楊寛氏の説はおおむね認められよう。すなわち、春秋末期の状態を表わしているとみられる『管子』の「属」は、発展して「都」となり、各「都」には一つのまとまった軍団が編成されていたと思われる。「五都の兵」とはこの軍団の五大精鋭を指し、これを率いたのは「燕召公世家」等にみえる章子（匡章、孟子の弟子）のごとき「将」であった。すなわち、かつて高氏・国氏・公の率いた三軍は、少なくとも宣王時代には消滅していたとみなし得よう。(23)

ところでこの「将」について、例えば『史記』孫子呉起列伝に「斉の将田忌善しとして之を客待す」「斉の威王孫臏を将とせんと欲するも、孫臏辞謝して曰く、刑余の人にして不可なり、と。是において乃ち田忌を以って将と為し、孫子は師と為す」、「田敬仲世家」に「田忌・田嬰をして、将たら使め、孫子は師と為り、韓・趙を救いて以って魏を撃ち、大いに之を馬陵に敗る。(24)」とあるごとく、威王時代すでにあったことがわかる。(25)とすると、精鋭軍たる五都の兵は成立していなくとも、「都」の軍を基礎とし、「将」が統率する軍事体制は威王時代からあったとみなされ、三軍の消滅も威王時代にさかのぼれると思われる。

かくして、軍事体制の上でも、威王時代において旧体制は失われたと考えられるのである。

しかしここで、威王のもとで形成された官僚体制・軍事体制を支えた威王の「臣」について、さらに具体的に検討してみる必要がある。『説苑』臣術に、騶忌（成侯）が威王に進言したつぎのような言葉がみえる。

（成侯）対えて曰く、忌、田居子を挙げて西河を為《おさ》めしめ、而して秦・梁弱し、忌、田解子を挙げて南城を為めしめ、而して楚人羅綺を抱きて朝す。忌、黔涿子を挙げて冥州を為めしめ、而して燕人牲を給し、趙人盛を給す。忌、田種首子をして即墨を為めしめ、而して斉に於いて足ること究まれり。忌、北郭刀勃を挙げて大士と為し、而して九族益ます親しみ民益ます富めり。此の数良人を挙ぐれば、王枕して臥するのみ。何ぞ国の貧を患わんかな。

ここに出てくる人物と地名は、前にみた「田敬仲世家」の、国の宝に関する威王と魏王の対話に出てくるそれらと一致する所がある。いま、両者に出てくる人名と地名を表にすると、

地名	「田敬仲世家」	『説苑』巻二
南城	檀子	田解子
高唐	朌子	
徐州	黔夫	
冥州		黔涿夫
即墨	（種首）	田種首子
西河		田居子

となる。まず即墨の「田種首子」と「種首」とは明らかに同一人物であり、さらに「田敬仲世家」で前にみたところの、賞せられて万家を封ぜられた即墨大夫と同一人物か、その子孫とみて間違いなかろう。高唐の「朌子」は『戦国策』斉策一、六にも出てくるが、高誘注には「朌子、田朌子なり」とあり、つぎにみる『索隠』にも明示するごとく「田朌」と同一人物であろう。南城の「檀子」については『索隠』に「檀子、斉の臣なり。檀は姓、子は美称なり。大夫は皆な子と称す。朌子は田朌なり。」とあり、『資治通鑑』巻二の胡三省注も「姓譜に云う、斉の公族、采を瑕丘段城に食する有り、因りて以って氏と為す」とあって「檀」を姓であると解する。しかし、『会注考証』所引の閻若璩の説に「人名の下、子の字を以って係るは、当時此の称有り、田嬰を嬰子と為し、田文を文子と為し、魏冉を冉子

と為し、匡章を章子と為し、田肦を肦子と為すは亦た是なり」とあるごとく、みな名の下に「子」字をつけていること、『索隠』では「肦子」は名に「子」字をつけたと考えながら、「檀子」の「檀」を姓とする根拠がわからず矛盾していること、「黔夫」の「黔」は姓と考えられるが、「種首」「肦子」ともに姓を略したいい方が「田敬仲世家」でおこなわれていることなどから、私は「檀子」も姓を略したいい方であると考える。とすると、「檀子」は田解子と同じ南城に置かれ、ともに楚国との関係で功績を認められていることから判断して、同一人物でなくても、南城にいた田氏一族の者である可能性がきわめて大きいといわなくてはならない。

このようにみると、両史料に出てくる地方官は、徐州、冥州の黔氏以外はすべて田氏の一族の者である可能性が大である。ここで第一節でみた、田襄子が兄弟宗人を都邑大夫としたことと考え合わせると、田氏一族の者で、この時都邑大夫になった者の子孫が威王時代になってあらためて臣とされ、地方官的性格をもって位置づけられた場合が多いことが察せられる。しかも、この「田」なる姓を持つ者は、元来血縁的宗族としての田氏ではない者であり、田氏一族に擬せられた者が多いことに注目しておきたい。

つぎに、威王在位中、斉軍の将となった者を列挙してみよう[25]。

イ、(梁恵成王)十七年、斉の田期我が東鄙を伐ち、桂陽に戦い、我が師敗逋す。(『水経済水注』所引『竹書紀年』)

ロ、(梁恵成王)十七年、斉の田忌我を桂陵に敗る。(「孫子呉起列伝」の『索隠』所引『紀年』)

ハ、(宣王)田忌・田嬰をして将とせしめ、孫子は師と為り、韓・趙を救いて以って魏を撃つ。(「田敬仲世家」)

ニ、魏を馬陵に敗る。田忌・田嬰・田肦将たり、孫子は師と為る。(「六国年表」斉宣王二年)

ホ、(梁恵成王)二十九年五月、斉の田肦我が東鄙を伐つ。(「魏世家」の『索隠』所引『紀年』)

へ、(晋烈公)十年、斉の田肦、邯鄲の韓挙と平邑に戦う、邯鄲の師敗逋し、韓挙を獲え、平邑・新城を取る。

（『水経河水注』所引『紀年』[26]）

ト、（梁恵成王）二年、斉の田寿師を帥いて我を伐ち、観を囲む。観を降る。（『水経河水注』所引『紀年』）

これらによると、斉軍の将となったと思われる者は田忌・田嬰・田肦の三人だけであり、この他に『戦国策』の各所にもこの三人は多く斉軍を率いて出てくるが、他の名前はみられない。すなわち、威王時代に軍事指導者であった者は田氏一族の者に限定されていたと考えられる。[27]

以上の検討から、威王時代においては、少なくとも地方官と軍事指導者については、王と同族の者（擬せられた者を含む）が圧倒的に多かったことが理解できよう。つぎに、中央官を検討するにあたって、『韓非子』内儲説上のつぎの記事をみよう。

成驩斉王に謂いて曰く、王太《はなは》だ仁にして、太だ人に忍びず、と。王曰く、太だ仁にして太だ人に忍びずとは善名に非ざるや、と。対えて曰く、此れ人臣の善なり、人主の行なう所に非ざるなり。夫れ人臣必ず仁にして後に与に謀る可く、人に忍びずして後に近づく可きなり。不仁になれば則ち与に謀る可からず、人に忍べば則ち近づく可からざるなり、と。王曰く、然らば則ち寡人安《いず》れの所にか太だ仁、安くにか人に忍びざる、と。対えて曰く、王太だ薛公に仁にして、太だ諸田に忍びず。王太だ薛公に仁なれば、則ち大臣重きこと無く、太だ諸田に忍びざれば則ち父兄法を犯す。大臣重きこと無ければ則ち兵外に弱く、父兄法を犯さば則ち政内に乱る。兵外に弱く、政内に乱るるは、此れ亡国の本なり、と。

さて、ここにみえる斉王とは、威王または宣王のいずれかであろうと思われる。同「外儲説」右上に、「薛公斉に相たり、斉の威王の夫人死す、中に十孺子有りて皆な王に貴ばる。薛公王の立てんと欲する所と知りて、一人を置《た》てて以って夫人と為すを請わんと欲す。」とあることから推測して、[28]薛公田嬰は威王の下で相であり、父たる威王の片腕として活動したと思われる。したがって「内儲説」上に「王太だ薛公に仁たり」とある王は威王である可能性が強く、そうみてはじめて成驩が「諸田に忍びず」という前に、薛公との関係をのべて王を諫めたわけも納得でき、またその語をとりあげた『韓非子』の立場も明確となるであろう。

さて、この「内儲説」上の記事は、まさに威王時代の斉の国家体制を如実に物語るものといわねばならない。ここにいう「諸田」とは前にみた地方官や、斉軍の将となった者を具体的に指すのであろう。前述のごとき、王を頂上にいただく官僚機構や軍事体制は、制度としてできてはいたが、それを構成する者のうち、実質的にそれを機能させる地位を占めた者は、主として田氏一族の者であり、王もそれに依拠することによって機構を維持し得たのである。また、ここにのべられているのは威王後期のことと思われるが、中央においては初期には前述の騶忌のような人物が相の地位につくこともあったが、結局地方官や将たる田氏一族の者を指導監督するためには、実子の田嬰が相の地位につかざるを得なかったと思われる。その結果、「大臣重んぜらるる無し」、すなわち相の下にあって諮問を受けるべき大臣は無用と化してしまったのではないだろうか。このような体制は、結局は田氏一族の者によって法が犯される結果を生み、また大臣を無視して一族の者の命によって一族の者が兵を率いるのであって、真に強い軍事力とはならない、として、法家の理想とする中央集権体制が、血縁的宗族によって空洞化されている状態を韓非はきびしく指摘しているのであろう。

しかし、ここでいう血縁的宗族たる田氏集団は、第一節でみたごとき田常時代のそれとはもはや異なっている。威王＝田因斉は王であるとともに田氏一族の宗主（宗長）であるが、それはすでにかつての宗主ではない。一族の者を臣として絶対的に自らに従わせる家父長的存在に発展していた。威王の作りあげた官僚体制は、田氏一族の内部に生まれた宗主田因斉の家父長権による族員への支配権が国家規模に拡大化されて構成されたものである。しかもこの家父長的支配は、非血縁者をも田氏一族に擬する形で内包していたのであり、家父長権の国家規模への拡大は、このような擬制化による従属者の量の増大を前提として可能であったといいえよう。このような、春秋時代以来の支配共同体内部における家父長権の確立が、戦国期に至って、国家規模に拡大して、君臣関係を基本とした支配体制になったものを、今「家父長的国家機構」と一応よんでおきたい。

　しかし、このような家父長的国家機構は、このままの形で持続し得ない、田斉初期の一時的体制であった。王の家父長権は、（擬制化された者を含めた）田氏一族への支配権というワクを破って、他の者をも臣下として官僚機構の中に組み入れ、君権の自立化がはかられていく。それは、単なる家父長権の拡大化の段階から公権力の独自化、国家としての支配機構の自立化である。しかし一方では、それと平行して、各地の臣たる諸田氏が、家父長への従属のきずなを次第に断ち切りつつ、「在地領主」へと転化していき、田斉を分解させる力として動きだす。このような二方向への趨勢は、つぎの宣王時代において現われ、後者は田斉の滅亡を結果する内在的要因となっていく。このことは次節において分析したい[29]。

注

（1）当該箇所の原文は「子我盟諸陳於陳宗」であるが、服虔および孔穎達が「於陳宗」を「陳宗の家において」と解し、「於」を場所を示す助辞と考えたのは、盟約に関する『左伝』の記述法から推したと思われる。「盟A於（または于）B」で、Aが複数の人、Bが場所を表わすという慣用法は、例えば「盟国人於大宮」（襄公二十五年）「盟国人于師之梁之外」（襄公三十年）、「斉侯盟諸侯于葵丘」（僖公九年）、「盟百工于平宮」（昭公二十二年）、「盟国人于亳社」（定公六年）等をみても『左伝』の普通の表現方法と思われる。ところが、Aがなく、Bに人物がくる例がある。「鄭大夫盟於伯有氏」（襄公二十九年）がそれであり、「来盟于我也」（『公羊伝』僖公三年）も同類とみなされる。この表現では、盟約の場所は示されず、その対象となる人物の前に「於」または「于」なる助辞がくると解せられるのである。さらにAもBも人物である例が本文の他にさらに二例みられる。①「鄭伯及其大夫盟于公孫段氏」（昭公元年）、②「盟羣王子于単氏」（昭公二十二年）である（①は「及」に導びかれてAが「盟」の前に出ているが形式は同じである）。①の場合を検討しよう。このあと「罕虎・公孫僑・公孫段・印段・游吉・駟帯私《ニ》盟《ウ》二于閨門之外一」とあり、ここに出てくるのはいずれも有名な鄭の七穆にかぞえられる有力大夫である。鄭伯が盟した「其大夫」とはこの六人を指すと思われる。とすると、後者の「私盟」に対する前者の「公盟」において、六人のうち公孫段の名のみ出てくるのである。この「于公孫段氏」を「公孫段の家で」（伊藤道治訳『世界古典文学全集』一三、筑摩書房）と解し、場所を示すとする以外には考えられないであろうか。私はつぎのように推測できると思う。鄭伯が盟約した対象は大夫たち、すなわち後出の六人とその宗族であったが、直接盟約の儀式をおこない、鄭伯と具体的に約したのは公孫段とその宗族だけであった。換言すると、大夫たちを代表して公孫段とその宗族が具体的盟約に参加したのである（たしかにその場所が公孫段の家であったのかもしれない）。そして、その後、六大夫が集まって「私盟」し、前の「公盟」を確認し合ったのであり、その必要があったのである。②の場合はこれと逆のことが考えられる。この文の主語は単穆公に仕える劉蚠であるが、彼は劉献公の卒後、単穆公のはからいで、庶子であるのにその後継者となった。そして王に謁見ののち、政敵の賓起（王子朝の伝）を殺害した。そこで、群王子が賓起に組するのをおそれ、先手を打ってこの盟約におよんだのである。この前提をふまえて考えると、「于単氏」は「単氏の邑で」（同前伊藤訳）とする解釈より、さらにうがってつぎのように考えられないであろうか。つまり、群王子と盟約したのは、その形式においては劉蚠であるが、殺人を犯した者がその場に出ていくのは危険であり、主人の単氏が代わって具体的な盟約をした、と。つまり、「于単氏」は主語である劉蚠の代理を示すのである。

以上①②から私が推測したことは、「盟A于（於）B」において、AもBも人名である場合、Bは具体的な盟約の儀式においてAを代表または代理したことを示すものであるということである。すなわち、「盟於（于）＋人名」においてその人物が盟約の時の対面者になる場合がある。以上から、「家」「邑」を補って場所を示すと解釈する必要は必ずしもないのではないか。

以上のことを、本文引用の史料に適用すると、「於陳宗」は、「諸陳」を代表して陳宗すなわち田成子が具体的盟約をした、と解せないだろうか。こう考えると、盟約の対象は、田氏という宗族全体であり、それを対外的に代表する宗主（宗長）が子我と対面して盟約の儀式をおこない、その場には「諸陳」はいなかったのである。共同体の首長のはたす役割が、家父長権力とよりはっきり区別して理解し得るといえるであろう。盟約を表わす文型についてのより広い検討が必要なために、断定を避けて本文において服虔、孔穎達説に一応従ったが、私見について諸氏の御教示を賜わりたく、敢えて注記した。

なお、『史記』では陳をすべて田に記してあるのに、斉太公世家のここの部分だけは「諸田於陳宗」となっている。田氏が陳の出身とされていることから、後に詳述することと同様、これは誓約であって田氏の祖先に誓って諸田と盟したとも考えられるが、これも一時保留したい。

（2）「立女」の解釈は『左氏会箋』において、「我れ陳氏に遠し」への注として「言レ不レ可三立而為二陳宗一」とあるのに従い、「お前を陳宗すなわち陳氏の宗主にしよう」の意に解した。

（3）「我れ陳氏に遠し」の解として、『史記』斉太公世家のこの部分への中井積徳の「言我於陳氏為庶孽遠裔也」（『会注考証』引）とあるのに従った。杜預の「言己疏遠」や『史記集解』引の服虔の「言我与陳氏宗疏遠也」のように、「田氏宗族から遠ざかっている存在だ」という見解があるが、このあと「違なる者数人に過ぎず」といっていて、田氏の内部事情をもよく知っていることを示しているので、この説は矛盾があるように思える。

（4）『史記会注考証』所引に従った。

（5）前掲伊藤訳の筑摩書房刊の訳書および小倉芳彦訳（岩波文庫）等も、亀井説に従っている。

（6）（4）に同じ。

（7）たとえば『史記』司馬穰苴列伝に、

（景公）既見穰苴、尊為大司馬。田氏日以益尊於斉。已而大夫鮑氏、高・国之属害之、譖於景公。景公退穰苴。苴発疾而死。田乞、田豹之徒、由此怨高・国等。其後及田常殺簡公、尽滅高子・国子之族。

とある。穰苴は同伝によると田氏の庶孽であるが、鮑・高・国等の有力世族は彼が田氏一族の者であるが故に恐れてこれを失脚せしめた。田氏の他の者は、それが故にまたこれら世族を怨み、報復したのである。また『左伝』哀公十一年、すなわち前記のクーデターの三年前、斉が呉・魯連合軍と戦って敗れた時の記載に

斉国書将中軍、高無本将上軍、宗楼将上軍、陳僖子謂其弟書曰、爾死、我必得志。（中略）陳書曰、此行他、吾聞鼓而已、不聞金矣。

とある。陳書とは田乞（僖子）の弟で『新唐書』表第十五宰相世卿に「書字占。伐営有功。景公賜姓孫氏。食采於楽安」とあるごとくであり、現に昭公二十六年には孫書の名ででてくる。引用の「中略」の箇所には田書とともに「陳子行命其徒具含玉」とあるから、陳子行（田逆）も田乞の意を受けたと考えられ、田書の方はたしかに魯軍にとらえられて処刑された。ここで田乞が「爾死せば、我れ必ず志を得ん」といっているのを、「俺の出世のため、一族でしかも弟のお前は死んでくれ」の意にとるなら、家父長の田乞のために他の族員が命をも投げ出すことになるであろう。この時期、このような家父長権が田氏集団のなかに芽生えつつあったとも考えられよう。しかし、田氏より高い卿の地位にあって、中軍、上軍をおのおの率いる国・高氏に対抗して田氏一族の者が功績をあげる必要が、田氏集団としてあったのであり、田書・田逆の決意と行動は田乞個人への忠誠ではなく、国・高氏に対抗する田氏集団への忠誠と考えたい。したがって「我必得志」の「我」は、田乞個人ではなく、我々の集団、すなわち田氏集団を指すと私は解したい。

（8）前章第五節に引用した『左伝』昭公三年、二十六年にみえる「厚施」政策に関する記載では、これを田氏がおこなったために民はこれに帰した、とあって、個々の士・農と田氏一族全体との関係がのべられている。ところが『韓非子』外儲説右上の同内容の記載に「其往帰田成子乎」等とみえて、田成子個人を民が慕うかにみえる。しかし同時に同篇中には「田成氏」という表現も混在している。『太平御覧』巻一六〇および一七七引用のこの箇所はすべて「成」の字が除かれ、「田氏」となっていることから、「左伝」の記載と同様に解釈したい。『史記』田敬仲世家では、田乞の時代におこなわれた「厚施」に関しては「民思田氏」等となっているが、田常が再度おこなった「厚施」を記したのちに「斉人歌之曰、嫗乎采芑、帰乎田成子」とみえて、田成子個人を問題にしている。しかし、このすぐあと、クーデターの記載が続き、「斉国之政皆帰田常」とあるため、為政者の地位につくべき予定の田成子（常）の立場をはっきりさせるための文章表現が用いられたのであって、当時の

士・農はやはり田氏集団のもとに入るという意識の方がより強かったと判断できる。

（9）田斉の成立以降の紀年に関して、(a)『史記』田敬仲世家および「六国年表」が『竹書紀年』と異なっており、この点に関して(b)陳夢家『六国紀年』（上海人民出版社、一九五六年）、(c)銭穆『先秦諸子繫年上・下』（商務印書館、一九三六年）、特にその「附表」第一および山田統「竹書紀年と六国魏表」（中国古代史研究会編『中国古代史研究』〈吉川弘文館、一九六〇年〉および『山田統著作集』〈明治書院、一九八〇年〉に所収）等の研究がある。また、(d)范祥雍編『古本竹書紀年輯校訂補』（上海人民出版社、一九五七年、王国維の『輯補』を補充訂正したもの）の附篇「戦国年表」、(e)楊寛『戦国史』（第一版一九五五年、第二版一九八〇年、第三版〈増訂本〉一九九八年、いずれも上海人民出版社）の巻末の「戦国大事年表」（この年表は三つの版ともほぼ同内容）は参考とすべきものである。(a)と(b)(c)(d)(e)の間に大きな相違があるのは後者が『竹書紀年』を重視したためであり、主な点は㋑田悼子の名が(a)にはみえない、㋺侯剡の名が(a)にはみえない、㋩(a)では桓公は六年間で卒しているが、『竹書紀年』（「田敬仲世家」および「魏世家」に付す『索隠』引用）では十八年になっている（「魏世家」付『索隠』引の方に「幽公」とみえるのは明らかに桓公のことと思われる）、㋥威王の没年が(a)では三十八年であるが『竹書紀年』（「孟嘗君列伝」付『索隠』引）では三十六年になっている、の四点であろう。しかし(b)(c)(d)(e)のおのおのの間にも若干の相違がみられる。本論では数年の相違は私の論旨に関係がない限り、詳しい考証は省き、西暦年号は(b)によることにした。こうすると、斉の年号は威王時代までは(a)より二十一年、威王以後は二十三年おくれることになり、特に『史記』の文中で史記と他国の関係が出てくる時は、この年号のずれをその都度検討することにする。

なお、近年になって、戦国紀年に関して(f)繆文遠『戦国史系年輯証』（巴蜀書社、一九九七年）、(g)平勢隆郎編著『新編史記東周年表』（東大出版会、一九九五年）が出版されたが、同様の扱いとしたい。ただ(g)に関して、一点言及すべきことがある。平勢氏は先秦時代の暦について詳細に検討した結果として新しい六国年表を作成した。その成果の当否を論評する資格は私にはないが、新年表のなかで、田斉の王として威王—宣王—湣王と継承されると従来考えられていたのを、威宣王—湣宣王と改めたことは、本論にとって重大な問題である。司馬遷の作為によると氏が判断した箇所を改めて新たな王名を推定して新年表に記したものと思われる。私は『史記』その他の史料から、斉の国家体制が威王時代と宣王時代に大きな相違があることを以後次章にもわたって論証したが、少なくとも現在知り得る文献において威宣王、湣宣王、なる王名はみられない。『史記』等の古典籍のみでなく『銀雀山漢墓竹簡』中の『戦国縦横家書』、『孫臏兵法』等においても、すべて威王、宣王の名はみえても威宣王、湣宣王の名はみえない。私は田斉の国家権力の実態分析にあたって、氏のいう諸王の存在を前提とする分析をおこなう必要を今のところ認めてはいない。

(10) 威王の名について『荘子』則陽篇に「魏螢与田侯牟約。田侯牟背之」司馬彪の注に「牟、斉威王」とあるが、私は「牟」は「午」の誤で桓公を指すと解した。なお『因資鏱』に関しては郭沫若『西周金文辞大系考釈』を参照した。

(11) 田因斉が「威王」と称するについて、「田敬仲世家」に、斉軍が襄陵で魏軍を破ったのち、「於是斉最彊於諸侯。自称為王。以令天下」という記載があり、これは即位四年目である。またこのことは『戦国策』斉策に、襄陵、桂陵の戦いについての記載で「斉侯」とみえ、「斉王」ではないことによって裏づけられる。王を称する前は何とよばれていたか、については不明。

(12) 楊寛のこの書の初版（一九五五年）では「斉威王時の政治改革」という見出しを設け、「集権的地主政権を確立するための政治改革を完成した」とよりはっきり威王の斉国史上の位置が示されている。また、日本でも一般的概説書、たとえば貝塚茂樹・伊藤道治『中国の歴史・1』（講談社）において、斉は威王時代に戦国強国として確立したとみている（同書三六〇頁・四〇〇頁等）。

(13) ここにいう国人は、旧体制において「国」の城郭内に住む支配貴族階層を指すと思われる。威王時代になってもこの国人層の動向が内政の重要なポイントであったことは注目に値する。増淵龍夫「春秋戦国時代の社会と国家」（『岩波講座世界歴史4』所収、一九七〇年）および同「春秋時代の貴族と農民」（『一橋論叢』七二―一、一九七四年、のち『新版中国古代の社会と国家』（岩波書店、一九九六年）に所収）参照。

(14) 『史記』滑稽列伝中の「淳于髡伝」に

（威王）於是乃朝諸県令・長七十二人、賞一人、誅一人。（中略）語在田完世家中。

とあり、同じ事件についての記載と判断できるが、邑でなく県とみえ、大夫でなく令と長の語が使われている。また『淮南子』汜論訓には

斉威王設大鼎於庭中、而数無塩令曰、子之誉日聞吾耳。察子之事、田野蕪、倉廩虚、囹圄実。子以姦事我者也。乃烹之。

とみえていて、よく似た説話であるが、ここでも誅せられたのは無塩の令である（無塩が邑とよばれていたか、県であったかは不明）。しかし、「田敬仲世家」の記載を通読すれば、この事件以前から県・令・長があったにしても、それは決して地方行政組織の実質をともなうものではなく、この事件をきっかけに、旧体制から君主体制への移行がおこなわれたことは読みとれよう。

(15)「魏世家」、「六国年表」、『竹書紀年』にはいずれもこの会見の記載はないので、年代は不確定。なお『韓詩外伝』巻十にもほぼ同文がみられるが、ここでは斉の宣王と魏の恵王の会話として出てくる。しかし、「六国年表」ではこの両者の生存年は一致するが、注（1）にみた他の四つの年表では生存年間が一致しない。したがって私はこの会話は斉の威王と魏の恵王とのものであると判断した。

(16) 同内容は「斉策一」にもみえる。このあと有名な襄陵、桂陵の戦いに発展するが、年代は注（9）に示した基準で考えると、威王四～六年の間のいずれかとなる。

(17)「田敬仲世家」にはこれより前に「桓公午五年、秦・魏攻韓。韓求救於斉。斉桓公召大臣而謀。」とみえる。しかし、『索隠』引の梁玉縄『史記志疑』の考証によると、この記事は本文引用の威王時代の邯鄲の役と、宣王六年に斉の匡章が燕を破った戦いを混合して、桓公午五年に誤って入れたものとしている。これによると、桓公午の時に大臣が置かれていたことも疑わしいことになる。

(18)「六国年表」によるとこれは威王二十一年である。なお『戦国策』等には「鄒忌」と表現されている。

(19)『新序』雑事二には

昔者鄒忌以鼓琴見斉宣王。宣王善之。鄒忌曰、夫琴所以象政也。遂為王言琴之象政状及覇王之事。宣王大悦、与語三曰、遂拝以為相。

とあって、宣王に用いられたことになっている。鄒忌は、宣王時代にも相として用いられたことは『戦国策』斉策一に出てくるので、『新序』では鼓琴に関する威王時代の説話を宣王時代の説話に混入したと考えられる。何故なら『新序』には、このあと鄒忌と稷下の士とのやりとりも記してあるが、稷下の士は宣王時代に置かれたものである。

(20) 卿、大夫等の旧時代の職官名も威王時代以降散見される（董説『七国考』巻一田斉職官を参照）が、これらは実質をともなわない名誉職的存在となったであろう。例えば威王時代の孟子の「卿」、湣王時代の蘇代の「上卿」などは、いわゆる「客卿」に等しいものであろう。相原俊二「先秦時代の客について」（『中国古代史研究』〈注（9）参照〉所収）を参照。

(21) 『戦国策』燕策一に同文あり。なお陳夢家『六国紀年』に、この年代につき詳しい考証があり（九三〜九八頁）、陳氏は『戦国策』によって、宣王五年と結論づけており、私もそれに従った。また、つぎに引用する「蘇秦列伝」とほぼ同内容の文が『戦国策』斉策一にある。

(22) 『戦国史』（第一版、一九五五年）第六章第三節の注一〇、一二〇頁。さらに、「燕召公世家」にみえる「北地の衆」は、五都の兵ではなく、燕に隣接する斉の地の農民をもかり出して戦ったものという（同書一一六頁）。なお、ここでいう『戦国史』は初版本であり、この書の現行版である増訂本第三版（注（1）参照）には、注一〇にあたる部分は省略されており、したがって参国伍鄙の制との関連のある説明は一切ない。また「北地の衆」の説明もない。「五都」の中には阿は数えられず、高唐が数えられている。

(23) 『官子』の参国伍鄙の制の時代については岡崎文夫「参国伍鄙の制に就いて」（『羽田博士頌寿記念東洋史論叢』所収）によった。なお、都の変遷については越智重明「戦国時代の聚落」（『史淵』一〇三所収）参照。なお詹立波前掲論文にも「いくつかの城邑は斉の『五都の戟』のごとき専業性をもった常備軍が作られた。」という（四一頁）。なお「蘇秦列伝」に「三軍の良」ともいっているのは、蘇秦が春秋、戦国を通して斉の軍隊の強さをいっているからであろう。ちなみに「斉策」一では「斉軍の良」と表現されている。

(24) 「田敬仲世家」および「六国年表」は馬陵の戦いを宣王二年としているが、『六国紀年』では『竹書紀年』を参照してこの年代を考証し（同書八四〜八八頁）、魏恵王の二十八、二十九年におこなわれ、斉では威王の十五、十六年にあたると結論している。これに従った。

(25) 『史記』司馬穰苴伝に「景公召穰苴与語兵事、大説之、以為将軍」とある将軍が斉における「将」の前身と思われるが司馬穣苴がどのような組織を持つ軍を率いたかは不明。

（26）『竹書紀年』はすべて注（9）に示した『輯校訂補』に依った。なお、ハとニが宣王時代でなく威王時代の事であることは注（24）参照。

（27）前に「孫子呉起列伝」からの引用にみたごとく、孫臏が将になるのを辞し、師として軍事顧問的地位に就いたのは、斉の軍事体制と田氏との関係を察知してのことではないかと察せられる。

（28）外儲説右上とほぼ同内容の記事が『戦国策』斉策三にあるが、「斉威王」がただ「斉王」となっており、高誘注には「斉威王之子宣王也。」とみえる。しかし、陳奇猶『韓非子集釈』には「田嬰相威王、雖史無明文、但史記孟嘗君伝謂嬰在威王時『任職用事』、或即相職歟。且下文『中有十孺子皆貴於王』及『視美瑱所在』二語顧之、此以威王為宣。蓋田嬰為威王子、故能明宮中情況、且又能視美瑱所在有。」とあって私はこの説に従う方が妥当であると考えた。

（29）増淵氏は、「家父長的君主」なるものを、君主の支配機構の中に見い出し、「家臣、私従が、それを養う家父長たる新しい国の君主の手足として、いわば官僚の原型として、その家父長制的君主の支配する県に派遣されて、そこの統治に当ることになる。」（岩波講座所収前掲論文一八一頁）として、官僚を私従者に求められた。私は、少なくとも斉における戦国国家は、血縁的共同体のワクの拡大として出てくる支配機構を持ち、私従者を官僚の基本とはしていなかったと考えた。そして、血縁的共同体の分解によって支配機構を支える者の基本が私従者に移った時、それは機構の強化ではなく、機構の分解へ向かうと考えている。主客関係は、したがって、公権力である専制国家を維持する基本にはなり得ないのであって、斉の行く末は、決して秦漢帝国へ結びつかない、というのが私の見通しである。

附論　好並隆司氏の批判に答える

好並隆司氏はかつて本篇第一・第二章について、主に家父長制の理解の仕方について私を批判された。「中国古代の家父長的家内奴隷制」（『歴史学研究』四六二号、一九七八年。のち『商君書研究』〈渓水社〉の第一部第二章に収録）の第三節においてである。かなり遅くなって恐縮であるが、本書をまとめるにあたって私の返答をのべさせていただくことにする。

まず第一章の部分について。好並氏は本篇第一章の初出論文（「斉の田氏について」『歴史学研究』三五〇号。本書に収録するにあたって文章・字句を大幅に変えたが、論旨は変わってはいないので、好並氏の引用箇所を再度ここで引用はしない）の最後の部分を引用してつぎのようにいわれる。

この分析での問題点は、田氏が官僚体制形成のために登用されたのが第一義的であり、そののちに封邑を与えられたと氏自身が指摘する通り、まず官僚として機能したというその田氏の政治を、第一論文（本篇第一章相当部分のこと――著者）の理論化の段階で十分に貫徹されていないことである。田氏は官僚体制形成の基礎財政確保のため、「民その力を参にして、二は公に入る」というきびしい収奪を行いつつ、「斉の公量を以て貸し、家量を以て収む」という厚施政策を実行したのであるが、これを太田氏のいうように、田氏の封邑に限定してしまうと論理的に矛盾してくるのである。田氏はまず何よりも、官僚として公賦の収奪をおこなうと同時に、家父長として私的にではあるが、一般の農民に厚施という恩恵を与えたのである。

氏のあげる左伝、韓非子などの資料にみるかぎり、これを田氏封邑内の施策にしなくてはならぬ部分はみいだせないのである。この政策をとった田氏は他の世族の鮑氏、晏氏、闞氏などと争い、それらにうち克つが、その力はこうした家父長制的結合の上にたつ官僚としての立場に根拠をもつとおもわれる。（前掲書二一七〜二一八頁）

好並氏の文章は私にとってきわめて難解であり、私なりの推測をもって理解したうえで私見をのべるが、誤解またはすれ違いの議論になるかもしれぬことをあらかじめお断りしておく。

第一に、私は田敬仲が、好並氏がいわれるような官僚として桓公によって登用されたとは全く考えていない。たしかに田敬仲は「工正」という地位を与えられたように『左伝』には記されているが、これは諸侯お抱えの手工業者集団の長としての地位であり、おそらく武器や祭器を製造する技術者集団を指導監督する立場であったと思われる。これを官僚ということはできなくもないが、一般的な行政官、すなわち当時では君主の手足となって人民を支配することを任務とする者とは性格が異なると考えている。そもそも領域内の人民から君主が官僚を使って徴税するという体制は戦国君主による中央集権体制ができることによってはじめて可能になるのであり、たとえ覇者として強力な桓公が斉に現われても、春秋中期においては戦国君主のようにはなれなかったであろう。私はこのことは中国古代史の研究では一般的に確認されていることであると思っており、近年では増淵龍夫氏が官僚制の成立もふくめて春秋から戦国時代への変化を実証的・理論的に追求されたのではなかったか。

事実として、田氏一族の者が、田斉成立以前に徴税を任務とする官僚になったとする史料はないばかりか、少なくとも華北においては春秋時代にこのような官僚は見い出し得ない。

第二に、したがって厚施政策の対象となったのは当然田氏の封邑だけであり、だからこそ第一章に引用した『韓非子』外儲説右上の記事では公邑と田氏の邑とが、その支配者の政策の相違によって比較してのべられているのであり、

「父子相い牽きて田成氏に趨く者、生ぜざるを聞かず」という現象がおこるのである。そもそも田氏が徴税担当の官僚であるなら、田氏の邑以外の邑にいる農民は、官僚たる田氏と、支配者たる貴族（大夫）との二重の収奪を受けることになり、これでは農民は一人も生きてはいけないであろう。

第三に、「家父長権」というものを好並氏はどう考えておられるのか、それはどのようにして生まれてくると考えられているのか、私には理解できないのである。私なりの理解では、それは世帯共同体もしくは小家族内において、年長の男性がその血縁集団内においてもつ種々の支配権や対外的交渉権が原義であり、共同体の分解の過程で生じてくるものである。やがてその支配権力は家内奴隷等の非血縁的従属者へも及び、さらには本来の血縁集団とは関係なく、他の集団や個人に対して特定の男性が及ぼす主従関係に基づく私的支配権をも意味するところまで発展して理解されてくる。こうなると、超歴史的な社会学的概念といえよう。田氏についていうなら、田氏の封邑の中に次第に自立した世帯共同体もしくは小家族が生まれてきて、伝統的邑支配がスムーズにいかなくなると、出現してきた新たな血縁集団ごとに新しい支配関係を作る必要が生じてくる。そこで厚施政策による恩恵を施すことによって、新集団の家父長権を田氏が吸い上げようとした、と私は考えたのである。これは従来の貢納物を新集団から新たに収奪する目的があっただけではなく、農民を私兵として徴集したり、従来の賦に相当するもの、すなわち武器の原料となるものをも私的に収奪しようとしたと考えたのである。

さて好並氏は「家父長として私的にではあるが、一般の農民に厚施という恩恵を与えたのである」といわれるが、公や他の貴族によって支配される邑の農民に対して徴税官たる田氏がどうやって家父長権を行使し得たのか。逆に厚施によって家父長権が形成されていくのではないだろうか。しかしそれにしても、公や他の貴族（大夫）の支配地に徴税官たる田氏が殴り込み強盗のごとく入り込んで厚施をおこなって新たに農民との支配従属関係を作っていく、などということがスムーズにおこなわれるはずがない。大変な社会的混乱と内乱になったに相違ないが、そのような事態は史料からはうかがえない。

さて好並氏は自説を補強するため、二つの史料をもちだされた。その一つは『説苑』臣術の文であり、訓読して提示されている。私も同文を趙善詒『説苑疏証』に依って私なりの訓読で示そう。

臣古の賢君を聞くに、臣に厚賜を受くるに其の国族を顧みざるもの有らば、則ち之を過《とが》め、事に臨み職を守るに、其の任に勝《た》えざれば、則ち之を過む。君の内隷・臣の父兄、若し離散して野鄙に在る者有れば、此れ臣の罪なり。君の外隷・臣の職《つかさ》どる所、若し播亡して四方に在る者有らば、此れ臣の罪なり。兵革完《まった》からず、戦車修まらざれば、此れ臣の罪なり。若し夫れ弊車駑馬以って朝すれば、意者《おもうに》臣の罪に非ざるなり。且《まさ》に臣君の賜を以ってすれば、臣の父の党乗車せざる者無く、母の党衣食に足らざる者無く、妻の党凍餒する者無く、国の士を簡《えら》び臣を待ちての後挙火する者百家を数う、此の如きは隠居の賜と為すか、君の賜を彰わす（と為す）か、と。公曰く、善し。為《ため》に我れ無宇を浮《つみ》するなり、と。

好並氏と訓読にかなり違いがあるが、ここでは云々しないことにする。字句にも相違があるが、これは趙善詒氏が諸注釈を参照して文字を変えたり、補ったりした所があるためで、あまり議論にかかわらない限り云々しない。しかし一点だけ、冒頭の部分の「厚賜」を好並氏は「厚施」としているのは、私は全く理解できない。いかなる版本にも、いかなる改字の注釈にもこれはない。「賜」はこのあと何回も出てくる文字であり、この一箇所だけ「厚施」となっては、文全体の意味はわからなくなろう。そして、「厚賜」と「厚施」は全く別のことである。前者は君主が臣下に厚く賜わり物をすることであり、後者は斉の田氏独得の政策で、穀物を量るマスを公量と私量とで使い分けることによって農民に恩恵をほどこすことである。好並氏は文末に田氏が出てくることで、ここを「厚施」であると思い込んでしまったのではないか。この一点だけからも、この文が好並氏の論とは全く関係のないものであることがわかった。いま一つ、後半に出てくる父・母・妻の「党」とは、好並氏のいうような郷党ではなく、それらの血縁者を中心とした貴族のグループであろう。いわゆる郷党が政治的動きをなしてくるのは、早くとも戦国末期、一般には漢代もかなりあとになってからであろう。

なおついでに、『説苑』とは前漢末の儒者劉向の手になる説話集であり、漢代の人に儒教の思想をわかりやすく説くことが目的の書であるから、話の題材は春秋時代に取っていても、出てくる用語（官名など）や人間関係は漢代に一般的なものであって、春秋時代のものでない場合が多いことは頭に入れておく必要がある。この文にみえる君臣関係は春秋時代にはあり得なかったと私は考えている。

好並氏引用のもう一つの史料は私も第一章で引用した『韓非子』外儲説右上にみえる一文であり、私の引用文の中の晏嬰の二度目の発言のはじめの部分である（ここで再度引用はしない）。私は第一章でこの史料の考証をおこなったはずであるが、好並氏はそこを読まずに批判文を書かれたようである。好並氏は文中の「田成氏」とは「田成子（田常）」であるといわれるが、景公・晏嬰より二世代のちの人物が両者の対話の中に出てくるはずがない。私は、この文は景公・晏嬰・田無宇（桓子）の時代と田成子の時代とを混同して書かれているが、のべられている歴史上の実態は景公・晏嬰時代のことであると判断している。

ちなみに、『韓非子』中の諸説話は、歴史上の事件等を題材にしているものは多いが、あくまでも韓非の思想を伝えるための手段として利用しているという点では思想的立場は異なっているが前述の『説苑』の場合と同じであり、そこにみえる事件の実態や人名諸用語等がその時代の事実ではなく、よりのちのものか、著者の時代のものであることがあり得ることは念頭に置くべきであろう。「大臣」と通称される官が景公・晏嬰時代の斉にあった形跡はなく、田成子時代ですら疑わしく、おそらく韓非の時代のものであろう。

さて、以上のことを度外視するにしても、この史料から好並説である、田氏が官僚として斉国全域に厚施をおこなったということを読み取ることはできない。封邑内で厚施をおこなえば、自分たちもその恩恵にあずかろうとして田氏の邑に流入して来る者が多いことは前述したが、そこまでいかなくとも、慈悲深い田氏を賞讃する声が斉国内の農民から興ってくるのは当然であろう。また爵禄を受けられるよう仲立ちをしてやれば、「大臣」と記されているような上層階級の人の中で人気が高まるのも当然であろう。

つぎに第二章での私の論に対する批判を検討しよう。私は第二章において、『史記』田敬仲世家の威王初期の部分の一文を引用した（六八頁）。ここでは、封じた即墨大夫、阿大夫のおのおのの支配地の統治実績を調査したところ、世評とは反対の善し悪しがはっきりしたため、一方を賞し一方を罰した、という内容が記されており、名称は「大夫」でも、実態は王の信賞必罰を受け、その基準が統治がよくおこなわれているかどうかであることから、私はこれが斉における官僚制成立のはじまりではないかと考えたのである。

これに対して好並氏は、斉の官僚制はそれ以前から存続していたといわれる。その証拠として『古列女伝』巻六の中の「斉威虞姫」の一部分を引用される。この文の内容は前述の「田敬仲世家」の文のそれと重なっている所が多いが、加えて威王の娘の虞姫なる賢婦人と佞臣の周破胡なる人物が登場してより複雑な物語となっている（長文なので、ここでは敢えて引用はしない）。好並氏が問題にしているのは、冒頭の部分で「田敬仲世家」が「威王初即位以来、不治、委政卿大夫」とのべている所を『古列女伝』では「……委政大臣」となっていることで、これをもって「大臣」とよばれる行政官が威王初期から存在したとされている。私のみるところでは、他にも「有司」「群臣」といった官僚体制を思わせる語も散見される。しかし私が不思議でならないことは、この文の中に「田敬仲世家」と同じ「即墨大夫」

「阿大夫」の語が出てきたり、威王が即墨大夫を賞して「万戸を与える」という封邑制そのものを示す内容もまたみられるのに、好並氏はそのことには一切目をつぶっておられることである。

そもそも好並氏は何故に『史記』より『古列女伝』の記事の方を歴史的事実の認定のうえで重視されるのであろうか。好並氏は劉向の筆になる文献に対して余程信頼を置いておられるようであるが、私はその逆である。『史記』の記載をすべて歴史的事実であるとは決して思わず、考証が必要であるとは思うが、一応は歴史書を書くという目的で執筆されており、特に「田敬仲世家」は田氏の系譜を通して斉国の政治・社会の移り変わりを描こうとしているのであるから、他の古典文献以上に事実認定については私は信頼を寄せたいと思っている。それに対して『古列女伝』は賢婦・才女の様々な逸話を劉向なりにアレンジして、儒教的教訓を漢代人に示すために作られた超時代的な性格をもつ説話集である。その中には、一文中に戦国～漢代の実態を示すような用語や制度と、周代の実態を示すようなそれらが扱った時代とは関係なく混在していても、さほど執筆者の関心事ではなかったであろう。要するに儒教的女性の生き方のモデルが漢代人にスムーズに伝わればよかったのである。

以上、好並氏の批判は文献学的観点からみて、成り立たないものである、と私は考えている。

第三章　田斉の崩壊

一、はじめに

本章は、戦国期における宣王以後の田斉の推移を、主にその官僚機構と田氏とのかかわりを中心に考察した。ここにおいては農民の具体的な生活形態、生産形態、土地所有をめぐる生産関係、生産力の発展段階等についてはほとんどふれていない。それを一地域について検討するような史料はほとんど見い出し得ないからである。しかし、上部構造のありようやその変遷を詳しく正確にみることによって、わずかな土台に関する史料をも生かしきり、社会構成体を総体としてとらえるための重要な素材とすることができるであろうと思っている。

二、宣王の時代

威王のあとを継いで田斉の王位についたのはその子田辟彊宣王（前三一八〜三〇一在位）[1]である。この威王・宣王が戦国時代中期における有力君主として勇名をはせたことは衆知のことである。[2]しかし、この両王のもとでの斉の支配体制を具体的にみる時、宣王時代は威王時代と本質的に異なった点を見い出すことができる。いまこれをつぶさに検討しよう、というのが本節のねらいである。

『戦国策』斉策三と四には、宣王に対して、君主にとって「士」がいかに必要なものかを説得した人物についての説話が三つある。その人物とは淳于髠、顔斶、王斗である。まず淳于髠についてみよう。

淳于髠一日にして七人を宣王に見えしむ。王曰く、子来れ。寡人之を聞けり、千里にして一士あるも是れ肩を比べて立ち、百世にして一聖あるも踵に随いて至るが若きなり、と。今子一朝にして七士を見えしむ。則ち士亦た衆《おお》からずや。淳于髠曰く、然らず。夫れ鳥は翼を同じくする者聚居し、獣は足を同じくする者行ないを倶にす。今柴葫・桔梗を沮沢に求むれば、則ち累世一をも得ず。睪黍・梁父の陰に之くに及びては、則ち車を郄《あお》ぎて載するのみ。夫れ物に各おの疇《ともがら》有り。今髠は賢者の疇なり。王の士を髠に求むるは、譬えて水を河に挹み、火を燧に取るが若きなり。髠まさに復た之を見えしめんとす。豈特《ただ》に七士のみならんや、と。

つぎに顔斶と宣王との対話であるが、長文なので全文は引かないが（必要な箇所のみのちに引用）、説話を要約すると、宣王が斶に「王と士といずれが貴いか」と問うたのに対し、斶が「士の方である」と答え、その理由として堯・舜・禹・湯等の古の王者がいずれも補佐あって名を成した実例をあげ、また『易』や『老子』等を引用して王者が自らへり下って士を貴ぶべきことを説き、士の重要性を説いた。宣王は納得し、自ら斶の弟子となり、先生として斶を好遇しようと申し出るが、斶は「言うべきことはすべてもう言ってしまった」と辞去した、というものである。

王斗との対話も長いので、前半は後にみることにし、後半をまず引用しよう。

王斗曰く、昔、先君桓公の好む所は五なり。諸侯を九合し、天下を一匡し、天子受籍して立てて大伯と為す。今、王は四有り、と。宣王説びて曰く、寡人愚陋にして斉国を守る。唯だ之を失抎するを恐るるのみ。焉にか能く四有らんや、と。王斗曰く、否、先君馬を好み、王亦た馬を好む。先君狗を好み、王亦た狗を好む。先君酒を好み、王亦た酒を好む。先君色を好み、王亦た色を好む。先君士を好むも、是れ王士を好まず、と。宣王曰く、当今の世、士無し。寡人何ぞ好まん、と。王斗曰く、世に麒麟・騄耳無きも、王の駟已に備われり。世に東郭の俊・盧氏の狗無きも、王の走狗已に具われり。世に毛嬙・西施無きも、王宮已に充ちたり。王亦た士を好まざるなり。何ぞ士無きを患わん、と。王曰く、寡人国を憂い、民を愛す。固より士を得て以って之を治めんと願う、と。王斗曰く、王の国を憂い民を愛するは、王の尺縠を愛するに若かざるなり、と。王曰く、何をか謂わん、と。王斗曰く、王、人をして冠を為らしむるに、左右の便辟を使わずして工者を使うは何ぞや。之を能く為せばなり。今王斉を治むるに左右の便辟に非ざれば使う無きなり。臣故に曰く、尺縠を愛するに如かず、と。宣王謝して曰く、寡人国家に罪あり、と。是において士五人を挙げて官に任ず。斉国大いに治まる。

さて、この三つの説話で注目すべきことは、君主にとって「士」のもつ必要性や、「士」を多く君主に推薦し、君主が「士」を多く使うことの重要性を宣王に進言した三人は、いずれも宣王をみごとに説き伏せていることである。この三人の立場はのちにみることにするが、このような人物が現われたことは、それ以前には、宣王が士を軽視し、それを徴用することが少なかったことを示していよう。つまり、これら三人に代表される人物の諫言を宣王が受け入れ、士を多く登用する方針に変えることによって宣王の田斉の統治に一定の変化があったことがうかがわれるのである。現に、王斗との対話の最後で、王斗に従って五人の士を官に登用し、それによって「斉国大いに治まる」とみえるが、このような士を登用することによって、宣王による威王時代とは異なった新しい統治体制が確立されたと推測できるのである。

では、これらにみえる「士」とは何か。第一章において、田氏の厚施政策によって田氏の邑に農民・商工業者とともに士が多く集まってきたことをみた。[3] この「士」と同一性格のものとみてよいであろうが、顔斶との対話の中に、斶が「士は鄙野より生ずるも、推選せらるれば禄せらる」とのべているごとく、王室周辺にいない在野の有能な人物を指すとみられ、それ故にこのような人物を多く見い出して任官することの意義が問題とされているのである。

私は第二章において、威王時代の官僚が主として田氏一族（田氏に擬せられた者も含む）によって占められ、田氏の家父長たる威王田因斉の一族に対する支配権が、国家機構へ拡大された体制がみられることをのべた。宣王が、ここにみるような進言を受け入れて、国家体制を変革する以前は、おそらく、この威王時代の体制がそのまま受け継がれていたと考えてよいであろう。とすると、これら三つの対話にみえる士とは、単に在野の知られざる有能な人物という意味だけでなく、田氏一族の者として家父長が掌握している以外の有能な人物である、ということに重要な意味があると考えられるのである。そして、このように、田氏一族以外の者を官僚としてとり入れる必要が出てきたのは、斉王の地位にある田氏一族の家父長の支配下にあった田氏集団そのものに何らかの変化があり、一族の者が官僚として王を支える存在が弛緩してきたことが考えられる。この点については次節で具体的にみていく。

さて、では宣王と議論したのちに士を推薦し、または士の重要性を認識せしめたこれら三人の人物と宣王との関係は如何であろうか。顔斶、王斗については、他の史料にはあまり見当らない人物であるので、のちに考えることにし、まず淳于髠と、彼の属した「稷下の学士」を検討したい。

淳于髠は『史記』滑稽列伝にみえて威王と親しく、冗談をいいながら王を諫めた説話がいくつかみえ、また第二章でも、威王時代に騶忌＝成侯に微言を与えて相として守るべき道を諭したことをみたごとく、威王時代から王の顧問的な存在であった。しかし、淳于髠の宣王時代の斉国における位置は、彼が有名な「稷下の学士」の一人として数えられることに端的にみられるように思われる。『史記』田敬仲世家には宣王、文学游説の士を喜び、騶衍・淳于髡・田駢・接予・慎到・環淵の徒の如きより七十六人、皆な列第を賜い、上大夫となり、治めずして議論す。是を以って斉の稷下の学士復た盛んにして、且《まさ》に数百千人ならんとす。

とある。ここで「治めずして議論す」とあるように、これら人物は、自らは官位につかず、上大夫の地位を与えられながら学問上の議論をすることが主要任務であったのである。さらに、「稷下の学士復た盛んにして」とあるところからみて、これは威王時代にもあったと考えられる。また、『史記』孟子荀卿列伝には、これらの学士の幾人かについてのべたあとで、

是に於いて斉王之を嘉し、淳于髡の如き自り以下は皆な命じて列大夫と曰い、為に第を康荘の衢に開き、高門大屋にして之を尊寵す。天下の諸侯の賓客を覧るに、斉は能く天下の賢士を致すと言う。

とある。これを「田敬仲世家」と併せて考えると、ここにある「斉王」とは当然宣王であると推せられる。

さて、この「稷下の学士」については、郭沫若『十批判書』（野原・佐藤・上原訳『中国古代の思想家たち』岩波書店）の第四章「稷下の黄老学派の批判」に論じられており、個々の思想家の思想史上の位置づけはこれに譲りたいが[4]、「稷下の学」について、「中国文化史の上で実に画期的な意義をもち」、「学術・思想を自由な研究の対象となしうるまでに発展させるのは、社会の進歩なのであり、それがまた学術思想の進歩を促進した」と評価している。

しかし、これらの「稷下の学士」のもつ政治的意味の方に私は注目したい。先にみた「孟子荀卿列伝」に、諸侯の「賓客」に比して宣王が賢士を最もよく集めた、とみえるように、そして宣王が高門大屋を与えて彼等を尊重した、とみえるように、彼等は宣王の大切な「賓客」であり、宣王に養われていたのであろう。戦国時代の「客」「賓客」のもつ意味についてはすでに増淵龍夫氏によるすぐれた研究がある[6]。増淵氏は「賓客」「舎人」等とよばれるものが、戦国君主の官僚として発展したことを推測されているが、「稷下の学士」は、すでに王位にある者のもとに、王権を

もって集められ、しかも彼等は前述のごとく任官せず、「議論」をしていればよかったのである。

しかし、この「議論」が問題である。増淵氏もいわれるごとく、賓客は主人の家父長権的支配下にあって、生活の保障と引き換えに主人へ服従するものであり、しかも両者の間には単なる取引以上の、中国固有の心情的関係が見い出されるものである。とすると、「稷下の学士」もまた、郭氏のいうように学術、思想の自由な研究のために集められたのではなく（たしかに当時の諸家の思想の中でいずれかだけを採用するのでなく、あらゆる学派に平等であったという意味では「自由」であろうが）、王に対する絶対的義務としての反対給付が前提となって養われていたはずである。これがまさに淳于髡が威王時代からおこなっていた君主に対する諫言、微言であり、また士を推薦するという行為ではないだろうか。そして、王は学者として彼等を尊敬し、また彼等も王としての権威を尊重するという、相互の一定の信頼感が、その前提として存在していたのであり、これが両者間の絆となっている。すなわち、学者としての信頼をうけた彼等は、自らの知識に基づいて君主の政治に意見を出し、また支配体制の強化のために有能な士を官僚として推薦するという形で君主たる主人に仕え、従属していたのである。これは君主の賓客であるが故に必要なことであったのであり、のちにみる孟嘗君をはじめとするいわゆる戦国四君の「食客」とは一見異なるが、主人の家父長権下にある者である点においては変わりはないのである。(7) そして、このような「賓客」が宣王時代に入って、改めて多く集められたことは、本来の意味での家父長権の対象であった田氏一族の分散化傾向の結果必要とされたのであろう。とするならば、「議論」で表わされているものは、いわゆる「議論」をするだけではなく、諸家の学者が討論し、その結果を何らかの形で君主に上言するという結末をともなった議論であり、そうしてはじめて上言の内容も諸家の一致する見解として表われてくるのであろう。宣王はそれを期待していたと思われるのである。

淳于髡以外の他の稷下の学士の場合をみても、例えば道家として著名な田駢は、斉王との対話が『呂氏春秋』に二箇所みえ、(8) また尹文と宣王との対話も『説苑』巻一(9)にみえるが、いずれも宣王の王としてのあり方、国政のあり方に対する意見をのべたものである。また『孟子』には孟子と宣王との対話が多くみえるが、郭沫若前掲書によると孟子も稷下の学士の一人に数えられている(10)。

さて、このように考えてみるならば、他の王斗と顔斶の二人も稷下の学士と同性質の者ではないかと考えられる。王斗については、先に引用した『戦国策』斉策四の前半の部分を見ると、

先生王斗門に造《いた》りて斉の宣王に見えんと欲す。宣王謁者をして延入せしむ。王斗曰く、斗趨りて王に見ゆれば勢を好むと為り、王趨りて斗に見ゆれば士を好むと為る。王に於いては如何と。使者復た還りて王に報《つ》ぐ。曰く、先生徐《ゆるやか》に之き、寡人従を請わん、と。因りて趨りて之を門に迎う。入りて曰く、寡人先君の宗廟を奉り、社稷を守る。聞くならく、先生直言正諫して諱《い》まず、と。王斗対えて曰く、王之を聞くは過なり。斗乱世に生まれ、乱君に事う。焉んぞ敢えて直言正諫せんや、と。宣王忿然として色を作し説ばず。

とある。ここから、王斗は宣王に事えていたこと、宣王が王斗を「先生」とよび、しかも諫言を期待していたこと、を知ることができるが、「先生」といういい方は、同じ「斉策」四に斉人が田駢を「先生」と呼んでいることから(11)、稷下の学士のごとき学者に対する尊称と考えられる。すなわち王斗も稷下の学士の一員か、さもなくば同類の人物であると察せられるのである。

顔斶もまた、大胆に宣王に諫言しているところをみると、王斗と同様の立場と思われる。というのは、「斉策」の中で顔斶の説話の方がより先に出てくるが、「夫れ斶の前《すす》むは、勢を慕うと為し、王の前むは士に趨くと為す。斶をして勢に趨くと為さ使むる、と。王をして士に趨くと為さ使むるに如かず、と。王忿然として色を作して曰く、……」とあるところは前の王斗の説話と似た内容であり、王が忿然として議論となり、その結果は斶の言に従うことになっ

た前例に鑑みて、宣王は王斗の時には自ら迎え出ることになったと考えられるので、「斉策」四ではこの両者を同様な人物として描いていると思われるからである。この顔斶との対話で注目すべきことは、宣王が斶に説伏させられたのちに、つぎのようにいっていることである。

嗟乎、君子焉んぞ侮るべけんや。寡人自ら病を取るのみ。今君子の言を聞くに及び、今細人の行を聞くに及べり。願わくは弟子とならんことを請う。且つ顔先生寡人と游すれば、食は必ず太牢にして、出ずるは必ず乗車、妻子の衣服は麗都ならん。

斶は結局は宣王のもとを去ったのではあるが、斶の才能を認め、これを厚遇して自分への進言者として手元に置いておきたかった宣王の意図を表わしている。顔斶は稷下の学士に組み入れようとして取り逃がした者ということができよう。

以上、縷々のべてきたことを要約して、宣王時代の国家支配体制をつぎのようにみる。宣王は稷下の学士に典型的に示される学才ある賓客と私的な主従関係をもち、彼等を厚遇したが官位にはつけず(12)、彼等に政策を上申させ、また有能な士を推薦させた。この推薦された士が宣王のもとで官僚として登用され、威王時代の田氏一族によって主に占められていた地位を埋め、新しい君臣関係に基づく官僚体制を確立していったのである。すなわち、宣王と稷下の学士との間の新しい家父長的主従関係を媒介として、新しい官僚体制が形成されたのであり、個人的心情による主従関係そのものが君臣関係へ発展して官僚体制に組み込まれたのではなかったのである。しかし、また同時に、家父長的主従関係に支えられて官僚体制が形成されたのであるから、前者の関係が崩壊すれば、後者もまた成り立ち得なかったのである。

三、田氏の族的秩序の弛緩

戦国時代には「田」なる姓の人物が斉国以外の地で活躍した記録を多くみることができる。早くは前五世紀後半に魏の文侯に仕えた田子方[13]があるが、その多くは前四世紀後半以降の人物である。いくつか例をあげると、魏の宰相として『史記』魏世家や「張儀列伝」にみえる田需、遊侠の士荆軻と親しかったと「刺客列伝」にみえる燕の田光先生、『呂氏春秋』仲春紀等に宋の康王の臣としてみえる田不禋、『韓非子』外儲説左上、『淮南子』道応訓にみえる墨家の説を秦・楚の諸王に説いた田鳩、遊説の士として知られる者では『韓非子』説林上にみえる田駟や「田敬仲世家」にみえる田珍等々である。漢初の田叔は趙の人であるが、「田叔列伝」には「其の先、斉の田氏の苗裔なり」とみえるように、田姓をもつこれらの人物は、斉の田氏一族の者（田敬仲時代に、賓客、舎人で田氏と擬せられた者も含めて）が斉国外に出奔して活動し、のちにその地に定着したと考えられ、しかも史料に出てくる頻度から威王〜宣王時代以降が主であったと考えられる。このことは、田斉の王室を支える一族としての族的拘束力がこの頃から弛緩してきたことを推測せしめるものであるが、その実態を斉国内にいた諸田氏のありようからみてみたい。

『韓非子』外儲説右下につぎのような説話がある。

田鮪其の子田章に教えて曰く、而《なんじ》が身を利せんと欲さば、而が君を利するを先にせよ。而が家を富まさんと欲さば、而が国を富ますを先にせよ、と。一に曰く、田鮪其の子田章に教えて曰く、主は官爵を売り、臣は智力を売る。故に曰く、自ら恃みて人を恃む無かれ、と。

まず、ここにみえる田章なる人物については「秦策」二にもみえるが、陳夢家『六国紀年』に詳しい考証があり[14]、これは『孟子』離婁篇下にみえる匡章、「斉策」一、六にみえる章子、『陳璋壺』の銘文にみえる陳璋とすべて同一人物であって、威王・宣王に事えた者としている。[15]この説に基づいて文の内容を考えてみたい。斉王に事える息子田章に父親はまず君主、国家を第一義とし、私事を先にしてはならないと訓する。しかし後段において、君臣の関係は官爵と智力との取引関係であり、臣下は自らに恃む、すなわち個として自立した存在であることを説いている。一族の者が王の位にある斉において、臣下たる子に与えたこの訓話のもつ意味は、族的集団を基礎とした官僚体制の終焉を暗示するものである。もしこれが威王の時代のことならば、家父長権的支配体制の下で、それが崩壊するきざしをみて将来を適確に予言したものであり、宣王時代であるなら、その崩壊の直面している事実を子に訓示したといえよう。

たしかに威王末年から、ここにいう取引関係としての君臣関係が、王と田氏の臣下との間にみえていた。たとえば田忌は、[16]第二章でみたごとく、威王時代、たびたび斉軍を率いて他国を圧倒した将であるが、「田敬仲世家」や「斉策」一によると田忌は成侯騶忌と仲が悪く遂に騶忌の陰謀にかかって楚に出奔した。[17]出奔後の田忌に関して「斉策」一にはつぎのような説話がみえる。

田忌、斉を亡れて楚に之く。鄒忌之に代わりて斉に相たり。[18]斉、田忌の楚の権を以って斉に復さんと欲するを恐る。杜赫曰く、臣君の為に之を楚に留むるを請わん、と。楚王に謂いて曰く、鄒忌の楚と善からざる所以は、田忌楚の権を以って斉に復するを恐るればなり。王、田忌を江南に封じて以って田忌の斉に返らざるを示すに如かざるなり。鄒忌斉を以って厚く楚に事えん。田忌は亡人なり。封を得れば必ず王を徳とし、若し斉に復せども必ず斉を以って楚に事えん。此れ二忌を用うるの道なり、と。楚果して之を江南に封ず。

田忌の出奔の直接の原因は騶（鄒）忌との不和であるが、楚で封ぜられれば、楚王に恩を感じてそののち楚のために仕えるであろうという杜赫の判断が出てきたのは、そして楚王もそれに従ったのは、田氏一族の者であるからといって常に威王に仕えるとは限らず、封地を与えることによって主を変え得るという現実を正確に見抜いたからであろう。族的秩序に代わって、取引に基づく君臣の主従関係が重んぜられてきたことを示すものであろう。

威王の臣下たる田氏の者同士の不和もみられる。「斉策」一には、

楚の威王徐州に戦勝す。[19] 嬰子を斉より逐わんと欲す。嬰子恐る。張丑楚王に謂いて曰く、王徐州に戦勝するは、盼子用いられざればなり。盼子国に功あり。百姓之が為に用いるも、嬰子善からずして申縛を用う。申縛は大臣与《くみ》せず、百姓用を為さず。故に王之に勝てるなり。今、嬰子逐わるれば盼子必ず用いられん。復た其の士卒を整え、以って王と遇うは、王に便ならず、と。楚王因りて逐わず。

とある。盼子は高唐の守であって、将としてしばしば斉軍を率いた田朌、嬰子は田嬰であって、次節で再度取りあげるが、威王の子であり、騶忌に代わって相となったことはすでに第二章でもみてきた。田氏の中でも有力者であったこの両者の不仲が楚につけ込まれたわけであり、田氏としての横のつながりより、有力な臣の族的秩序からの自立化の傾向が表面化したものといえよう。

このように、威王は田氏一族の臣下を従えた家父長的支配機構のうえに立ってはいたが、族的秩序を維持する家父長権が公権力でもあったことは、公権力としての側面への比重が大きくなることによって族的秩序の弛緩→族員としての意識の稀薄化が進み、族の分解の方向をたどることを余儀なくされる。と同時に、君臣関係においても、家父長的関係から解放される傾向が生まれ、国外に田氏一族の者が多く流出していくのである。それが、宣王時代になって族外の士を多く採用せしめる要因となってくるのである。

宣王時代になると、宣王が賓客としての稷下の学士を集めて自ら新しい非血縁者による家父長的集団を構成していったと同様に、分散化した諸田氏の有力者もまた同様な新集団の頭目となってきた。すでに第二節でみた田駢は、田氏

の一族としてではなく道家の学者として宣王に仕えながら、自分自身も注（12）に引いた「斉策」四に「今先生設けて不宦を為すも訾養千鐘、徒百人」とあるように、家内奴隷と思われる者を多く従えていた。しかし、このような学者ではなく、威王時代に各地に封ぜられた、または官僚として配置された諸田氏が、そこで新たな家父長的集団を構成していく時、斉の国家体制にかかわる問題が生じてくる。いま、このことを靖郭君田嬰およびその子孟嘗君田文の場合に具体的に検討してみたい。

四、田斉の分化

まず田嬰からみていこう。嬰は薛公とよばれ、死後靖郭君と謚された。この「薛」の地について、『水経泗水注』引『紀年』（『竹書紀年』）に「邳薛に遷る。改めて徐州と名づく」、『史記』魯世家への『索隠』に引く『紀年』に「梁恵成王三十一年、下邳薛に遷る」、同「孟嘗君列伝」への『正義』に引く『紀年』に「梁恵王三十年、邳薛に遷る」とあるように、年代に一年の相違はあるが、斉では威王の中期に邳（下邳）の邑は薛の地に遷り、徐州と改名されたと思われる。[20]この下邳は、「田敬仲世家」に成侯騶忌が威王より封ぜられたとある土地であり、このことと田嬰が騶忌のあとを承けて相になったこと、および田嬰が薛に封ぜられたこととは関係がありそうである。「孟嘗君列伝」によると、嬰は斉の湣王三年に薛に封ぜられたとあるが、『索隠』引の『紀年』によると「梁恵王後元十三年四月、斉威王田嬰を薛に封ず。十月、斉薛に城く。十四年、薛子嬰来朝す。十五年、斉威王薨ず。嬰初めて彭城に封ぜらる」とあり、薛に封ぜられたのは威王三十六年ということになる。『史記』の田斉に関する年代が疑わしいことは第二章でものべたが、この場合も、のちにみる「斉策」一の内容から考えても『紀年』の方が正しいと判断できる。[21]すなわち、田嬰は威王の末年に、かつて相たる騶忌が封ぜられた下邳が移ってきた薛に封ぜられ、さらに宣王時代には彭城の地も与えられたと考えられる。このように薛は斉の南方における政治的・軍事的要地であり、斉の重臣に与えられた所であったと思われる（のちにみるように、威王の宗廟も置かれている）。

つぎに、薛公田嬰は薛の地においていかなる存在であっただろうか。「孟嘗君列伝」に田文（孟嘗君）が父を諫めたつぎのような記載がある。

　君事を用いて斉に相たること、今に至りて三王なり。斉広さを加えずして君が私家の富は万金を累ね、門下に一賢者も見ず。文聞けり、将門には必ず将有り、相門には必ず相有り、と。今君が後宮は綺縠を踏むも士は裋褐を得ず、僕妾は粱肉を余すも士は糟糠を厭わず。今君又た尚お余蔵を厚積し、以って知らざる所の何人に遺さんと欲するや。而して公家の事日に損するを忘るること、文窃かに之を怪しまん。

そして、その結果

　是に於いて嬰迺ち文を礼し、家を主《つかさ》どり賓客を待せ使む。賓客日ごとに進み、名声諸侯に聞こゆ。

とある。ここには、田斉の王室＝公家に対して、薛公田嬰＝私家の奢侈がのべられ、また士の貧困に対して田嬰の富裕がのべられている。ここに、君主から半ば独立した封地における君主と同族の者の姿がみられるが、さらに嬰は、僕妾のみでなく賓客を多く従えており、これが増えつつあったことを知り得る。このことは「斉策」一に、

　靖郭君将に薛に城かんとす。客多く以って諫む。靖郭君謁者に謂えり、客の為に通ずること無かれ、と。斉人謂う者有りて曰く、三言を請うのみ、一言を益せば臣烹らるるを請う、と。靖郭君因りて之に見ゆ。客趨りて進みて曰く、海大魚、と。因りて反走せんとす。君曰く、客此《ここ》に有れ、と。客曰く、鄙臣敢えて死を以って戯と為さず、と。君曰く、更に之を言う亡し、と。対えて曰く、君大魚を聞かざるか。網も能く止めず、鉤も能く牽か

ざれども、蕩《はら》われて水を失えば則ち螻蟻も意を得たり。今夫れ斉も亦た君の水なり。君長く斉陰を有つに、奚《な》んぞ薛を以って為さん。隆薛の城天に到ると雖も、猶お之れ益無きがごときなり、と。君曰く、善し、と。乃ち薛に城くを輟《や》む。

とあることでも知り得る。この「客」とは嬰の賓客であり、君主と同じく謁者を置いて、そこを通して客から諫言を受け取っていた。そして事実、ここにみるように、烹らるることを賭して諫言する客がいたのであり、この靖郭君と客との主従関係、すなわち非血縁者との家父長的支配関係はまさに宣王と稷下の学士とのそれに比せられるものであった。つまり田嬰は薛において小君主的性格をもつ存在であったといえる。しかし同時に、この客からの諫言を受け、「斉国あっての薛であり、あなたである」といわれて城くのをやめた、ということは、城くことによって対外的にその独立性を示すところまでは至っていなかったことも示している。ここにみえる「城く」とは、『紀年』にみえた「斉城く」とは別のことで、田嬰自らが城いて賓客を住まわせ、一城をかまえることをいうものであろう。田嬰が斉王の臣下の立場を離れ得なかったことは、「斉策」一にある嬰の信頼する賓客斉貌弁に関するつぎの説話でより具体的に知り得る。

（前略）是に於いて之（＝斉貌弁）を上舎に舎いて長子をして御し、旦暮食を進め使む。数年にして威王薨じ宣王立つ。靖郭君の交わり宣王と大いに善からず。辞して薛に之き、斉貌弁と倶に留まる。幾何《いくばく》無くして斉貌弁辞して行き、宣王に見えんことを請う。靖郭君曰く、王の嬰を説ばざること甚し。公往かば必ず死を得ん、と。斉貌弁曰く、固より生を求めざるなり。必ず行くを請う、と。靖郭君止む能わず。斉貌弁行きて斉に至る。宣王之を聞き、怒を蔵して以って之を待す。斉貌弁宣王に見ゆ。王曰く、子は靖郭君の聴愛する所ならん、と。斉貌弁曰く、愛は則ち之れ有るも聴は有る無し。（中略）薛に至るや昭陽数倍の地を以って薛に易えんと謂う。弁又た曰く、必ず之を聴せ、と。靖郭君曰く、薛を先王より受く。後王に悪まるると雖も吾独り先王に何をか謂わんや。且つ先王の廟薛に在り。吾れ豈に先王の廟を以って楚に与えんや、と。又た肯じて聴さず。弁此を二と為す、と。（「二」が「中略」の中に言及されているが、本論とは直接関係ない。──筆者補）宣王太息して顔色に動ありて曰く、靖郭君の寡人に於けるや一に此に至れるか。寡人少にして殊に此を知らず。客寡人の為に靖郭君を来らしむるを肯んずるか、と。斉貌弁対えて曰く、敬諾せり、と。靖郭君威王の冠を衣《き》、其の剣を舞す。宣王自ら靖郭君を効に迎え、之を望みて泣く。靖郭君至り、因りて之に相たるを請う。靖郭君辞すも已むを得ずして受く。七日にして病を謝し、強いて辞す。靖郭君辞するを得ざるも三日にして聴さる。

同内容の説話は『呂氏春秋』季春紀「知士」にもみえるので、当時において衆知の物語であったと思われる。ここにはやはり命を賭して嬰のために行動した賓客がよく描かれているとともに、田嬰の立場もまた示されている。嬰は君主でありかつ父であった威王の宗廟を守るために薛にいて、その薛を斉国内の地としてとどめていたのであり、彼をつなぎとめていたのは、威王時代の家父長権的支配体制──過ぎ去った時代の後代に遺した精神的遺産であった。威王は実子たる嬰に相の地位を与え、崩れゆく田氏一族の結束に抗してその支配体制を維持したという、その関係の遺産が、不仲であった兄の宣王の時代になっても、相になるのは辞したが、田嬰を完全には斉から分離せしめなかったのである。しかし、斉貌弁が薛から宣王に謁見に行き、「斉に至る」と表現されていることは、薛は斉の領域内にあっても、あたかも別国であるがごとく意識されていたことを示すものであり、薛の半独立的存在を察するに足る記述といえよう。

しかし、嬰を継いで薛公となった孟嘗君田文の時代になると、薛の斉からの独立傾向は一層強まる。このことは田文が嬰の長子ではなくて庶子であったこととも関係あるが[22]、孟嘗君が平原君・信陵君・春申君と並ぶ戦国四君として、多くの食客をかかえた在地豪族として、田嬰のありようをさらに発展させたところにその要因がある。(23)孟嘗君の食客に関する説話には有名なものが多いが、「孟嘗君列伝」には食客は数にして数千人にのぼったこと、諸侯の賓客から犯罪者に到るまで、私財を投じて集め厚遇したこと、これらの食客は、犬のまねをして宮殿から狐白裘を盗み出した者や、鶏鳴をまねて夜中に孟嘗君を函谷関を通させた者、孟嘗君を侮辱した趙人をなで斬りにして一県を滅ぼした者、孟嘗君が湣王から反乱に加担したと疑われたため自ら首をはねて彼の潔白を証明した者等にみられるごとく、孟嘗君個人のために一身を投げうって仕えたことが語られている。孟嘗君とこれら食客との関係は、養われる代わりに、身をもって主に仕えるという、増淵龍夫氏いうところの任俠的家父長的支配関係の典型というべきであろう。しかしまた、「斉策」三には

孟嘗君讌座して三先生に謂いて曰く、願わくば先生以って文の闕を補う有るを聞かれんことを、と。

とあり、三人の者（うち一人は田督とあるから一族の者と思われるが）が進言した記載があるが、宣王の稷下の学士にあたるような、進言することを任務とした賢者もまた賓客としてかかえられていたのであろう。また、『説苑』巻善説には「孟嘗君客を斉王に寄す。三年にして用いられず。故に客反りて……」とあり、自らの食客を王室の臣として派遣させた例もみられる。

これら多様な食客をかかえた孟嘗君は、彼等を養う糧を当然支配下の薛の民から収奪したと思われる。そこで、孟嘗君と薛の農民と食客との関係を示す「孟嘗君列伝」中のつぎの記載に注目したい。(24)

孟嘗君時に斉に相たり。万戸を薛に封ぜらる。其の食客三千人にして邑の入は以って客を奉《やしな》うに足らず。人をして薛に銭を出さ使む。歳余なるも入らず、銭を貸《か》る者多く其の息をも与う能わず。客の奉将に給されざらんとす。

「出」とは強制貸し付けを意味し、孟嘗君は利息をとる目的で薛の民に銭を貸し出したが、一年後に貸金のみか、利息ぶんすら入ってこなかった。そこで、食客の一人馮驩が取り立て役となって出向いた。彼は農民に対してつぎのようなことをおこなった。

薛に至り、孟嘗君の銭を取る者を召し、皆な会す。息銭十万を得。迺ち多く酒を醸し、肥牛を買い、諸の銭を取る者を召す。能く息を与う者は皆来れ、能く息を与わざる者も亦た来れ、と。皆銭を取るの券書を持して之を合す。斉しく会を為し、日ごとに牛を殺し酒を置く。酒酣《たけなわ》にして乃ち券を持して前の如く之を合す。能く息を与う者は与《とも》に期を為し、貧にして能く息を与わざる者は其の券を取りて之を焼く。曰く、孟嘗君の銭を貸す所以は、民の無き者に以って本業を為さしめんが為なり。息を求むる所以は、以って客を奉う無きが為なり。今富給なる者は以って期を要し、貧窮なる者は券書を燔きて以って之を捐なう。諸君彊《つと》めて飲食せよ。君此の如く有れば、豈に負う可けんや、と。坐する者皆な起ちて再拝せり。

本来の貸銭の目的が養客費用の捻出のみであったのに、馮驩は「民に本業を為さしめるため」という目的を自分で勝手にそれにつけ加え、酒食をもてなして、しかも貧者の借金証文を焼き捨てた。怒った孟嘗君に対して驩はつぎのように答え、孟嘗君を感服させてしまった。

然り。多く牛酒を具えずんば即ち畢く会する能わず、以って其の余、不足有るを知る無し。余有る者は為に期を要す。足らざる者は守りて之を責めること十年と雖も息愈多く、急にすれば即ち以って逃亡し、自ら之を捐せん。若し急にして終に以って償う無ければ、上は則ち君利を好みて士民を愛さずと為し、下は則ち上に離れて負を抵むの名有らん。士民を厲まし、君の声を彰らかにする所以にあらざるなり。無用虚債の券を焚き、得可からざるの虚計を捐いて、薛民をして君に親しめ、君の善声を彰らかにせしめるなり。君何ぞ疑う有らん。

この説話から知り得ることの第一は、孟嘗君は、最初は多くの食客をいかに養うか、ということのみを考えていたことである。食客とは生産労働に携わらない居候であり、孟嘗君を支える政治的勢力として存在したが、その存在を可能ならしめる経済的基盤は、薛における農業生産であり、それに従事する「民」である。孟嘗君は、薛の地とその民は、王から封ぜられたものであり、自らの利殖の源泉とはみても、民と自分との人間的関係の再構成によって生産力を高め、利殖を増やすことは問題にしていなかったのである。第二に、これに反して馮驩がおこなったことは、初めに、農民間の階層分化を前提として、それに応じた収奪の方法をとったことである。斉における邑共同体の分解と個別小家族への分化傾向は春秋末期においてみられ、それを利用した家父長的農民支配を通して田氏の権力が確立したことは第一章でみた。いまここでおこなわれていることは、その後進行したと思われる農民層の家単位の格差に適応した農民支配の新政策であろう。それは貧者の逃亡を防いで土地に定着させるとともに、富者からは収奪するという、農民の家単位の個別支配である。第三に、馮驩のつぎにおこなったことは、得た利息でもってすべての民に牛酒を賜与し、貧者には一方的に貸借関係を破棄することによって、つまり恩恵を与えることによって、個々の農家との間に心情的な信頼関係を作り出していったことである。食客と孟嘗君との関係を農民にまで適応することによる農民の個別的家父長的支配の強化である。

この第三のことは、第一章でみた、春秋末期における田氏の厚施政策――すなわち家量を以って貸し、公量を以って収めることによって民に恩恵を施すことで公邑から民を招来せしめたことに匹敵する。(25) かつて血縁宗族集団としての田氏が斉国において権力を確立するためにおこなった農民の家父長的支配政策を、田斉末期において、分解しつつある田氏集団の中の一人孟嘗君によって再びおこなわれたのである。

かくすることによって、「士民」、すなわち食客も農民もともに孟嘗君の家父長権力下に収めることによって、真に土着した「小君主」としての権力を確立しつつあったと思われるのである。

では、薛公として以上のような存在であった孟嘗君は、斉国内外で政治的にどうふるまったであろうか。「孟嘗君列伝」の記載を中心にしてその行動をたどっていくとつぎのごとくになる。[26] 秦の昭王は孟嘗君の勢力をみて涇陽君を派遣して斉に人質として入れ[27]、秦に招くが、多くの食客や蘇代の進言によって一度は思いとどまる。しかし湣王二年、遂に昭王は孟嘗君を入秦させて相とせんとするが、秦人の進言によって用いず、反対に殺害せんとするため、斉に逃れて湣王のもとで相となる。湣王七年に田甲が乱を起こすが、この際孟嘗君も疑われて出奔する。魏子による証言のため再び召還されるが、病を理由に薛を隠居する。湣王は十五年に宋を滅ぼしてから孟嘗君の存在がじゃまになってきた（薛は宋に近接している）ため、恐れた孟嘗君は魏に逃れ、その昭王の相[28]として秦・趙・燕と結んで斉を伐つ。斉に襄王が立ってからは薛にもどり、中立の立場をとった（「斉の襄王立つ、而して孟嘗君諸侯に中立にして属する所無し」）。

こうみると、秦昭王が斉に人質として孟嘗君を招いたあたりまでは、「国際的」にも「斉国の孟嘗君」たる存在であったと考えられていたことがわかるが、以後の行動はもはや田嬰と異なって、「三君に仕えた斉王の臣下」ではなくなり、薛もまた斉の領域と考えられなかったことは最後の引用文の表現で明らかである。つまり、薛は孟嘗君を君主とする小「国家」に変質したことを知り得るのである。いつから斉と薛、その支配者である湣王と孟嘗君は対等に近い関係に移ったのであろうか。「斉策」四には、先述の馮諼（驩）の「義を買う」行為記載の続きとして

　後期年にして斉王孟嘗君に謂いて曰く、寡人敢えて先王の臣を以って臣と為さず。孟嘗君国に薛に就く。未だ至らざること百里にして民老を扶け幼を携えて君を道中に迎う。

とある。この斉王は湣王であり、この時点で相たることをやめたと判断できるが、馮諼の事があって一年後に相の位を逐われたのは、薛の農民への支配強化が直接の原因となっていると判断でき、事実、民は「君主」として孟嘗君を

迎えたのである。また「就㆓国於薛㆒」の表現は、孟嘗君の国が薛であるといういい方であり、『戦国策』の作者はここで薛が斉から「独立」したという見方で記していると思われる。

さて、このような半独立の薛も、孟嘗君の死後は哀れである。「孟嘗君列伝」には、

　文卒す。諡を孟嘗君と為す。諸子争い立ち、斉・魏共に薛を滅ぼす。孟嘗君嗣を絶たれ、後無きなり。

とあり、一人の家父長的「君主」の死後、その「国」は分裂し、滅ぼされてしまう。しかしこれこそ、やがて来る斉国自身の運命の前ぶれとしての小型版であったと思われる。なぜなら、孟嘗君のごとき各地の諸田氏が、同様の家父長的小君主体制を各地で形成していき、斉国を分裂させ、秦の手によって滅ぼされたと思われるからである。しかし、他の諸田氏については、靖郭君・孟嘗君父子のように系統的にその動向を知る史料がないため、同様な方法でそれを確証する手段はない。逆に威王末期に、しかも相を辞した後に封ぜられた者と、威王初~中期に、吏として各地に配された者とは異なるはずであるという反論もあり得るのであり、したがって靖郭君父子の場合が特殊であったともい得るのである。次節では、斉が衰退の途をたどり始める湣王時代の、斉国内の状況を具体的に検討し、そこから各地の諸田氏のその時点までのありようをさかのぼって推測してみたいと思う。

五、田斉崩壊の要因

湣王は宣王のあとをうけて東方の強者として威名が高く、三十六年には秦の昭王の西帝に対して東帝を称し(29)、当時の中国を二分する強国にまで斉を押し上げた。しかし前二八五年、上将軍楽毅の率いる燕軍は秦・楚・三晋と謀って斉を伐ち大敗させた。これによって斉は国内の弱体と不統一をさらけ出し、その威名は一挙につぶされる結果となっ

た。本節ではこの事件前後の斉の実態を検討するが、その前に宣王時代のかの「稷下の学士」のその後について一瞥しておく。『塩鉄論』論儒に文学の語としてつぎのようにみえる。

　斉の威・宣の時、賢を顕わし、士を進め、[30]国家富強にして威敵国に行なわる。湣王に及び、二世の余烈を奮い、南のかた楚・淮を挙げ、北は巨宋を并せ、十二国を苞み、西のかた三晋を摧き、彊秦を卻け、五国賓従し、鄒・魯の君、泗上の諸侯皆な入臣す。功に矜めて休まず、百姓堪えず。諸儒諫むるも従わず、各おの分散して慎到・捷子は亡去し、田駢薛に如き、孫卿は楚に適く。[31]内に良臣無し、故に諸侯合して謀りて之を伐つ。

これは儒家の立場で御史の言に答えたものであり、稷下の学士がすべて儒家であるがごとくのべているのは事実に反するが、[32]これら稷下の学士たちが斉を去ることが斉の敗北の要因であったことは肯定できよう。王とこれら学士との結びつきは、個人同士の取引と心情を基礎にしており、王が代わり、状勢も不利になるとたちまち分散するもので、斉国にとってはきわめて不安定な存在であった。このうち田駢については『淮南子』人間訓に

　唐子、陳駢子を斉の威王に短《そし》り、威王之を殺さんと欲す。陳駢子其の属と与に出亡して薛に奔る。孟嘗君之を聞き、人をして車を以って之が至るを迎えしめ、養うに芻豢を以ってし、黍粱五味の膳日に三たび至る。冬日は裘罽を被《おお》い、夏日は絺紵を服す。出ずれば則ち牢車に乗り、良馬を駕す。

とあって、この威王は孟嘗君の時代から判断して湣王の誤りであることは明らかである。田駢は身の危険が迫ったことを契機として、湣王より君主としての有勢を見い出した孟嘗君のもとに趨ったのであり、孟嘗君もまた学ある食客として彼を厚遇したのである。孟嘗君の薛公としてのありようを、斉王室との対抗関係で見ることができるとともに、当時の学士なる者の生き方の典型を見い出すことができよう。取引と心情を基礎とした家父長的主従関係は流動的なものであり、それに基づく国家支配体制は、永続性ある公権力とはなり得ないものであることを知り得よう。

さて、『史記』楽毅列伝によると楽毅が斉軍を破った経過をおおよそつぎのごとく記している。楽毅は趙・楚・韓・魏・燕連合軍の総指揮をして済水の西方で斉軍を破り、さらに燕軍のみを率いて臨淄を攻めた。湣王は臨淄をのがれて莒にたてこもり、斉の他の各地でも籠城した。そこで楽毅は臨淄に入って斉の宝財物、祭器をことごとく掠奪し、燕に送ったため、楽毅は昭王より昌国君に封ぜられたが、再び兵を率いて斉の降服しない者を平定した。そして「楽毅留まりて斉を徇《めぐ》ること五歳、斉の七十余城を下し、皆な郡県と為し、以って燕に属せしむ。唯だ独り莒・即墨のみ未だ服せず」とある。つぎに、この楽毅と対抗した斉側の人物に田単がある。「田単列伝」のつぎの記事をみよう。

田単斉の諸田の疏属なり、湣王の時単臨淄の市掾為るも知られず。燕使楽毅伐ちて斉を破り、斉の湣王出奔して、已にして莒城を保つ。燕師長駆して斉を平らげ、田単安平に走る。其の宗人をして尽く其の車軸の末を断ち、鉄籠を傅《つ》けしむ。已にして燕軍安平を攻め、城壊れ、斉人走りて塗を争い、以って轊折れ車敗れ、燕の虜とする所と為る。唯だ田単の宗人のみ鉄籠の故を以って脱するを得、東のかた即墨を保つ。燕既に尽く斉城を降し、唯だ独り莒・即墨のみ下らず。燕軍斉王の莒に在るを聞き、兵を并せて之を攻む。淖歯既に湣王を莒に殺して因りて堅守し、燕軍を距み、数年下らず。燕兵を引きて東のかた即墨を囲み、即墨大夫出でて与に戦い、敗死す。城中相与に田単を推して曰く、安平の戦、田単の宗人鉄籠を以って全きを得たり。兵を習えりと。立てて以って将軍と為し、即墨を以て燕を距む。

この二つの記載をもとにして、莒、即墨について可能なかぎり推論したい。この両城が降らなかったのは、直接には莒については楚王の派遣した悼歯により、即墨は名将田単の新戦法によるものである。しかし、この両者が莒、即墨に入る前から、この両城だけが降らない状態であったことは、田単列伝の文章からも知られ、田単が宗人とともにいまだ下らざる即墨に入ったこと、湣王が莒に避難したことをみても、この両城が燕に抵抗出来る内在的条件がすでに存在していたことが推測されるのである。そこでつぎに考えられる理由は、この両城がともに威王の時確立した「五都の兵」の駐在地であったことである。[33]しかしこれにしても、そもそも「五都の兵」は斉王の支配下にある軍隊であって、五都とはその軍団所在地であるはずであり、首都臨淄が陥落して湣王が逐われる事態でなおかつ二都だけが残るとは異常なことといわねばならない。むしろ湣王の軍事支配力の弱化とともに、湣王の統制から離れて軍団が在地軍としての独立性を持つ存在に転化したことを推測させるものである。湣王は臨淄を逃れて直接莒に来てたてこもったのではなく、まず衛に逃れ、そこを追われて鄒、魯とわたり歩いたのち莒に入ったのであって（「田敬仲世家」による）、これをみても、莒の軍事力が第一義的に湣王を守るために存在していなかったことを推測せしめる。では、軍団をも包括して在地にあった抵抗の自主的組織は何であったか。それを知るために、簡単に落城した安平と比較してみたい。安平においては、落城したのち田単がその宗人にのみその車軸に鉄籠を附させて脱出させ、他の「斉人」は逃れられず捕虜となった。そもそも田単自身が臨淄の市掾であって、逃れて安平に来たのであり彼は安平の地に土着した人間ではなかった。したがって城を守る組織を土着人とともに構成し得ず、また、そのような組織は、田単が来る前にもなかったため、宗人のみを脱出させるにとどまったのである。即墨においては、その地の権力者たる大夫が戦死したのち、城中の人に、その軍事技術を評価されて将軍に推戴されたのであり、おそらく前からあったと思われる軍団を田単が指揮することによって城を守り得たのであろう。とすると、田単は戦死した大夫の後継者として推戴されたのであり、大夫と将軍と、その名は異なっても、要するに即墨の権力者としての実権を握るに至ったのである。そして、こののち即墨の民をみごとに率い、有名な火牛の兵をもって燕軍を破り、襄王を莒から招いて斉国を復活させ、あらためて安平君に封ぜられる結果となった。では、戦死はしたが即墨を結束させる力を持っていた大夫とはどんな人物か。私は第二章第三節において、『説苑』を引いて、威王が騶忌の推薦で即墨を田種首に為《おさ》めさせたことをみた。そしてこの人物はその前から即墨大夫としてその地に封ぜられていた者が改めて正式に吏として任命されたものであると推定した。おそらく、ここに戦死した即墨大夫も、この子孫が土着した者であり、規模は小さいが、靖郭君―孟嘗君父子が作り上げた薛における小君主的権力を即墨においても何代かで形成したと思われる。そして、燕の攻撃を受け、大夫の戦死という火急の時に至り、同じ田氏一族で、かつ「兵を習える」田単を戴いてさしあたりの軍事指導者としたのであろう。将軍となったのち、「田単乃ち城中の人食すれば必ず其の先祖を庭に祭ら令む」(「田単列伝」)とある。つまり今まではこのような祖先崇拝の儀式がなかったので改めておこなわせたと思われ、家父長的支配関係が今までなかった民に対して、旧き共同体的儀式を復活させることによって団結を作りだし、その民を軍事的に率いることによって自らの権力者としての立場を前大夫に代わって作っていくための手段としたのではないだろうか。共同体的儀式は、新しい権力確立時に常にくり返し利用されるものである。

莒もまた同じことがいえる。『説苑』臣術では、騶忌の推薦で威王は南城に田解子を置いたため「楚人羅綺を抱きて朝す」とあり、「田敬仲世家」にはまた檀子を置いて「楚人敢えて東を冠して取るを為さず」とある。第二章においてこの檀子はおそらく田檀子であろうと推定したが、この「南城」について、『資治通鑑』巻二の胡三省注に「城斉の南境に在り、故に南城と曰う」とあるように、楚と接した最南端の地であって、まさにこれは莒の地と一致すると思われる。とすると、莒もまた威王時代に田氏の者が置かれ、その後その地に土着し、「五都の兵」の組織をもくみ込んで土着の家父長的権力を確立していたと推定せられる。

かくみると、薛・即墨・莒等、威王時代に田氏一族の者が封ぜられ、または官として置かれた所において、田氏の宗族としての結束が崩壊した時、それらの地において諸田氏は新しい家父長的土着権力を確立していき、次第に斉王室の支配下から分離して、甚だしき場合は薛のごとき小独立国さえ形成した。これは斉国を内部分裂させる力として働き、その結果が楽毅の攻撃によって露呈したのであろうといえよう。その後、前述のごとく田単によって田斉は一時復活されるが、往時の勢力は失われ、半世紀ほどして秦に滅亡させられるのである。

王権が非血縁者を家父長権の下に組織して支配体制を作り出す時、同様な権力はその下部にまた作り出されることによって、その権力はそれを長期に維持できず分解していく。斉の場合は、その下部の新しい家父長権下の集団が同族の者によって形成されたところに特徴があった。しかし、戦国君主の多くは、同質の経過をたどることによって自ら崩壊していったと私は推定する。秦によって他の六国が軍事的に滅ぼされる以前に、これらの国々にはその内部において必然的に中央集権権力を確立できない要因を孕んでいたのであり、それは、かの強大な秦漢帝国の国家権力へ直結するものではなかったのではないだろうか。とすれば、秦における中央集権体制は、これらとは異質のものであり、王室が家父長権的に発展形成されるのを自ら抑えたところに成り立つものではないか。私はそのような見通しに立って他の戦国諸国の権力構造を再検討する必要があると考えている。

以上のことは、増淵龍夫氏によって打ち出された秦漢帝国形成への道筋に対する私の疑問の結論ともなっている。もちろん、斉のみの分析から安易な批判をすることは早計であるが、理論上の問題のみをここで提起しておきたい。増淵氏は「戦国官僚制の一性格」（前掲）において、春秋末の有力貴族が私門において有力多能な士を多く集めて自らの手足としたことにふれ、晋の趙簡子の例の他に「斉の君権を簒奪して戦国諸侯の一となる斉の田氏にはきわめて多くの『賓客・舎人』が養われていたという。これら趙氏や田氏の多くの賓客・舎人は、やがて趙氏・田氏がそれぞれ政権をうばって一国の君主として独立したとき、それぞれの官僚として重要なポストを与えられていくことは、当然の推移であろう[34]」とのべている。私は第二章において、田敬仲の賓客・舎人が田氏一族に擬せられて大夫に封ぜられ、それらが威王時代に改めて「吏」として置かれたことをみた。一度田氏一族の者に擬するというワンクッションを置くことがここでは必要であって、賓客・舎人をも田氏一族と見立てたうえで、その「田氏」の者を官僚とする家父長的支配機構が初期の旧斉における体制であったことをまず確認しておきたい。主客関係がストレートに戦国国家体制の確立へは向かわなかったのである。新しい権力の確立は古い宗族的秩序形態の拡大化というコースを形式的にたどらなければ成立し得なかったのであり、ここに増淵氏の戦国国家成立の構想との相違の第一点がある。

増淵氏はまた「氏族制的秩序の分解過程から生まれてくる、この新しい人的結合関係は、単に特定の社会層において見られるのでなく、戦国以降のあらゆる社会層において、分解された個々の家々をふたたび結びつける新しい秩序原理として作用し、単に諸国の君主や貴族の周辺においてばかりでなく、民間の郷里においても土豪を中心とする社会秩序形成に重要な役割を演じていくのである」とし、「新しい人的結合関係は、一方においては、君主を中心として官僚制を形成し、他方においては、民間の群小土豪を中心とする、郷・里の自律的社会秩序を生み出したといってよい[35]」とのべ、君主による官僚体制と民間の任俠的秩序の本質における共通性を『韓非子』の「徳」と「術」の概念の克明な分析によってのべ[36]、特に秦漢帝国成立後において、民間のこうした自立的秩序が皇帝支配を支える役割をもはたしたことをそれ以後の論において展開されている。

私は斉において、宣王と稷下の学士との間の主従関係を通して、宣王のもとに田氏のみではない多くの有能な士による新しい官僚体制が作られつつあったのをみた。しかしこれと平行して同時に、各地にいた（擬せられた者も含めた）田氏のもとで、士・民との間に家父長的集団が形成されつつあったのをみた。そしてそれらの集団は、在地の土豪として、斉の中で自立的勢力に発展し、斉を分解させる方向に動いたことをみた。私は、非血縁者に対する家父長権的支配とは、永続性をもたず、また同類のものをその下にさらに作り出し、増淵氏のいう「法術」に基づく官僚体制の確立に至る以前に、すなわち中央集権化をはたす以前に、小集団への分化が進むものであると考えている。したがって、領域支配を実現する公権力としての国家権力は、家父長的権力からは発展し得ず、特に戦国期のごとき国際環境のもとにあっては、斉のような、君主権が家父長権で維持されている国は現象的には強国に軍事的に滅ぼされるという形で、内実的には内部分化による自己崩壊に至ることが必然であったと考えている。孟嘗君が湣王に対して、一時はたしかに自らの客を臣として送るということもあったが、稷下の学士田駢を自らの食客にとり込んだことにみられるような、両者の対抗関係から分離独立への方向が最終的には現われたのであり、また、楽毅によって攻撃されて臨淄が陥落した時、各地では「斉皆な城を守る」現象、すなわち王を見捨てて自らの城にたてこもるという現象がおき、その中でも、民をも含めた結束の固い地のみが最後まで抵抗するという結果になったのである。したがって、漢帝国において、在地の土豪が国家権力をそれぞれの地で支える役割をはたしているとするならば、それは国家権力そのものが家父長権力とは異質な、別の概念でとらえるべき、また別の理念で人民を支配している存在であったというべきではないだろうか。そしてこれは、斉とは異なった条件のもとで、異なった経過で成立し確立した戦国期の秦の権力構造の延長として求められるべきであると思われる。これが、増淵氏との相違の第二点であり、最も基本的な点でもある。この秦の国家形成について、次篇でみていく。

注

（1）在位年代は、第二章でのべたごとく諸説あるが、ここでは陳夢家『六国紀年』に依った。第二章注（9）参照。本章でも年代に関してはこの原則でみていく。

（2）たとえば『史記』孟子荀卿列伝には「斉威王・宣王用孫子・田忌之徒、而諸侯東面朝斉。」とみえる。

（3）第一章の注（22）参照。

（4）郭沫若は前記二史料にみえるものの他に、『漢書』芸文志にみえる諸家の中で稷下にいた者を、「師古注」等に依拠してあげ、これらの学士は諸家にわたるが、墨家がなく、道家が最大多数を占める、としている。なお淳于髠は「孟子荀卿列伝」に「斉の人なり。博聞にして強記、学は主とする」とあり、どの学派にも属さぬ存在であったらしい。

（5）邦訳前掲書上の二三〇頁。

（6）増淵龍夫『新版　中国古代の社会と国家』（前掲）の第二篇第一章「戦国官僚制の一性格」の特に四、五節。

（7）相原俊二「戦国時代の『客』について」（『中国古代史研究』〈前掲〉所収）は「下客」「少客」「食客」「上客」「賓客」等、戦国期史料にみえる「客」についての克明な研究であり、この第四章「客と戦国諸侯との関係」では稷下の学士についてもふれながら、「賓客」とは諸侯が集めた著名賢士であることをのべ、第五章「官僚と客との関係」では「国家として危険になったり、不用になった時に孤立しているが故に敝履の如く捨て去ることが可能な賓客・羇旅の臣といった高級官吏の一群が出現したことが、戦国官僚制上部機構の一つの特徴ではないだろうか」（同書二四七頁）と結論づけている。この論文からは多くを学び、また賓客のもつ歴史的意味について同意見であるが、賓客を「官僚」であると考えているところは一致できない。したがって、「この新しい形式の君臣関係は君主個人と臣下である客個人との個人対個人の契約関係であった」（同書二四三～四頁）とは私は考えない。

（8）「孟夏紀」巻四「用衆」に
田駢謂斉王曰、孟賁庶乎。患術而辺境弗患。楚魏之王辞言不説、而境内已修備矣。兵士已修用矣。得之衆也。「審分覧」巻十七「執一」に
田駢以道術説斉。斉王応之曰、寡人所有者斉国也。願聞斉国之政。田駢対曰、臣之言、無政而可以得政。譬之若林木。無材而可以得材。願王之自取斉国之政也。
とある。これらにみえる「斉王」はおそらく宣王であろう。

（9）斉宣王謂尹文曰、人君之事何如。尹文対曰、人君之事、無為而能容下。夫事寡易、従法省易。因故民不以政獲罪也。大道容衆、大徳容下。聖人寡為而天下理。書曰、睿作聖詩、人曰岐有夷之行。子孫其保之。宣王曰、善。

尹文が稷下の学士であったことは『漢書』芸文志の師古注による。

(10) 孟子のごとき、いわゆる「客卿」に類するものは、「上大夫」たる他の稷下の学士より上位にあったと思われ、したがって宣王との関係でもより自由な存在であったと考えられる。しかしそれでも、斉に居る限り、斉王に仕える存在であったことに変わりはない。

(11) 注(12)の史料参照。なお、宣王の方が王斗を門まで出迎えたことから、両者の主従関係を疑問視するにはあたらない。この文は、賓客的地位にある者をわざわざ出向いて迎え入れるほど宣王が自らへの諫言を必要としていたことを誇張して表現し、そこに当世の習慣とは一見逆の場合としての説話の面白味を出そうとしているのである。

(12) 「稷下の学士」が官僚でなかったことは、前引「田敬仲世家」に「治めずして議論し」に依って判断しているが、注(32)引用の『塩鉄論』にも示されており、より具体例として田駢について「斉策」四に「斉人見田駢曰、先生高議、設為不宦、而願為役。田駢曰、子何聞之。対曰、臣聞之鄰人之女。田駢曰、何謂也。対曰、臣鄰人之女設為不嫁、行年三十而有七子。不嫁則不嫁、然嫁過畢矣。今先生設不宦、訾養千鍾、徒百人。不宦則然矣。而富過畢也。田子辞。」とある。なお増淵氏は前掲論文において、戦国官僚の人的源泉として①貴族・高官である父兄によって、その子弟が君子側近の家臣となる②君主の信任ある重臣の推薦と保障によって有能の士がなる、の二つをあげている。稷下の士の推薦する士とはこの②の典型であろうが、少なくとも斉においては、増淵氏のいう「重臣」にあたる者自身は仕官していない。

(13) 『韓非子』外儲説左下に「田子方従斉之魏」とみえ、『荘子』田子方篇に田子方と文侯についての説話が多くみえる。

(14) 同書九五頁。

(15) 「斉策」一に「趙且与秦伐斉、斉懼、令田章以陽武合手趙……」、「斉威王使章子将而応之、斉兵大戦」、『孟子』離婁篇下に「匡章、通国皆称不孝焉」、『陳璋壺』に「隹主五年、龔口陳貝再立事歳、孟冬戊辰、大蔵口孔陳璋内伐匽亳邦之獲」(陳夢家氏の釈文)とある。

(16) 田忌とよく似た名の人物を整理してみるとつぎのようなものがある。

a 『水経河水注』引『竹書紀年』に「(晋烈公)五年、田公子居思伐邯鄲。」

b　『水経済水注』引『紀年』に「(梁恵成王)十二年、斉田期伐吾東鄙。」

c　「田敬仲世家」桓公五年および「斉策」一、二に二箇所田臣思の名がみえる。

d　cの箇所の『索隠』に「戦国策作田期思、紀年謂之徐州子期、蓋即田忌也。」とある。ところが現存の『戦国策』には田期思の名はみえない。

王国維『古本竹書紀年輯校』ではこれらを同一人物とし、陳逢衡『竹書紀年集証』では田居思と田忌は別人としている(范祥雍『古本竹書紀年輯校訂補』上海人民出版社による)。「斉策」には田忌と田臣思が両方みえ、田忌が斉を出奔したのちにも田臣思と宣王の対話があることから、この両人は少なくとも別人であると考えた方がよい。

(17)　この田忌の出奔事情と時期について、「田敬仲世家」および「孟嘗君列伝」によると、騶忌と公孫閈の陰謀によって威王三十五年に一度田忌が出奔し、宣王二年になって王に招かれてもとの将の位につき、馬陵の戦で斉軍を率いたとある。ところが「斉策」一をみると、威王時代一度出奔した田忌が馬陵の戦でまた斉将として現われ、この戦勝後国に帰れず再び楚に出奔したことになっている。すなわち田忌は二度出奔したのである。この矛盾について梁玉縄『史記志疑』では、「斉策」における威王時代の出奔は誤りであり、これに基づいた『史記』の威王三十五年の出奔記載、宣王二年の再登用記載も誤りであり、つまり宣王二年の馬陵の戦後の出奔のみが事実であると判断している。

しかし、第二章にのべたごとく、陳夢家氏は『竹書紀年』に依って馬陵の戦の時期を威王十五、六年頃としており、私もこれに従った。そうすると、田忌の出奔は馬陵の戦のあとであっても、威王時代ということになる。私の推測では、「斉策」においては、馬陵の戦を宣王時代とした年代上の誤りから、田忌の出奔説話を威王時代の宣王時代の二つに分けて記した、これを見た司馬遷が、一度出奔した者が再び斉将として出てくる矛盾を「宣王召田忌引復故位」の語を『史記』に入れることによって解決しようとしたと思われる。

(18)　騶忌が田忌に代わって相となったとあるが、「斉策」一の、この二つ前にある説話には「成侯鄒忌斉相となり、田忌は将と為る」とあるのと矛盾するし、第二章でみたごとく騶忌は以前から相の地位にあったと思われるので、この記載は事実とは異なっていると思われる。

(19)　この徐州での楚・斉の戦は『史記』六国年表では斉宣王十年（楚威王七年）に「楚我が徐州を囲む」と出てくるが、陳夢家氏の年表によるとこれは斉威王二十四年にあたる。

(20)　譚其驤主編『中国歴史地図集』一や楊寛『戦国史』（増訂本、一九九八年）の巻頭の「戦国前記中原地区形勢図（前三五年）」をみると、邳（下邳）は斉の領域の最南端で淮水に接した所、薛（徐州）はより北方の現在の棗荘市内に記されている。このことは、高大な城壁をもつ「薛故城遺址」がこの地に現存し、また『正義』に「薛故城在今徐州滕県南四十里也」とあることとも符合する。

(21)　「孟嘗君列伝」には

宣王二年：馬陵の戦。

同　七年：田嬰が韓・魏に使し、韓昭侯、魏恵王・斉宣王を東阿の南で会盟せしめた。

同　八年：宣王は梁恵王と甄で再び会す。

同　九年：田嬰が斉の相となる。また魏襄王と宣王が徐州で会す。

同　十年：楚が斉軍を徐州で破り、楚威王は田嬰の追放を要求するがならず。

湣王三年：田嬰を薛に封ず。

の順に記されている。『史記』六国年表の斉に関しては、実年代より二十三年おくれていること、したがって『史記』文中の年代も、それが他国との関係を示す事柄である時は、そのことを考慮に入れるべきであることは第二章でのべた。とすると、ここでもそれがあてはまり、しかも、斉と魏・趙・楚等との関係事件の連続の一環として記されている「田嬰斉に相たり」と「薛に封ず」の年代も同様であると考えるべきであり、前者は威王二十二〜二十三年頃、後者は三十六年頃とするのが順当である。

なお、彭城とは現在の江蘇省徐州市にあたり、現在の徐州と当時の徐州＝薛とは別の場所である。

(22)　「孟嘗君列伝」に「初、田嬰有子四十余人、其賤妾有子名文、文以五月五日生。嬰告其母曰、勿挙也。其母窃挙生之」とある。

(23) 中村俊也「戦国四君の思想史的意義について」(『東京教育大学文学部紀要(国・漢論叢)』九二号)参照。

(24) これと似た内容の説話で「君のために義を買う」話として「斉策」四にもみえるが、馮驩が馮諼になっている他に、民の「富裕」者と「貧窮」者との相違に関してはのべておらず、牛酒を賜わったこともなく、すべての民の証文を焼き捨てたことになっている。「孟嘗君列伝」の方がより具体的であって事実を反映していると判断した。

(25) 第一章第五節参照。

(26) 年代は『史記』に従わず『六国紀年』に基づいて訂正した。例えば孟嘗君の入秦は「列伝」では湣王二十五年だが、秦の昭王八年をとって斉の湣王二年とした。

(27) 戦国時代の「質」は、単に戦略上の意味以外にはない。小倉芳彦「中国古代の質」(『小倉芳彦著作選』Ⅲ〈論創社、二〇〇三年〉収録)参照。

(28) 梁玉縄『史記志疑』によると、孟嘗君が魏相となったとすることは『史記』の誤としている。しかし、魏にのがれ、三国と結んで斉を伐つのに加担したことは事実と思われる。

(29) これが、中国において現世の君主を「帝」と称した最初であるが、この帝称のもつ意味については西嶋定生「皇帝支配の成立」(『岩波講座世界歴史』4〈一九七〇年〉所収、のち『西嶋定生東アジア史論集』1〈岩波書店、二〇〇二年〉に収録)第二章参照。

(30) 張郭仁『塩鉄論考証』に「宣上当有威字、顕上当無不字」とあるのに従った王利器『塩鉄論校注』に基づいた。

(31) 『史記』孟子荀卿列伝には「田駢之属皆已死、斉襄王時、而荀卿最為老師、斉尚脩列大夫之欠、而荀卿三為祭酒焉。斉人或讒荀卿、荀卿乃適楚」とあって、荀卿はのちの襄王の時に出奔したとある。

(32) 御史の発言で、本文の文学の発言とかみ合う部分を引用しておく。
斉宣王褒儒尊学。孟軻・淳于髠之徒、受上大夫之祿、不任職而論国事。蓋斉稷下先生千有余人。当此之時、非一公孫弘也。弱燕攻斉、長駆至臨淄。湣王遁逃死於莒而不能救。王建禽於秦、与之倶虜而不能存。若此、儒者之安国尊君、未始有効也。

(33) 第二章第三節参照。

（34）　増淵氏前掲書二四四頁。
（35）　以上二つの引用は同前「中国古代国家の構造―郡県制と官僚制の社会的基盤の考察を中心として」（『古代史講座・4』学生社所収）の一七四〜一七六頁。
（36）　増淵氏前掲書二四九〜二五五頁参照。

第二篇　春秋戦国時代の秦国と商鞅変法

第一章　商鞅変法以前の秦国

一、はじめに

本章の目的は中国における国家形成の時期と、形成のされ方を、秦についてみることである。そして、このことを、秦の政治史を通観することによって検討したいと考える。いうまでもなく国家形成についての具体的研究は、政治史のみでなく、社会・経済史、思想史、技術史など、さまざまな研究方法を駆使してなされるべきものであるが、本章をあえて政治史的方法を主としてのべるのは、つぎのような理由があるからである。

第一は、中国の先秦時代研究のための史料は、周知のごとく、個別地域的研究を進めるためにはあまりにも限られたものしかなく、とくに秦に関しては、具体的政治叙述がある以外は、社会の実態を知るべき史料をほとんど見い出せない。したがって、この残されたわずかな史料と先行研究に依りながら、著者の推測をも加えて政治史の推移を具体的にたどり、それによって国家形成にいたるまでの道筋を浮き彫りにするという方法がなし得る最良のものであると考えるからである。

第二に、政治の変遷は、ある意味では社会・経済、生産技術などの変化を反映して現出したものであり、一定の地域内のこれらの変化を集約した結果が具体的な政治事象または政治過程としてあらわれるものと私は考えている。したがって社会や生産の実態そのものを示す具体的史料がない古代においては、政治事象を以上のような観点から十分に分析し得るならば、歴史発展の実像をある程度とらえることは可能であると考えている。とくに国家の形成という政治事象の実像をとらえるためには、その前提として、そこに至る政治史の把握がまず必要であろう。

中国古代の春秋末期から戦国時代にかけて、複数の国家が各地に成立したと私は考えているが、これら国家形成のなされた各地域についての個別的研究の重要性はすでに第一篇、とくにその第三章においてのべたが、本章において、そのなかの秦をとり上げたのは、いうまでもなくこれがやがて中国を統一し、初の統一国家を作る母体となったからである。また、商鞅変法の内容の具体的分析は次章でのべるが、本章ではこの商鞅変法までの政治史である。私はこの変法によって秦の国家が形成されたと考えるからである。

なお、本章執筆にあたっては、秦史の概説書としての林剣鳴『秦史稿』（上海人民出版社、一九八一年、以後『史稿』と略称）、秦史の史料集としての馬非百『秦集史』（中華書局、一九八二年）、年表としての王雲度『秦史編年』（陝西人民出版社、一九八六年、以後『編年』と略称）の三書から得るところが多かったことを記しておきたい。

二、秦の封建にいたるまで

まず、秦人（秦の公室を形成した一族、以後この語を使う）の『史記』秦本紀に基づく系図を、次ページ・次々ページに掲げる。ただ、この系図が事実をそのまま示すものとは思われず、系図に付した注1〜3にも示すように、他の史料や「秦本紀」の読み方によっては異なった系譜も考えられ、また少典、女脩以下数代に関しては多分に神話的要素

『史記』秦本紀による秦公系統図

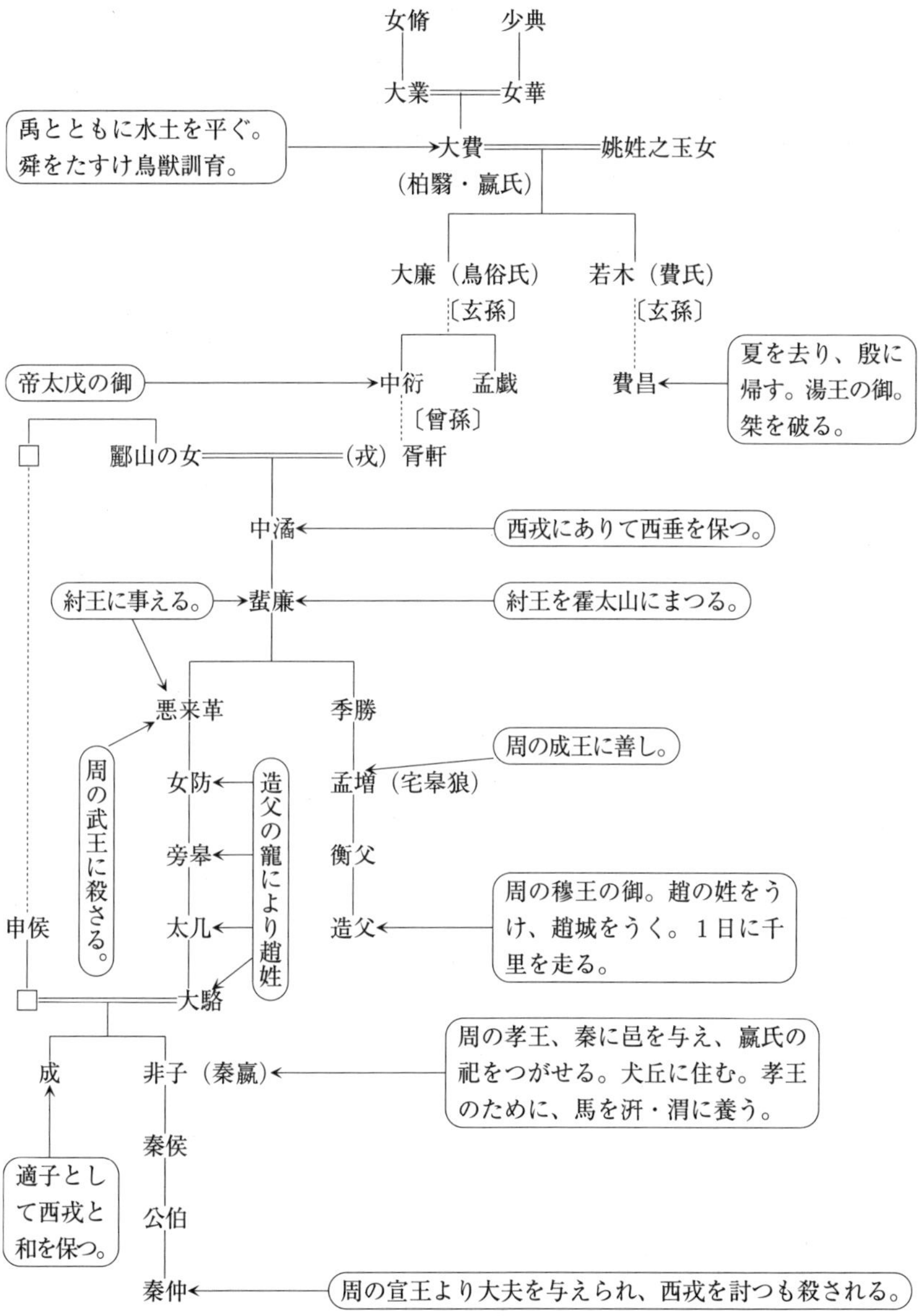
女脩
少典
大業
女華
禹とともに水土を平ぐ。舜をたすけ鳥獣訓育。
大費
(柏翳・嬴氏)
姚姓之玉女
大廉（鳥俗氏）
若木（費氏）
〔玄孫〕
〔玄孫〕
帝太戊の御
中衍
孟戯
費昌
夏を去り、殷に帰す。湯王の御。桀を破る。
〔曾孫〕
酈山の女
(戎) 胥軒
中潏
西戎にありて西垂を保つ。
紂王に事える。
蜚廉
紂王を霍太山にまつる。
悪来革
季勝
周の武王に殺さる。
女防
造父の寵により趙姓
孟増（宅皐狼）
周の成王に善し。
旁皐
衡父
中侯
太几
造父
周の穆王の御。趙の姓をうけ、趙城をうく。1日に千里を走る。
大駱
成
非子（秦嬴）
周の孝王、秦に邑を与え、嬴氏の祀をつがせる。犬丘に住む。孝王のために、馬を汧・渭に養う。
秦侯
適子として西戎と和を保つ。
公伯
秦仲
周の宣王より大夫を与えられ、西戎を討つも殺される。

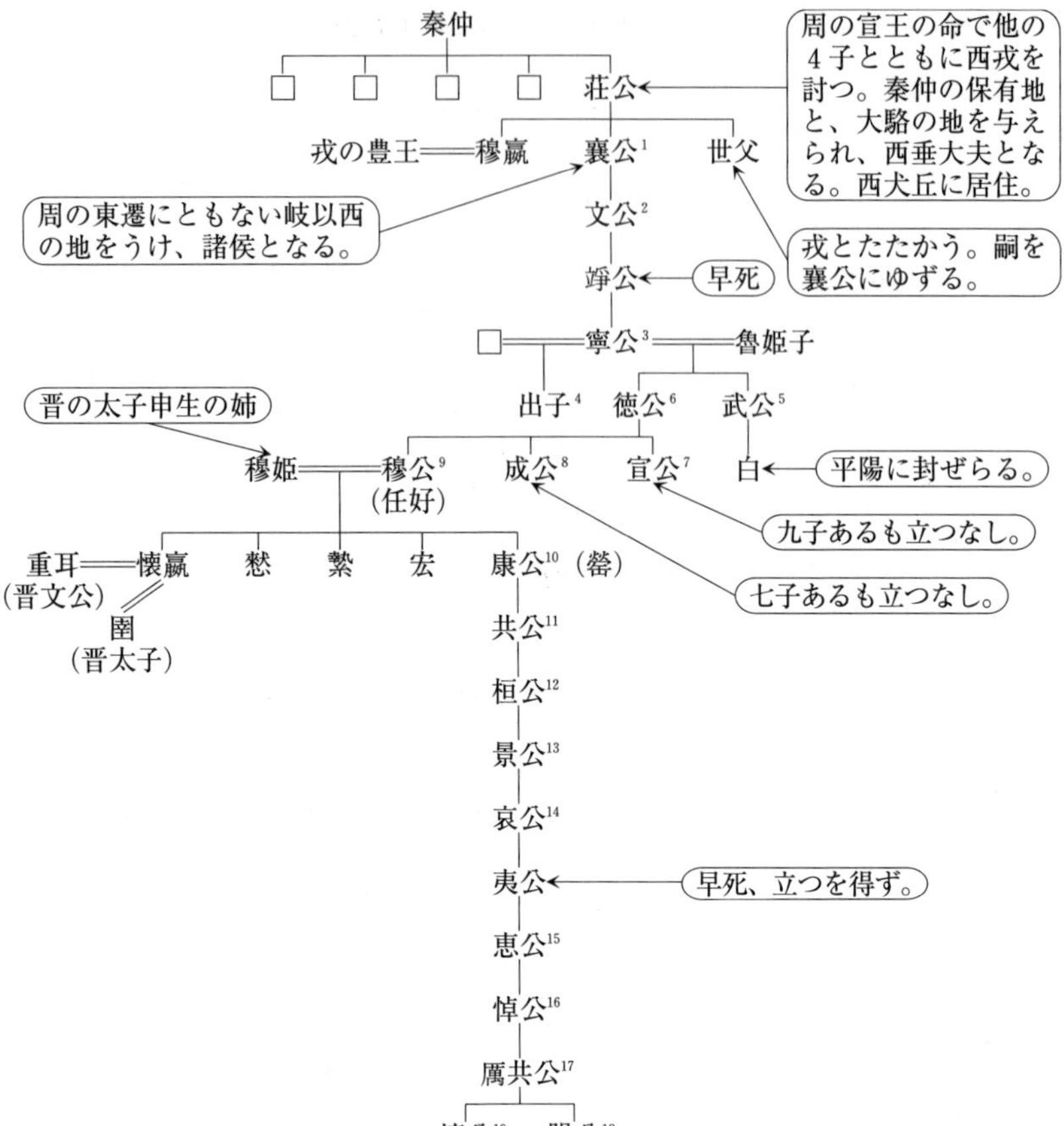

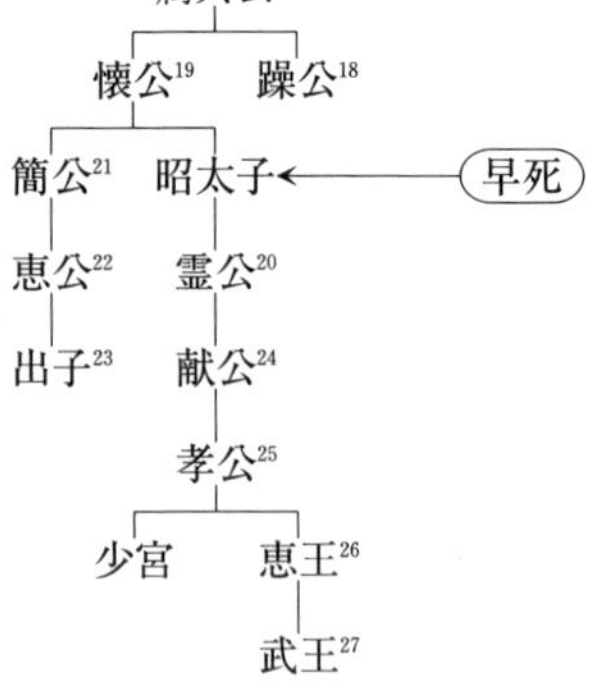

注1　竫公は「秦武公鐘」では静公に作る。
2　寧公は「始皇本紀」および「秦武公鐘」では憲公に作る。
3　「秦本紀」の読み方によっては、出子の母が魯姫子であるとも解される。また、「秦武公鐘」にみえる「王姫」の位置も、それによって二通りに解せる。本系図は「正義」によった。

を含んでいることは明らかである。この図は、封建以前の秦人に関しては、各人物の関係やおおよその時代や行動、秦人一族の性格について、封建以後は諸侯としての系譜や姻戚関係などを知る参考とするためのものである。

さて、秦人の祖先に関しては、中国の学界において大別して二説の対立がある。一つは中国の西方にいた遊牧・狩猟民で「戎」と同族であるとする説（西来説）で、王国維（「秦都邑考」〈『観堂集林』所収〉）、蒙文通（「秦為戎族考」〈『禹貢』六巻七期、一九三六年〉）、熊鉄基（「秦人早期歴史的両箇問題」〈『社会科学戦線』一九八〇年第二期〉）などの諸氏が主張する。他は東方または東南方にいた遊牧民族とする説（東来説）で、衛聚賢（「中国民族的来源」〈『古史研究』第三集、商務印書館、一九三七年〉）、劉節（『中国古代宗族移植史論』正中書局、一九四八年）、林剣鳴（『史稿』および「秦人早期歴史探索」〈『西北大学学報』一九七八年第一期〉）などの諸氏がとなえる。両説とも一長一短あり、早急にいずれが正しいとも結論は出しかねる。たとえば、西来説の文献史料上の根拠となっているのは、「秦本紀」にみえるつぎの記載である。

申侯の女《むすめ》は大駱の妻たり、子の成を生みて適となす。申侯乃ち孝王に言いて曰く、昔《むかし》我が先の酈山の女は、戎の胥軒の妻たり、中潏を生み、親故を以って周に帰し、西垂を保ち、西垂その故を以って和睦せり。今我れ復《ま》た大駱に妻を与え、適子の成を生めり。申・駱重ねて婚し、西戎皆な服す。王たるの所以なり。王それ之を図れ、と。

この申侯の言によると、秦人のひとり胥軒が戎の一族であるから、秦人も当然戎族ということになりこの系図も一応これに従って作成してある。しかしこの申侯の言は、女《むすめ》の子の成を秦人の適子としつづけることを周王に頼むことに目的があるのであって、それが必要な理由としてのべた事柄が事実かどうかは疑うに足る（『史稿』による）。一方、林剣鳴氏は秦人は殷の王族と同族であるとするが、その根拠の一つとして、周王朝成立後、秦人は西陲に置かれて不遇であったことをあげる（『史稿』）。しかしこの系図にも示すごとく、孟増、造父はともに周王朝に親しく仕え、女防・

旁皋等もその寵によって好遇されており、秦人は殷王朝と同様に周王朝にも仕えたと考えてまちがいないのではないか（蜚廉、悪来革がともに殷の紂王に忠実に仕えたことから、秦人は一時的に周王朝から疏まれたことはあり得た）。

西来説、東来説はともに決め手となる史料を欠き、諸説話や発掘史料による推論の部分が多い。これらに比して、たとえば侯外廬「中国古代社会における秦国の文明の源流」（『中国古代社会史論』第一三章）は、西陲時代の秦人が諸戎と異ならない生活をしていたとし、『石鼓文』に馬が多く出てくること等から考えて、周族が農耕民であることと対比させて非農耕民であったことにその特色を見い出している。戎と同族であるかどうかという点に力点を置く諸説に対して、いかなる生産・生活形態をもった一族であったかに重点を置く見地こそが、以後の秦史を考える際により重要であろうと思われる。ただし、遊牧民とか、狩猟民といった定義づけも困難であり、別の面から考えると、系図にも示したごとく、秦人は御者とか、養馬、養鳥獣によって夏・殷・周各王朝に仕えていたことから、馬を扱う技能をもった一族であったとも考えられる。いずれにしても私は「非農耕民」というにとどめたい。

さて、系図にも示したように、秦仲以後は、秦人は周王の命によって西戎を討つことに力をつくし、そのために大夫の地位や土地を与えられるが、ついに犬戎に攻められて周の東遷が余儀なくされる。この時の事情を「秦本紀」はつぎのように記す。

西戎の犬戎、申侯と周を伐ち、幽王を酈山の下に殺す。而して秦の襄公兵を将いて周を救い、戦いに甚だ力め、功あり。周、犬戎の難を避け、東のかた雒邑に徙る。襄公兵を以って周の平王を送る。平王、襄公を封じて諸侯となし、之に岐以西の地を賜う。曰く、戎は無道にして我が岐・豊の地を侵奪するも、秦よく戎を功逐し、即ちその地を有てり、と。ともに誓いて之に封爵す。襄公、是において国を始め、諸侯と聘・享の礼を通使す。

すなわち秦は、周の東遷にあたって封建され、周の故地を保持し、そのために西戎と戦うという任務を同時に与えられたのである。ここに秦の封建の特異性がある。すなわち、秦人は他の封建諸侯と異なり、周王朝とは血縁関係もなく、討殷の時の功績もない。しかも周族とは異なる非農耕民である。戎から周の故地を守るために、非農耕民をして他の非農耕民と戦わしめるためにおこなわれた遅い時期の封建である。農耕民を支配するために、農耕民族を封建するという一般例と異なり、軍事的緊急問題に対処するために非農耕民を使うことにともなう封建である。この封建には、古代王朝の、軍事的課題と民族的課題という二つの課題に対応するため、という事情が介在しており、したがって、周王朝封建制の重要な側面である祭祀の統一とは矛盾する問題を初発の段階からもっていたのである。

以上のように考えるとき、秦の以後の政治史の展開を見るにあたっても、他の諸侯国の歴史とは異なった観点からの分析を必要とするであろう。

三、穆（繆）公の時代——諸侯の地位の確立——

つぎに示す地図でもわかるように、秦の封建された「岐西の地」の周辺には、各種の戎が割拠し、封建当初においては秦はいわば戎にとりかこまれている状態であった（秦人は前七六二年に「汧・渭の会」に営邑したが、前七一四年平陽に徙居し、さらに前六七七年には雍に徙ってここを長期の都とした）。したがって、秦にとっての最大の課題は、これら諸戎と戦い、周王朝の体制の下でいかに諸侯として生きつづけるか、ということであった。『編年』によると、前七六六年、同七五〇年、同七三九年（大梓・大特）、同七一四年（蕩社）、同七〇四年（蕩氏）、同六九七年（彭戯氏）、同六八八年（邽戎・冀戎）、同六五九年（茅津）に戎との戦いがみられる（カッコ内は相手の戎の族名と思われるもの）。と同時に、非農耕民であった秦人が、しだいに農耕民化し、定住生活に移っていく傾向があらわれてくる。『史稿』によると、

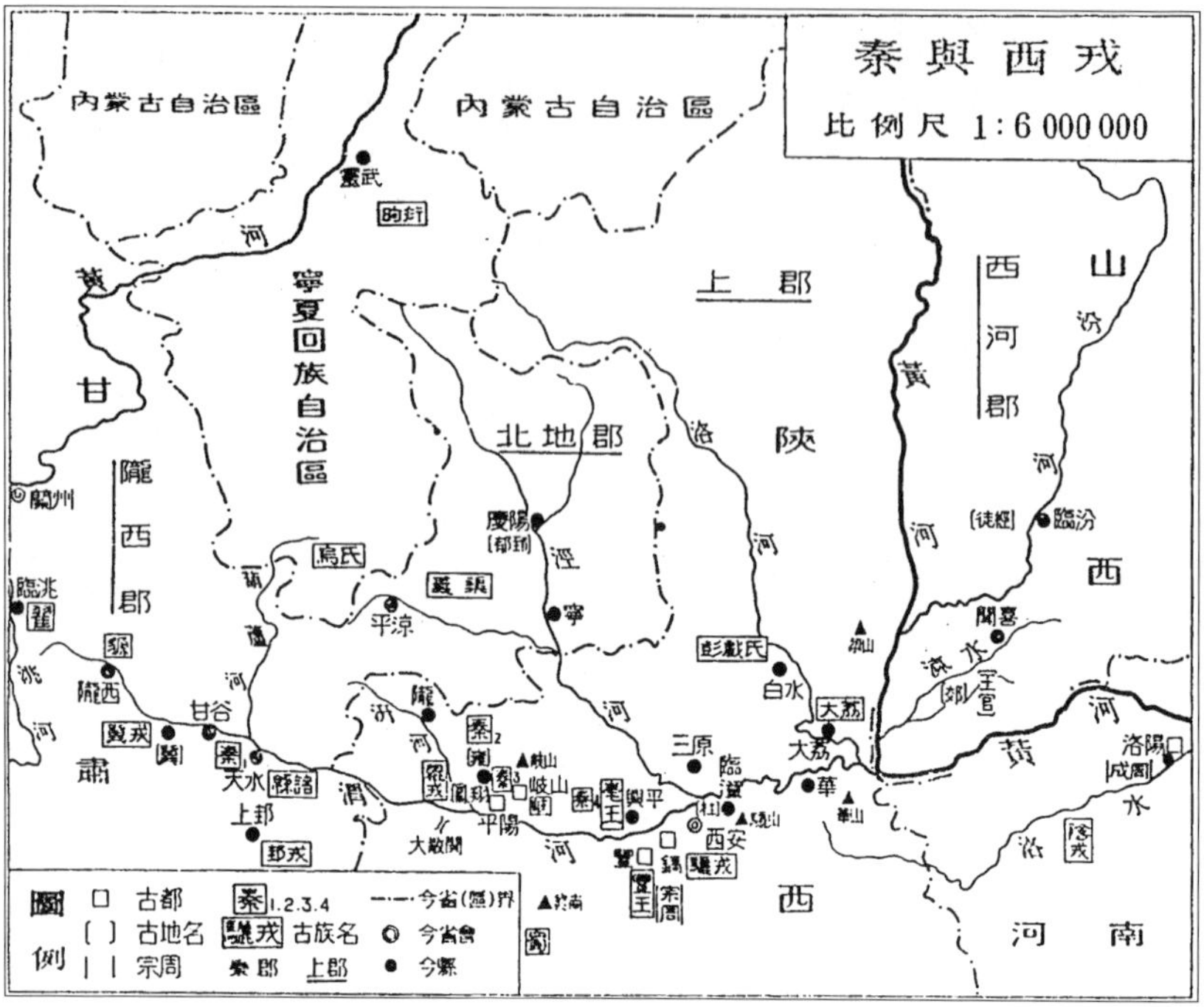

顧頡剛「秦与西戎」（『史学雑識』中華書局刊所収）の附図より転載

前七六二年の汧・渭の会での定居や、前七五〇年の戎を伐ったあとの「周の余民を収めて之を有ち、地は岐に至る」（「秦本紀」）などのことは、この定住農耕民化を示すものであるとするが、渭水流域の豊穣の地に定住し、農耕民であった周族の余民を併合したことなどは、そのような判断をするに足る事実であると思われる。しかし、のちにもみるように、非農耕民としての習俗や儀礼もまだもち続けていたことも忘れてはなるまい。

そして、戎を「平定」するという秦の任務を一応果し終えたと思われるのは、穆公末年のことである。このことは「秦本紀」や『韓非子』十過篇などの記載から知ることができる。すなわち、戎王が秦に使者として由余なる人物を送り込んだ時、穆公はこれが賢人（または聖人）であることをみて自国で利用しようと謀り、内史の廖と相談して、由余を秦に当分とどめ置き、同時に戎王に女楽を送って堕落させた。そのうえで由余を帰国させると、由余は戎王を諫めたが聴き入れられなかったため、秦に帰した。穆公は高位をもってこれを迎え、戎の状況を聞き出したうえで戎を本格的に攻撃した。「秦本紀」には、

（穆公の）三十七年（前六二三年）、秦、由余の謀を用いて戎王を伐ち、国を益すこと十二、地を開くこと千里、遂に西戎に覇たり、天子、召公過をして穆公を賀するに金鼓を以ってす。

とある。「益国十二」が『史記』匈奴列伝では「八国服於秦」に、同李斯列伝には「并国二十」となっていて、その数は史料によって相違しているが、秦の周囲の諸戎の「国」が秦に従い、秦にとっては、以後戎の脅威が一応なくなったことは間違いないとみてよい。また、これによって新たに秦の支配地となったところの千里（四方）を開墾したと思われ、この時点では秦は明らかに農業国としての性格をもっていたことが知られるのである（ただ、脅威はなくなったと思われるが、以後も諸戎との戦いはまだ時々あった。たとえば、前四六一年の対大荔、同四四四年の対義渠、同三九五年の対緜諸などの戦いがそれである）。

これによって、秦は封建時に周王朝から課された任務を終えたといってよく、はじめて一般諸侯なみの存在になった、とみてよいであろう。事実、この戦勝によって、周王朝は召公過を遣わして祝し、青銅器を賜わっているが、本来、封建に際しておこなわれるこの儀式が、この時点でなされていることは、周—秦間の封建関係がこの時点で完成したことをも意味していると思われる。

なお、対戎の戦いに先立って、秦に派遣されてきた由余と穆公との対話があったが、その内容は「秦本紀」と『韓非子』十過篇とでは異なっている。前者には、穆公が「中国は詩・書・礼・楽・法度をもって政がおこなわれながらなお時に乱れることがある。戎にはこれらがないので、どうやって政治がおこなわれるのか」という問いに対する由

余の答があって、周王朝下の礼的体制と遊牧民たる戎の政治とを対比させて論議されている。後者では、明主にとって最も重要なことは倹約に努め、奢侈に流れないことだ、という由余の言をめぐって対話がなされている。『史記』と『韓非子』のそれぞれの作者の政治に対する問題関心の所在の相違がこのようなかたちで表わされていると思われるが、「秦本紀」にみえる対話は、穆公時代の秦の状況をも反映していると思われる。すなわち、一応周王朝の体制下にありながら、非農耕民的習俗をもった諸侯から、他の諸侯なみの存在へ移りつつある時期の、政治・社会のあり方に対する穆公の関心がこのような問いを由余に対して発せさせたと思われるからである。

戎の「平定」にいたる前にあっても、穆公時代の政治・外交には、それまでの時代に比べて大きな変化をうかがわせるものがある。

まず、他の諸侯、諸侯国との関係である。穆公以前においては、秦と他の諸侯国との、あらゆる面での関係が、ほとんどみられない。秦自身が戎に対しての戦いにのみ明け暮れ、また他の諸侯も秦を相手にしない、無視する、といった状態であったと思われる。その意味でも秦はきわめて特殊な国でありつづけたのである。しかし、穆公即位（前六六〇年）以後、他国との諸種の関係が展開されるようになる。とくに穆公は即位後まもなく晋の太子申生の姉を婦に迎えたことからはじまる隣国晋との関係は複雑・多様である。両国間の直接の戦闘（前六五五年、六四五年、六二七年、六二六年、六二四年等）や、晋と組んで他国と戦う場合（たとえば前六三二年の城濮の戦は晋・秦・斉・宋の連合対楚の戦いであり、六三〇年には晋・秦が組んで鄭と戦った）が現われる。一方では飢饉に際しての食糧援助の関係があり、前六四八年、同六四四年には秦から晋へ食糧を送っているが、同六四六年の秦の飢饉の時に晋が援助しなかったため、前述の前六四五年の両国間の戦闘を生んでいる。さらに、秦は晋の公の擁立に積極的に関与している。『史記』封禅書には、秦の穆公立ち、病臥すること五日なるも寤めず、寤むれば、乃ち夢に上帝を見、上帝、穆公に晋乱を平ぐるを命ず、と言えり。

とあって、この関与については即位直後の夢の中に張本としてあらわれてくるが、事実、晋の恵公（夷吾）、文公（重耳）はいずれも秦より兵とともに晋に護送されて擁立されるのである。後者の場合には、秦に人質となっていた晋の太子圉が脱走して帰国し、立って懐公となったのを追い落とすため、楚から公子重耳を秦に迎え入れ、圉の故妻をめとらせたうえで晋に送って立てる、という複雑な経過を伴っている。

また、前七世紀にあった会盟には、いずれも秦が参加している。前六五一年の葵丘の会、同六三二年の温の会、同六三一年の翟泉の会および践土の会である。

このように、穆公は最初から対諸侯関係に積極性を示し、それによって他の諸侯国と同等の政治的地位を確立しつつあり、末年になって戎を平定することによって周王室からも名実ともに一人前の諸侯として認められるようになった、ということができよう。

つぎに、このような穆公の政治、外交をささえた賢者といわれる百里奚（傒）と蹇叔はどのような存在であったか、について考えてみたい。百里奚は楚より五羖羊皮をもって買われて五羖大夫となり、その推薦で蹇叔が厚幣をもって迎えられて上大夫となった。この両者に関する説話は諸文献に多くあらわれるが、いずれも、賢であるだけでなく徳高く、穆公の顧問役としてよく助言・諫言をなした人物として描かれている。たとえば「秦本紀」では

鄭人の鄭を秦に売るありて曰く、我れ其の城門を主れり、鄭は襲うべきなり、と。穆公、蹇叔・百里傒に問えり。対えて曰く、数国千里を徑《わた》りて人を襲わば、利を得る有るは希し。且つ人の鄭を売れば、庸んぞ我が国人の我が情を以って鄭に告ぐ者あらざるを知らんや、不可なり、と。穆公曰く、子知らざるや、我れ已に決したり、

と。遂に兵を発す。

とあり、このあと、穆公は大失策を犯すことになるのであるが、この結果に関しては次章でみることにする。ここでは、両者が穆公の方針決定に際しての相談役的存在であったこと、両者の自国を売るような不義な者の誘いに乗って軍事行動を興すことの不徳を戒めるという役割が描かれていること、をみたい。また、蹇叔に関しては『呂氏春秋』不苟篇に

秦の繆公、戎の由余に見え、説きて之を留めんと欲す。由余肯ぜず。繆公以って蹇叔に告ぐ。蹇叔曰く、君以って内史廖に告げよ、と。内史廖対えて曰く、戎人五音と五味に達せず、君之に遣るに若かず、と。繆公女楽二十八人と良宰を以って之に遣る。戎王喜びて迷惑大乱し、飲酒し、昼夜休まず。由余驟しば諫すれども聴かれず、因りて怒りて繆公に帰すなり。蹇叔、内史廖の為す所を為す能わざるに非ざるなり。其れ義の行なわれざればなり。

とある。戎王を女楽でもって堕落させるような不義を提案することは、蹇叔の立場からしてできないことであったのだ。穆公に義と徳に則った助言をするのが彼の立場であった。さらに百里奚に関して『史記』商君列伝では、趙良が商鞅につぎのようにいう。

五羖大夫の秦に相たるや、労《つか》れたるも乗に坐せず、暑なるも蓋を張らず、国中に行くも車乗を従えず、干戈を操《と》らず、功名は府庫に蔵するも徳行は後世に施さる。五羖大夫死するや、秦国の男女流涕し、童子は歌謡せず、舂《つ》く者は相杵（かけ声かけて臼をつく）せず。此れ五羖大夫の徳なり。

また、他の諸侯国に対しても

秦に相たること六・七年、（中略）教を封内に発するや、巴人貢を致し、徳を諸侯に施すや、八戎も来服す。

由余之を聞きて関を款《たた》きて見えんことを請う。

という。これらが事実をのべているかどうかは疑わしく、たとえば戦国時代にあった「相」という官職が穆公時代にあったとは思われないが、百里奚が稀有の有徳者として秦で語り継がれていることはわかる。

このような人物は、ほぼ時を同じくして、春秋の諸侯の下に現われている。斉の晏嬰、晋の叔向、鄭の子産等がそれで、有能官僚とか名宰相とかいうよりも（それはのちの戦国時代に現われる）、徳高き顧問とでもいうべきであろう。そして百里奚、蹇叔のような人物が穆公の下に存在したことが、穆公が春秋諸侯としての一般的な存在になってきたことを示しているといえよう。秦公はここでまさに本当の諸侯となったのである。

しかし一方、穆公時代に至っても秦はいまだに非農耕民時代の習俗を保持していた。まず祭祀について、「秦本紀」では前にみた襄公の時のこととして、「駵駒・黄牛・羝羊各三を用いて上帝を西畤に祀る」とあり、「封禅書」には「（襄公）自ら以って少皞の神を主どると為し、西畤を作り白帝を祀る」とある。「封禅書」には、その後も文公の時に三牲を用いて白帝を祀り、宣公の時には青帝を祀ったことがみえ、前述のように穆公は夢に上帝をみて、その命を受けている。これらにみえる白帝・青帝・上帝について、『史稿』では漢民族とは異なった遊牧民の独自の神であるとし、好並隆司氏も秦の君主が天・上帝ときわめて密接にかかわり、東方諸国と異なってはじめから唯一性をもった存在であったといわれる（「皇帝権の成立――秦の特殊性――」、同氏著『秦漢帝国史研究』〈未来社、一九七八年〉所収）。金文においても、『秦公𣪘』（この器の制作年代については白川静氏の哀公末年説、郭沫若氏の景公時代説をはじめ、穆公時代、桓公時代等の説もあり定まっていない）に「秦公曰く、丕顕なる朕が皇祖、天命を受《さず》けられて禹迹に鼏宅す。十有二公、帝の矸《ところ》に在り」とみえ、また『秦武公鐘』（通説はこれは武公時代の作とするが、白川氏は『秦公𣪘』と同一時期とする）にも「秦公曰く、我が先祖、天命を受けられ、宅を賞せられ国を受けられたり。剌々たる邵文公・静公・憲公、上に墜さずして、皇天に卲合し、以って蛮方を虩《げき》事せしむ」とみえ（釈文は両者とも白川静『金文通釈』による）ている。本来、天帝は周王の祀るべきもので、一諸侯が独自に祀ることは不自然であり、犠牲に動物が用いられていることとも考えあわせて、周王室とは系統の異なる祭祀を秦は維持しつづけていたと考えるのが妥当であろう（なお、「封禅書」には桓公が葵丘の会のあと封禅をおこなおうとし、管仲が「天命を受けない者のすべきことではない」といってやめさせた記事があるが、その裏付けとなろう）。

つぎに従死の風習である。「秦本紀」には武公が死んだ時に六十六人、穆公の死時に一七七人（大夫三人を含む）の従死者があった記事がみえ、とくに穆公時のそれに対しては、『左伝』文公六年の「君子曰」や『詩経』秦風の「黄鳥」、「秦本紀」の「君子曰」において非難されている。儒家的立場からすると、このことは礼に反する行為であったと思われるが、好並氏は前述論文で、これも遊牧民の習俗で後には匈奴にもみられるものとしている。

穆公時代はこのように二面性をもった時代であったと思われるが、後者のことから、秦の封建に際しての特殊性は、周王室との祭祀の統一を欠いていたがためであったと私は判断している。

四、秦国の構造とその変化——商鞅の変法にいたるまで——

では、つぎに視点を変えて、穆公時代のみでなく、封建から商鞅変法にいたるまでの時期の秦の政治構造はいかなるものであったか、いつ頃からいかにそれが変化をはじめたのか、を制度史的と政治思想的観点からみてみよう。

(1)　封邑制の不在について

『史稿』で林剣鳴氏は諸史料を渉猟するも秦には封邑制の存在をみることができず、食邑制と思われるものを二例みるだけ、と断言しているが、このことは、秦国史を検討した人に共通した結論ではないかと思われ、管見の限りでも、他国にみられる封邑をもつ卿・大夫の存在は発見できなかった。このようないわゆる「貴族」勢力の未発達から、政治体制、社会組織を推測するに、一方では人民・土地を諸侯とごく一部の官僚によって中央集権的に支配していた、と考えることができ、一方では共同体の未分化、人民間の階級または階層分化の未発達を示す、とも考えられる。私は本篇次章との関係からいっても後者が実態であったと考えているが、ここではこのような秦の特性をまず念頭に置いておく、ということにとどめたい。

(2) 官僚制

まず、百里奚がなった相という官名が前掲の「秦本紀」にみえ、「之（百里奚）に国政を授く」とあり、「商君列伝」の前述の趙良の言のなかにも「（奚）秦に相たること六・七年」とあるが、これが穆公時代に実在したかどうかは疑わしい。戦国時代の官が穆公時代にもあったと思い込んでのべている可能性がある。むしろ国政の中心にあったと思われるのは「庶長」と「大臣」であろう。「秦本紀」寧公十二年には、

寧公卒す。大庶長の弗忌・威塁・三父、太子を廃して出子を立てて君と為す。出子六年、三父等共に人をして出子を賊殺せしむ。（中略）三父等乃ち復た故太子の武公を立つ。（武公三年）三父等を誅して三族を夷ぐ。其の出子を殺すを以ってなり。

とあり、同懐公四年には、

庶長の鼂、大臣と懐公を囲み、懐公自殺す。懐公の太子を昭子と曰い、蚤死す。大臣乃ち太子昭子の子を立つ、

是れ霊公たり。

とあり、同出子二年に、

庶長の改、霊公の子献公を河西に迎えて之を立つ。出子及び其の母を殺し、之を淵旁に沈む。

とある。（大）庶長・大臣は秦の公の廃立を謀る時に出てくる。一方、庶長となった人物は軍事面でも活動する。前五六二年には庶長の鮑および武が晋を伐ち、鄭を救い、前四六七年には庶長が兵を率いて魏の城を抜き、前四五一年には左庶長が南鄭に城《きず》き、前三六二年には献公が庶長の国なる人物に魏を少梁で伐たせている。商鞅も変法を実行するにあたって左庶長に任ぜられている。以上から（左・大）庶長とは中央政界で隠然たる力をもつ官職であったことがわかるが、『史稿』でもいうように、本来は武官であったと思われ、中央の軍事権を握っているが故に、公の廃立にあたって策動が可能であったと推定される。また、商鞅変法のような大改革にあたっては、その推進者をまずこの地位に就ける必要があったのではないだろうか。大臣については、他にみえないので、具体的なことは不明である。

つぎに史、または内史なる官名が散見される。「秦本紀」文公十三年には「初めて史ありて以って事を紀《しる》し、民、化する者多し」とみえ、「封禅書」には「文公黄蛇の天より下り地に属し、其の口は鄜の衍に止まるを夢《ゆめ》みる。文公史の敦に問う。敦曰く、此れ上帝の徴なり、君其れ之を祀れ、と。是において鄜畤を作り、……」とある。また前述したように、穆公に謀略を提案して、女楽でもって戎王を堕落させて由余を秦側につけさせたのは内史の廖なる人物であった。『史稿』では史とは公室の記録官であったが、公の側近にいた知識人であったため、顧問、相談役的役割も果たし、のちの相または博士にあたるものになったと判断しているが、ほぼ妥当と思われる。他に、武官の一種と思われる不更（『左伝』成公十三年）、一種の外交官と思われる行人（『左伝』文公十二年）、卜官と思われる卜徒父（『左伝』僖公十五年）がみられる。

その他卿（上卿、次卿、亜卿、客卿）、大夫（上大夫、右大夫、五羖大夫）はあらわれるが、これらは官職名というより身分の名称と考えるべきであろう。

以上から考えて、まず官職として史料にみえるものはすべて中央官であって地方官ではないこと、武官から発展したものが多いこと、職掌のはっきりしない顧問的存在が多いことがいえよう。すなわち、官僚制度からいうと、秦は明らかに軍事優先であり、内政を司る官僚の体制が形成されているとは思われないのである。

地方官を置いたと思われるものが一例だけある。『左伝』僖公十五年に「是において秦始めて晋の河東を征して官司を置く」、『史記』十二諸侯年表の穆公十六年に「河東の為に官司を置く」とあるのがこれである。『左伝』の杜預注には「征とは賦なり」とあるのによるならば、この官司は晋より新たに獲得した河東の地を支配し、賦も徴する任を帯びた者と思われるが、これは特例と考えられ、従来からの秦の領地に置かれた地方統治の官は見当らない。

なお、のちの商鞅の軍功爵制の爵名のなかには、不更、大夫、客卿、左庶長、右庶長等のかつて実在した官名、身分名がみられることも、秦の官僚や身分が軍事と密接にかかわりのあるものであることをうかがわせるに足ると思われる。

(3) 軍　政

『文献通考』巻一四九、兵一に「穆公西戎に覇たるに至りて始めて三軍を作る。殽の役は三師にて車三百乗、また陥陣を置く」とある。たしかに殽の役（前六二七年）では孟明視・西乞術・白乙丙の三将が率いて敗戦したことが「秦本紀」等の記事にみえるので、この時代、秦には将が三名置かれていたと考えられる（なおこの三人が晋の虜となったのち返送されて帰国した時、穆公は処罰せずに「遂に三人の官秩を復して故の如くす」（「秦本紀」）とあるから、将とは武官の名と思われる）。したがってその将がおのおの率いる三軍があったと推定はされるが、その三軍の制が西戎を制覇した時はじめてつくられたとする根拠は不明である。陥陣（一種の特攻部隊のようなものと判断される）については『呉子』図国篇にも「秦穆、陥陣三万を置き、以って鄰敵を服せしむ」とある。また、『韓非子』十過篇には「（穆）公因りて卒を起す。革車五百乗、疇騎二千、歩卒五万もて重耳を輔けて之を晋に入る」とある。春秋中期において、よく斉《ととの》った騎兵と歩卒が多数いたことは異例のことと思われ、秦人がかつて馬の飼育をした一族であったことと無関係ではないと思われるが、歩兵をどこから、いかにして徴発したかは不明である。

なお、将と庶長との関係も明らかではないが、推測するに庶長のほうが上位で、自ら軍を率いることもあるが、戦役の都度将を任命するのではないか。

以上のことから、秦の軍制は少なくも穆公時代には整然としており、他国にはない強力な軍団をもっていたと考えてよいであろう。

(4) 県制

新たに県を置いた、とする記録が文献に現われるのは前七世紀初期と前四世紀初期である。前六八八年には邽・冀の戎を伐ってそこを県にしており、前六八七年には杜・鄭を県にした、とある（ともに「秦本紀」による）。当時戎は渭水流域地方全般に居り、秦はそれらと戦闘中であったことから、後者の二県も戎から奪った地を県にした可能性が高い。前三九〇年には陝を、前三七九年には蒲・藍田・善明氏を、前三七四年には櫟陽をそれぞれ県にしている（ともに「六国年表」による）。陝・蒲などは位置から見て晋から奪った地とも考えられるが、藍田・櫟陽はそうは考えられず、とくに櫟陽は当時、秦の都であったと思われ、あきらかに行政単位としての県にすることによって支配を固めることに目的があったと思われる。

すなわち、秦初期の県は、奪取地という特別な場所におかれて、特殊に直接統治をおこなう必要から置かれたと考えられるが、商鞅変法の直前に現われる県は、秦にとって重要と思われる従来からの領地内に置かれ、行政単位としての意味を持つと思われるものも現われる。

(5) 前五～四世紀にみられる新しい制度

上述のような県制の変化と相い前後して、他にも新しい制度が生まれてきた。一つは税制であり、「六国年表」簡公七年（前四〇八年）に「初租禾（初めて禾に租す）」とある。従来の秦の賦税制度がいかなるものであったかを知る史料はほとんどなく（前述の『左伝』僖公十五年の「晋の河東より征す」は、奪取地への賦課と思われ、特殊地域対象のものである）、またこの三字だけではいかなる制度ができたかを判断するのは困難であるが、なんらかの意味で、穀物を単位とした新税制の創設であったことはまちがいあるまい。

また、「秦始皇本紀」献公十年（前三七五年）に「為戸籍相伍（戸籍を為りて相い伍せしむ）」とあり、ここで戸籍がはじめて秦で作られ、隣組制度も作られた。これは商鞅変法への重要な前提をなすものと思われ、これによって人民からの徴兵も計画性をもって進められるようになったと思われる（ただし秦全土に完全に実施され得たかどうかは疑問あり）。

このように、前五世紀末～前四世紀初にかけて、公室を中心とする支配体制作りが進められはじめたことがうかがえる。このことは政治思想の面からもうかがえる。

(6)「秦誓」の作成をめぐる問題

「秦誓」は『尚書』「周書」の末尾にある。前述のように、百里奚・蹇叔の諫めを無視して鄭を討つため、前六二七年に穆公は出兵するが、両者の予言通り晋軍に殽で大敗し、三人の将は虜となる。やがて秦に返されるが、「秦誓」の序文では穆公がこの三人を郊外で迎えて、三将に反省の意をこめた誓いをした、その内容が「秦誓」であるとする。一方、『左伝』僖公三十三年には、三将を迎えた穆公が告諭を発したとして、その内容が示されるが、誓いについては何も示していない。「秦本紀」では、三将を迎えた時の告諭文が『左伝』とほぼ同内容で示され、さらに前六二四年、穆公が晋に報復し、かつて敗れた殽の地で尸を封じて喪をおこない、三日哭したあと誓いを軍に発したとみえ、「秦誓」とほぼ同内容の簡略文がつづく。

全文を示す紙幅はないが、「秦誓」の内容はというと、これらの記述に反して、君臣関係のありようを論じており、とても春秋時代中期のものとは思えず、おそらく穆公に託して君臣関係を論じたものと思われ、よりのちに作成されたものと思われる。この作成年代に関して松本雅明氏はその内容や文体等の分析から戦国末期、秦の全国統一直前の作と判断する（「秦誓篇の成立」〈『春秋戦国における尚書の展開』風間書房、一九六六年〉所収）。この推定も十分考えられるものではあるが、私は板野長八氏の研究のほうに依拠したい（同氏「秦誓の作成」〈『史学研究』一五四、のち同氏『中国古代社会思想史の研究』研文出版、二〇〇〇年〉に所収）。

板野氏はその作成に関する前述の三テキストの記載の分析から入り、『史記』のほうは「秦誓」を穆公の作と信じ、告諭より三年あとの年の作成としたのであり、『左伝』のほうが史実のみをのべているとする。ではその作成された時はいつか。氏は「秦本紀」のつぎの記事とそれが密接にかかわるとする。

献公元年（前三八四年）、従死を止む。（中略）十一年（前三七四年）、周の太史儋、献公に見えて曰く、周もと秦国と合して別れ、別れること五百歳にして復た合し、合すること（七）十七歳にして覇王出ず、と。

この僖の讖《しん》言はそれより前の従死の制をやめたことによっておこなわれたものであり、非農耕民の習俗から脱出することによって、周王室から未来の王道を歩む予言が与えられた、とする。そしてこの時、周の史官たる僖の了解のもとで「秦誓」が作られ、それによって、かつて従死者を多数出した穆公を王者として更めて正当化した、とする。

この板野説を受けて私流に表現するならば、穆公が作ったことにして、「秦誓」をこの時期に作成することによって、秦では王道が二百年以上も前から実現していたことを示し、もって君主の出現のイデオロギー的基盤を作ったのである。それはまず儒家的君主であることが、周室から認可をうける必要性から必然であったのである。そしてこのことは、前述の諸政治制度の作成・変革と相まって国家成立の準備工作の一つと判断されるのである。

(7)　孝公の下令

「秦本紀」孝公元年（前三六一年）に、

（孝公）令を国中に下して曰く、昔我が穆公岐・雍の間よりし、徳を修め武を行ない、東のかた晋乱を平げ、河を以って界と為し、西のかた戎翟に覇たり、地を広むること千里、天子伯を致し、諸王畢《ことごと》く賀し、後世の為に業を開くこと甚だ光美なり。往者《さき》の厲・躁・簡公・出子の寧せざるに会うや、国家内憂し、未だ外事に遑《いとま》あらず、三晋我が先君の河西の地を攻奪し、諸侯秦を卑しむこと醜の大なる莫し。献公即位するや、辺境を鎮撫し、治を櫟陽に徙し、且つ東伐して穆公の故地を復せん、穆公の政令を脩めんと欲す。寡人先君の意を思念し、常に心を痛めり。賓客羣臣の能く奇計を出して秦を彊くする者有らば、吾れ且に官を尊くし、之に分土を与えん、と。

ここには穆公以後の秦の歴史が新しい視点から描かれているが、関心事はもっぱら領土の拡大であり、秦の強国化である。孝公がねらっていることは、穆公時代をうけ、献公時代の上向きの情勢を一層発展させることである。そしてのちにこの要望に応えて商鞅が出現するが、商鞅は孝公に最初帝道を説き、二度目に王道を説いたがとり入れられず、三度目に覇道を説いてとり入れられたと「商君列伝」にある。穆公、献公の政を王道とするなら、孝公のそれは覇道たることをねらっていた、と考えられるのである。帝道とは察するに穆公以前の、秦の祀る帝の命のみによっておこなわれる政ではないか。孝公は儒家的君主の王道のもう一つ先の、戦国的君主を目ざしたのである。この孝公の下令はまた新段階のイデオロギーの表現であったと思われる。

五、秦における国家の形成——商鞅変法——

商鞅変法の内容の私なりの理解は、次章においてまとめて示すことにする。しかし、前節までにのべたような準備段階を経た、まさに国家形成のための変革であることは更めていわねばならない。すなわち、地域を基礎とした県なる行政単位の全国的形成とそこへの地方官の派遣、中央の方針の貫徹のための集落内組織（什伍制）の確立、賦税制度の全国均一化と度量衡の全国統一による財政の確立と収奪の一律化、人民の動員による耕地の開発と再分配、等は、まさに国家たる姿を示したものといえよう。ここに秦史の最大の画期があると私は考えるが、その準備は前五世紀末の簡公あたりから行政の上で始められ、前四世紀初めの献公時代からイデオロギーの上でも始められたのである。そして、国家形成の契機を作ったのは、周辺諸地域のより一歩先んじた国家形成と、それに対抗するためのさしあたっての軍事的要請であり、覇道のイデオロギー（法家）はそのために秦にとってさらに必要なものであったのである。

第二章　商鞅変法論

一、はじめに

本章は、一九七五年度歴史学研究会大会の東洋前近代史部会における私の報告「商鞅変法の再検討」（その内容は歴史学研究会編『一九七五年度歴史学研究会大会報告・歴史における民族の形成』〈青木書店〉に、文章化されて掲載された）に大幅に手を加えたものである。本論は古典籍の中の商鞅変法に関する記載を主たる史料として論じられている。その後、特に七〇年代後半以降、中国における考古発掘の進展にともなって、『雲夢秦簡』をはじめとする多量の出土文字資料が学界に供せられるようになり、これらの中の多くは（主に簡牘であるが）商鞅変法以後の秦の法や法律関係文書、社会状況を示した文書であって、商鞅変法の実態を知る重要な史料となり得るものであった。そして、日本でも中国でも、これらの新史料を使った新たな商鞅変法研究が陸続と出現し、従来の研究を異なった角度から見直す傾向があらわれてきた。私もまた、前述の報告の内容を補充したり、修正することが必要となり、本篇第三章や第五章に収められた論文を書いたのである。しかし、商鞅変法の中国史上における意義や、その歴史的位置づけに関しての私の考え方は、先の報告と基本的には変わっていないと考えている。

本来ならば、本章と第三章および第五章はあらためて一本の長い論文としてまとめ直し、私の商鞅変法研究の全体像として新たに提示すべきであったのかもしれない。しかし本書において結局はこのような形にしたのは、一つには新史料の出現によって私の認識がどう発展し、また一部はどう変わっていったのかという軌跡を示すことは意味のあることだと考えたからであり、今一つは、第五章に収めた論文は商鞅変法だけでなく、土地制度を通してその後の秦の制度や社会をも論じており、むしろそちらの方に重点があるものであるから、他の二者と一緒にはできない内容をもっているからである。したがって本章においてのべていることの一部分は、後の章で自ら訂正する内容をも含んでいることをあらかじめ申しのべておく。

二、商鞅変法研究の方法とそのとらえ方

商鞅変法に関する研究はおびただしい数にのぼる。すでに漢代の知識人は、漢と対抗した秦王朝の基礎を作った政治改革としてのそれに大きい関心を示していたし、以後の諸儒者は、それに対抗する法家思想の祖とその政策を様々な形で一貫して批判してきた(1)。近代以前における「商鞅および商鞅変法の論評史」をまとめることは中国古代史研究者の一つの課題となっているであろう。

近代歴史学の成立以後も、歴史家による商鞅変法への関心は決して衰えてはいなかった。その問題関心は、その是非論ではなく、中国における最初の専制的統一国家機構の礎を変法という方法で作り上げた人物としての商鞅、という観点からであった。表現を変えていうならば、アジア的専制国家権力の中国的本質を、その成立過程としての商鞅変法の中に見い出せないか、というものであった、ともいえよう。そしてこのような問題関心は、現在における学界

においても主流として基本的には受け継がれつつ、なお毎年多くの関連論文が産出されている。

勿論、きわめて政治主義的な商鞅評価も出現した。文化大革命期間中の中国においては、批孔運動の一環として商鞅を高く評価する論調が哲学界、歴史学界において突出していた。しかしこれは一過性のものであり、文革が一段落すると、このような論調も姿を消した。

近代以降の商鞅及びその変法研究の著作・論文目録ぐらいは（少なくとも日本と中国においてのそれが）作られてしかるべきであろうが、それも今のところなされてはいない。察するに、中国古代史の論文において、何らかの形で商鞅変法にふれていないものは少ない、ともいえるほどであるから、この目録にどこまで採録すべきか、判断に苦しむことになるからであろう。

よって、本章において言及する先行研究はきわめて限られたものにならざるを得ない。私の論に直接かかわるもので、主として戦後日本の、関連出土史料が学界に提供される以前のものだけを取り上げることにならざるを得なかった。

まず商鞅変法についての先行研究の方法と、その内容のとらえ方について、私なりに大雑把にいくつかに分類し、私自身の考えがどう位置づくものかを提示しておきたい。

研究方法について、さしあたり三つに分けてみると、その第一は変法の具体的内容の制度史的な、特に漢代諸制度の源流を求めることを目的とした研究であり、諸史料を整合させた緻密な実証研究が多くを占める。日本・中国における伝統的な中国史研究の方法であるが、商鞅変法研究においてもこの方法が主流をなしており、それは関連諸出土史料の出現によっても基本的には変わらない。この方法による研究は、商鞅変法の中の個別部分について検討されているものが多く、変法の他の部分との関連や、変法の全体像を考えるという志向性は弱い。特に「商君列伝」にみえる「開阡陌」なる土地制度改革（のちに詳論する）については、それだけで数十本の論文が書かれており、諸説紛々である。

第二に、商鞅という人物の政治思想研究がある。戦国秦漢時代を通しての法家思想の形成・発展をとらえるにあたって、商鞅がそれ以前の思想のどのような面を受け継ぎ、当代社会のどのような矛盾に直面して法家思想の原型を形成したかを、主として政治思想という観点からとらえようとするもので、その実践の成果としての変法も、その思想の表われとして検討されるのである。中国哲学の研究者がこのような方法をとるのは当然としても、歴史学においても古代社会を長いスパンで考えるにあたっては、必要な研究方法であろう。前述の中国文革中の商鞅評価の仕方もこの方法の一つの表われとみることができる。ただし、商鞅はその独自の認識論を書き表わした文章を残していないので、諸子百家のように純粋な思想分析の対象とはなりにくい。

第三は、商鞅変法を中国古代史の中に位置づけて論じ、その歴史的意義を明らかにしようとする研究である。日本でも中国でも、中国古代史の体系的・独創的把握を提示した諸大家の仕事においては、いずれも必ずといってよいほど、商鞅変法が取りあげられている。しかし、単に理論的理解の方法としてそれを位置づけてとらえるというだけではなく、変法の具体的内容を一つひとつ独自に検討しながらそれを成した研究は意外と少ないといってよい。戦後日本の中国史研究においては西嶋定生氏が最初にそれを成したと思われるが[2]、のちに詳しく検討する。

本章は第一・第二の方法から多くを吸収し、また批判もしながら、第三の方法によって自分なりの理解を示そうと試みた結果である。

つぎに商鞅変法のとらえ方、すなわちその歴史的意義についてであるが、これについても私なりに大きく三つに分けてとらえてみたい。

第一は現在の中国での大方の研究者（人によってニュアンスに相違はあるが）のとらえ方で、学校教育の教科書等もこれで説明されている。商鞅は奴隷制と封建制の交替期にあって、新興地主階級の立場を代表し、法家の政策を実践をもって表現して変法を実施し、秦の社会変革をおこなった。そして、このため旧来の奴隷主貴族とたたかった。この政策は曲折を経ながらも秦始皇帝に受け継がれ、全中国において実施されることで完成された、とするものである。第二は、商鞅変法によって古代（基本的認識は奴隷制）国家の専制的支配体制確立のための基礎が築かれた、と認識するもので、この支配とは皇帝による個々の独立した小（経営）農民の支配を意味している。戦後日本の大多数の中国古代史研究者は、基本的にはこのとらえ方をしていると私は考えている。いま、典型的な学説をいくつか挙げよう。西嶋論文とそれを収める前掲書では、この変法の分異の法、初県・新邑を徙民によって辺境に新たに作ることによって、旧来の族的秩序から放たれた人民を新たに組織することができたとし、秦漢時代の皇帝による個別人身支配という特殊中国的国家体制の基礎が作られた、とする。渡辺信一郎氏[3]は、商鞅の変法の分異の法によって単婚小家族が作られ、それをもとに轅田制に代わる阡陌制の創出によって国家的土地所有の下で平均百畝＝一頃の占有地を耕す小経営農民が形成された、とし、この小農経営は秦漢帝国のみならず、ずっと二千年以上にわたって中国王朝の皇帝による人民支配の基礎をなしたと考えられている。

この両氏が中国王朝特有の国家支配機構形成の端緒として商鞅変法をとらえるのに対し、楠山修作氏[4]は宮崎市定氏の説を受けて、変法によってモルガンの説く氏族から地域と財産に基礎を置く国家への変化が実現したとし、地域＝里、財産＝阡陌によって分けられた里に属する田地として考え、これをローマのセルウィウス・トゥリウスの改革に比定し、中国における世界史の普遍的発展法則をみようとする。

本章における私のとらえ方は、この第一、第二のとらえ方とは全く異なったものとなっている。

私は本章においては、以上の第一・第二のとらえ方とは全く異なった、第三のとらえ方を提示するものである。私の結論を論証の前に、端的にのべてしまうならば、以下のようである。[5] 商鞅の変法は旧来の共同体を解体させたり、血縁集団を分解させて小家族を作り小農民を創立させたものではなかった。高い生産力を導入したり、新たな農耕地の開発を進めたが、旧い社会組織は基本的に維持されたまま、そのうえに新しい官僚体系、軍事体制、地方行政組織、税制を作って専制君主による共同体農民の丸ごとの支配をはかったものであった。これこそが秦漢帝国の専制支配体制の先がけであり、アジア的専制の中国的形態である。

私のこのようなとらえ方は、個別の変法内容の理解のうえでは種々相違はありながらも、変法の基本認識のうえでは豊島静英氏の論[6]に近いものがあった。しかし豊島氏の近著[7]においては、第二のとらえ方に大きく変転されたものとなった。

三、史料の検討

(1)　史料の提示

以下のA～Jに示すものは、商鞅変法の内容を直接示すと思われる古典籍史料であり、私見の限り検討に価するものはこれらのみである。このうち『史記』商君列伝のAの部分が大方の論者も認めるように、変法の内容をまとめて記した最も基本的な史料であり、私の検討もこれを中心におこなわれることは従来の諸研究と同じであって、他はいわば補助史料である。各史料の中の符号を付した傍線部分は、その中でも注目すべき部分で、のちの論証ではその符号によって再引用し、詳しく検討される部分である。書き下し文は、私の理解に基づいて作られており、何故そう読むのか、はのちの論証の中で明らかにされるであろう。

A、『史記』商君列伝[8]

衛鞅を以って左庶長と為し、卒に変法の令を定む。「民をして什伍を為《つく》り、而して相い牧司・連坐せ令む。姦を告さざる者は腰斬とし、姦を告する者は敵首を斬ると賞を同じくし、姦を匿す者は敵に降ると罰を同じくす。[イ]民に二男以上有りて分異せざる者は、其の賦を倍す。軍功有る者は、各おの率を以って上爵を受く。私闘を為す者は、各おの軽重を以って刑の大小を被むる。力を本業に僇《あわ》せ、耕織して粟帛を致すこと多き者は其の身を復す。末利を事とし及び怠りて貧しき者は、挙げられて以って収孥と為る。[ロ]宗室の軍功の論有るに非ざれば、属籍を為すを得ず。[ハ]尊卑の爵秩の等級を明らかにするに、各おの差次を以ってし、田宅・臣妾・衣服を名ずるには家次を以ってす。[ニ]功有る者は顕らかに栄え、功無き者は富むと雖も芬華する所無し。」

令既に具わるも、未だ布せず、民の信せざるを恐る、已に乃ち三丈の木を国都の市の南門に立て、民の能く北門に徙置する者の十金を予えらるるを募る。民之を怪しみて、敢えて徙す莫し。復た曰く、能く徙す者は五十金を予えらる、と。一人の之を徙すもの有れば、輒ち五十金を予え、以って欺かざるを明らかにす。卒に令を下す。

令の民に行なわるること朞年にして、秦民の国都に之きて初令の便ならざるを言う者千を以って数う。是に於いて太子法を犯す。衛鞅曰く、法の行なわれざるは、上自り之を犯せばなり、と。将に太子を法《のっと》らせんとす。太子は君の嗣なり。刑を施す可からざれば、其の傅の公子虔を刑し、其の師の公孫賈を黥す。明日、秦人皆な令に趨《むか》う。之を行なうこと十年、秦民大いに説び、道に遺を拾わず、山に盗賊無く、家ごとに給せられ人ごとに足る。民公戦に勇にして、私闘に怯え、郷邑大いに治まる。秦民の初め令の便ならざるを言う者来りて令の便を言う者有り、衛鞅曰く、此れ皆な化を乱すの民なり、と。尽く之を辺城に遷す。其の後民の敢えて令を議すること莫し。

是に於いて鞅を以って大良造と為す。兵を将いて魏の安邑を囲み、之を降す。居ること三年にして、作為して冀闕・宮庭を咸陽に築き、秦、雍自り都を之に徙す。『而《ホ》して民の父子兄弟の室を同じくして内息する者をして禁と為さ令む。而《へ》して小都・郷・邑・聚を集めて県を為り、令・丞を置くこと、凡そ三十一県なり。田《ト》を為《つく》り、阡陌を開き、疆《さかい》に封《つちもり》し、而《チ》して賦・税平かなり。斗《リ》桶・権衡・丈尺を平かにす。』之を行なうこと四年にして、公子虔復た約を犯し、之を劓《はなぎ》る。居ること五年にして、秦人富彊なり、天子胙を孝公に致し、諸侯畢く賀す。

B、同　前

商君曰く、始め秦は戎翟の教にして、父子の別無く、室を同じくして居す。今我れ更めて其の教を制し、而して其の男女の別を為り、大いに冀闕を築き、営むこと魯・衛の如し。子我れの秦を治むるを観るや、孰れぞ五羖大夫と賢ならん、と。

C、『史記』秦本紀

（孝公）三年、衛鞅孝公に変法して刑を修め、内に耕稼に務め、外に戦死の賞罰を勧むるを説き、孝公之を善しとす。甘龍・杜摯等然りとせず、相い与に之を争う。卒に鞅の法を用うるも、百姓之に苦しむ。居ること三年、百姓之を便とす。乃ち鞅を拝して左庶長と為す。其の事商君の語中に在り。（中略）十年、衛鞅大良造と為り、兵を将いて魏の安邑を囲み、之を降す。十二年、咸陽を作為し、冀闕を築き、秦都を之に徙す。諸《イ》小郷・聚を并せ、集めて、大県を為り、県には一令あり、四十一県なり。田《ロ》を為り阡陌を開く。東の地は洛を渡れり。十四年、初めて賦を為る。

D、『史記』秦始皇本紀

献公立ちて七年、初めて市を行為す。十年、戸籍を為り、相い伍せしむ。

E、『史記』六国年表

（簡公七年）、初めて禾を租す。……（孝公十二年）、初めて小邑を取りて三十一県を為る。田を為り、阡佰を開か令む。（十三年）初めて為るの県に秩史有り。

F、『史記』蔡沢列伝

夫れ商君秦の孝公の為に法令を明らかにし、姦の本を禁じ、尊爵ならば必ず賞し、罪有らば必ず罰し、権衡を平かにし、度量を正し、軽重を調《ととの》え、阡陌を決裂し、以って生民の業を静めて其の俗を一にす。民に耕農して土を利し、一室に二事無からしめ、力田して稸積し、戦陣の事を習うを勧む。是を以って兵動きて地広く、兵休みて国富む。故に秦は敵天下に無く、威を諸侯に立て、秦国の業を成せり。

G、『漢書』地理志下および孟康の注

孝公商君を用い、轅田を制し、仟伯を開く。（孟康曰く）三年にして土を爰《か》え居を易うるは、古の制なり。末世に侵廃す。商鞅秦に相たりて、復た爰田を立つ。上田易えず、中田は一易し、下田は再易す。自ら其の田に在るを爰うるも、復た居を易えざるなり。食貨志に、自ら其の処を爰う而已《のみ》と曰うは是《これ》なり。

H、『荀子』議兵篇

秦人其の民を生かすや陿阸《きょうあい》、其の民を使うや酷烈なり。之を劫《おびやか》すに埶を以ってし、之を隠《しば》るに阸を以ってし、之を忸《なら》すに慶賞を以ってし、之に鰌《せま》るに刑罰を以ってし、天下の民の利を上に要むる所以の者をして闘に非ざれば由る無から使むるなり。阸《くるし》めて之を用い、得て後に之を功とし、功・賞は相《たが》い長として、五甲首にして五家を隷す。是れ最も衆彊長久たりて、地多く以って正す。故に四世勝有るは幸に非ざるなり。数なり。

I、『商君書』境内篇(9)

四境の内、丈夫・女子皆な名は上に有り、生まるる者著《つ》けられ、死する者削らる。其の爵有る者は爵無き者を乞《めしかか》えて以って庶子と為し、級ごとに一人を乞う。其れ役事無きや、其の庶子其の大夫に役せらるること、月ごとに六日。其れ役事なるや、随いて之に養《つか》う。（中略）能く城を攻め邑を囲み、斬首八千已上ならば則ち論を盈《み》たし、野戦して斬首二千ならば則ち論を盈たし、吏の操及び校自り以上大将まで、尽く行間の吏を賞するなり。故《もと》の爵公士ならば、就きて上造と為り、（中略）故の爵公乗ならば、就きて五大夫と為り、則ち税邑三百家有り。故の爵五大夫ならば、就きて客卿と為り、税邑六百家有り、故の爵客卿ならば、正卿に就き、就きて左庶長と為り、（中略）故の爵少良造ならば、就きて大良造と為り、皆な賜邑三百家有り、賜税三百家有り。（中略）能く甲首一を得る者は爵一級を賞し、田一頃を益し、宅五畝を益し、庶子一人を乞え、乃ち兵官の吏に入るを得るなり。

J、『韓非子』定法篇

商君の法に、一首を斬る者は爵一級、官と為るを欲する者は、五十石の官と為り、二首を斬る者は爵二級、官と為るを欲する者は、百石の官と為ると曰う。官爵の遷、斬首の功と相い称うなり。

(2) 史料の価値評価の基準

前述したように、A以外は商鞅変法の内容の一部分のみを取り出してのべたものであり、いわば変法に関する断片的史料である。そしてこれらは、C・D・EがAの要約的表現であることを除くと、何らかの意味で筆者または文中の人物の思想的背景をもって何らかのいいたいことをのべるために例として引き合いに出したものである。特に漢代およびそれ以後に書かれたものは、儒家の立場に立って法家思想を批判するために商鞅変法を持ち出した、という傾向が強く、その内容の客観的真実性は弱いと見るべきである。

では『史記』の記述が客観的歴史事実を示しているか、というと、必ずしもそうはいえず、やはり儒家的立場に立っていることには変わりないことは注（1）に引いた「太子公曰」の文からもわかることである。しかし、後世において中国の最初の歴史家という評価を得ている司馬遷による変法内容のまとまった記述は、他の古典籍史料よりは事実に近いと判断せざるを得ないのは当然ではないだろうか。Aと他の史料とに内容的相違のある時は、私はAの方に従いたい。

なお、『商君書』はその成立年代、著者ともに定かではなく、変法の記述も多分に後世の法家者流の理想像であると思われるが、具体的にはのちにのべたい。

(3)　いわゆる第一次変法と第二次変法の関係について

商鞅は変法を計画・実行して秦の政治、社会を変革するにあたり、(イ)当面のさしあたっての課題、(ロ)長期的意味をもつ課題、の二つをたくみに使い分けながら時間差をおいて遂行していったと考えられる。そしてAの「　」内、すなわち、いわゆる第一次変法の部分が主として(イ)に対応し、『　』内、いわゆる第二次変法の部分が主として(ロ)に対応する内容であると私は考えるものである。(イ)はすなわち軍事的課題に集約されるものであり、特に東方の魏に対して、前四〇八年に奪われた河西の地を奪還するために、軍事力の強化が必要であったと思われる。そのためには兵農分離を原則とする旧体制を改め、「耕戦の民」を多く確保することが最重要であった。Fおよび「民に耕戦を教う」（『戦国策』秦策三）、「耕戦の士を顕わす」（『韓非子』和氏篇）などの記事が変法のこの面の特徴を表わしたものといえよう。この点についてはすでに古賀登氏が指摘しており[10]、また好並隆司氏[11]、米田賢次郎氏[12]も重視しているが、問題は第一次変法が耕戦の民を確保し、それを用いて当面の軍事体制確立に焦点をしぼっていることである。什伍制、連坐制、爵制、賞罰制はいずれもこの目的にそったものであり、後述のごとく分異制もまたその線にそって作られたとみるべきであろう。さらに、兵農分離体制のもとでのみ権力を持ち得る貴族層を抑えることがそのためには必要であり、A―ロはこのための規定であって、公子氏、公孫氏の処罰はその実行であった。すなわち第一次変法は軍事体制確立の政策であった。

そして、魏を破るという一応の戦果をあげ、都を咸陽に遷したのち、この軍事体制を長期的に維持するための政策――富国強兵策を断行した。(ロ)の第二次変法であり、開墾、土地分配、地方行政機構、度量衡の統一を実施したのである。変法の歴史的意義はこの第二次変法に主として存在するが、これは第一次変法を前提にして固められたのである。河西の地を奪還したのはこの後であり、さらに百数十年後の全国統一の礎となったのである。

(4)　史料Aの読み方について

西嶋論文において、第一次変法の記述は七ケ条の法令の並列であるのに対し、第二次変法のそれは「全文が連続した文章であって、しかもそれぞれの事項は法令の形態をとるものではなく、変法を施行した過程の説明である」(注(2)掲載書五四二頁)と主張するが、これはまさに卓見というべきであり、私もAの理解の方法はこれに従いたい。すなわち第一次変法の記述の方は個々の法令を一応独立したものとみなし、第二次変法の記述は常に史料中の前述の事柄を前提にして後述の事柄があり得るという関係、すなわち記述の前後を変えては理解し得ないものとして理解したい。

以上の前提に立って、個々の変法の内容を検討していきたい。

四、変法の内容の検討

(1)　いわゆる「分異の法」をめぐって

いわゆる「分異の法」とはA―イとA―5に記されている法であり、両次変法にほぼ同内容と思われる規定があるということに特徴があると私は考える。牧野巽氏[13]はホの方に「兄弟」が入っているだけより正確な表現になっているだけで、内容も目的もほぼ同じ規定であるととらえているが、私はこの見方に組するものであり、越智重明氏[14]、好並隆司氏[15]および楊寛氏[16]のように、イは分居異財の目的、ホはBにみえるような、遊牧民（戎翟）のみだらな習慣を改めさせる目的と、目的を分けて考えるのは、ややうがち過ぎではないか。とするならば、「二男以上」とある「二男」とは「二人以上の息子」の意味ではなく、「成年の男二人以上」の意味でなくてはならないだろう。このことはF―ロの表現をみれば明らかであり、成年の男はすべて国家に「事《つか》える」べきものとされていたのである。この点では牧野氏の理解[17]は誤っていると思うのであるが、それはこの規定を家族法と考え、「分異」は普通には父母の死後兄弟のあいだでおこる財産分割をも含めた現象であると考えたが故に他ならないであろう。私は家族法とは考えず、したがって牧野説を継いだ豊島氏の注（6）論文も私と考えを異にする。この点では古賀登氏の考え方[18]は正しいと思われ、氏はこの法はすべての壮年男子を直接把握して労働力（軍事力も含む）としようとすることに目的があった、とする。

この法令を家族法とは考えなくとも、血縁集団（私は家父長的世帯共同体段階であると推定しているが）を分解させ、核家族化をはかる政策であるとする考え方が一般的であるように思われる。守屋美都雄氏の家族に関する諸論文[19]がこのことを前提としているが、越智氏[20]も二倍の賦をはらえば三族制家族や兄弟集団を構成する「家」が認められざるを得なかったが、法令の本来のねらいは単家族析出にあった、とする。古賀氏[21]はこの法令が核家族化を指向しているとすることは同じであるが、一方では「伍」が三族制家族を基本として編成され、伍を国家の人民支配の主たる面であるとしており、前述した点と合わせ考えると氏の主張点はいま一つ私には理解できず、矛盾があるようだ。西嶋氏[22]はこの法令が分財異居のための家族法とすると、何故商鞅が上から法でこれを強制したかがわからないとし、またこれが氏族的秩序を解体させるためだけのものでもないとし、むしろ地縁性をはぎ取って辺境への移住者を分出して、新県を設置するための前提とした政治的目的をもつものであったとする。新家族法の制定、核家族析出法などとは考えない点は首肯できるが、目的が別にあると考えたとはいえ、これも結果としてはやはり小家族化の法令であったととらえられていることに変わりはない。豊島氏[23]は父権的一夫一婦制家族の析出と普遍化をはかった法令であるとするが、これはFの内容と合わせ考えられたものと思われる。しかしFの中で商鞅のいっていることは倫理的内容であり、しかも遊牧民の習俗を持ち出して民族的蔑視意識をも使って自らが強行した「分異の法」を美化しようとしたものであって、婚姻形態とは関係ない話であると私は考える。商鞅変法の時点では一夫一婦制はすでに普遍化していたのではないか。

私はいかなる意味においてもこの法令は家族形態にかかわるものではなく、したがって目的も結果においても核家族の創出はみられない、と考えている。第一に、先述のように第一次変法は当面の魏との戦争に緊急に必要な軍事体制確立のために実施されたものであり、A―イの内容も軍事目的との関連で把握する必要がある。

軍事とは関係のない家族政策が什伍制、連坐制、賞罰制などと並んで記されるのはいかにも不自然である。第二に、A―イの「賦を倍にす」の「賦」についてであるが、後に詳説するように大方の一致するごとくこれは軍賦であり、軍賦を倍にすることが「分異」しないことの罰則として示されていることに注目すべきであろう。第三に、A―ホ、B、F―ロのいずれにも「室」が問題の中心的用語として使われていることである。この語の意味については、第六章において『雲夢秦簡』にみえる同語について詳論したが、『史記』においても全く同じく家屋、住居の意味で使われている。このことはBにみえる同語を文中で考えてみれば、容易にわかることである。これらの史料でいっていることはきわめて即物的な内容であり、いかなる意味においても「家族」を云々する内容ではなく、またそれを意味する語もでてこないのである。A―ホにみえる「内息」も同一家屋内に国家の目を逃れて生活している状態を表わしていると考えられるのである。

以上三点から導かれる私の結論は以下のごとくである。まずA―イについては、家族形態とはかかわりなく一家屋に成年男子が二人以上居住する場合は、国家が見逃して徴兵を免れる者がないように、すべて分居させ、すべての成年男子を耕戦の民として国家が把握できるようにする目的の法令と考えられ、これに反した者は軍賦を二倍徴収されて、その面で軍事に貢献せしめられるのである。

「分異」とは単純な「分居」の強制である、というのが私の考えであるが、それは遠く離れた「室」に分居させるのではなく、おそらく近隣の「室」に男だけが分居したのであろう。したがって家族としての結びつき[24]、日常性にさしたる変化はなく、血縁・地縁とも従来とさして変わることのない状態が続けられたと私は推測している。そしてこの従来からの「家族」を「三族制家族」といえるかどうか、それをどう認識するか定かではなく、私は今のところ態度を保留しておくが、エンゲルスいうところの「世帯共同体」に近いものであったろうと推測している。

そして、成年男子が一人になった「室」を単位に「伍」・「什」が編成されて軍事単位の基礎とし、連坐制も実施されたのであり、「伍」「什」を構成する者も連坐の対象もともに実際は家族の一員たる血縁者が多かったのではないだろうか。したがって什伍制は、古賀氏の考えるような村落組織の改編では決してなく、第一次変法はもともとそこまでは目指していないのである。[25]

第二次変法を記したA―ホにおいては、第一次変法と同内容のことをより徹底し、「賦を倍にす」に代わって「禁と為す」とし、違反者には罰則を加えたものと思われるが、この法令の目的は第一次変法のような正確な徴兵のみではあるまい。おそらく戸籍の編成を確実にし、人頭税たる賦の徴収と、後述する開墾のための労働力徴集を確実・容易にするという目的が加えられたのであろう。第二次変法においては、まず最小単位たる居住単位を国家目標にそって構成し、しかる後に県の編成に向かったのであって、順序としてまず「分異」が最初に実施されたのである。

(2)　軍功褒賞制と人身隷属関係をめぐって

第一次変法にみえる軍功褒賞制についてはA―ハにみえるほか、Iに詳しい記載があり、また断片的にH―イ、Jにもみえる。まず問題にすべきはIの史料としての信憑性についてである。守屋氏[26]は『商君書』境内篇について克明な校証をおこない、これが商鞅時代の爵制、軍制の実態を示す史料であると考えた。古賀氏はこれを受け継ぎ、境内篇に基づいて爵制・軍功褒賞制・軍体制の整然とした体系の復元を図った[27]。私は次に示す三点によって、Iの記述が商鞅時代の制度をそのまま示すものとは考えないのである。

第一に、A―ハでは田宅・臣妾・衣服の三つを褒賞としてあげ、「家次を以ってす」ということからみて、爵位の上位からこの順に「家[28]」を単位に与えられたと考えられる。ところがIには田宅と庶子の二つが出てくる。たとえ臣妾と庶子が同一物を指すと仮定しても、いずれの語が法令の中では使われたのであろうか。またJによると敵首一級につき賜爵とともに、求めれば官位も賜わるとあるが、これはA―ハに「尊卑の爵秩の等級」とあることと相い応ずることであるが、Ⅰには官位についてはみられない。私は、成立時期・著書ともにはっきりしない『商君書』より、『史記』の方に事実の記載としてはより信頼性があると考える。第二に、Ⅰに基づいて古賀氏が作成した表によると[29]、爵位の第八級公乗以下には褒賞として田が与えられ、第九級五大夫以上には税または邑または税邑が三百～六百家与えられることになっている。五大夫以上に関することは、伝統社会の封邑に相当することであると思われ、変法以後の秦においても封邑制度が実在したことは「商君列伝」に「衛鞅既に魏を破りて還る。秦之に於・商の十五邑を封じ、号して商君と為す」とあって、商鞅自身が封邑されていることで明らかである。しかし公乗以下に関しては、田のみが与えられたと解するほかなく、Aの記載にもこのことはみえない。Ⅰには一箇月に六日だけ働く庶子は与えられるが、一庶子が一頃の土地を耕作できるはずがなく、したがって耕作者のない田を褒賞とすることは現実的ではない。第三に、このことと関わるが、数十万もの兵士が一戦闘で動因される戦国時代において、斬首一につき田一頃を与えるという、具体的手続きがきわめて煩瑣なことを実行するだけの事務官の体制が存在したであろうか。楠山氏はこれだけの土地を与える余裕が秦にはなかったと考えているが[30]、私は当時の行政実務体勢において実行不可能なことを、法の厳守を全国民に命じた商鞅が法制化するはずはないと考えている。

以上から私は、Ⅰの文は商鞅より後の法家者流の人物が、商鞅の精神をうけて、あるべき褒賞制度の像を机上で考案したものであると判断し、これに基づいて商鞅の軍功褒賞制を認識することはできないと考えるものである。

ではA―ハをどう理解すべきであろうか。まず、「田宅・臣妾・衣服を名づくるに」の「名」は、平中苓次氏の見解[31]にしたがい、所有ではなく帰属、占有を意味すると考えたい。つぎに「田宅」の田について、これを土地だけと考えるのではなく、そこに住んで田を耕作している人民をも含めて表現しており、田地とその耕作者をまとめて褒賞として賜わる、と解したい。つまり旧来の封邑と同じ意味であり、この軍功褒賞制は旧来の貴族層のみへの封邑制を、軍功に基づいて一般人民にまで拡大したものにほかならないと考えるのである。このことはH―イの検討によってより明確となる。この史料について平中氏と守屋氏の間で、その解決をめぐって興味深い論争があるが、私は平中説[32]にほぼ全面的に賛意を表するものである。H―イに示した訓読がまさに平中氏の解釈に基づくものであり、功賞は人民間の隷属・被隷属関係として現われるのである。すなわち甲首五にして五等爵を賜わるとはじめて五家を隷することが実現するのであり、五家を隷するとは封邑と同内容なのである。「田宅を名づく」が土地に着目して表現したのに対し、「五家を隷す」はそこに住んで耕作している人民に着目して表現したものにほかならないのである。第四等爵以下は土地は賜わらず、おそらく臣妾と衣服を賜わったであろう。そして、こうであれば賜与に際しての事務的煩雑さもさほど大きなものではない。

それにしても、『荀子』では封邑のことを何故「隷」なる語で表現するという、普通にはわかりにくい記述をしたのであろうか。おそらく、商鞅より百年近く後に、東方の先進地域にいた荀卿は、封邑が一般人民におこなわれるという、西方後進地域の改革実態の特異さが理解できず、当代当地では一般的であった人民間の家父長的支配・隷属関係を国家が認めることによって褒賞がおこなわれた、と理解したのであろう。戦国時代の国家の分裂期においては、社会状態の地域差はこのように大きかったに相違ない。

「田宅」の語は戦国～前漢期の諸史料に頻出するが、ここでは特に前節でのべた分居政策との関係で注目したい。分居を命じたのであれば、どうしても宅地が多く必要であり、「宅」は田と並記されてはいるが、それを賜与されることは独自に重要な意味があったと思われる。

なお、「臣妾」「庶子」などの隷属民の性格については、『雲夢秦簡』などの出土文献にみえるそれらとも合わせて諸氏によって様々な検討がなされ、諸説が出されているが、ここでは特に追求することはしない。ただ、商鞅変法との関連でいえることは、この両者とも何らかの理由で没官されて官に仕える隷属民であること、それがまた褒賞として一般人民に下賜の対象となっているであろうことはほぼ間違いなくいえることであろう。

(3) 県の設置及び村落組織をめぐって

つぎに第二次変法の内容の検討に重点を移してみていこう。ここでは関係史料はA—ヘ、C—イ、E—ロ・ニである。まず、県の作られ方を里との関係で学説史を検討しよう。西嶋氏[33]は分異によって族的秩序を解体し、さらにその一部を辺境地域に移して地縁からも切り離し、初県を構成し、その下にさらに里を編成したと推定する。すなわち、A—ヘを、小都・郷・邑・聚より集めた、と読むのである。この徙民説は宮崎市定氏[34]も同様であり、城郭都市形成説を展開する。楠山氏も同様である[35]。しかしC—イには分異の記述はなく置県がのべられており、「集」字に代わって「并」字が使われている、などの点からみても、A—ヘをこのように読むことはかなり困難であることは第一篇第一章でものべた。よく似ている説は豊島説[36]であり、旧来の共同体からの「集住」によって、まず一里百戸の単位が作られ、その上に県が置かれた、とし、土地所有の主体は旧共同体から、新共同体に移った、とする。古代ギリシアに特殊にみられる集住なる現象を歴史普遍的現象とみて中国に無前提にあてはめて考えることはいかがであろうか。古賀氏は商鞅によって漢代にみられる什伍—里—郷—県という軍事・行政組織が作られた、とするが、漢代には人為的なこのような整然とした組織ができていた、といえるのであろうか。守屋氏[38]、米田賢次郎氏[39]は旧来の小共同体を併合してその上に県という行政単位を作り、軍事体制の強化に資した、という。私は県設置の目的は軍事により人民支配と開墾政策遂行のためであったと思うが、県の作られ方はほぼ同見解である。

私は、変法について記すどの史料も里についいて何らふれていないにもかかわらず、多くの論者が変法の重要な内容の一つに里の編成を考えていることが納得できない。これに反して、いずれの史料でも置県について記しており、特にＥの「六国年表」のような最重点項目のみを短文で記した史料にも置県のことが出てくることは、行政単位の改革に関しては、置県が唯一かつ最重要な改革内容であった、と判断したいのである。すなわち、旧来の共同体である小都・郷・邑・聚とよばれる組織をいくつか集めて、県という新たな行政単位を作り[40]、そこに役人として令・丞を派遣したと考えるのである。新しい、上から支配するための行政単位を作ったこと、またこれら共同体を支配する人として、旧貴族に代わって新たに官僚が置かれたということに変法の意義があるのである。里という居住単位は春秋期を記した文献にも出てくるので、秦においても郷・邑などの共同体の中の居住区分として変法の時点でも存在したかも知れないが、それに対しては変法においては手がつけられていないのである。族的秩序をも内包する旧来の共同体を破壊することなく、その上に専制支配体制を作っていくことこそ、アジア的専制権力成立の過程であると私は認識している。

つぎに、県の置かれた場所について。西嶋・米田両氏[41]は軍事的必要から魏に近い辺境地域に置かれたとし、特に米田氏は後述の「開阡陌」を土地制度としては重視しないで軍事的要塞設置と結びつけて、これが県設置と一致すると考える。守屋氏[42]は三十一県を秦の領域にくまなく置いたとする。古賀氏[43]は世襲的貴族の強い所では行政単位の再構成はできなかったが、置県の地域的片寄りはなかったとする。佐藤武敏氏[44]は唐代の史料から推定して都の咸陽の周辺とし、好並氏、豊島氏[45]もこれに賛同または近い見解である。

私は、まず魏との国境付近は戦闘によって荒らされることが当然予想されるにもかかわらず、そこに置県して「阡陌を開く」とはとても思えないのである。私は後述のごとく「阡陌を開く」とは置県による人民支配と動員の体制ができた後に、それを前提にして遂行された開墾政策と考えているので、米田氏とは全く考え方を異にするのである。

第二次変法は、前述もしたように、当面の軍事体制よりむしろ富国策、すなわち生産増大に力点があり、そのための人民支配体制作りにねらいがあったと考えるのである。しかし、守屋説は西嶋氏も反論するようにあたらないと思われる。「商君列伝」には変法の後、商鞅は褒賞として十五邑を封ぜられた、とあるが、全領土に県を置くことと封邑地が存在することとは矛盾するのである。したがって私は古賀説にかなり近く、また佐藤氏の実証のように都の周辺に多く置県された、と推測している。まずそこから支配体制を固めるのが常道であると思われるからである。しかし、Cの最後の部分でいうように、開墾地が洛水の東側にも及んだと思われるので、当然そこにも置県されたはずであり、置県が咸陽周辺だけとは限らない。

(4)「阡陌を開く」と土地制度をめぐって

A—トをはじめとする諸史料にみえる「阡陌を開く」という句を論ずる者はきわめて多いが、その大部分の論者は商鞅の変法によって、国家による人民の土地所有の公認がなされた、と解している[46]。すなわち、秦漢社会の基底に小土地所有農民を措定し、この体制を上からの改革によって成立させたのが商鞅の変法であったとする点では、大方の一致があるがごときである。

たしかにAでのべられていることを、前章において私が考察したことと合わせ考えると、前五世紀末頃から秦国社会においては階級分化がおこりはじめていたことはうかがい知ることができる。この傾向は当然ながら、土地をはじめとする不動産の所有をも促進しはじめていたであろうことを想起せしめるものがある。しかし商鞅はこのような方向性を推進させ、あるいは新法によって公認することによって秦の富国強兵を図ったのであろうか。商鞅による土地私有公認説の唯一の具体的根拠は『漢書』食貨志上にある「商鞅の法を用いて帝王の制を改め、井田を除きて民売買するを得、富者は田什佰を連ね、貧者は立錐の地亡し」なる董仲舒の上奏である。まず、井田を破壊して仟佰＝阡陌を開いたという事実がなかったことは木村正雄氏の実証(47)によってかなり以前から明らかになっていると思われ、また井田制そのものの実在や内容が漢代儒家の周代理想化思考を考慮すると問題は多々あるといわざるを得ない。儒家思想全盛期の後漢時代に編まれた『漢書』において、漢代儒家思想の確立者ともいわれる董仲舒の言を使って、武帝期の豪族による土地兼併の弊害の淵源を最たる「悪者」商鞅の変法に求めさせる、ということは十分すぎるほど考えられる手法である。したがって、公然たる土地私有の開始を商鞅変法の時期に措定するということはとても信用できることではない。このことが私の「阡陌を開く」の解釈の前提ともいえるのである。

「阡陌を開く」の句は『史記』の中だけでもA—ト、C—ロ、E—ハにみえ、さらに別にF—イのような表現も並存する。この内容の解釈は前述のように多種多様であり、すでに守屋氏、楠山氏、古賀氏(48)などによって学説史の丁寧な検討がなされているので、ここでは論争点のみを私なりに整理しておこう。第一点は開阡陌の目的であるが、開墾説、旧い地割りの改訂説、この両者をともに含む説に分けられる。第二点は「阡陌」の解釈であり、方格地割りのための直交する二種の南北・東西に走る道路であることに見解はほぼ一致するが(49)、それが個々の小家族または一壮丁あての土地区画のためのものか、よりまとまった大土地の区画のためのものか、によって見解は分かれる。第三点は牛耕と二四〇歩一畝制が商鞅変法時点で採用されたか、後の漢・武帝期なのか、という問題、第四点はA—トにみえる「封疆」（原典の表記、C・E・Fにはみえない）の解釈で、新県の境域を示すために作ったとする説、新県に属する郊野の領域を示すとする説、個々人または小家族への分配地の境域を示すとする説があり、「封」を「もりつちす」と読み、土を盛り上げる、と解することは共通している。第五点はF—イの解釈であり、旧耕地の区割りをこわして新たに阡陌を作るという説、決は開または割の誤りとする説、決＝開とする説がある。第六点はGにみえる「轅田」の解釈であり、次章で諸学説をもふくめた詳しい検討をおこなうが、本章では行論の必要上、私の結論のみを後述する。

第一点について、私は開墾説をとる。県に令・丞を置き、旧来の小共同体をいくつか合わせた新単位である県の人民をまとめて動員できるようになってはじめて大規模な開墾ができるようになったのであり、「阡陌を開く」とは国家権力による軍事以外の、富国のための人民動員であった。置県は「阡陌を開く」ための重要な前提であったのであり、A—ホ~リの部分、つまり第二次変法をのべた部分は、第三節の4で前述した西嶋氏のごとく、まさに変法の施行過程をのべているのである。なお、Fの記述は第一次、第二次変法の内容を区別することなくいくつかを選んで、項目別にただ羅列しているのであるから、ここに置県が出てこないからといってこの考え方を否定することにはならない。

第二点について、楠山氏[50]は里に通ずる長さ二四〇〇歩の東西の大道を陌、同一〇〇〇歩の南北の大道を阡とよんだ、とし、阡陌を里単位の田地を区分するための大道であると考えた。古賀氏[51]は一〇〇〇戸＝一〇里＝一郷分の田地を区分するための道を阡・陌として考えた。区分する土地の大きさや単位は異なるが、両者とも阡・陌を田間のあぜ道であるとは考えず、大道であると考えている点で私も賛同する者である。特に楠山氏の、漢代の事例に基づくものではあるが、阡・陌が大道であることの実証は貴重なものといえよう。しかし両者ともに里を一つの基準にして阡・陌を考えているが、前述のように変法に関して里はどの史料にもみえず、また古賀説で基準とする郷も、旧来の小共同体のおよび名としてはA—へ、C—イに出てくるものの、変法による行政単位としてはみられないものであるから、両者とも漢代の行政単位に基づいて阡・陌を考えている点は賛同できない。さらに両氏とも、阡・陌で区画された土地をさらに個人または小家族単位に平等に細分化するところまで変法によっておこなわれたと考えられているようであるが、変法に関する史料には阡・陌以下の小道にまで変法がかかわっていることを示すものは皆無であり（出土諸史料にはこの小道についての記述がみえるが、これについては後の第三・五章で検討する）、おそらく両氏とも変法による小土地所有の実現論に立っているが故であると思われ、私は賛同できない。

第三点は牛耕の普及および二四〇歩一畝制の成立はともに私は米田氏[52]と同じく商鞅変法時期であると考える。ただここで注目しておきたいことは、このことが秦の農業生産力の高さを示しているのではなく、むしろ逆に中原地方に比べて低かったところへ、中原諸国から（特に隣国魏からが最も考えられ得る）の国家による技術導入を示しているのではないかと私は考えるのである。牛耕もそうであろうが、渭水盆地では戦国期から急に大型鉄製農具の出土が増えてくることとも関係があるのではないか[53]。そしてこのような上からの技術革新ということにこそ商鞅変法の歴史的意義があるのではないかとも考えている。

第四点については県境に土を盛る、という説[54]、第五点については決＝開という説にそれぞれ賛同する。第六点について、私は轅田とはGに付した師古注引の孟康の説明に依拠して解し、以前は割替えがおこなわれていた共同体所有地であったが、割替えの慣習がおこなわれなくなった後も、依然として共同体に強い支配権のある共同地を指し、耕作者が私有権をもたない田地を意味すると考えている。そしてGの本文は、「制」字を「制度」という時の制の意味ではなく、はさみで布地を切り裁《た》つ、の意と解し、「轅田を制す」とは開墾によって布地を裁つように仟佰＝阡陌を原野に作っていって轅田を作っていくことを意味するのである。「轅田を制す」と「仟佰を開く」とは同内容のことで、くり返し表現されているのである（なお、轅田については、次章で詳論する）。

以上のことを総括して私の考えることは以下のようである。一県、すなわちいくつかの小共同体（小都・郷・邑・聚）から労働力を令・丞の権力によって動員して大規模な開墾事業をおこなった。これを阡・陌によってもとの小共同体の所有・管轄する田地すなわち轅田として区分した。そして開墾地の県境にはまた他県のそれとの区別のための土盛りを作成した。したがって阡陌によって区分された田地は各小共同体の管轄に帰すのであり、そこの耕作のあり方は各小共同体に依嘱されたのであって国家が法によって決めることではなかったのである。小共同体内の耕作単位（それが小家族か世帯共同体であるかはここではかかわりなく）への区分について何の記述もみられないのはそのためである。もっとも、開墾が大規模であるから、それにともなう水利等の施設もまた大規模なものが予想され、その建設は県単位で労働力を集中しておこなわれたであろうことは十分想定される。なお、「疆に封す」の句はC・E・Fでは省略されているが、これは最後の仕上げの作業であって、中心的作業は「阡陌を開く」までであることを示している。

(5) 賦と税をめぐって

増淵龍夫氏は「（大夫は）『士』とよばれる一族中の男子をもって兵団を構成し、事あらば、その族人によって構成される兵団をひきいて公《きみ》の下に参ずる『賦』とよばれる義務を課されていた」（ルビは筆者）[55]というが、「賦」の定義に関しては今も批判者はいないであろう。豊島氏は「もともと軍事と関係の深い『山林藪沢』の財物を出すことを賦と言った」[56]というが、基本的に正しい認識と思われ、増淵氏いうところの賦という義務は大夫がその采邑の周辺の山林藪沢から取り出された軍器の材料を公に差し出すことをも含めて解し得るのであろう。これが戦国期に入ると次第に変化してきたと思われ、平中氏は原初的には軍事負担全般を意味した賦が、後に兵役と租税に分離したと想定している。[57]そうであるならば、Aに二箇所出てくる「賦」は兵役とともに成年男子に人頭的に課せられたものと考えるべきであり、耕戦の民の形成にともなって出現したと思われ、西嶋氏[58]も賦は制度としては商鞅以前からある人頭税と解している通りであろう。楠山氏は漢代算賦は男女とも負ったとする加藤繁氏を批判し、男子だけが負ったとするが、注目すべき見解であろう。そうすると、Dにみえる「戸籍」は兵役と賦のために作られたと考えられるが、おそらく変法前の献公七年の段階では戸籍編成は不徹底なものであったろう。これによる軍隊編成の不十分さを目の当たりにした商鞅は第一次変法によって前述の「分居」政策を断行し、それをもとに成年男子単位の正確な戸籍編成に着手したのであろう（変法の内容に関する史料の中に戸籍編成の記事はみえないが、Dの記事、徴兵策、賦の徴収等から必然的に推測さるべきことと私は考えた）。この段階で分居せずに兵役逃れを企てた者が発見されたならば、A—イにみえるように本来の賦の倍が課せられたのである。このような、兵役負担と賦との関係の考え方は、宮崎市定氏のいうような、賦とは兵役を免れるための軍事費負担であるとする考え方とも一致していると思われる。[59]

このように、第一次変法での分居に反する罰は、賦というものの本来的目的に即した規定であったといえよう。第二次変法における罰則は、このようなプリミティブで即物的なものではなく、おそらくより重く、刑法典に基づく処罰らしいものに代わったであろうが、県への令・丞の派遣は戸籍作成と賦の徴収の徹底をも成し得たことと思われるのである。

このように考えると、A—チにみえる「賦」字を「とる」と読む平中氏[60]、「わかつ」と読む越智氏[61]の考え方は私には理解ができない。

つぎに「税」について、大方の一致するようにこれは「租」と同意であり、田地を対象にしてそこからの収穫物を徴取することである。A—チの「税」は開墾してできた田地を対象にしたものと思われる。ところで、Iには軍功褒賞として、「税邑」「賜税」「賜邑」という語が出てくるが、これらは商鞅時代およびそれ以後の秦における邑と税との関係の実体を表現したものと考えられる。[62]これらは褒賞として賜わったものであるから、県の支配下の邑ではなかったと思われるが、県支配下の邑においても、税との関係は同じであろうと思われる。このことについて古賀氏[63]は、「賜税有り」とは単に邑からの税収を受けとっただけなのに対し、「賜邑有り」とはその他に山川・園池・市租の利をも受けていたとしているが、おおむね同意見であり、「税邑有り」はおそらく後者と同じであろう。とすると、税とは邑を単位として徴収するものである可能性が強く、「税邑」という熟語がそのことをよく示していると思われる。「税邑三百家」「賜邑三百家」とは、税その他の徴収物を褒賞として与えられる三百家の大きさの邑、という意味であり、「三百家」とは個別の課税対象の家の数を示すものではなく、邑の大きさを示すものに他ならない。このことを前述の「阡陌を開く」の私のとらえ方と合わせて考えるならば、県の下の諸小共同体においても、開墾地の所有・管理権が小共同体に属するならば、当然税も各小共同体単位に量られ、徴収されたと判断されるのである。ただ、変法以前と異なる点は、従来は卿・大夫である貴族がその采邑からおのおのの基準で徴収してその一部分を貢として公に収めていたが、変法後は県の役人が一律に徴収して国家収入としたということであり、賜邑からの受賞者の徴収率も同じではなかったかと思われる。

以上のことを総括してA―チの部分は、人頭税たる賦と兵役は分居と戸籍作成によって逃れられなくなり、地税たる税は置県によって役人が一律平等に徴収できるようになり、ともに公平となった、という意味に解せられるのである。最後にA―リにおいて、度量衡の全国的統一が示されていて、変法が完成するのである。変法は、賦の徴収・兵役に関してはまさに個別人身的支配を目的としているが、人民の生産活動にかかわる税の徴収に関しては旧来の共同体に依拠し、それを単位におこなわれたのである。

五、変法全体のとらえ方とその歴史的意義

商鞅変法についての以上のような検討を一応終えたうえで、変法の全体像についての私見をまとめてのべることにする。

商鞅による第一次変法のねらいは、当面の魏との戦闘に勝つための強力な軍隊の編成であり、そのためには卿大夫層の特権を奪い、その支配下にあった、一般成年男子を武装させていわゆる「耕戦の民」を作って国家のもとで統率することであった。什伍制、連坐法、いわゆる分異の法（私見による分居政策）、爵制とそれに基づく軍功褒賞制はすべてその目的のために作られ、耕織の勧奨もまた軍事的装備や軍糧の確保が主なねらいであったと思われる。そして新法を厳重に守らせ、宗室につらなる貴族層に主にねらいをつけてその力を弱め、魏との戦争で一定の戦果を勝ち取ったそのうえで、上述の体制を一時的でなく長期に維持・発展させ、さらに経済的にも他国に勝る富を得るための、いわゆる富国強兵策を目指した本格的な政治改革に乗り出した。これが第二次変法である。この変法では、中原諸国の進んだ技術（農業、水利、製鉄等）の導入や大規模な開墾によって生産力の飛躍的向上がはかられた。しかし、農村における階級分化の萌芽はみられるものの、土地の私有とそれに基づく共同体（Aに出てくる小都・郷・邑・聚）の崩壊の現象が東側諸国に比べて遅れ、依然として共同体が根強く生き残っている状況を認めたうえで、増大した富を中央に吸い上げ、よって秦を専制的な強国にしようとしたのである。このためには、貴族層による共同体の個別的支配に基づいた秦の政治的上部機構を改め、各共同体を官僚を介して君主に直結させ、共同体に基礎を置く専制権力を確立しようと試みたのである。県の設置と令・丞の派遣、開墾と田地の各共同体への配分、度量衡の統一という政策はまさにそのことを示している。商鞅によって形成された専制国家は、旧来の共同体をまるごと君主の支配下に置いて収奪するところにその本質があり、そこにおける基本的階級関係とは君主（合わせてそれを支える官僚）と共同体との間に存在する。

一方、賦の徴収や兵役のような個別人身的支配の面をこの国家は持っている。しかし、これはほとんど対外的軍事にかかわるものであり、いつ人民の生存そのものが失われるかも知れない戦国時代において、外敵から人民の生存を守ることは国家の公共的機能の一部であった。この二つは、国家による収奪の表われというよりは、ある意味では自らの生命と生存を守るために、国民全体が負う義務を平等に課すための国家による施策ともいえよう。いかにこれらが過酷にみえようと、これは国家の人民支配の本質ではないと私は考えている。

もっとも、戦争は同時に侵略戦争という面も持っており、一面では莫大な財物の獲得、一面では新しい領土と人民への支配権の獲得による新しい収奪の実現という意味をもち、賦と兵役はそのために寄与するものでもある。しかしこれらは所詮は国家による略奪の結果としてもたらされるものであり、国家が人民の生産物を収奪することとは異なっていることにも注目すべきであろうと。すなわち、個別人身的支配ということが商鞅によって形成された古代国家の本質を示すものとはなり得ないのである。

六、秦漢帝国の形成と商鞅変法――むすびにかえて――

以下は商鞅変法によって形成された戦国国家としての秦と、百数十年後に全中国を統一して形成された秦およびそれを受けた漢帝国との、それらの構造上のつながりを私が、どう見通すか、という問題についての問題点だけを指摘しておきたい。

衆知のごとく、商鞅個人は旧貴族勢力の恨みを買って車裂の刑に処せられた。しかしこのことをもって商鞅が変法によって作った新体制は頓挫したと考える人は少ないようであり、私もそうは考えない。商鞅が確立した基本路線は、若干の修正はあり得ても基本的には堅持され、より充実・発展させられて全国統一にまで至った、と大方の研究者とともに私も考えている。しかし、商鞅変法による諸政策と秦始皇帝の中国統一後の諸政策を、つなげてどう理解すべきか、ということになると、そう簡単には解決できない問題が多くあろう。この百数十年間の秦の社会・政治体制の変化や施策、農業をはじめとする諸生産の実態等についてのまとまった史料はほとんどないのが大きな障害となっていたが、最新出土の『雲夢秦簡』をはじめとする簡牘史料が出現したことはある程度、新局面が開かれたともいえよう。次章以下に私もそれらの分析を試みた。

商鞅変法と始皇帝の統一政策は、商鞅と李斯という、ともに法家思想の実践者として後世に名高い人物によって導かれたものであるという点で、共通した理念に基づいているといえよう。しかし他面では、形成されたばかりの国家、しかも周辺には強国が虎視眈々と征服をねらっている中にある国家での政策と、今までの政策を受け継ぎながら、異なった自然・歴史的状況下にあった多種・広大な地域をもまとめて支配していくための政策とは、当然自ずから異なったものとなるであろう。ここではこの相違点をいくつか挙げることによって、戦国秦～秦漢帝国の国家史を通してとらえるという今後の課題につなげたいと思う。

始皇帝は全国統一後まもなく「皇帝」と称し、やがて泰山において封禅の儀をおこなって天の命を受けて天下を統一する唯一無二の君主としての自らを顕示した。皇帝自らは確かに神格化はされていないが、天の命を直接に受けとめ得る超能力者として自らを位置づけたことは間違いない。このような、いわば準神格化とでもいうべき策は、全く異なった社会状況のしたで、全く異なった政治体制の下で生存していた人々を秦の下に統一支配していくためには不可欠のイデオロギー政策ではなかったかと思われる。そして、始皇帝ほどの超人的性格はなくとも、一般人民とは異なる特殊な存在としての皇帝は以後歴代の王朝の皇帝に受け継がれたのである。しかし、このような君主の新しい性格付けは商鞅によってはなされず、したがって孝公は変法後も代わらず「公」であり、また公族は逆にその特権を失ったのである。商鞅変法においてはイデオロギー政策はみられず、ただひたすら具体的な行政上の変革が進められていったのである。したがって始皇帝による統一政策の研究においては、このイデオロギー政策について、歴史的にもさかのぼって検討し、合法則的にとらえるという課題がまず存在するであろう。

戦国時代に形成された諸国家は、それぞれの地域の自然・歴史状況の相違に規制された、異なった構造をもつ、異なったタイプの国家であったことは、第二章で検討した斉と、変法によって形成された秦とを比べてみれば明瞭であろうと思っているが、他の地域の国家、たとえば越族の住む南方の水田地帯に形成された楚、生産力の高い中原地方にあって、有力貴族の攻伐の末に諸侯国が分裂して形成された魏・趙・韓等はまた異なった要素を多くもつ国家であったであろうと想定される。始皇帝はこれらの異なったタイプの併合した大国を形成したのであるから、従来の戦国国家における政策とは異なったものが要求されるのは当然であろう。一つは複数の国家を一国家に併合した新種の国家であるということ、もう一つは地域的条件の異なった大国が形成されたということにおいてそれがいえるであろう。

ここで問題となるべきものに、前にもふれた「里」がある。商鞅変法においてはこの里には特に手がつけられなかったと前述したが、この語は先秦諸文献にもみられる人々の居住単位であって、周代から存在していたであろうと思われる。次章以下で検討される『雲夢秦簡』では里がきわめて重要な行政の単位であることが示されており、また秦漢帝国においても最末端の行政単位として、人民が直接かかわる組織として存在し、多くの研究者が地域社会の実態究明において注目している。西嶋氏もその漢代の二十等爵制の研究において爵制的秩序と人民間の歯位の秩序との一致する場を里に求めたのであった。

商鞅変法の時には周代以来の居住単位の里はそのまま見過ごされていたのに、それ以後に重視されるようになったのは何故であろうか。後者の里は前者の里がそのまま受け継がれたものなのか、何らかの改変が何時かにおこなわれたのか、あるいは名称は同じでも後者の里は全く新しく作られたもので継承性はないものであろうか、がまず問題になろう。また、変法時点で問題となった小都・郷・邑・聚という、私の考える小共同体の農業生産上にもつ意味は、秦漢時代の里において実現されるのか、あるいは秦漢時代の里の上の行政単位である郷が同じ役割をはたすのか、これらのことは前述の二つの国家のありようとどうかかわってくるのであろうか。

人民の負担する賦についても考えてみる必要がある。変法時点での賦は秦漢統一国家における算賦・口賦に受け継がれるものと一般的には考えられている。しかし後者は銭納であり、帝室財政を担当する少府に納入される。人民に平均的に課せられる軍事的負担という意味は薄くなり、人頭税として国家が収奪するものと化してくると、むしろ農業生産にたずさわる人間そのものから確実に徴収する税という意味に近くなるのではないか。六歳以下には課せられず、またもし女性には課せられないとすると、一層その意味が増してこよう。

両国家のつながりと性格の変化を考えていくために、現時点で思いつく、以上のような課題があることを提起しておきたい。

注

(1)『史記』商君列伝の「太史公曰」において「商君、其の天資は刻薄の人なり。其の孝公の干むるに帝王の術を以ってせんと欲するを跡《たず》ぬるに、浮説を挟持して、其の質に非ず。且つ因る所は嬖臣に由りて、用いらるるを得るに及びては、公子虔を刑し、魏将卬を欺き、趙良の言を師とせざること、亦た商君の少恩を発明するに足れり」という司馬遷の商鞅評があるが、以後の儒家たちはおおよそこれにならった評価をしていると考えて大差はなかろう。

(2) 西嶋定生「商鞅変法と郡県制」（『中国古代帝国の形成と構造』〈東大出版会、一九六一年〉の第五章第三節の五）。

(3) 渡辺信一郎『中国古代社会論』（青木書店、一九八六年）の第二章「阡陌制論」。なお、渡辺氏の中国古代社会の理解に対する私の見解は、同書の書評として『東洋史研究』四六―三（一九八一年）に発表しており、現在にいたるも私見は基本的に変わっていない。
（4）楠山修作「阡陌の研究」（『中国古代史論集』〈著者出版、一九七六年〉所収）および「商鞅の変法について」（『中国史論集』〈朋友書店、二〇〇一年〉所収）。
（5）私の商鞅変法のとらえ方をわかりやすい短文で表わしたものとして「商鞅の変法――史上初の統一帝国への足がかり――」（『しにか』一三―一、二〇〇二年のち拙著『中国古代史と歴史認識』〈名著刊行会、二〇〇六〉に収録）がある。
（6）豊島静英「中国における古代国家の成立について」（『歴史学研究』四二〇、一九七五年）。
（7）豊島『中国における国家の起源』（汲古書院、一九九九年）の第三編第三章「秦の商鞅の変法」。なおこの書への私の批判は書評として『歴史評論』六二四（二〇〇二年）に掲載。
（8）この引用文中の「」を施した部分はいわゆる第一次変法、『』を施した部分はいわゆる第二次変法の内容を記した箇所であり、後の論証の参考までに付した。
（9）以下の引用文は守屋美都雄「漢代爵制の源流としてみたる商鞅爵制の研究」（『中国古代の家族と国家』〈東洋史研究会、一九六八年〉所収）による校訂に基づいている。また書き下し文は同論文中の「訳文」による。
（10）古賀登「法家における邑制・軍制・身分制」（『漢長安城と阡陌・県郷亭里制度』〈雄山閣、一九八〇年〉の「結論」Ⅰ）。
（11）好並隆司「商鞅変法をめぐる二、三の問題」（『秦漢帝国史研究』〈未来社、一九七八年〉第一篇第三章Ⅱ）。
（12）米田賢次郎「二四〇歩一畝制の成立について――商鞅変法の一側面――」（『中国古代農業技術史研究』〈同朋舎、一九八九年〉第一部第二章一）。
（13）牧野巽「商鞅の家族立法」（『目加田誠博士古稀記念中国文学論集』〈龍渓書舎、一九七四年〉所収、のち『牧野巽著作集』第七巻〈御茶の水書房、一九八五年〉に所収）。
（14）越智重明「秦の商鞅の変法をめぐって」（『社会経済史学』三七―四、一九七一年）。
（15）好並注（11）論文。
（16）楊寛『商鞅変法』（上海人民出版社、一九五五年。なお、楊寛氏には一九七三年に同出版社刊の同名の書があるので、以後前者を楊寛旧版書、後者を楊寛新版書と略称する）。
(17) 牧野注（13）論文。
(18) 古賀注（10）論文。
(19) 守屋前掲書（注（9））の「家族篇」に収められた諸論文。
(20) 越智注（14）論文。
(21) 古賀注（10）論文および「阡陌制度下の家族・什伍・閭里」（古賀前掲書〈注（10）〉所収）。
(22) 西嶋注（2）論文。
(23) 豊島注（6）論文。
(24) 「家族」というものをどう定義するかについて、歴史学のみでなく社会学、法律学、家政学などの諸分野において様々な見解があるようで、ここで遽《にわ》かにいずれかに依るつもりはないが、私なりには生産手段・消費財などの財産をともにし、したがって家計をともにし、労働をともにし（農業の場合は経営をともにし）、消費生活をともにする血縁集団を主に頭に描いている。近隣であれば住居は必ずしも共通でなくても同一家族を構成できると考えている。
(25) 古賀注（21）論文。
(26) 守屋注（9）論文。
(27) 古賀登「秦商鞅の軍制・軍功褒賞制と身分制」（古賀前掲書〈注（10）〉所収）。
(28) この「家」とは、前述の成年男子一人を単位に一室に居住する「戸」ではなく、分異する前の大家族＝世帯共同体を指していると私は考えるが、第四章で『雲夢秦簡』中の「家」をみるところで再論する。
(29) 古賀注（27）論文中にある。
(30) 楠山修作「商鞅の轅田について」（『中国古代国家論集』〈著者出版、一九九〇年〉所収）。
(31) 平中苓次「秦代土地制度の一考察」（『中国古代の田制と税法』〈東洋史研究会、一九六七年〉所収）。
(32) 平中注（31）論文。

(33) 西嶋注（2）論文。
(34) 宮崎市定「東洋的古代」上・下（『東洋学報』四八―二・三、一九六五年、のち『東洋的古代』〈中公文庫、二〇〇〇年〉に所収）。
(35) 楠山注（30）論文。
(36) 豊島注（6）論文。なお、豊島氏は注（7）の新著において、県の設置についてより具体的イメージを示している。氏は集住によって集まった住民のために県城が建設され、その区画として里も作られた、とし、古くから人の居住する区画として里というものがあったのだから、県城建設とともに当然里も作られた、とする。
(37) 古賀「県郷亭里制度の原理と由来」（古賀前掲書〈注（10）〉所収）および注（21）論文。
(38) 守屋「開阡陌の一解釈」（守屋前掲書〈注（9）〉所収）。
(39) 米田注（12）論文。
(40) 県という名称は、このような新たに作られた行政単位に使われるが、併合された共同体の中心的なもので、そこに県廷がおかれた所もまた県・県城とよんでいたものと思われる。現代中国においても県とはこのように両方の意味で使われているが、後の章でみる『雲夢秦簡』にみえる県においてもほぼ同様である。
(41) 西嶋注（2）論文、米田注（12）論文。
(42) 守屋注（38）論文。
(43) 古賀注（37）論文。
(44) 佐藤武敏「商鞅の県制に関する覚書」（『中国史研究』六、一九七一年）。
(45) 好並注（11）論文および豊島注（6）論文。
(46) 渡辺信一郎氏は、土地所有権は国家に集中されていると考えているが、いわゆる「小農民」論者であって、小農民のことを「小経営農民と想定している（注（3）の氏の著書）。変法における土地政策、特に土地配分政策に対する認識は小土地所有論者と変わりはない。豊島静英氏は注（6）論文では変法で小土地所有者が形成されたとは考えていなかったが、注（7）

に記す新著においては一転して変法によって小家族、小土地所有者が形成されたという説に変わった。
(47) 木村正雄「『阡陌』について」(『史潮』一二―二、一九四三年)。
(48) 守屋美都雄「阡陌制度に関する諸研究について」(守屋前掲書〈注(9)〉所収)、楠山注(4)論文、古賀登「阡陌攷」(古賀前掲書〈注(10)〉所収)。なおこれ以後の諸学説の整理検討は見かけないが、問題点はここまででほとんど出つくされているとみてよい。
(49) 『史記正義』に「南北を阡と曰い、東西を陌と曰う」とあることに従う点では大方の異論はない。
(50) 楠山注(4)論文。
(51) 古賀注(48)論文。
(52) 米田注(12)論文。
(53) これらのことは、秦国の領域地方における農業環境やその変化、農業考古研究の成果等のより総合的実証研究によって確認されることであり、ここではかなり私の主観的観測でいっていることをことわっておく。しかし環境史、技術史は政治史、社会経済史と合わせて研究されるべきであろうこともまた付言しておきたい。
(54) 第五章においてより詳しく論ずる。
(55) 増淵「左伝の世界」(『世界の歴史』3〈筑摩書房、一九六〇年〉所収)。なお、後に自らが「春秋戦国時代の社会と国家」(『岩波講座世界歴史』4〈一九七〇年〉)において、ここにのべたことの再検討をおこなっているが、賦に関しては基本的には変わらない。
(56) 豊島「中国における階級支配の成立とその性格について」(『歴史学研究』四一三、一九七四年)。
(57) 平中苓次「中国の古代国家の財政機構」(『古代史講座』〈学生社、一九六二年〉所収)。
(58) 楠山修作「算賦課税の対象について」(楠山氏前掲書〈注(4)〉所収)。
(58) 西嶋注(2)論文。
(59) 宮崎市定「古代中国賦税制度」(『アジア史研究第一』〈東洋史研究会、一九五七年〉所収、のち、『宮崎市定全集』第三巻

〈岩波書店、一九九一年〉所収)。

(60) 平中注(31)論文。

(61) 越智注(14)論文。

(62) さきにIの史料の記述は商鞅変法の内容そのものを示していないと判断したが、後世の法家者流が商鞅時代に使われていた用語や社会の実態を駆使して変法の内容を整然としたものに創作したのであって、Iの文のすべての点が創作されたものとは思っていない。

(63) 古賀注(27)論文。

第三章　商鞅変法論補正

一、はじめに

本篇第二章は、その「はじめに」でものべたように、一九七五年度歴史学研究会大会東洋前近代史部会での報告をもとにして大幅に補訂したものであるが、本章はその大会報告の四年後に、報告内容の「補正」として『歴史学研究』に発表した論文に手を加えたものである（本書「あとがき」参照）。大会報告後、好並隆司氏の「大会報告批判」（『歴史学研究』四二八、以後本章ではこれを「報告批判」と略称）をはじめとする多くの批判や意見が寄せられ、また『雲夢秦簡』をはじめとする、商鞅変法と関係のある内容をもつ新出土史料が出現したので、本章のもととなった歴研論文では、御批判に答えつつ大幅な増補をほどこし、また若干の理論的整理をもおこなっている。本章では、その後に出された関連論文を若干付け加えるなどのことはしたが、当時の私の認識段階をほぼそのまま示すものとしてあり、その後の新出土史料に基づく補正や、私の認識の変化は第四章以下で順次のべられている。一つの章で、そのテーマに関する現時点での私の考えを全部まとめて提出するより、本篇全体において、私の認識の発展変化をも含めて御理解いただけるよう構成する方法をとったのである。しかし、商鞅変法に対する私の基本的認識は、前述の歴研大会以降現在にいたるまで、変わっていないことはあらかじめ明言しておきたい。

二、『商君書』の史料的価値について

『商君書』の成立時代とその作者、とくにその中の「境内」篇のそれらについての二つの見解をあらためてとりあげたい。一つは高亨『商君書注訳』（中華書局、一九七四年）の冒頭の「商君書作者考」であり、第二は古賀登『漢長安城と阡陌・県郷亭里制度』（雄山閣、一九八〇年）の第Ⅵ章第二節「『商君書』境内篇の史料的価値について」である。前者においては『商君書』各篇をつぶさに検討したうえで、明らかに商鞅死後に作られたもの（計五篇）、秦王に献ぜられたことは明確だが作者不明のもの（計七篇）、商鞅の遺著と思われるもの（「墾令」「靳令」「外内」の三篇）を摘出している。また「境内」篇については、同篇と『韓非子』定法篇に引くところの「商君之法」との、ともに軍功褒賞を記した部分を比較し、語句が異なることを指摘して「境内」篇を商鞅の作とは認め難いとしている。

高氏のこの「境内」篇についての説は前章でのべた私の考えと同じであり、「境内」篇は『韓非子』定法篇よりのちに、商鞅の基本理念を承けて制度としてより理想的に構成されたものと私は考えている。これに対して古賀氏は『商君書』各篇の成立年代について従来の諸見解を詳しく検討したうえで、「境内篇に書かれていることは、睡虎地秦簡と逐一符合」し、「商鞅の自著とは断定しないが、商鞅の法なり制度なりを、かなり正確に伝えたもの」とされている。[1]

古賀氏の書は、『雲夢秦簡』をも駆使したうえで戦国期の秦から前漢に至る制度史を体系的に論述したものであり、この書全体に対する私の見解をまずのべるべきかも知れないが、私と全く方法論の異なるこの書を論評することは、

すぐには能くし得ないことなので、本論では私への批判や私の議論と直接かかわる部分や、史料批判の方法についてのみのべることにする。

第一に、『史記』商君列伝に「田宅・臣妾・衣服を名ずるに家次を以ってす」とあるのに「境内」篇では「能く甲首一を得る者は爵一級を賞し、田一頃を益し、宅五畝を益し、庶子一人を乞う」とあって、規定に食い違いがあることへの私の疑問に対し、古賀氏は、秦には古くから輿服に関する規定があったはずで、商鞅がこれを改めたとしてもごく一部であろうから、「境内」篇に衣服に関する規定がなくてもその史料価値は減じない、といわれる。しかし古くからあった貴族だけを対象とする輿服の規定と、一般農民を対象とする商鞅の軍功褒賞の規定とは本質的に異なるものであり、それ故に「変法」といわれるのであるから、新しい商鞅の法の中にも新しい意味をもつものとしての衣服賜与に関する規定が当然あったはずである。商鞅の法の要約と思われる「商君列伝」にみえる語が何故に「境内」篇にないのだろうか。

第二に、私は前章において、『韓非子』定法篇に「商君の法曰く、一首を斬る者は爵一級にして、官と為らんと欲する者は五十石の官と為る。二首を斬る者は爵二級にして、官と為らんと欲する者は百石の官と為る」とあって、これは「商君列伝」の「尊卑の爵秩の等級を明らかにするに、各おの差次を以ってす」とあるのと一致するが、「境内」篇には爵とともに賜わる官秩がないことを指摘した。これに対し、古賀氏は「境内」篇に「爵吏而為県尉則賜虜六加五千六百爵大夫而為国治……（爵ありて吏たりて県尉と為らば、則ち虜六を賜わりて五千六百を加えられ、爵大夫にして国治と為らば……）」とみえる箇所を引き、「ここに下位爵者にして上位の官に特任された者に対する特別賞与の規定があるということは、本来、爵に応じてその者のなるべき官がきめられていたことを意味すると解されよう(2)」とし、「定法」篇の方に爵の賜与が欠けているのは不備であり、両者相い補うべきものとされている。

ここでまず「定法」篇に引く「商君の法」について考えてみると、これは同篇において質問者に対する（おそらく韓非自身の）答えの文の中に出てくるものであり、その文では申不害と商鞅を比較し、商鞅には法があって術がないことを批判し、その例として「商君の法」の当該箇所を引いたうえで、勇力によって斬首をはたした者を智能を要する官職の地位につけるのは不都合である、といっているのである。したがって「商君の法」は正確に引用しなければ批判の効果はなくなるのであり、前述のごとく「商君列伝」の内容と一致することからみても、これは「商君の法」そのものであるといえよう。つぎに、この部分は斬首と官職との関係を論じた文の中に引用されているのであり、引用は軍功爵の規定のごく一部分であって、爵に対する賜与の規定の部分は引用する必要がなかったのであり、「不備」とはわけが違うのである。これに対して「境内」篇は、爵に対する賜与の規定は具体的にのべながら、官秩の等級との関係はのべず、ただ「乃ち兵官の吏に入るを得」とのみあり、別の箇所に古賀氏いわれるところの特別賞与の規定がみえるのは、不備というより不自然である。商鞅の法そのものと、その要約の文に記されていることが、「境内」篇にはごく不十分にしか記されていないのであり、「境内」篇は商鞅の法を正確に伝えていないのである。

第三に、私は前章において、古賀氏が斬首一ごとに爵一級とともに田一頃・庶子一人が与えられたとある「境内」篇の記事に基づいて、第四級爵不更までは田と庶子（他に宅もある）が褒賞であるとされたことを批判した。すなわち、月に六日間のみ働く庶子では一頃の土地は耕作できないのではないか、とのべた。古賀氏はこれに対し、庶子だけでは耕作不能だが、家族と耕牛と傭人で本来の受田地と賜田は耕作可能であるとされる。

もしこれが可能であるならば、軍功のない、または認められなかった大部分の無爵の農民は、日常は相当軽度な労働しかしていないことになりはしないだろうか。たとえ耕牛・傭人・庶子が用いられたとしても、第四級爵の者は五頃もの土地を耕すのに対し、無爵者は通常一頃ほどと考えられるから、その差は大きすぎはしないか。重農政策をすすめ、怠けた者は「収孥」されることを決めた商鞅の政策から考えても矛盾があるのではないだろうか。

第四に、斬首一につき田一頃を与えるという、実務的に煩雑なことが、中央集権的新官僚体制の成立当初には実行できなかったのではないか、という前章での私の疑問に対して、古賀氏は、商鞅の法では斬首が最も価値ある成果であり、「斬敵首」の調査もきわめて慎重におこなわれたことを『雲夢秦簡』等を引用しながらのべ、煩瑣な手続きが現実におこなわれていたと主張される。

『雲夢秦簡』にみえる「斬敵首」の調査の厳密さは古賀氏のいわれる通りであり、このことは商鞅の法において斬首という軍功をきわめて重視したことがのちの秦の法体系の中に受け継がれていることを示すものであろう。私のいう「実務的煩雑」とはこのことではなく、田一頃を賞与することの実務に関してである。土地の班給がいかに煩雑な実務をともなうかは、唐代の「敦煌文書」や「吐魯番文書」の形式や内容をみても容易に理解できることである。そして、唐代においてすら未受田が多く存在したのである。商鞅以前から秦では戸籍が作られていたことは前章でのべたが、軍功褒賞としての賜田は、均田法による班田とは異なって戸籍によっては予測がつかないのである。つまりどの誰が、何時どの程度の斬首の功をあげるかは、結果がでてみないとわからないものである。また官僚体制も、変法によって県令・丞がはじめて置かれ、その下に「有秩史」が置かれはしたが、賜田の実務に耐えうるほどに質・量ともに整理された体制が早急に成立したとは思われない。また軍功爵が古賀氏のいわれるごとく世襲されたのであれば、均田法の場合以上に土地不足がおこるであろうことは十分予測されるであろう。

以上のことからして、斬首の功をあげた者が耕作可能な至近距離内に規定面積の田を獲得できたとは到底考えられないのである。「境内」篇の爵位にともなう賜田の記事は、やはり机上の理想案であって、法を厳しく守ることを全国民に要求した商鞅が、自ら実行できないこのような法を作成するはずはないと思うのである。

古賀氏は現存『商君書』の各篇の成立年代について、従来の研究と『雲夢秦簡』の内容とを合わせて考察されたうえで、かなりの篇が秦の昭襄王の末年までに成立したと推測されている。そして史料的価値は各篇・各条ごとに「可能な限り他の史料と照合し、それら史料の形式的・内容的相互関係を精査し」て総合的に判断すべきだとされている。(3)私も同感である。また、「境内」篇については、守屋美都雄氏の校訂(4)にあき足らず、諸版本や諸研究を精査したうえで新たな校訂・訳・注を示されたこと(5)に敬意を表するものである。しかし「境内」篇に記されている軍功爵の具体的内容を中心にすえて商鞅の法の軍功褒賞制を復元した古賀氏の方法はいただきかねるのである。商鞅の軍功爵制は現在のところ「商君列伝」と他の若干の信用すべき史料からうかがえる範囲を出ないのではないだろうか。特に賜爵にともなう賜田について私は強い疑問をもつものである。(6)

三、いわゆる分異の法に関して

「商君列伝」の第一次変法の記述の中に出てくる「民に二男以上有りて分異せざる者は、其の賦を倍にす」の文と、同じく第二次変法中の「而して民の父子兄弟の同室内息する者を禁と為さ令む」の文を、秦における農民の家族形態の変化との関連でどう解釈するかが、「開阡陌封疆」（敢えて原文のまま引用）の解釈とならんで、商鞅変法の全体像を理解するための鍵となるものであり、前章論文に対する批判もここに集中している。

まず、この二つの記事の理解の仕方について、西嶋定生氏のとらえ方が、結論においては私と全く異なっているにもかかわらず、私には同意できるのである。西嶋氏は守屋美都雄氏(7)が、分異政策を子が二人以上壮丁になれば、ただちに分財がおこなわれることを意味すると解し、これを「出分」とよんだとすることを批判し、「もし分異の法によって父子兄弟が異居させられても、それがともに同一聚落内において生活するならば、はたしてこのことによってそこにおける族的秩序が破壊されるかどうか疑問であろう」とし、「よしんばこの法が家族制度に重大な影響を与えるものであったにしても、この法自体の目的が父子兄弟を別居させるという家族制度の変容を目的としたものであったかどうかという疑問」があるといわれるが[8]、私も同感である。商鞅の変法はあくまでも中央集権的体制、特に戦国期での軍事的強化を現実的な目的としたものであり、分異の法もあくまでもそのための具体的施策と考えなくてはならないであろう。特に第一次変法においては、前章でものべたごとく什伍制、連坐制、告姦制、軍功受爵制等が列挙されているただ中にこれが記されているのであるから、財産・労働をともにする最小の単位としての家族を作るのが目的ではなく、直接に変法の現実的目的に添うためのものであると考えるのが至当ではないだろうか。ただ、西嶋氏と異なるのは、氏が「商鞅変法の意図として解体しなければならない族的結合とは、かならずしも同居同財の大家族ではなくて、聚落内における族的秩序を解体することであり、そこにおける自律的な秩序形成機能を破壊することであると考えられる[9]」とされることであり、またこの考えに基づいて商鞅による県の形成過程を理解することである。後者については前章においてすでに批判したが、前者については、中国における最初の中央集権国家の権力基盤のとらえ方の問題にかかわり、本書第一篇第二・三章において私見をのべている。

以上のことを前提にしてこの分異の法について再考していきたい。まず前述の守屋・西嶋論争のもとになった史料である『漢書』賈誼伝の記事について、前章ではふれなかったので、ここで問題にしたいが、この記事については佐竹靖彦氏による詳細な研究がある[10]。佐竹氏によると、この「賈誼伝」の記事とほぼ同内容ではあるが、かなりの語句に不一致がみられる『新書』巻三にみられる記事があり、比較考証の結果後者の方がもとになった文章である、といわれる。この考証を尊重して後者から引用する。

商君、礼義に違い、倫理を棄て、心を進取に并《あわ》す。之を行なうこと二歳にして秦の俗日ごとに敗《そこな》わる。秦人子有りて、家富み子壮なれば則ち出分し、家貧しく子壮なれば則ち出贅す。父に耰鉏・杖篲を仮《か》すのみにして慮《おもんぱか》り徳色有り。[11] 母瓢椀・箕箒を取れば、慮り立ちて誶語せり。其の子を抱き哺《ちちふく》ませて公《しゅうと》と併踞し、婦《よめ》と姑《しゅうとめ》相いに説《よろこ》ばざれば、則ち脣を反《そら》せて睨む。其れ子を慈しみ利を嗜《たしな》むも父母を軽簡するなり。慮り倫理有るを非《そし》るなり。[12]

亦た禽獣に同じからざること僅かなるのみ。[13]

西嶋氏はこの文中、家の貧富によって出分、出贅が区別されていることに着目し、これは商鞅の分異の法そのものの説明ではなく、賈誼によってその結果だと考えられた秦の風俗を叙述しているのであり、またこの文全体がいにしえの礼教の崩壊を秦の暴政に起因するものと主張していて、かの「過秦論」と同趣旨である、といわれる。私も基本的にはこの見解に賛成であり、家の貧富に関することは、おそらく賈誼時代の実態を商鞅時代に重ねていっていると思われるが、その点以外の、たとえば「出分」「出贅」は「商君列伝」と一致するので、分異の法によって秦に現出したとみてよいであろう。そして、変法後の戦国秦（さらには秦統一後の旧秦領域内）の風俗のありようの描写が、変法以後もつづく家族のありようを探知する重要な手がかりとなるのではないだろうか。この点について佐竹論文では耰鉏（土ならし器と草刈りのくわ）や杖篲（つえとほうき）や瓢椀（ひさごとわん）や箕箒（ちりとりとほうき）が基本的農業労働の手段や生活手段であることを確認したうえで、①このようなものの貸借があったことは、当然両者が生計を異にしたことを示す、②父母と息子夫婦が生計を異にしながら空間的にはきわめて近接している、③ここから、商鞅の分異の法に夫婦ごとの生計の独立のねらいをよみとりたい、の三点を導き出している。渡辺信一郎氏も、「賈誼伝」の同箇所を引きながら「自由農民＝良民の間に富者と貧者との対立の基礎を創り出したのは他ならぬ商鞅であった」とされ、世襲的土地占有段階の個別家族のありようを示すものとされている。[14]

しかし私はこの史料を基本的にそうはよまない。まず、ここでいわれている「仮す」という行為は、所有権概念が確立している近代社会において普遍的な貸借関係を前提としているのではなく、一族の者同士で相互に融通し合う状態を示しているのではないだろうか。「手許にないものを拝借するのを認める」程度のことではないだろうか。そして、『新書』いうところの「出分」「出贅」以後も、基本的な労働手段・生活手段のこのような融通が日常普通におこなわれていることがこの話の前提ではないだろうか。そうでなければ子に対する賈誼の批判も生きてこないのである。そして、この日常普通の状態は、むしろ諸氏の解釈とは逆に、親子が居を別にしただけで、以前の一家族同居と変わらない関係にあることを示していると思われる。もちろん佐竹氏のいわれるように居も至近距離になくてはなるまい。このような基本的農具や食器までも日常的に融通している場合、生計や労働が独立して営まれている「家族」とはいえないであろう、と私は考える。

「出分」「出贅」がもし分異の法によるとするならば、分異の法の目的は決して個別小家族の形成にはなかった、としなくてはなるまい。なぜなら、分異の法以後も上述のような状態であるならば、商鞅の法は基本的に個別小家族形成に失敗したことにより「商君列伝」にいうこととは異なってくるからである。変法が第一次・二次ともに成功したが故に秦は強国となり得た、と記しているのであるから、分異の法の目的は別のところにあったとしなくてはならないだろう。つぎに、賈誼が嘆き、批判している内容とは、日常平穏に融通がおこなわれるべきなのに、子が父に耰鉏・杖篲を貸し、母が子の瓢椀・箕箒を取って使うことに対して、子が自慢顔をしたり、責めたりする場合のことなのである。このような事態は、親の方が息子夫婦の手許にある労働手段・生活手段を拝借する場合に起こり得る、分異の法の結果おこった新しい事態である。この事態はたしかに息子夫婦の独立傾向を示してはいるが、それは分異の法の結果であって目的ではない。おそらく現実には賈誼が問題にしなかったようなケース、つまり子が親のもとにある諸労働手段・生活手段を借りたり、またその逆であっても子が文句をいわない場合の方が圧倒的に多かったであろう。しかし賈誼が礼教の崩壊として批判するような事態を生み出したもとは分異の法にあるのはいうまでもなく、したがって賈誼は商鞅の目的からではなく、商鞅の法の結果からさかのぼって商鞅を礼教に違い、倫理を棄てた人物として批判したのである。商鞅より一五〇年以上も後代の人からの人物批判としては当然といえるかも知れない。

よく似たことは、変法後の商鞅の言葉として「商君列伝」にみえる「始め秦は戎翟の教にして、父子の別無く、室を同じくして居す。今我れ更めてその教を制し、其れ男女の別を為り、……」（前章の史料B参照）についてもいえるのではないか。西嶋氏はこれを「商鞅の自負は、分異の法を礼教に仮託して誇示することによって、世論の反対に応対しようとしたもの[15]」とされており、私も賛成であるが、このような仮託が可能なのは何故であろうか。分異の法が分異だけを内容とする単純で物理的な政策であったが故に、礼教にかなうために息子夫婦と居を別にさせて雑居させない、という、当初は考えてもいなかった目的をもった政策であるかのようにいい得たのである。家族の形態や大きさ、営みの内容までを変更させるような政策であったならば、このような仮託による表現はできなかったであろう。賈誼と商鞅は、時代も立場も目的も全く異なるが、両者ともに礼教に仮託して、分異の法を一方は批判し、一方は弁護したのである。

以上までで、好並氏の「報告批判」にのべる核家族論に対して大部分は答えたことになると思うが、さらに具体的に考えていくと、まず「分異」の仕方についてである。私は前章では、第一次・第二次変法とも成年の男性二人以上が同居することを止めさせる、とする点で同内容であると解し、その罰則のみが第二次の方がより厳しくなっている、と考えた。第二次変法の方は「民の父子兄弟」を「同室内息」させない、とあり、前述の商鞅変法後の言にも戎翟の風習の「父子別無く室を同じくして居す」ことを止めさせた、といっているのであるから、前章の私の解釈は問題なかろう。第一次変法の「民に二男以上有りて分異せざる者は……」の「男」が男性なのか男子（いずれも成人）なのか、について私は前者と解した。しかし『雲夢秦簡』法律答問七二[16]に「其の男を官とし、爵の後と為し、……」とある「男」は明らかに「男子」であり、この一字で成年男子を表わす例であるといえなくもない。だが仔細に両文章を見ると「法律答問」の方は「其の男」といっていて「其」は父親を指すから、「父親からみて男子」と限定的に「男」字が使われている。「商君列伝」第一次変法の記事は「民の二男以上」とあり、「家族を構成する人民の二男以上」の意味であるから、ここの「男」は男性（成人）一般を指すとみるべきで、文章中にいわれる条件が異なるのではないか、と私は判断している。

つぎに好並氏「報告批判」で『史記』蔡沢列伝にみえる「一室に二事無し」の「事」は第一次変法を記す文中の「末利を事とし及び怠りて貧しき者は……」の「事」と同じ意味で、「二事」とは「兼業」を意味し、したがって同記事は私のように一室に「二人は事《つか》えるべきではない」とは解せず、分異の法を「一室に二人以上成年男子がいてはいけない」と解することの傍証にはならない、と批判されたことについて。「蔡沢列伝」のこの「事」字については古来の考証家たちはほとんど取りあげておらず、したがって諸種ある現代邦語訳を参照すると、すべてが好並氏のいわれる意味で訳している。つまり好並氏の批判は通説というより常識的文章解釈に基づくものであろう。しかし私にはなおこの解釈は腑に落ちないところがある。いま問題の箇所の前後をふくめて句読点だけの漢文を示そう。

夫商君為秦孝公明法令、禁姦本、尊爵必賞、有罪必罰、平権衡、正度量、調軽重、決裂阡陌、以静生民之業而一其俗、勧民耕農利土、一室無二事、力田稸積、習戦陳之事、是以兵動而地広、兵休而国富、故秦無敵於天下、立威諸侯、成秦国之業。（傍線は著者）

疑問の一、好並氏のごとく「二事」を「二業」と考えるのなら、問題の箇所のすぐ前に「業」の字が出てくるのだから、なぜここでも「二業」としなかったのか。疑問の二、問題の箇所のすぐ後に「事」字が再び出てくるが、これは「業」の意味ではなく、「公事に奉仕する」[17]を意味することは明らかである。疑問の三、『商君書』画策篇に「女事は内に尽し、男事は外に尽せば、則ち入ること多し」とある。「画策篇」の成立が何時であろうと、商鞅の考え方を受け継いだものであることに違いはなかろう。そして女の仕事も「事」で表わし、その結果一室に夫婦の「二事」があるべきことになろう。したがって、ここでいう「事」と「蔡沢列伝」の「一室に二事無からしめ」の「事」とは全く別の意味であるはずである。「画策篇」の「事」はむしろ「業」に近い意味ではないだろうか。疑問の四、「蔡沢列伝」の引用文全体において、記述の順序等は異なっていても、「商君列伝」にある両次の変法の内容の大部分がみられるのであり、私のような解釈によって分異の法もまた、別の表現ではあるが、きちんと示されていることになるのではないか。好並氏の理解では、「置県」政策とともに分異の法をも省いたことになろう。

私はまだ自分の解釈に固執するつもりであるが、さらに一つ付け加えたいことがある。「事」字の一つの意味の「公事に奉仕する」ことの最たる現象が徴兵によって出兵することであろうことは、「蔡沢列伝」前引部分に「戦陣の事を習い」と「事」字を軍事に関連づけて使っていることでも察せられよう。そうすると、「一室に二事無し」とは、前章でのべた分異の法の目的の私の解釈とまさに適合するのである。徴兵逃れのないように、一室に二人の「事えるべき人」を無くすることが分異の目的ではないか。

『雲夢秦簡』には、父子または兄弟が同居していると思われる例がかなりみられる。佐竹論文ではこれを六例列挙して種々検討を加えられたのち、商鞅の変法のねらいが、税負担の単位として一戸一壮丁の単家族の創出を目指すところにあったが、「秦国の支配者側としても、一旦口賦としての戸賦の制度が確立すると、そこでは、一戸の構成を厳密に一戸一壮丁に限ることは重要な意味をもたなくなる。このような趨勢の結果として、実際の変法後の家＝『戸』

においては、父と嫡長子の同居が一般的になった」[18]とされる。この問題については、第六章において、特に『雲夢秦簡』にみえる「同居」の理解をめぐる私論の展開の箇所で詳論したが、ここでも若干ふれておく。佐竹氏の「家」＝「戸」を核家族とする見解や、「戸」・「室」・「家」相互間の関係についてのとらえ方については私は同意できないが、上述の部分は全体としては同感である。私は政治史の過程に即して考えてみると、商鞅が前三三八年に処刑されて以後、旧貴族勢力の復権があり、それにともなって商鞅の法も必ずしも厳密には適用されてはいなかったのではないか。特に家族というものの実態が、前述のごとく分異後も旧態と変わらぬ結合を強くもっていた、とする見解からすると、父子・兄弟が再び同居をはじめるという現象も当然起こり得たと思われる。そして『雲夢秦簡』においては、そのような実態に応ずるべき新しい法なり「法律答問」が記されているのではないだろうか。また、睡虎地のように戦国末期になって秦の領域に組み入れられた地域は、それまでは秦律の適用を受けなかったわけであり、そのような地域に対する新たな法や「法律答問」もまた当然あり得たと思われるのである[19]。

つぎに「室」について。この語は「商君列伝」の第二次変法の箇所と、商鞅がのちに分異の法についてのべた前引の文中に各一つずつ、さらに「蔡沢列伝」の前引の文中に一箇所みえる。私は前章において室＝家屋・住居であると一般的にのべたが、第六章においては『雲夢秦簡』にみえる同字の意味を中心に詳論した。それらと重複する点もあるが、ここでは諸氏の見解の紹介・検討と合わせて言及しておく。

古賀登氏は具体的に当時の住居の構造を研究し、つぎのようにいわれる、「『父子兄弟の同室内息する者を禁』じたのは父母とその子兄弟（およびその妻子）が同室に住むことを禁じ、父子兄弟の戸籍を分けたのであり、屋を別にして、大門を別にしたものではない。当時の家屋は、大門内に屋があり、屋がいくつかの室に分かれ、更に室がいくつかの内に分かれていた。一般にはこの室を内と同じにとっているが、そうではなく、室は更にいくつかの部屋に分かれ、それを内とよんでいた」「商鞅は、父子兄弟の同室に内息することを禁じ、室を分かち、戸籍を分けたのであって、五室＝一伍＝一大門はそのままにし、父子兄弟（およびその妻子つまり〔三族グループ〕）は同一大門に住むようにして、……」。古賀氏が「室」と「内」の関係をこういわれる主たる根拠は『雲夢秦簡』封診式の「経死」六四に「丙死（屍）縣其室東内中北辟権、……（丙の屍）其の室の東内中の北辟の権（「注釈」によると「椽」のことか）に縣《かか》り、……」[21]とみえる文であるようだ。そしてこの点では古賀氏のいわれることは正しいと思われる。しかし「屋」がいくつかの「室」に分かれる、と断定することには疑問が残る。同じ「封診式」の「封守」八〜九に「封有鞫者某里士五（伍）甲家室・妻・子・臣妾・衣器・畜産。●甲室・人：一宇二内、各有戸、内室皆瓦蓋、木大具、門桑十木（「注釈」に依ると「朱」字の誤記で、「株」字に読み替え）……（鞫有る者某里の士伍甲の家室・妻・子・臣妾・衣器・畜産を封ず。●甲の室・人：一宇二内、各おの戸《と》有り、内室は皆な瓦蓋し、木大いに具われり、門桑は十株……）」とみえる。「家室」とは「室」の中でも「人間が居住する建物」の意味かと思われる。「宇」は「注釈」では「堂」と解し、ホールのような所と思われる。この家屋における「室」と「内」の関係は古賀氏のいわれる通りだが、「門」はあっても「屋」の語は出てこない。ここでいう「室」とはどうやらそれだけで独立した立派な建物であると思われる。古賀氏は「屋」という長屋式の共同住宅の中の、区切られた一画が「室」であると考えられているようであり、そのような建物もあったであろうが、それだけではなかったと思われる。

いずれにしても、商鞅の第二次変法で、一壮丁単位の「室」を基準に戸籍を編成したが、いわゆる「三族グループ」（私はこれをエンゲルスいうところの家父長的世帯共同体であると認識しているが）は一大門内に住む、という古賀氏の考え方は賛同できるのである。したがって好並氏のように、[22]「室」を日本家屋の「部屋」と同様に考え、第一次変法の方を起居する部屋を別にしただけで別室なら同居してもかまわない、等と解釈することはできないであろう。商鞅の変法においては外見でも明らかに変革された、と思われることを厳重におこなわせたものであったと考えている。

古賀氏はさらに、什伍制については五家＝一伍＝三族グループと考え、三族グループを維持し、それに連帯責任を負わせたのであり、血縁連坐である、といわれるが[23]、この見解も基本的に賛成である。商鞅は法によって族的秩序を破壊したのではなく、その組織を国家支配の基底としながら中央へ集結させていったものと私は考えている。

『雲夢秦簡』にみえる「室」について、佐竹論文では独自の見解が示されている。氏によると、日常用語としての「部屋としての室」と、「秦律」の法律的概念としてのそれとは異なり、後者は族にあたるもので、複数の「戸」よりなる縁坐の及ぶ範囲の血縁集団を指すことになる。この見解は私と全く異なり、私は『雲夢秦簡』にみえる「室」は、商鞅変法関係の諸古典史料にみえるそれと同じく家屋というモノを指す、と考えているが、このことは『雲夢秦簡』にみえる「室」「室人」「戸」「同居」を詳しく分析した第六章でのべたので、ここでは省略したい。

以上、分異の法をめぐる諸問題について縷々議論してきたが、私が根本的にいいたいことは、生産労働の単位であるが故に生計の単位でもある本来の意味の「家族」は、国家の政策によって一気に新しいものへと変転されるようなもの存在ではないということである。国家の政策によって居住単位が設定されて、現代にみられるような核家族的なものがたとえ形成されたとしても、それは「家族」としての機能をはたし得ないものであったに相違ない、ということである。私は、商鞅変法の時は、いまだに家父長的世帯共同体（いわゆる三族家族）を単位に「家族」を考えねばならないと考えている。しかし、上からの居住単位の設定は、この「家族」という本来の単位を分解させていくのに外因として作用したことは考えねばならない。かの賈誼によって非難された息子夫婦の行為は、このような分解の萌芽としての意味をもつであろう。したがって商鞅の分異の法はあくまでも小居住単位への分割によって戸籍への登録による徴兵、もしくは賦の徴収を容易にかつ確実にする目的で施行されたのであり、それが後において本来の意味の「小家族」への分化を促進する要因の一つとして働く結果になったものと考えるのである。

四、商鞅の県制と集落組織をめぐって

商鞅変法における置県の基本史料は「商君列伝」の第二次変法の部分、「秦本紀」および「六国年表」の孝公十二年にみられる（前章の史料A、B、C）。前章のもとになった歴研大会報告のあとに発表された池田雄一「春秋戦国時代の県制」(24)はまだ参考にされていないので、この検討から始めよう。この研究は克明をきわめており、特に春秋時代の県のもつ諸特徴と商鞅変法による諸特徴を比較することによって、後者のもつ意味をとらえようとする方法やその論証結果から学ぶところが多かった。商鞅の県制について、結論としてのべられたことの主要点はつぎのようにまとめられよう。①県の規模は「秦本紀」に「大県」と記されているように一万戸程度である、②県制の施行地域は全国にわたる、③賜爵にともなう封邑は例外的なものである、④県の設置によって、それまでの聚落をそのまま県が支配した、とする守屋美都雄説は正しい、⑤当時にみられる住民の強制移住、すなわち徙民は、治安対策としておこなわれたもので、族的秩序の破壊にともなう新秩序の形成を目的とはしない、⑥商鞅の県制は、未成熟なものではあるが、それ以前の軍事的効用より民治の機能により比重を置いたものである、⑦県以下の行政組織については不明である。このうち、②以外は前章での私の理解と基本的には一致するものである。この②についても、前章では、変法施行時にただちに全国を県の支配下に置くことは無理であったと推測したのであって、商鞅の意図が全国に県を置いて小共同体をその下に統轄することにあったことは当然であろう。県の設置を辺境や咸陽周辺のみに限定して考えることには私も賛成できず、可能な所からはじめてやがて全国に及ぼしていった、と考えている。むしろここでは③について、

前章への私の反省も含めて検討したい。私は前章において、商鞅自身が軍功褒賞として十五邑を賜与されたごとく、封邑制度が変法後にもあり、県の支配下の地以外に封邑地があったと考え、これをもって全国の地が県の統轄下に入ってはいないことの理由の一つとしたのであった。しかし、これでは初めから封邑予定地を県の支配からはずして別置しておいたことになり、何時・誰が・どのような軍功をあげるか予測がつかないことを考えると、きわめて野放図な制度であることになろう。また、もし封邑を受けるべき軍功のある者がいない場合は、この地の人民はどういう支配体制の下に入るのかがはっきりしなくなる。封邑される時点で、それらの邑だけが県の支配下からはずされて軍功ある者に賜与された、と考えるべきである。池田氏は商鞅の県制と軍功褒賞としての賜邑制との矛盾を指摘した上で「商鞅といえども集権化の枠外に軍功爵としてかかる旧体制の残滓を容認せざるを得なかった[25]」といわれるが、このような認識の方がより正当であろう。賜邑制はこのように変法の理念とは矛盾する、現実との妥協の産物と見た方がよさそうで、修正しておきたい。

「里」について。この語が商鞅変法に関するいかなる史料にもみえないことは前章で指摘した。池田氏も前述の⑦のごとく「不明」ときわめて正確にのべられている。私は、諸史料に里がみえないのは、それが変法時において重要な機能をもつ組織としては存在していなかったが故ではないかと推測している。上は県制について三つの史料に明記され、下は「室」への居住単位の分割や什伍の制について諸史料にみえるのであるから、里が国家統治の重要な単位として位置づけられているならば、全く記述がないということはあり得ないであろう。

ところが、『雲夢秦簡』においては、秦律の律文においても、「法律答問」等の法律関係文書中にも多く里が登場し、そこで行政上重要な役割をはたしていると思われる「里典」「里老」も多くみえる。これは変法後のいずれかの時点から、里という行政単位が作られたか、あるいは従来からあった里という組織が国家の人民支配のための拠点組織として位置づけられるようになったからであり、それが秦漢時代を通じて重視されたものであると私は考えている。これが西嶋氏のいわれるような、[26]辺境において作られた人為的な里をモデルケースとして全国に及ぼした結果であるという可能性はあるが、それはあくまでも商鞅変法後の時点であって、変法の時にそうしたのではない。したがって、私は飯尾秀幸氏のように[27]『雲夢秦簡』にみえる里を（その名称は変更があったとしても）先秦から秦漢を通した変わらぬ共同体とは考えていない。そのような共同体は、小都・郷・邑・聚という名称で史料に出てくる組織（漢代においては「郷」の名称に統一されたであろう）においてこそ見い出せるものであり、里とはその下に作られた行政組織であると考えている。さらにまた、池田氏のいわれるように、[28]里とは本質的には自然村であったとも考えない。里の中には小聚落がそのまま行政組織としてそう呼ばれるようになったものも、聚落をいくつかに区分して行政単位としたものもあろう。前者の場合はたしかに里は自然村そのものと一致はするが、里とはあくまで国家がその行政の貫徹のために認定した単位であり、それが戦国・秦漢を通して行政的機能をはたしたのであると考えている。しかしこれらについては、本章とは別に改めて実証的に詳しく論証する必要があると思っている。

好並氏は「報告批判」において、たしかに変法関連史料に「里」の語はみられないが、「聚」が大きさからほぼ「里」にあたり、血縁的集団としての「聚」が分異の法、什伍の制の適用によって「里」になる、といわれる。おそらく、分異の法・什伍の制によって大家族が分解されて核家族になってしまったのであるから、その上の集団たる「聚」も大家族を基盤としない、すなわち血縁性のない地縁的集団としての、漢代にみられる里と同性質のものに転化した（たとえ名称は「里」とは呼ばれなくても）といわれているのであろう。とすると、分異の法・什伍の制の本質の理解が好並氏と全く異なっていることに気付くが、たとえこの両者が氏のいわれる通りであるとしても、大きな血縁的集団であったものが、構成員も存在場所も変わらぬままにそっくり地縁的集団になり変わるということがあり得るであろうか。このことは、前述の西嶋氏による分異の法の理解の前提として、氏が的確にのべられていることであり、だからこそ西嶋氏は辺境への徙民説を商鞅変法の中心に据え、宮崎氏は徙民による城郭都市国家形成説を展開し、豊島氏は集住説[29]をとって、それらによって地縁的集団の再構成を構想されているのである。そして私は前章において、少なくとも商鞅変法の史料からはこれらの現象は読み取れないことをのべたのである。特に豊島氏の説は古代ギリシアに特殊にみられる人民の行動形態を世界史上の普遍的現象とみて、権力による政治改革の施行の中でも同様におこるべきものとみなす、私には考えられない見解である。

この豊島氏は、前章のもととなった一九七五年度歴研大会（東洋前近代史部会）での私の報告への質問[30]において、族的共同体から地縁的共同体への所有主体の移行、すなわち里へのそれの移行を考えることがなぜ正しくないのか、といわれた。大会当時の私の答えはかなりのあいまいさを含んでいたので、ここで今の私の考え方をよりはっきりさせておきたい。

私は春秋～戦国期の邑は必ずしも全面的に血縁的なものではなく、地縁的要素を多く含む状態にまで至っていたことをのべた[31]。これは増淵龍夫氏が春秋時代の斉「国」を「血縁集団としての小さな族組織が、家をそのうちに包摂して、地縁とからみ合って生きて作用していた[32]」とのべられていることから、戦国期の変法直前の秦においても、また農民の住む邑においても同様であると判断できると考えたからである。また「商君列伝」に「功無き者は富むと雖も芬華する所無し」とあることから農村にある程度の階級分化がおこっていたであろうと考えたこともそれに影響していた。しかし小都・郷・邑・聚等とよばれる小共同体は豊島氏のいわれたように、その組織の本質的性格はやはり血縁的共同体であるというべきであろう。豊島氏の質問の根拠はいうまでもなくエンゲルスの『起源』の第九章「未開と文明」で国家を特徴づけるものの第一として「領域による国民の区分」をあげ、「市民には、氏族や部族にかかわりなく、その居住するところで彼らの公的な権利義務を果たさせた。このような所属場所による国民の組織は、すべての国家に共通である」[33]とあることであろう。この点に関しては私はつぎのように考えている。たしかに小都・郷・邑・聚等の血縁的共同体は存続するが、これらを地域的に併合した新たな行政組織としての県を設置し、そこに官僚を置いて統治がおこなわれたのであり、この県こそがエンゲルスのいう「所属場所による国民の組織」であろう。古典古代においてはこのような地縁による居住単位が、氏族・部族のような血縁による組織の分解ののちに新たに作られ、それを基盤とする国家の形成がなされたが、中国においては、血縁的共同体は下部で存続しながらも、その上に新たな地縁的組織が作られ、それが国家統治の基盤として機能したのである。したがって人民が居住する所で公的な権利・義務をはたすような、その組織は県という地縁単位であり、それなくして国家権力の創立はあり得なかったのであるが、その下に、経済的単位としての血縁的共同体がなおも生き続けていたところに、アジアにおける国家形成の特殊性があったのではないだろうか[34]。

五、土地制度と租をめぐって

「開阡陌」の理解の仕方を軸として、商鞅変法後の土地所有形態をどうとらえるかという問題は、変法研究の中心的課題である。前章執筆以前にもきわめて多くの議論がこの問題に集中していたが、その後の『雲夢秦簡』の発見によって、新しい角度からの研究が続いている。諸説をすべて検討する余裕はないので、議論の中心をなす史料の検討・再検討を中心とし、それをめぐる重要と思われる説や私への批判を主にとりあげたい。

まず、『漢書』食貨志上にある董仲舒の「秦に至りては則ち然らず。商鞅の法を用いて帝王の制を改め、井田を除きて民売買するを得、富者は田仟佰を連ね、貧者は立錐の地亡し」という上奏文についてのべたい。前章では、この文は儒家の立場から井田制をもち出してそれを破壊したのを商鞅ときめつけ、当代の大土地所有の弊害を法家の政策の責任とするためのもので、商鞅変法の実態を正しくのべてはいない、とした。これに対して好並氏は「報告批判」において、井田制の実在如何とかかわりなく封建制下の農民が封建的規制を外されると小農民として現われてくる、としてこの文がもつ意味を無視できない、とされた。渡辺信一郎氏もほぼ同様の見解であるが、農民の土地所有とはせず「世襲的占有」と規定される。(35) これに対して高敏氏は董仲舒以後の儒者および現代の歴史家の多くが「除井田」＝「開阡陌」、「民得売買」＝土地私有制という式をもって直結させて考えているが、これは誤りであり、『雲夢秦簡』の諸記載（のちに検討する）と合わせ考えると、「開阡陌」の結果としては封建的土地国有制が実現したのであり、その国有地は民に授田されたのである。一方軍功褒賞としての賜田が地主による土地私有制を生み出し、急速に発展して授田された国有地も私有地化するようになって漢代における貧富の差が生み出された、とする。(36)

ここでは、井田制の実在如何の問題を別にしても、董仲舒の上奏文の内容そのものが商鞅変法の事実や目的と相反したものであることを主張したい。もし土地を売却する者が変法後に現われたとすると、その者は、よりよい土地に買い換える、などということはまず考えられないから、農業以外の商工業に従事する結果となったことは間違いなかろう。ところが農業を捨ててこのような「末業」に走ることこそ商鞅の最も否定したことであり、「商君列伝」をはじめとする変法関係史料はすべて商鞅の重農主義を伝えている。したがって土地の売買は商鞅の新法が何よりも承認しない事態であり、漢代におけるその盛行は商鞅変法の目的とは全く関係なく現象したことであると考えねばならない。董仲舒が前述の目的をもってこの上奏文を事実に反して作りあげたことは、この一点からしても明らかであろう。また軍功褒賞としての賜田は池田氏もいわれるごとく旧来の封邑制であって、この封邑地は売却できる性質のものとは認められないし、売却をのべた史料も見い出せない。土地の私有制・売買という事態は、牛耕・鉄製農具の普及等による生産力の向上が、小共同体内の階級分化を促進することによって、法に反して、また国家権力にとっては否定的現象として漢初頃から顕在化してきたことではないだろうか。

つぎに、「商君列伝」の「開阡陌封疆」を私は「田を為《つく》り、阡陌を開き、疆《さかい》に封《つちもり》し」と読み、小共同体を連合し、一県の労働力を動員して開墾し、その土地を阡・陌という大道を作ることによって（小共同体にわけ）、疆（となる阡陌）にそって土盛りした、と解釈したい。（　）内は文意全体からの私の必然的推論である。ところでここにみえる「阡陌」の語は『雲夢秦簡』にもみられ、その中でも重要な記述と思われる「法律答問」六四をみよう。

盗徙封、贖耐。可（何）如為封。封即田千（仟）佰。頃半（畔）封殹（也）、且非是。而盗徙之、贖耐、可（何）重也。是、不重。

封を盗徙せば、贖耐。何如《いか》なるを封と為すや。封とは田の仟佰に即くなり。頃ごとの畔は封なりや、且《ま》た是に非ずや。而《も》し之を盗徙して、贖耐ならば、何ぞ重きや。是にして、重からず。

意味するところは「封を勝手に移動させた場合は贖耐にあたる。では封とは何を指すか。封とは田の仟佰（＝阡陌）に即《つ》いているものである。では頃ごとに区切る畔（にも土盛りがあるが、これ）を封とみなすのかどうか。もしこれを勝手に移して贖耐にあたるならば、重すぎはしないか。これも封とみなし、重すぎはしない」となろう。古賀氏はこの文を解するに、その途中の部分を「封とは即ち田の千・佰・頃・畔の封なり[37]」と読まれているが、これでは後半の部分の罪の判定に関する問答の意味がわからなくなってしまうのではないだろうか。

この文からわかることは、阡陌とは同じ田間の農道ではあっても大きな区切りのための大道であり、「畔」とは質的に異なる道路であることである。そして阡陌とともにある「封」を盗徙することの処罰規定がまず律文として提示されており、それにかかわる問答中に一頃の土地を区切る「畔」にも、盛りがあってこれをも「封」と同様に見做し、これの盗徒をも同罪とすることがのべられているのである。以上のことを、商鞅変法の阡陌にかかわる史料の前述の私の解釈と合わせ考えると、つぎのことがいえよう。各小共同体の耕作範囲を示す「封」の盗徒は秦律でその罰則が定められていたことが第一である。第二に一頃を区切る「畔」は、小共同体内部での耕作分担のための小道であり、これについては本来国家が関与することではなく、したがって律文にも規定はなかったことである。第三に、しかし変法後一定の時期を経ると、「畔」とともにある土盛りをも「封」と見做して同罪とするということを、「法律答問」という一種の行政文書で下達して実施させた、ということである。これは律文の拡大解釈の指示であり、またそれによって小共同体内部への国家権力の新たな介入でもあるのである。このような事態になってきたことの歴史的意味については第五章で再び詳しく論ずるが、頃とはつぎにみる史料にもあるように、芻・藁の徴収の単位として重要性があったので、租税徴収のための集権化の表われの一つといえることは明らかであろう。

さらに二点、付け加えておくべきことがある。「封」という文字は、「商君列伝」においては「つちもりする」という意味で使われていたが、この「法律答問」の文中では「つちもり」という物体をあらわす名詞として使われている。漢字というものの性質から当然このようなことはあり得るのであるが、名詞としての「封」はあくまで阡・陌にともなう土盛りを指すもので、当時においては特定の土盛りを意味する用語であったと思われるのである。「畔」にともなう土盛りは、秦律に示されるように、本来は「封」とはよばれないものではあるが、後に「封」と同様に見做して処置するよう指示されている、ということである。しかし動詞としての「封」も同様に特定の土盛りの動作だけを指すものかどうかは、これだけからははっきりし得ないことである。

第二に、「商君列伝」の「疆に封す」という文を、前章においては「県境に土盛りをして他県の土地と区別をした」

と解釈したが、「法律答問」のこの史料によって、そう解することは誤りであることが明らかとなった。「封」は他県の土地との境の道にも存在したであろうが、それだけでなく、一つの県の土地を区分するための阡陌という道路に付随して存在したのであり、この点は訂正を要するであろう。

以上から、新出の出土史料等によって、今まで古典籍史料のみによって解釈していた歴史上の事柄は、部分的には修正さるべきことが判明することは十分あり得ることを私は理解し得た。出土史料は第一次史料として具体的であり、歴史の実態をリアルに表現しているからである。しかし基本的歴史認識と史料批判がしっかりさえしていれば、出土史料は補強史料として生かすことができることも、また私はあらためて理解し得たのである。

つぎに『雲夢秦簡』田律八〜九の検討に移りたい。

入頃芻・稾、以其受田之数、無豤（墾）不豤（墾）、頃入芻三石・稾二石。……

頃ごとの芻・稾を入るるに、其の受田の数を以ってし、墾・不墾と無く、頃ごとに芻三石・稾二石を入れよ。……

古賀氏はこれについて、「秦では、一般農民に田が与えられ、ないしは農民の所有にかかる耕地を『受田』として登記していた」「商鞅は、かくして拓いた耕地を、壮丁一人に一頃ずつ割りあて、耕戦の士を養ったのである。だから、秦における壮丁への授田は、商鞅の『開阡陌』にはじまる」[38]といわれる。すなわち「開阡陌」とは一種の計口授田なのである。高敏氏も「計口」とまではいわれないが、「受田」とは直接生産者に国家が「份地」したのであり、「封建制的国有土地制」であるといわれる。[39]

これに対して堀敏一氏は「（均田制以後は）受田（授田）の対象となるのは一般農民の私田であり」「『受田』は一般の農民の土地をさすとみてよい」といわれ、「受田」という観念は国家の耕地に対する一定の権利の存在を示している、といわれて、「計口授田」「份地」等とまではいわれない。[40]堀氏の「受田」の解釈は、つぎにみる「民田」と同様のものとされているのではないだろうか。

私もこの「受田」を堀氏のいわれること以上に解するとすれば、それは憶測のしすぎではないかと思う。まずここにみえる「頃」字はつねに「頃ごとの（に）」と読むものであり、つまり租の一部分である芻・稾の徴収の基本単位以外の何ものでもない。決して一頃ごとに授（受）田したことは示されていないのである。また「受田」がたとえ国家から農民に分与した土地であるにせよ、どのぐらいの面積を、どのような規準で、どのような人間の単位を対象に分与したかは、これだけからは判明しないのである。強いて私なりの推測が許されるならば、開墾した土地を各小共同体ごとに阡陌で区切って分けたとき、その一つ一つの区分地を指すのではないだろうか。国家の指導のもとで開かれた田を、国家の手によって授田するのであり、租を出す側からするとこの土地が「受田」なのである。

さて古賀氏は、私が前章で、阡陌でかこまれた耕地の耕作形態は、各小共同体にまかされているのであって、国家の直接関与するところではなかった、といった点を批判され、秦律には、耕作者が田嗇夫や部佐等の役人の監督をうけていた実態が描かれており、秦とは古い共同体に基礎を置くおくれた社会ではなかった、といわれる。[41]私がいったのは、阡陌で囲まれた小共同体の耕作地の中の、さらに小さい耕作区分まで国家が決めるのではない、そこには小共同体の自主性がある、という意味のことである。したがって租の徴収も、各戸またはその上のいわゆる「三族制グループ」を対象とするのではなく、おそらく小共同体全体を対象に、その土地の頃数に応じた徴収であったと推測している。「税邑」の語が『商君書』境内篇にみえるのは、「税を出す邑」の意味で、税が邑を単位に徴収されていたことを暗示しているのではないだろうか。

しかし、そうはいっても、官僚体制の整備による国家権力の強化にともない、租＝税の徴収が確実、綿密化してくるのは当然で、単に小共同体単位に定量を徴収するにとどまらず、耕地の面積と税量との照合まで進んでくるであろう。前にみたごとく、「畔」を盗徙することに対する刑罰の新適用もその例であり、畔を動かすことで耕地面積の実態が不明確になることを恐れたのであろう。[42] また「田律」一には「輒以書言澍（澍）稼・誘（秀）粟及狠（墾）田暘毋（無）稼者頃数（輒ち書を以って澍せらるる稼・秀なる粟及び墾田の暘《しょう》にして稼無き者の頃数を言え）」とあるのもその表われであろう。農地や収穫の実態を国家は正確に把握したかったのであろう。しかしそれでも、具体的耕地を、具体的に誰が耕作していたかを把握するところまではいたらなかったと思われる。[43] そのことを示す具体的史料として「法律答問」一五七にみえる

部佐匿者（諸）民田、者（諸）民弗智（知）、当論不当、部佐為匿田、且可（何）為。已租者（諸）民弗言、為匿田。未租、不論□□為匿田。

部佐諸の民の田を匿し、諸の民知らざれば、論ずべきや当《べ》からずや、部佐匿田と為すや、且《はたま》た何と為すや。已に諸の民に租して言わざれば、匿田と為せ。未だ租せざれば、□□を論じて匿田と為さず。

がある。「匿田」とはここの場合は罪名を示す法律用語であろう。また「民の田」とは「農民が現に耕作している田」ぐらいの意味で、所有権までは示していないであろう。また租を徴収する対象となる単位もこの文だけからは不明確である。ただ、「民」字の前にはすべて「諸」字があって、民がすべて複数形で表現されているので、租の徴収単位が戸や壮丁等ではなく、何らかの集団を単位にしているのではないかと推測させるものがある。

さてここで、部佐なる官が[44]匿田の罪に問われるのは、実際に租を徴収しておきながら、それに相当する田を国家に報告せず、徴収された民もそのことは知らされずに部佐が勝手に事務上の操作で敢行した場合のみである。この場合、部佐が「言う」とはどういう義務のことか、つまり課税対象の田の頃数だけを「言」うのか、課税対象の田がどこに何頃存在しているというところまで詳しく「言」うのか、というところまでは明らかではない。しかしいずれにせよ

報告されていない田があるということは、課税しておきながらその分の租は上納されていないことになり、部佐またはそれとの結託者が隠匿・横領した可能性が考えられるのである。つまり匿田とは役人による租の横領につながる犯罪であるということになろう。

では課税対象ではない農地の存在についてはどうか。それについては部佐は少なくとも匿田の罪には問われないのである。「論ぜられるべきかどうか」という問いに対して、この場合については何も答がないが、そして不明な二文字があるので断定はできないが、おそらく匿田以外の罪でも論ぜられないのであろうと思われる。ということは、部佐がその存在を知っていても課税対象になっていない田が現実に多くあったことを、その背後にみてとることができるのではないだろうか。国家権力の側からすると、課税できない田の存在はゆゆしき問題であろうが、役人のこの見逃しを処罰できないところに、小共同体の農地に対する強い支配権をみてとることができよう。

国家は田＝農地の実態を正確には把握できていないこのような状況下では計口授田などできるはずもなく、徴収された租をすべて上納させることと、役人の不正を防ぐことが法や命令を通してできる最大限の権力行使であったのである。

以上のことから、商鞅変法によって形成された戦国秦の国家の下部には、実質上の共同体的土地所有が存続していたのである。しかし一方では、不十分ではあっても官僚によって共同体から租が徴収され、剰余労働が国家権力によって収奪され、国家の財源になっているという面からすると、基本的には国家的土地所有の段階であったということができよう。

六、むすびにかえて

鬼頭清明氏は東アジア諸地域における国家形成のあり方について総合的に分析され、その一環として商鞅の変法のもつ意味について論じられている。これを検討することによってむすびにかえたい。

鬼頭氏は商鞅変法の重点として、①軍功を基準とする爵による身分秩序の定立、②古い共同体的諸関係、血縁的出自や大家族を破壊し、農村における経済的単位としての小家族の確立、③県体制のもとに、人民を領域的に支配する方向の確立、④いきすぎた商品流通の発展による一般民衆の没落の防止、をあげられた。そして斉・魯等の東方諸国における社会的分業、特に商業の展開を一つの原因とする邑共同体の解体は家父長制的諸関係を形成したが（この過程の説明には私の斉の田氏に関する諸研究、すなわち本書の第一篇を中心になされている）、これらは秦漢帝国成立の前提として存在している。そして統一国家の形成をもたらすためには、この前提のうえに、血縁的諸関係を基本に据えない法が必要であったとし、商鞅の法によって中国における統一国家が形成された、とする。氏はまた同時に、秦は西辺の後進地帯にあったので、共同体的諸条件は商鞅時代まで強く遺制として残り、したがって「中国における国家形成の過程は、邑共同体が充全に解体してしまわないうちに、社会的分業の一定程度を越えないように、農民を土地にしばりつけ、共同体内にしばりつけることによって支配の基盤を崩壊せしめないようにする政策であった」ととらえるのであり、商鞅の重農主義政策は商品流通のいきすぎへの対応とは思わない。つぎに家族については、長期にわたる共同体的秩序が維持されている地域に、上から農業経営単位としての小家族を一挙に作ろうとしても、それは無理であろう。このような経営単位は、農業生産の発展によって、内部的に徐々に形成されるものであろうと考えている。したがって商鞅も決して農民の経営を再構成することを法の目的とはしていない。

私は鬼頭氏の東方諸国と秦とでは国家形成の型が異なったものであるとするとらえ方や、軍事という対外的契機を国家形成の際に重視する見方を貴重なものであると考えるものである。しかし氏が国家形成の前提としての人民の領域による支配を、古典古代と同じく共同体の分解と小家族単位の経営とセットのものであると考えられている点で、すなわちエンゲルスの『起源』をアジア諸地域の歴史研究の中で生かすべきなのかという点で、私とは相違があるようである。鬼頭氏は不幸にして他界されたが、この点は、今後ながく歴史学界で、いや学際的討論の場でも検討されていくべき問題であろう。

注

（1）古賀前掲書三六二頁。

（2）同前三六〇頁。

（3）同前三五七頁。

（4）守屋美都雄「漢代爵制の源流として見たる商鞅爵制の研究」（『中国古代の家族と国家』〈東洋史研究会、一九六八年〉所収）。

（5）古賀前掲書第Ⅵ章第一節。

（6）高敏「従雲夢秦簡看秦的賜爵制度」（『雲夢秦簡初探』〈河南人民出版社、一九七九年〉所収）は「境内」篇と『雲夢秦簡』の双方にみえる爵制を比較して論じ、「境内」篇の内容が信頼すべきものとし、かつ商鞅時代の爵制の原貌を伝えたものとして、古賀氏と同じ見解を示している。しかし高氏は、第一級から第四級までの爵にともなう賜与物に関しては、『雲夢秦簡』には記載がないので何もいっていない。「境内」篇の作者が商鞅の爵制と全く無関係に勝手に制度を創作したのではない限り、「秦律」の規定や商鞅の爵制と一致する点があるのは当然である。問題は爵にともなう賜与物についての「境内」篇の記述が商鞅時代のそれを記したものかどうか、にかかっている。私はその部分は、商鞅の理念に合わせて、後世の者が、整然としたものに構成した、と思っている。

（7）守屋美都雄「漢代家族の形態に関する考察」（同氏注（4）所載書に収録）。

（8）西嶋定生『中国古代国家の形成と構造』第五章第三節、五四〇頁。

（9）注（8）と同頁。

（10）佐竹靖彦「秦国の家族と商鞅の分異令」（『史林』六三―一、一九八〇年）。以後これを「佐竹論文」と略称する。

（11）佐竹氏はこの「慮」字（下の同字も同じ）について種々検討を加え、これを「むすこ」とよまれる。たしかにこうよむと文意は通りやすいが、字義から考えるとやや無理なように思われるので、従来のよみ方に従った。

（12）この一文は劉師培の校訂に従った閻振益・鍾夏校注『新書校注』（『新編諸子集成』収録、中華書局）に従った。

（13）この訳文は西嶋前掲書五三八頁の「賈誼伝」の訳文により、『新書』との相違点は随時改めた。

（14）渡辺信一郎「古代中国における小農民経営の形成」（『中国古代社会論』〈青木書店、一九八六年〉の第一部第一章）。また越智重明「一畝二四〇歩制をめぐって」（『東方学』五三、一九七七年）もこの史料から、父子が個別的に耕作に従事していたと判断される、としている。

（15）西嶋前掲書五三八頁。なお好並隆司氏はこの記事に基づいて、第二次変法の分異の法の目的が胡族に由来する風習の一掃をはかることにあるとする（『秦漢帝国史研究』〈未来社、一九七八年〉第一編第三章「商鞅変法概観」）。たしかに秦には一夫一婦制以前の風習が残っていて、これは遊牧民のゲルでの生活の影響であるとは考えられるが、商鞅の分異の法の目的がその一掃にあるとは私は思わない。

（16）本書では以後『雲夢秦簡』からの引用はすべて睡虎地秦墓竹簡整理小組編『睡虎地秦墓竹簡』（文物出版社、一九九〇年）の釈文に依り、また簡番号も同書に依った。

（17）藤堂明保『漢字語源辞典』（学燈社、一九六五年）に依る。

（18）佐竹論文、掲載誌の二六頁。

（19）この点に関しては高敏「商鞅《秦律》与雲夢出土《秦律》的区別和联系」（高敏氏前掲書所収）参照。

(20) 古賀前掲書の〔緒論〕の第一章5のⅣ、四五五頁。
(21) 本書において『雲夢秦簡』からの引用文中の（　）内の文字は、依拠した前掲書の「釈文」に示された読み替えの文字を示す。また「注釈」とはその釈文のあとに付された「注釈」を示す。
(22) 好並前掲書第一編第一章「秦漢帝国の概観」五〇～五一頁。
(23) 古賀前掲書四五六頁。なお、古賀氏はこの三族グループによって牛も共有もしくは共同利用されたと推測されている。農業労働にも血縁的組織がかかわっていたという考え方に同感ではあるが、私は牛はもう少し大きな単位の共同利用ではなかったかと推測している。このことは、越智重明氏が注（14）で示した論文において、前引の『新書』巻三の記事の中に牛も牛力利用段階の農具もみえないことから、商鞅時代には牛耕も一畝二四〇歩制もなかったと推測していることとも関連する。前引の『新書』巻三の記事が商鞅時代の実態を示している、という越智氏の認識は誤りで、もっと後の時代と思われるが、さらに牛耕は商鞅時代前後にある程度普及し、二四〇歩一畝制は商鞅時代に秦で実施されたと私は考えている。『新書』の記事に牛も牛耕用農具も出てこないのは、もっと上位の共同体、すなわち「商君列伝」に出てくる小都・郷・邑・聚またはそれらが後代において変化した聚落としての共同体によって共同管理・飼育されていたが故に、この記事の内容には直接関係がないからではないだろうか。
(24) 同氏『中国古代の聚落と地方行政』（汲古書院、二〇〇二年）の〔地方行政編〕第二章。初出の題名は「商鞅の県制――商鞅の変法（一）――」（『中央大学文学部紀要・史学科』二二号、一九七七年）。
(25) 池田前掲書四四九頁。
(26) 西嶋注（8）論文。
(27) 飯尾秀幸「中国古代における国家と共同体」（『歴史学研究』五四七号、一九八五年）。
(28) 池田前掲書〔聚落編〕第四章「漢代の里と自然村」および同編第六章「馬王堆出土『駐軍図』の聚落と灌漑」等。
(29) 豊島静英『中国における国家の起源』（汲古書院、一九九九年）の第三編第三章「秦の商鞅の『変法』」第二節の二の八の（二）「『県を為る』について」、三八五頁。

（30）『歴史における民族の形成——歴史学研究別冊特集・一九七五年度歴史学研究会大会報告——』（青木書店）の「東洋前近代史部会・討論要旨」一二三～一二四頁参照。
（31）同前「討論要旨」参照。
（32）増淵龍夫「春秋戦国時代の社会と国家」（『岩波講座世界歴史4』一九七〇年）一四八頁。
（33）岩波文庫（戸原四郎訳）二二五頁。
（34）「血縁」と「地縁」について付言しておきたい。私は変法以前の秦の農村を基本としては「血縁的共同体」といったが、前引の増淵氏の文にもいわれるように、それはかなりの程度地縁的要素を含んでいる。エンゲルスの『起源』は血縁→地縁の歴史的発展のシェーマを示したが、それは純理論上の提起である。現実の歴史においては、集住、分解、移動等の現象ではない限り、両者の中間段階、すなわち過渡期はあり得るのであり、中国が古代ギリシアと異なる特徴ある歴史をもつことはこの点にもみられると考えられる。私は「どちらかといえば血縁的要素の強い共同体」という意味でいっているのであり、血縁か地縁かのいずれかに断定しなくてはならない、というのは非歴史的方法であるといわなくてはなるまい。
（35）渡辺氏（14）論文。
（36）高敏「従雲夢秦簡看秦的土地制度」（高氏の注（6）に示した書に所収）。
（37）古賀前掲書二二頁および一〇五頁。なお、高敏氏も同様に読まれ、これは封建的国有地および地主の私有地を保護する目的をもつ法であるとされる。同氏前掲書一六五頁。
（38）古賀前掲書「結論」Ⅱ—2「春秋・戦国時代を氏族制社会ないしその解体期といえないことについて」四七九頁。
（39）高敏前掲書五八～五九頁。
（40）堀敏一「中国の律令制と農民支配」（『一九七八年度歴史学研究会大会報告・世界史認識における民族と国家』〈青木書店〉）の五二頁。なおここでいわれる私田とは、一部の国有地＝公田に対する語で、私有地という意味ではない。同氏『均田制の研究』（岩波書店、一九七五年）第八章第二節「均田制下の私田と公田」参照。
（41）古賀前掲書二七、四八頁。

（42）その他に、農業耕作労働の単位（「三族制グループ」といわれる家父長的世帯共同体ではないか、と私は推定しているが）の間の盗徒によるもめ事から紛争への発展や、収穫量減少による農民の没落、離散等も国家は警戒したであろう。

（43）ここが計口授田に基づく均田制との相違ではないだろうか。徴兵や軍事費としての賦の徴収の戸籍は作られても、それは農業生産やその成果の徴収（すなわち租の徴収）とは結びついていないのである。国民の人身と農地の実態までは把握し得ても、両者を結びつけて把握すること、すなわち生産の実態を把握はできなかったのである。生産は共同体の内部においてのみ実現したのである。

（44）部佐とは『睡虎地秦墓竹簡』（注（16）参照）の注釈によると、漢代の「郷佐」に相当し、「郷部の佐」のことであるとする。

（45）鬼頭清明『律令国家と農民』（塙書房、一九七九年）の第二部第二章「東アジアの国家形成（一）」。

（46）鬼頭注（45）著書の一九八～一九九頁。

第四章 轅田攷

一、はじめに

「轅田」または「爰田」の語のみられる史料は、周知のごとく、つぎの三つである。

(1)『漢書』地理志下

十余世にして、孝公商君を用い、轅田を制し、仟伯を開き、東のかた諸侯に雄たり。子の恵公初めて王を称し、上郡・西河を得たり。

(2)『左伝』僖公十五年

乃ち晋に平《たいらぎ》を許す、晋侯郤乞をして瑕呂飴甥に告げしめ、且つ之を召さしむ。子金之に教えて言いて曰く、国人を朝せしめて君命を以って賞し、且つ之に告げて曰うに、孤帰ると雖も社稷を辱めたり、其れ弐を圉に卜せよ、と。衆皆な哭す。晋是に於いて爰田を作る。呂甥曰く、君亡を之れ恤《うれ》えずとして群臣を是れ憂う。恵の至りなり。将に君を若何せん、と。衆曰く、何を為して可ならん、と。対えて曰く、征繕して以って孺子を輔けん。諸侯之を聞かば君を喪うて君有り、群臣輯睦し、甲兵益ます多しとせん。我を好む者は勸み、我を悪《にく》む者は懼る。庶《ねがわ》くは益有らん、と。衆説《よろこ》ぶ。晋是に於て州兵を作る。

(3)　『国語』晋語三

公秦に在ること三月にして秦まさに成《たいら》がんとするを聞き、乃ち郤乞をして呂甥に告げしむ。呂甥之に言を教え国人に朝に令して曰く、君乞をして二三子に告げて曰わしむ、秦まさに寡人を帰さんとす、寡人足らずして以って社稷を辱む。二三子其れ改置して以って圉に代えよ、と。且つ賞して以って衆を説ばす。衆皆な哭す。焉《ここ》に轅田を作る。（以下略、内容は(2)とほぼ同じ）（傍点は筆者、以下、この三つをそれぞれ史料(1)、史料(2)、史料(3)とよぶ）

ここで、(2)と(3)は同じ事件を記したものであることは内容から明らかであるから、(1)、(3)にみえる「轅田」と(2)にみえる「爰田」とは同一物であることは明らかで、ここまでは論者の一致して確認するところである。しかし、その内容をどう理解するかについては、漢代から現代に至るまで諸説入り乱れており、そのいずれもが多くを推測に依っている現状である。

私は、第二章において、商鞅変法の全体像を再検討し、私論をのべたが、その中で変法の鍵ともいうべき「轅田」の語については簡単に結論のみをのべるにとどまった（第二章四の4）。しかし、議論の多い轅田に関して、きわめて粗略にあつかったというそしりはまぬかれないであろう。その結論の基本においては同じではあるが、その論証過程を、学説史と史料の検討を通して論述することが本章の目的である。

轅田を問題にするにあたっての私の関心は、第二章、第三章と同じく商鞅変法の内容理解およびその歴史的意義にあるのである。したがって私の研究は、何故商鞅変法を記述した文、すなわち前掲の史料(1)の中に轅田が出てくるのか、ということから出発し、またそこに戻るべきものであって、史料(2)および(3)は、そのための関連史料として扱っていくことをまず断っておく。

二、近年の学説史の検討

轅田に関する漢代からの諸学説を逐一検討整理することは王毓銓「爰田（轅田）解[1]」および楠山修作「商鞅の轅田について[2]」における精密かつ的確なそれに譲り、本章では私の論旨に関係する学説のみをその都度引用するにとどめたい。ここではこの二論文の主張と、それ以後に出された三氏の主張についてのみ、発表時代順に簡単に検討したい。

(1) 王論文について

王氏は「轅」「爰」両字の字義を検討することからはじめる。氏によると、両字は同意味を表わし、後者の方が古字で、前者はその借用字である。ともに、「（車を）引く」またはそのための用具（つまり車の舵棒）の意であるが、転じて楚または陳地方では車そのものを表わす時にも使われている。このことから、「轅田」とはすなわち「車田」ともいうことができ、晋においては史料(2)・(3)のごとく、晋侯が群臣に賞賜して、そこからの収穫で軍事用の車馬を備えるための耕地である、と解釈する。一方、さらに『周礼』『穀梁伝』にみえる「轅門」の語の解釈を通して「轅田」の解釈に結びつけようと試みる。轅門とは、おそらく最初は行軍または田猟習武の時に宮室に設けられた営門を指したであろうが、やがて宮門そのものを指し、さらに官司そのものを指すようになった。春秋時代は重要な卿大夫の住居と官司は分離していなかったので、轅門とはすなわち高級官吏の所在する所を指すようにもなった。とするならば、轅田はその官司に附属する田であり、史料(2)・(3)にみえる群臣に賞与された爰（轅）田とは、群臣は個々に官府を有していることから考えて官府に給せられてそれに付属するようになった田という意味になる。史料⑴にみえる商鞅の政策は晋の群臣に轅田を賞与した政策を借用したものであり、官に居て功績ある者を特別に奨励して、彼等に賞給したのが轅田である、としている。

王氏のこの二解釈は、いずれも轅（爰）田を賞田と考え、なぜ賞田が轅田とよばれるのかを、「轅」字の解釈を通して別方面から検討したものであり、⑵・⑶の史料の理解をまずおこなったうえで⑴をも整合的に理解しようとする。しかし、前者の説は、氏自身も認めるごとく、なぜ「車田」といわずにわざわざ「轅田」と表現したかは不明であり、後者の説は「轅門」に関しては合理的であるが、官司に付属する田としての「轅田」と、群臣に賞与された「轅田」とを結びつける論理には飛躍がありすぎよう。

⑵　楠山論文について

楠山氏もまた「轅」の字義から検討する。氏によると、「轅」「爰」「援」はともに音は「エン」、意味は「引く」から発展して「たすける」となった。『左伝』『国語』に散見する「援」とはいずれも軍事的協力を意味し、轅（爰）田とは「賦（軍需物資または軍事費）を負担提供する田」と解する。つまり、商鞅変法においては、男子成丁に保有させた一頃の田地を指すのである。さらに、晋、魯、楚、鄭、秦の各国で春秋末～戦国にかけて田制改革と賦制改革が連続して実施されたとし、晋においては史料⑵にみえる「爰田を作る」と「州兵を作る」であり、秦においては史料⑴にみえる「轅田を制し仟伯を開く」と『史記』秦本紀にみえる「初めて賦を為る」がそれであるという。

楠山論文に対してはすでに簡単に私見をのべたことがあり、[3] その時の疑問は今も変わっていない。すなわち、「援」字が軍事的協力の意味であっても、それが故に轅（爰）田を「賦を負担するという形で軍事的協力をするための田」

と解するのは、やはり飛躍がありすぎよう。「軍事的協力」と、「賦の負担」とはある面では一致するが、本来は別の意味内容であろう。また、氏が「阡陌の研究[4]」において、阡陌を里単位の土地区分のための大道であるとされたことを私は高く評価するものであるが、史料(1)において「開仟伯」とならんで出てくる轅田が、阡陌（仟伯）とは直接関係なく、より小さく区分された一頃の耕地を表わす、と考えられたことはどうも納得できない。轅田を制するために阡陌（仟伯）が開かれたのであり、この両者は直結するものであるはずである。

本論文からは学ぶところも多く、守屋美都雄氏、西嶋定生氏、越智重明氏の賞田説に対する批判は私もほぼ同意見であるがここでは紹介を省略する。

(3)　楊寛氏の見解について

楊寛『商鞅変法』（上海人民出版社）は一九五五年版（旧版）と一九七三年版（新版）があり、内容にかなり変更があり、轅田の解釈も全く異なっている。ここでは新版の解釈を検討し、旧版の解釈は次節でみることにする。

氏の解釈は『左伝正義』引用の服虔の「爰は易なり」という説明、および『国語』韋昭注に「賈侍中云う、轅は易なり。田を易うるの法なり。衆を賞するに田を以ってし、疆界を易うるなり」とあるのに依り、爰田とは今までの井田の境界を変更して、田地を分賞して私有田としたものである、したがって史料(1)は轅田を制定して井田を廃したことを対文の形でのべたものである、というものである。この解釈は、これまた諸説紛々の「開阡陌（仟伯）」の解釈とかかわってくるが、私は、日本の研究者の大方が一致するごとく、井田制の実在には疑問をもっており、まして商鞅変法の時代まで存続したとはとても考えられないので、轅田についても氏のように考えるわけにはいかない[5]。また、氏の依っている賈逵説についても、王論文、楠山論文で、内容は異なるが一致して否定されている。「疆界」は井田制を前提にしなければ、何を指すのか不明であり、後漢の人賈逵はやはり井田制の存続を確信して注したと思われるので、現代の我々がそのまま信用するわけにはいかないだろう。しかし爰＝易と解する点では後述のごとく同意できる。

(4) 古賀登氏の見解について

古賀登「阡陌攷――二四〇歩＝一畝制の成立問題を中心として――」（同氏『漢長安城と阡陌・県郷亭里制度』〈雄山閣、一九八〇年〉本篇第Ⅲ章）による轅（爰）田の解釈はつぎのごとくである。

爰田を易田とすると、史料(2)の意味が通じない。また「爰」には「賞する」の意味はないから爰田を賞田とは考えられない。「爰」は「爰居」と諸文献にみえるごとく「かえる」の意味であり、史料(2)・(3)の轅（爰）田は、秦に河東の地を奪われた晋の臣下たち、戦傷、戦死した臣下たちへの代償として与えられた公田、すなわち換え地である。(3)の轅田とは、商鞅の変法で大県を作ったり、二四〇歩＝一畝制への転換がおこなわれた際、その作業をスムーズにするために作った代換え地である。

易田説でも史料(2)を解釈できないことはない、ということについてはのちに考証するつもりであるが、それ以外について、氏の見解には矛盾はない。つまり三史料を換え地説で無理なく理解はできる。しかし、『史記』においては、「商君列伝」をはじめ商鞅変法についてのべた諸記載のどこにもこの「換え地」にあたるものが見い出せない。そして『漢書』地理志下の中のわずか二十字足らずの商鞅変法の記載においてだけ、かくも重要な施策がいきなり記されているというのは何とも不自然である。轅田とは『史記』商君列伝や秦本紀で表現してあるものの何かを、『史記』とは別の側面からとらえて、旧来からあった用語を借用して表現したものであり、しかも「開仟伯」と密接に関係するものである、と私は考えている。

(5)　越智重明氏の見解について

越智重明「轅田をめぐって」(『榎博士還暦記念東洋史論叢』〈山川出版社、一九七五年〉所収)は、まず史料(2)・(3)の内容を文脈から克明に検討し、ここにみえる轅(爰)田は公田を賞して大夫に与えるものである、とし、この田は、州兵(州という聚落単位に兵器を出させる制度、と解している)を大夫を通じて出させる不利をカバーする意味をもって与えられた、とする。つぎに史料(1)の轅田を検討し、これもまた、軍功あるものへの賞田であることでは共通しているが、貴族層だけでなく、農民からかり出された兵士の軍功にも適用される。しかし、この場合、轅田の開墾をさせて国家が税をとったと思われる。直接耕作者でない者に与える場合は、轅田からの税を収める権利を与える「賜税」と、田土、耕作者への支配権まで持ち得る「賜邑」とがある、とする。いずれにしても賞田であることにかわりなく、これを轅(爰)田とよぶのは、轅＝爰＝易とみて、所有者あるいは収税者をかえる田、すなわち国有地(公有地)から私有地にかえる田、という意味からである、とする。越智氏は「秦の商鞅の変法をめぐって[6]」において、「阡陌を開く」ことによって賞田を作り、軍功者に賜与し、それによって土地私有制が一般化した、と説かれたが、この賞田がすなわち轅田であるらしい。

史料(2)・(3)の晋における轅(爰)田が、賞として大夫に与えられた一種の賞田であることは疑いない。しかし、史料(1)の商鞅変法において、軍功褒賞として土地賜与がされて、その私有が認められたとは思えないことは前章においてのべ、また楠山論文も縷々のべている。したがって、両方にみえる轅(爰)田の共通点が賞賜という点にはないと私は考える。

越智氏の見解は、史料⑵の「爰田」への杜預の注に「公田の税の応に公に入るべき者を分ちて、之を賞する所の衆に爰うなり」とみえるものとほぼ一致している。この杜預注に関しては楠山論文でもふれられ、このような賞田は、『戦国策』にもみえる「食田」（それを与えられた者が使用収益できる田ではなく、租税収入のみを得られる田）と同様であろうとしている。私もこの爰田の内容はそうであろうと思う。しかし、杜預のいうように、「公に入るべきものを、賜賞者に爰《か》えたが故に爰田と名づけられた、とは思わない。なぜなら、史料⑵には「爰田を作る」と表現されており、杜預のいう爰田だと「作る」という表現は何とも不自然であるからである。同箇所の『左氏会箋』には「晋既に田を以って衆を賞す。公田足らず。故に阡陌を開きて以って之を益す。之を名づけて爰田と為すのみ。」とあって、杜注のこの不自然さを何とか合理化しようとしているが、これだと今度は「かえる」の意味が不明確になってしまいはしないだろうか。[7]

三、土地割換制と休耕地制

私は前章において、史料⑴に付された孟康の注によって轅田を解釈し、周代にあったといわれる土地割換制がその前提にあるのではないか、と推論した。この点についてより深く検討してみたい。

孟康は

三年に土を爰《か》え、居を易《か》えるは古制なり。末世侵廃す。商鞅秦に相たりて、復《ま》た爰田を立つ。上田は不易、中田は一易、下田は再易なり。爰は自ら其の田に在りて、復た居を易えざるなり。食貨志に、自ら其の処に爰う、と曰うのみなるは是《これ》なり。轅・爰は同じ。

といっている。これと一部かかわる内容をもつものが、同箇所にみられる張晏のつぎのような注である。

周制は三年に一易し、以って美悪を同じくす。商鞅始めて田地を割列し、阡陌を開立し、民をして各《おの》おの常制あらしむ。

さらに、孟康注に引用された「食貨志」とは、『漢書』食貨志上の次のような文章の中にみえるもので、井田制の説明の続きとしてのべられている。

民、田を受くること、上田は夫ごとに百畮、中田は夫ごとに二百畮、下田は夫ごとに三百畮なり。歳ごとに耕種する者を不易の上田と為し、一歳を休む者を一易の中田と為し、二歳を休む者を再易の下田と為す。三歳にして更《か》わるがわる之を耕し、自ら其の処に爰《か》ふ。(8)（加藤繁訳注『史記平準書・漢書食貨志』〈岩波文庫、一九四二年〉）の一一九頁による、傍点筆者）

これらの記述の解釈についてすでにいくつかの論文でふれられており、中でも加藤繁氏は「支那古田制の研究」（『支那経済史考証』上〈東洋文庫、一九五二年〉に所収）の第四章「周代に土地定期割換の制度があったか」において詳しく論じている。氏の説は大略つぎのごとくである。

周代に休耕地制度があったとする記載は『周礼』など先秦文献にみえるが、土地割換の実在を示したものはない。前掲の「食貨志」の文がそれを記したはじめてのものだとする説もあるが、これは誤りで、休耕地制度を示したにすぎない。何故なら、末尾の「三歳にして更《さら》に之を耕し、自ら其の処に爰ふ(9)」の部分は、すぐ上の再易下田、すなわち二歳休む田の説明をうけたもので、三歳に至って更《また》に復之を耕し、自《みずか》らその耕種の場所を転換する、という意味で、決して割換をいったものではないからである。「自爰其処」の「自」もそう解釈してはじめてよく利《き》くのである。また、前掲の孟康の注が土地割換の制度の実在をいいながら、「食貨志」の文を引用してそこでは休耕地制度の説明をしているのは、「食貨志」のこの部分を土地割換の説明とはみていない証拠である。また、このことは『漢紀』文帝十三年の条の「食貨志」の文の節録（これはのちに引用する）をみても明らかである。ところが、後漢三国ごろから、周代に土地割換があったとする記事が出てくる。『孟子』滕文公章句の趙岐の注、『公羊伝』宣公十五年の何休の注、前掲の『漢書』地理志の孟康、張晏の注などにある「（三年）爰（換）土易居」「三年一易」がそれである。また『説文解字』の巻二上、「趄」の字の解として「趄田易居」とあるのもそれである。これらは、『周礼』・『漢書』食貨志等に不易、一易、再易の田の分配制度がみえることから、公平を保つために一定年限ごとにそれを割換えたにちがいない、その年限とは、再易の田が三年で耕尽されることから三年ごとであろう、と考えついてできたものであって、実態ではないのだ。したがって、史料(1)にみえる轅田とは、轅＝爰＝易を前提として、開墾によってできた易田、すなわち休閑法をおこなう田である。

この加藤説を楠山論文は論評し、要約するとつぎのことをのべている。

（イ）孟康の注において、古制に土地割換があったといっていることに関しては、加藤氏は否定的であるが、轅田の解釈に関しては、加藤氏は孟康の説と同じで、歳休輪耕法による易田だと考えている。

（ロ）加藤氏は、土地割換の実在を否定しながら、これと不可分の関係にあると氏自身が認めている休閑法だけが商鞅の時に実施されたと考えるのは納得しかねる。

（ハ）『漢書』食貨志では、井田制下で休閑法がおこなわれたとのべ、商鞅がその井田制を廃したとのべている。[10] しからば同じ「食貨志」に商鞅が休閑法をとり入れたと記してあるように解釈するのは筋が通らない。

（ニ）西嶋定生氏もいうように、商鞅の時に休耕農法がおこなわれたという明証はない。

楠山氏のいうこの四点のうち、のちに検討する（イ）以外は私も同意見である。

つぎに、楊寛『商鞅変法』の旧版もまたこの問題を論じている。[11] 楊寛氏は割換制の実在は認めるが、「食貨志」の文の末尾部分は加藤氏と同じく休閑法のみをいう、とする。すなわち、この休閑法は三年に一度の土地割換法と本来は結合していたが、一度分配されると固定化して割換が次第におこなわれなくなった、とし、この状態を「食貨志」はのべている、と解釈し、このような土地を轅田と呼ぶ、としている。轅田は前引の『説文解字』の文に依って「趄田」ともいうとし、「趄」は「盤桓」の「桓」と同じであり、割換せずにとどまっている、の意であるとする。商鞅は農村共同体の分割地を、生産力の向上という情勢に合わせて家族の私有化に転向させ轅田制度を制定した、とする。

私は前章において、周代初期は何らかの形で土地割換がおこなわれていたと想定したが、その実在に関しては両説あり、自説を具体的に展開するには、先秦諸文献の成立過程や時代の考証が綿密におこなわれる必要があり、今後の課題としなくてはならないが、轅田の本質を知るには、そこまでいかなくても、『漢書』の作者班固が土地割換が前代に実在したと考えて記述したかどうか、ということを明らかにすることによって手がかりがつかめるのではないか、と考える。ここでは実在の有無はひとまずおいて、『漢書』地理志・食貨志において、土地割換の実在を前提にしていたかどうか、を検討し、その点で加藤説を批判していきたい。

そのためには「食貨志」のよみ方が問題となるが、その前に、まず孟康の注のよみ方を問題にしたい。加藤氏は「(土地の割換は)後漸く廃れ、商鞅に至っては休閑法は行はしめたが割換はしなかったというのである。[12]」と解し、楠山氏は「(土地の割換制は)衰退したが商鞅がこれを復活した、しかし彼は周の古制をそのまま復興したのではなく、休閑法を行なったが割換はしなかった、と解されている。[13]」と解している。しかしはたしてこれは正しいであろうか。両氏がそう解釈されたのはおそらく「爰は自ら其の田に在りて、復た居を易えざるなり」とあるからで、他の土地割換の説明には「爰土易居」の如く、土と居をペアーにして換えているのに、この説明は「居は易えない」とあるから、これは割換でなくて、年々耕す土地を移す休閑法だ、と考えたのであろう。「易居」があればこれは必ず割換制であるが、逆に、「易居」がなく、両者がペアーになっていないから割換制ではない、とはいえまい。むしろ、孟康は、商鞅が休閑法と不可分の関係にある割換制を復活させた、と解していると私は考える。まず、この孟康の注は轅田を説明するためにつけたものであることを確認しなくてはならない。そしてその轅田は爰田と同じであり、「(商鞅が)復た爰田を立つ」とあるように、復活させられたものと記されている。ではその爰田とは何か。いうまでもなく、文章構成からして冒頭の「三年爰土易居」の「爰土」と同内容でなくてはならないはずである。もし爰田が休閑法のおこなわれる田というだけの意味なら、同じ「爰」の字を使っていても「爰土」と「爰田」は全く異なるものであるのだから「復た」とはいわないはずであろうし、「三年土を爰え居を易うは古制なり」とある冒頭の文は爰田の説明文の中にはなくもがな、の無意味なものになってしまうであろう。つぎに、「爰は自ら其の田に在り」の「其の」はすぐ上の上田・中田・下田の三つを指すとみるのが常識である。ところが「爰」が休閑法の年毎の移動を意味するのなら、上田は不易であるからふくまれるべきではないことになり、筋が通らなくなる。ここはやはり、上田・中田・下田のすべてが割換えられる、という意味で「爰」の字が使われているとみなくてはなるまい。

以上、文章構成のうえから、孟康は商鞅によって土地割換が復活させられたと解釈しているにちがいない、と思われるのである。では孟康は何故「復た居を易えざるなり。」といったのであろうか。それは、商鞅変法がいわゆる「分異の法」をともなっており、それによって民の居住のあり方に大変化をもたらしたはずなので⑭、古制の易居は復活されなかった、と判断したのであろう。

以上の孟康の注に関する私の判断が許されるなら、そこに引かれた「食貨志」の「自ら其の処を爰う」もまた割換制をいったものということになるべきである。ここでは、易居をともなわない割換の例として同じ『漢書』の記載の中から引用したのである。「食貨志」にはない「而已《のみ》」の二字が孟康注には引用文のあとに付されているが、これは爰土のみがあって易居はない、という意味で付したのであって、易居がないから休閑法の説明だ、という意味に解するにはあまりにも論理の飛躍がありすぎよう。

つぎに第二の傍証として用いられた荀悦『漢紀』文帝十三年の条をみよう。

民、田を受くるに、上田は夫ごとに百畝、中田は夫ごとに二百畝、下田は夫ごとに三百畝、歳ごとに之を更え、其の処を換易す。[15]

この文は「本志曰」ではじまっており、「食貨志」の文をやや変えて収録したものである。加藤氏は、この文で、「食貨志」の「三歳ごとに更に之を耕し、」のかわりに「歳ごとに之を更《か》え、」が入っていることに注目し、「荀氏は三歳更耕レ之を土地定期割換と見ないで、休閑法の説明と見たから、そこで其の意を取り文を少し変へて歳更レ之と云ひ、毎歳耕作区域を易へるといふ休閑法の一般的説明としたのである。[16]」という。しかし、「食貨志」とこの文とが異なっている所は他にもある。第一に「食貨志」にみえる「歳ごとに耕種する者を不易の上田と為し、一歳を休む者を一易の中田と為し、二歳を休む者を再易の下田と為す」の部分が『漢紀』にはそっくりない。第二に「食貨志」で「自ら其の処を爰う」とあるのが『漢紀』では「其の処を換易す」になっている。まず第一点からみると、休閑法の内容を示す部分が『漢紀』にはないのであるから、「歳ごとに之を更う」の「之」が受けているものは、休閑法の耕作区域であるはずがなく、すぐ上の上田・中田・下田の三者を受けていると解する他はないはずである。つまり『漢紀』の文をすなおに読めば、「毎歳割換をする」、の意になってしまうのであり、決して休閑法の説明にはなり得ない。つぎに第二点は、「換易」とは「交換する」「とりかえる」の意であって、たがいに相手ととりかえることであるから、「食貨志」の「爰う」よりもっと明確に割換制をのべたとみなくてはならず、耕作区域を変えることではあり得ない。

では、「食貨志」の「三歳ごとに」がなぜ『漢紀』では「歳ごとに」に変わったか、これについては私も理解に苦しむ。考えられることは二つ、荀悦が割換を毎歳おこなったと考えたか、あるいは「三」が脱字したかであろう。脱字の理由として考えられることは、「食貨志」では「下田夫三百畝」のつぎに「歳耕種者……」がきているが、『漢紀』ではこれを省略しようとしたはずなのに先頭の字だけは「歳」としてしまって「三」を落した（荀悦自身がか、または後の筆写者が）ということが推測される。

少なくとも、『漢紀』に「三」字がないことが、休閑法の説明であることを理由づけることにはならない、何故ならそのようには文章全体が読み得ないからだ、ということはいえるのではないか。むしろ「食貨志」以上に割換の説明文であることを明確化した、ともいえるのである。かくして加藤氏が傍証とした二番目の史料も、傍証とはなり得ないものであることがいえよう。

そこで、前掲の「食貨志」の文にもどろう。加藤氏は「三歳更耕之」の部分について「毎年耕種するのが不易の上田であり、一歳を休むのが一易の中田、二歳を休むのが再易の下田であって、其の再易の下田は二歳を休んだ後三歳に至って更に復之を耕し、自ら其耕種の場所を転換するということである。即ち不易一易と順次に説明し、最後の再易に至って地畝転換の事を精しく述べたのである。[17]」といわれるがはたしてそうであろうか。文章は上田・中田・下田についておのおの「歳耕種者、為不易上田」「休一歳者、為一易中田」「休二歳者、為再易下田」となっていて、いずれも二句九字で説明されている。その下の「三歳更耕之、自爰其処」が再易下田に関する説明とすると、これに関してだけは四句十八字を使って特別ながくのべたことになり、構成上からも不自然である。私は「為再易下田」でいったん切れて、そこまでは土地の美悪と休閑法の説明であり、その下の二句九字は、上文を受けて、休閑法と密接不可分の関係にある割換制についての説明に発展したのであると解する。

加藤氏は、周代に土地割換制が実在しなかったことをいうために、班固がその実在を信じて『漢書』を著したことまで否定しようとされた。そのために無理な漢文の読みをしなくてはならなくなったのではないだろうか。私は、後漢の人である班固は少なくとも周代には土地割換制があったと考えて「食貨志」を記したと考える。そして、班固がそのように考えたのは、おそらく割換制の存在を示すような伝説や、書き残しが班固の目や耳に入ったからだろう。現存はしないが、『漢書』編纂当時にはあったそれらの史料に基づいて「食貨志」は書かれたのではないだろうか。決して後漢中期以後の人によって割換制は創作されたのではない、と私は考えるのである。そしてまた、そのことが「地理志」の轅田の内容と関わってくるのである。史料(1)の検討にうつろう。

四、商鞅の轅田の解釈

孟康は商鞅によって土地割換制が復活されたと解釈した。そして、この割換には休閑法がともなうものであるが、居を易《か》えることは必ずしもともなわないと考えた。私は、他のどの説よりもこの孟康説が史料(1)のいうことに近いと思っている。(18) しかし、商鞅が割換制そのものをそっくり復活させたとするにはやはり疑問がある。前にみた楊寛氏の旧版書にもいうごとく、最初は定期的に割換がおこなわれていたものでも、次第に分配された土地が固定化して同じ土地を永年耕作し続ける状態に至るであろう。割換とは煩瑣な実務がともない、共同体の土地に対する規制力が強固に維持されている段階では可能だが、動産への私的所有にはじまる私有権が次第に拡大するにつれて、基本的には土地所有権はまだ共同体にあっても、各家の占有地が固定してくると思われる。商鞅変法の時代はおそらくそこまできていたと想定され、割換まではおこなわれていなかったであろう。孟康のいう「末世に侵廃す」という状態と思われるが、これを商鞅がまた復活させた、というのはあまり考えられないことで、割換は共同体内部の共同意志に基づく行為であって、国家権力が上から作り出したり、復活させられるものではないからである。

しかし、土地に対する所有権、管理権が共同体の成員全体にあるという点では、割換制存続時代と基本的に変化はないのである。私は、轅田とは、割換がおこなわれたと思われる時代、その共同体所有の土地をよんだ当時の呼称であるが、割換がおこなわれなくなっても、その基本性格において変化がない段階では同じ轅田の名称で呼ばれ続けたと考える。商鞅時代の轅田とはこのようなものではないだろうか。そして、周代初期において割換が実施され、本来の意味の轅田の実在を当時の諸史料によって確信していたであろう班固は、その内容をまず「食貨志」に記したが、商鞅変法によって開発されて作られた新たな土地も、『史記』商君列伝等を検討したすえ、旧来の共同体所有の土地（割換はすでにおこなわれなくなっている）と基本性格は同じものであると考え、「轅田」の一語で「地理志」に表記したのであろう。だから、現代の我々からみれば「轅田」の語は唐突に使われているように思えるが、漢代まで残存していた先秦時代の史料や一般に伝わっていた伝説などでは普通にみられた、誰にでもわかる語であって、それが故にあえて史書には残さなかったのであろう。ところが、たまたま商鞅変法を簡明に説明するためにそれを使ったため、後代の人にはかえってわかりにくくなった、というのが実際ではないだろうか。

では、この轅田とは、商鞅変法の具体的内容の中のどれにあたるものであろうか。私は前章において、楠山説を援用して、阡陌（仟伯）とは大道であり、開墾によって開発された土地を、県内の旧来の各共同体（小都・郷・邑・聚）に分割するためのものであろうといった。この阡陌（仟伯）によって区分され、小共同体にその管理をあずけられた土地、これが轅田の語で表わされているのではないだろうか。これは、新開拓地とはいえども、旧来の共同体の共同支配地と同じく扱われ、その耕作や配分は国家の直接関与する所ではなかったのであり、そういう性格の土地であることを史料(1)の文は示していると思われる。だから轅田は「開仟伯」と並んで出てくるのであって、轅田を制することと、阡陌〈仟伯〉を開くこととは、同じ作業のことを指しているのである。各小共同体は、旧来の共同体所有の耕地の他に、開発された土地をもまた耕作しなくてはならなくなったが、これは牛耕鉄製農具の導入による生産力の急上昇と二四〇歩一畝制の実施によって矛盾なく可能であったと私は考えている。

轅田こそは、開阡陌〈仟伯〉の、そして商鞅変法そのものの本質を最も端的に表現した語であり、そのルーツは周代初期にあったとされる土地割換制にあった、というのが私の解釈である。したがって、賞田説や、変法による土地私有確立説とは正反対のとらえ方なのである。

なお、前章でものべたことであるが、「轅田を制す」の句中の動詞として使われた「制」という一字の意味について再度一言しておきたい。管見するかぎりのすべての論者がこれを「制度として設けた」の意に解している。しかし、「開仟伯」がすぐあとに続くことから、それとの関係でその字義を考える必要があろう。『説文解字』四下に「制」の字は「裁也」とあるように、本来の意味は寸法や規矩に従って刀で切りきざむことであり、大きな材木を大工が規矩寸法に従って大小、それぞれの向きに裁断する意である。[19] そうすると「制轅田」の意味は「〈新たに開発された田地を〉小刀で切るように直線で一定の規格で分けて轅田を作る」ということになり、それは仟伯〈阡陌〉という道路を作ることによってそうなるのである。阡陌とは東西・南北に走る大道であるとする解釈とかくして一致するのであり、この文は開発された田地を、それに加わった各共同体ごとにきちんと区分している時の様子をリアルに表現したもの、と考えられないだろうか。

五、晋の轅（爰）田の解釈

商鞅変法にみられる秦の轅田を以上のように解釈するとするならば、それより前の時代の、春秋中期（前六四五年）の晋のこととして出てくる轅（爰）田、すなわち史料(2)および(3)にみえるそれをどう整合的に解釈すればよいであろうか。

両史料における文章構造や登場人物の関係、および両史料の内容の若干の相違等の詳しい検討は前に紹介した越智氏の論文でなされているので、ここでは、両史料の要旨のみをまずのべる。

晋の恵公は秦に囚《とらわれ》の身であったが、和平して帰国するにあたり、大夫の郤乞《げきこつ》に命じて瑕呂飴甥《かりょいせい》（すなわち子金、呂《りょ》甥《せい》ともいう）に連絡させた。そこで、呂甥は郤乞に入れ智恵をして、国人を朝せしめてつぎのようにいわせた。「公命により諸君の軍功を賞す。また公は、自分が帰国しても社稷を辱しめるのみだから、太子の圉《ぎょ》を公に立てたらどうかといっておられる」[20]。国人たちはきいて皆哭《な》いた。そこで晋は轅（爰）田を作った。まもなく呂甥は自ら「我身をも顧みずに諸君達のことを心配してくれる公にどうむくいたらよいだろうか」と国人達に相談をもちかけ、結局、武備を整えて（軍事体制を強化して）若君を助けることに話をきめさせ、晋はそこで州兵を作った。

両史料にみえる国人、二三子、衆とはいずれも国人、すなわち晋の国に住む貴族を指すことは越智氏も指摘する所である。したがって公から賞されたのもこの国人たちである。晋で轅（爰）田を作ったのはこの賞のためであると思われ、当然のこととして作られた轅（爰）田が賞として与えられるのはこの国人達である、ということになる。そして「作る」とは、境界を変えてそこを轅（爰）田と称するなどの小手先のことではなく、開発して新たに作ることを意味していると私は考える。[21]

ここで、晋の公室の方針にしたがって具体的に轅（爰）田を作る作業に従事したのは、賞せられてこれを与えられた国人達ではなかろう。また、この轅（爰）田を以後耕作する者も国人達ではなかろう。それらが具体的にどういう人々かは何の記述もないので知り得ないが、おそらく、轅（爰）田の開発作業に従った者と耕作者は一致していたと思われ、それは貴族層ではない「民」と呼ばれる農民であって、共同体的秩序を維持して存在していたであろう。[22]賞として与えられた国人は、この共同体から貢賦をとる権利が与えられたのであり、日常の農業経営や小単位への配分などは共同体成員の共同意志に委ねられていたであろう。そうでなければ、国人達を賞することによって、邑制支配体制そのものが下部から壊されることになり、前七世紀の段階では、そこまではまだ考えられないのである。そして、轅（爰）田とはこのような農民の共同体によって管理経営されていた土地をいうのであって、商鞅の轅田と同じ性格のものであると考えられるのである。ただ違う所は、商鞅時代の秦においては貴族層は没落し（またはさせられ）、轅田からの租は国家から派遣された官僚（県の令、丞）を通じて直接国家収入となったのに対し、前七世紀の晋では、公室と農民共同体の間に、貴族（ここでは賞された国人達）が介在し、貢賦は一応彼等のもとに収められたと思われることである。そこで、州兵（この解釈は十分検討に価するが、現在のところ越智氏にしたがって、州という聚落を単位として兵器を出させる制度としておきたい）を作って、軍事力を強化し、他の諸侯達への威信を回復するためにはまず国人達を悦《よろこ》ばせて協力させる必要があったのであり、呂甥の苦心の策謀もそのためのものであったのだ。

『左伝』『国語』の作者達は、国人達への賞として開発されて作られた土地もまた、当時の他の農地と同様に共同体農民の手によって耕作され、管理維持されるものであることを示すために、「轅（爰）田」の一語でそれを説明したのであろう。既耕地たる公邑をそのまま国人に封邑として与えるのならこのような語であえて説明するまでもなかったのであろうが、何の理由からか、新開発の土地を与えたために、かくのごとき表現での説明が必要だったと思われるのである。なお、当時の晋においては、本当に土地割換が実施されていたのでこの名称が使われたか、商鞅時代と同じく、名称としてのみ残っていたものを使ったか、については もちろん知る由もない。

注

（1）『歴史研究』一九五七年四期。のち『王毓銓史論集』上（中華書局、二〇〇五年）に収録。以下これを王論文と略称する。
（2）『東方学』四六、一九七三年。のち同氏『中国古代史論集』（著者出版、一九七六年）に収録。以下これを楠山論文と略称する。
（3）「一九七三年の歴史学界――回顧と展望――、中国、戦国・秦漢」（『史学雑誌』八三―五、一九七四年）。
（4）『東方学』三八、一九六九年。のち同氏『中国古代史論集』に収録。
（5）この点は本篇第二章を参照されたい。
（6）『社会経済史学』三七―四所収、一九七一年。
（7）越智氏は「こうした点に関する左氏会箋の記述には論ずべきことがあるが、紙幅の都合で省略する」と注記されているのみである。
（8）上記三文の原文を参考までに載す。

孟康の注

三年爰土易居、古制也、末世侵廃。商鞅相秦、復立爰田、上田不易、中田一易、下田再易、爰自在其田、不復易居也。

食貨志曰、自爰其処而已、是也。轅爰同。

張晏の注

周制三年一易、以同美悪、商鞅始割列田地、開立阡陌、令民各有常制。

『漢書』食貨志上

民受田、上田夫百晦、中田夫二百晦、下田夫三百晦。歳耕種者為不易上田、休一歳者為一易中田、休二歳者為再易下田、三歳更耕之、自爰其処。

(9) 加藤氏は前掲の岩波文庫本では「更」の字を「かわるがわる」とよみ、この論文では「さらに」とよんでいて矛盾があるが、文庫本の方は師古注の「更、互也」に従ってよんだと思われ、氏の本意ではなかろう。私にとっては文庫本のよみ方の方が支持できるので、本文引用はそれに従った。

(10)「食貨志」に「及秦孝公用商君、壊井田、開仟伯」とあることを指しているのだろう。

(11) 同書第四章「進一歩変法的成功」、四二～四三頁。

(12) 加藤前掲書六五五頁。

(13) 楠山前掲書一〇九頁。

(14)「分異の法」の内容に関する私の解釈は前章参照。

(15) 原文はつぎのごとし。

民受田、上田夫百畝、中田夫二百畝、下田夫三百畝。歳更之、換易其処。

(16) 加藤前掲書六五三頁。

(17) 加藤前掲書六五二頁。なお「二歳を休むのが再易の下田」という所が「三歳を休むのが……」となっているが、これは明らかな誤植とみて訂正した。

(18) 前掲の張晏の説もまた、土地割換制を前提としている。しかしこちらは、孟康とは逆に、商鞅が割換制を廃して阡陌（仟伯）を開いた、と解釈している。したがって、前述の楊寛氏の新版書の説に近い考えといえるが、何故轅田といったかの説明がないためきわめて不十分な注といえることは、楠山論文の指摘の通りである。

(19) 加藤常賢『漢字の起源』（角川書店、一九七〇年）の五九八頁に依った。

(20) 越智氏の指摘のごとく、『国語』の方は、太子圉をも避けて別の公子を立てたい、という内容になっている。

(21)　この点は、第二節ホにおける杜預注及び『左氏会箋』に対する私の見解を参照のこと。

(22)　増淵龍夫「春秋時代の貴族と農民」(同氏『中国古代の社会と国家』〈岩波書店、一九九六年〉の第三篇第三章)等にいう鄙の邑の民である。ただし、彼等は本来耕作していた田地があったわけで、新たに開発した轅田と両方を耕作し得たかどうか、など具体的なことは今のところ想像できないことである。春秋時代における土地開墾の他の事例を検討することによって、今後可能な推測を試みたい。ここでは、たとえ新開発地であっても、それを耕作する人間は、旧来の共同体的秩序をもった集団以外には考えられないことをいうにとどめたい。

附論　渡辺信一郎氏の轅田論について

渡辺信一郎氏はその著『中国古代社会論』（青木書店、一九八六年）の第一章「古代中国における小農民経営の形成」の第三節「轅田制から阡陌制へ——所有」において、氏の轅田というものの理解が示されており、この理解は氏の小農民形成の論のポイントとなっている。氏は史料(1)（原文は「制轅田、開仟伯」）と『漢書』食貨志の「井田を壊し、仟伯を開く（壊井田、開仟伯）」とは、表現形式も意味内容も同じであると考え、轅田＝井田は共同体社会に存した共有地であり、それを壊して仟伯（阡陌）を開くことによって小農民の私有地を作成したのが商鞅変法の重要な政策であった、と考えるのである。「制」は「制止」「制禦」という時の「制」と意味が同じで停止することであり、「壊」と結果は同じであるとする。かくして轅田制から仟伯（阡陌）制への転換が戦国時代の社会変革の基底にあるとされるのである。

轅田を共同体社会における共有地であると認識することは私と同じであるが、史料(1)の解釈の仕方は私と全く正反対である。この時代の社会認識が私と全く異なることがその前提にあることはいうまでもないが、ここでは史料(1)の解釈に限って渡辺説を検討し、そのもととなる「制」字の解釈についてのべたい。『説文解字』四下によると制＝裁であり、裁とは「たつ」の意味ではあるが、たって壊してしまう、ずたずたに切りさいてしまうことではなく、一枚の布にはさみを入れて切ることによって人間が着用する衣服を作る、というプラスの方向の意味を持つものであり、マイナス志向の「壊」に通ずる意味はないのではないか。また「制」には「制止」の意味はあるが、これは動いているものを止めることであり、「壊」とは全く別の意であり、史料(1)においては適用されない意味である。「制」を大方の解釈のように「制度として作成した」と解することには反対であるが、原材料から人間に必要なものを作り出す、という方向性をもっていることを主張したい。

私は井田制は後世の創作物であると考えていることは前章でのべたが、もし井田と轅田が同一物を指すのであれば、何故史料(1)、すなわち「地理志」の方にだけ、「井田」の語を使わず耳慣れない「轅田」の語が使われる必要があったのかが理解できない。なぜなら、『漢書』において「地理志」より前に置かれている「食貨志」上においては、井田制の実在を信じてそれについて詳しい記述があるからである。

私は国家の命令によって、国家の官僚の主導のもとで進められた新田開発ではあったが、その成果は旧来の都・郷・邑・聚とよばれる小共同体によって所有・管理・配分されるものであったということに、新しい中央集権権力は古い所有権を基礎に存在したというところに、商鞅が築いた体制をみるのである。

第五章　阡陌制論

一、問題の所在と基本史料の提示

阡陌（仟伯）に関する研究は、現在に至るまできわめて多数にのぼる。本書でもすでに本篇第二章・三章において、これにかかわる内容を論じてきた。にもかかわらず、本章でさらに阡陌について検討するには、それなりの理由がある。

第一には、一九七〇年代以来、中国各地から発見された簡牘史料の中に、阡陌に関する記述がみられることである。これらについても、すでに多くの研究成果が発表され、私自身も第三章においてその一部の見解をのべたが、のちにみる史料に(B)についてはまだ私見を発表していない。したがって、これについて私なりの読解法、およびそこから考えられる諸問題についてのべることが必要である。

第二に、本章で検討する資料はいずれも法律または法律関係文書であり、阡百に関連して、国家が法律によってどう規定しているかを考察したいからである。特に、何故にそのように規定する必要があったのか、を考えることによって、当時の農民と農耕地との関係の実態に迫る一方法としたいと考えるからである。また各法律またはそれにかかわる指示が発布され、施行された時期とその内容を併せ考えることによって、時代によって法の規定がどう変わっていったかを歴史的に考える必要があると思われたからである。

本章で主に対象とする史料は三つあるが、いずれも難解であり、それらの句読法だけでも諸説紛々としている。そこで、本節ではまずこれらを白文のままで提示し、その資料的性格について若干の解説を加え、私の見解は第二節以下で順次のべることにしたい。

史料(A)

而集小都郷邑聚為県置令丞凡三十一県為田開阡陌封疆而賦税平

周知のごとく、これは『史記』商君列伝の中の、商鞅第二次変法（前三五〇年）を記した部分の後半である。少し長く引用したが、阡陌に関して問題となるところは「為田開阡陌封疆」の七文字である。これに関して私は「第二章」(1)で私見をのべた。私の基本的見解は変わってないが、他の史料との関連で若干読み方を変えた所があり、第二節で再検討したい。

史料(B)

（表面）

二年十一月己酉朔朔日王命丞相戊内史匽民臂更修為田律田広一歩袤八則為畛畝二畛一百道百畝為頃一千道道広三歩封高四尺大称其高捋高尺下厚二尺以秋八月修封捋正疆畔及癹千百之大草九月大除道及阪険十月為橋修波隄利津梁鮮草離非除道之時而有陥敗不可行輒為之

（裏面）

四年十二月不除道者

□一日　□一日　辛一日
壬一日　亥一日　辰一日
戌一日　□一日

これは、一九七九～八〇年に、四川省青川県郝家坪五十号秦墓より出土した木牘一片の表・裏面に記された文である。表面三行、裏面四行で、引用文の改行は原簡文の改行と一致する。釈文は最初、四川省博物館・青川県文化館「青川県出土秦更修田律木牘――四川青川県戦国墓発掘簡報」[1]において示されたが、解読不能の部分が多かった。のち、李均明・何双全編『散見簡牘合輯』[2]に、表面はすべて解読した釈文が収録された。引用文はこれに基づいている。なお、この釈文作成については、原簡文を精査された李学勤氏の「青川郝家坪木牘研究」[3]（以後「李学勤論文」と略称）の「附記」でもふれられている。

この史料については第三節で詳しく検討し、私見をのべたい。なお、この木牘が出土した戦国墓の状況、出土物等については間瀬収芳「秦帝国形成過程の一考察――四川省青川県戦国墓の検討による――」[4]（以後「間瀬論文」と略称）に詳しくのべられているので、本稿では省略したい。

史料(C)

盗徙封贖耐可如為封封即田千佰頃半封殹且非是而盗徙之贖耐可重也是不重

これは、一九七五年、湖北省雲夢県睡虎地にある秦墓より発見された竹簡（通称『雲夢秦簡』）の中の、「法律答問」と分類された一群の簡の中にみられるものである。[5]この文について私は第三章において検討しており、新たな角度からの考察を第四節で試みたい。

二、商鞅変法における阡陌

私は第二章において、史料Ⓐを含む『史記』商君列伝の変法の記述全体の検討を中心に、商鞅変法の全体像についての私見を提示した。また、第三章において、その後に発見された新史料の検討をも含めて、前章を補った。この二つの章において、その時点までの主要な学説は検討したつもりである。その後も、日・中両国では商鞅変法に関する研究が多く出されているが、史料Ⓐの理解については新説らしきものは見当らない。そこで本章では、前二章の主要な論点とその改正点を問題別に列挙し、第三節以下の論点とのかかわりで必要な説明を加えたい。

(1)史料Ⓐを新たに訓読し直すと、「而して小都・郷・邑・聚を集めて県を為《つく》り、令・丞を置くこと、凡そ三十一県なり。田を為《つく》り、阡陌を開き、封《つちもり》して疆たり、而して賦・税平《たいら》かなり。」となる。改正点は「封疆」の読み方を第二章の「疆《さかい》に封す」から変更したことであり、これは史料Ⓑにみえる「封」と「疆」との関係に基づいている。「疆」を単なる境界という一般的用語とするのではなく、田間にある特定の施設の名称であるととらえた方が整合性があるからであるが、次節で具体的にのべたい。

(2)史料Ⓐの文の大意はつぎのごとくである。小都・郷・邑・聚等の名で呼ばれる集落＝小共同体を集めて県という行政単位を作り、そこに令・丞という官僚を派遣して支配させた。（変法施行当初は）全国で三十一県を作った。農耕地の開発を促進し、形成された開墾地には阡・陌を開設し、そこに土盛りを作って「疆」を形成した。

(3)県を作ったことと、農耕地開墾との関係は、官僚の指揮・命令によってはじめて複数の集落＝小共同体から多数の人民を動員することが可能となったのであり、一集落＝小共同体の力だけでは限界があったからである。「田を為《つく》り」とは耕地開墾を意味する。

(4)阡・陌を開設したのは、単なる通行路の目的だけでなく、開墾に参加した各集落＝小共同体を単位に開墾地を区分するためである。「疆」とはその境界の明確化のための標識である。開墾は中央権力の命令によって遂行されたけれども、農耕地の単位、したがって農耕地の占有権の単位は集落＝小共同体であったからである。

(5)阡陌とは、『史記』の同箇所に関する張守節の『正義』に「南北を阡と曰い、東西を陌と曰う。按ずるに駅塍を謂うなり」とあることに、基本的に従うべきである。

(6)以上から、阡・陌ともに大きな区画のための大道であり、多くの論者の主張するような、一頃を単位とする耕作分担地を区分するための道路ではない。では、そのような小区画の道路は、この時点で存在したであろうか。それは、当然存在したであろうと想定されるが、その区分は、少なくともこの時点では、集落＝小共同体内部にかかわる問題であり、国家が法で規定する問題ではなかった。だから、商鞅の変法の内容を示すこの文の中にはみられないのである。

(7)「阡」・「陌」の語について、多くの論者は、千・百という具体的な数値（長さ・面積・戸《こ》数等）と結びつけて理解しようとした。したがって諸論文において細かい計算や数字の照合が試みられている。しかし、私は、この語の意味するものは、先秦の古典にしばしばみられるようにただ「多い」ということだけであり、それを意味する「千」・「百」の字を、開設された南北・東西に走る大道の名称に適用し、文献によっては偏に「阝」・「亻」が付されるものがあるにすぎないと考える。何が「多い」のかについては、想定以外の何物でもないが、阡・陌によって形成された農耕地の中の区画数、そこで耕作する「家族」などの耕作単位数、または次節でみるように阡・陌から岐れるより下位の道路の数、などであろう。要するに「阡」・「陌」の字は、その内部に多くの何物かを含んだものの象徴として使われているのである。

商鞅の新法は厳しく守られることを旨とした。法である限り、単に理念をのべたものではあり得ないわけで、それが法家の祖たる所以である。官僚体制が同時期に初歩的に形成されたばかりの段階で、土地制度のみを細かく規定したり、具体的数値を多く法に示すことは、商鞅の本旨と合わないのではないかと思う。「開阡陌」とは、その字義の上からも、きわめて大雑把な規定なのである。しかしその方向こそは、明らかに秦漢時代以降の厳しい中央集権体制への第一歩以外の何物でもない。

三、青川秦墓出土「田律」をめぐって

つぎに、(B)の史料の検討に移りたい。この史料の内容に関しては、二十本を越える数の論文が発表され、多方面から検討がなされている。これらの諸説の多くはその要点が原田浩「青川木牘考」(6)（以後「原田論文」と略称）に要領よく紹介されているので、本章では学説史の系統的な整理は省略し、本論に関係する論考についてのみ、その都度引用して検討するにとどめたい。

まず、原文全体の、私なりの書き下し文を提示するが、同時に佐竹靖彦「商鞅田制考証」(7)（以後「佐竹論文」と略称）での見解に従って全文をその内容上いくつかに区分することにする。この区分法は全文を理解するのに適当なものと思われ、楠山修作「青川秦墓木牘を読む」(8)（以後「楠山論文」と略称）でも用いられているからである。

Ⅰ　二年十一月己酉朔の朔日、王、丞相戊・内史匽・民臂に命じて、更めて田律を修為せしむ。

Ⅱ(a)田広さ一歩・袤《たけ》八則ごとに畛を為《つく》る。畝ごとに二畛。

(b)一百に道あり、百畝を頃と為して、一千にも道あり。

Ⅲ 道広さ三歩。封高さ四尺、大いさ其の高さに称う。埒《らつ》高さ尺、下の厚さ二尺。

Ⅳ(a)秋八月を以って、封・埒を修め、疆・畔を正せ。及び千・百の大草を癹《はっ》せ。

(b)九月、大いに道及び阪険を除せ。

(c)十月、橋を為《つく》り、波隄を修め、津梁を利し、草離を鮮《か》れ。道を除すの時に非ざれども、陥敗して行く可からざるところ有らば、輒ち之を為《おさ》めよ。

(以上表面)

四年十二月の道を除さざる者

□一日 □一日 辛一日 壬一日 亥一日 辰一日 戌一日 □一日

(以上裏面)

このうち、裏面の文は後に検討することにし、表面の律文の全体が何を規定したものか、その基本的性格から検討する必要がある。先行論文のすべてが、Ⅱ・Ⅲの部分が、農耕地＝田の区画方法を示した律文であり、Ⅳの部分が田を維持し、境界を正すための農民の作業に関する規定であると考えられている。[9]だから、その必然的結果として、渡辺信一郎「阡陌制論」[10](以後「渡辺論文」と略称)のごとく、区画された田がどのような単位で耕作されるか、このような区画以前の田制(渡辺氏はそれが轅田制であるといわれるが、それへの批判は前章「附論」参照)との関係はどうか、などの論議に発展されるのである。他の論者もほぼ同様である。しかし、そう理解してよいであろうか。Ⅱ・Ⅲは田間にある諸道路や盛土(千・百＝阡・陌、畛、道、畔、疆、封、埒＝埓)の大きさ、高さや、諸道路の位置関係に説明の中心があり、それを受けてⅣにおいてこれらの道路や盛土およびそれらと関係のある波(陂)隄、津梁、橋などの保持、掃除についての作業規定があるのである。問題になっているのは公共の施設であって、田土の区画や耕作ではないのである。もちろん、Ⅱの文中にも「畝」と「頃」がみえ、これらは土地の面積を示す単位である。また田の広さや長さも示されている。しかしそれらは、あくまで田間の大小の道路の位置を示すために必要な関連語・関連説明として出てくるのであり、耕地区画の確定を目的とした律文であるとは、私は考えない。もしそれらの確定が目的であるならば、Ⅳの部分において、耕地の耕作について、耕作者の単位や耕作の諸作業の時期等についての規定があってしかるべきである。農耕地にかかわる作業の規定は皆無であり、公共施設に関する作業（原田論文でいうように、これはおそらく共同作業であろう）のみがⅡとⅢの規定を受けて示されている以上、私のように考えるのが至当ではないだろうか。もちろん、道路の規定から、我々はそれによって区画された耕地のありようを知り得るし、それを最大限追求する必要がある。しかしそれは我々研究するものの目標であって、当代の律文の目的ではない。

以上の私の理解が当っているとするならば、Ⅱ・Ⅲの規定に基づいて、秦国における耕地区画法の全体像をとらえることは相当難しいことであり、大多数の論者がおこなっているように、この規定によって全体の耕地区画図を描くことは、推測を大幅にとり入れる以外不可能であると思われる。可能なのは、私ものちに示すごとく、諸道路の関係から推測できる区画の一部分（全体の中の隅の部分）を描くことのみである。

つぎに、Ⅰの末尾の部分、「田律を修為せしむ」（ここの訓読は渡辺論文に従った）に関して、李学勤論文および胡平生氏[11]は「為田律を修む」と解し、この律文は田律ではなく、為田律の中の一部であると解された。李学勤論文によると「為」とは「制」の意であるから、この律全体が耕地作製のための律ということになり、前述の私見と一致しない。しかし、「為田律」なる律は他にみえないのに対し、『雲夢秦律』には「田律」があること、渡辺論文の注5によると語法的にも「修為」と訓ずることができることから、私は本律文は「田律」の一部であると解したい[12]。

つぎに田律とは何を規定する律か、について、楠山論文において『雲夢秦律』のそれの内容との比較がなされている。結論として楠山氏は、両田律の内容は直接関係なく、『雲夢秦簡』中の「法律答問」や「為吏之道」の内容と一部共通する点があるといわれる。いま、両田律の内容の比較検討はしないが、楠山氏は史料(B)が耕地区画を規定しているとする観点からの比較をおこなっておられるのであり、私の観点からすると、両「田律」は農民の種々の義務や禁忌に関する規定であり、農地のありようや農耕作業の規定は共通して存在しない、と思われる。しかし『雲夢秦簡』の中の田律も秦代の田律の一部であろうし、青川秦墓田律も、佐竹論文の指摘のごとく判読不能の一簡が出土していることから、Ⅰ〜Ⅳの文章がすべてであるとは思えない。いずれにしても「田律」という律の性格については今後の検討を俟たねばならない[13]。

以上の前提に立って、律文の私なりの具体的解釈をすすめ、そこから考えられる諸問題を指摘するが、検討は律文の順に従いつつ、内容から大きく五つに分けてのべる方法をとりたい。

(1)、Ⅰの規定について。「二年」とは秦の武王二年、すなわち前三〇九年を示すこと、「戊」は「茂」であり、「丞相茂」は甘茂を指すことは諸説とも一致するところである。「内史」が丞相とならんで田律を作成する任にあたる重職であったことは、于豪亮、工藤元男両氏の実証[14]から十分うかがえる。「民臂」は難解であるが、李学勤論文では、「臂」は人名、「民」は官名またはその略称と解しており、一応これに従って訓読した。「更めて田律を修為す」については、改訂ととる説と、部分的修改・補充を含めて旧来の田律を再公布する、とする説（黄盛璋[15]、佐竹論文）があるが、後者の方が実際にあり得たことのように思われる。

(2)、Ⅱの(a)に関して。これは「畝」の大きさと構造についてのべているが、これは後の(b)の内容とかかわるものである。すなわち、(b)に見える「頃」＝一〇〇畝は、畝の集合体をなしており、頃の周囲は「道」に囲まれたものであるから、「道」の位置は畝の大きさと形体、構造によって規定されてくるからである。したがってⅡの文全体は「道」について規定することに目的があると思われ、その前提として(a)において畝についてのべているのである。まず「袤」とは、『説文解字』八上によると、[16]南北の長さを言う、とあるから、畝は一般に南北に延びたものといえる。つぎに「則」字であるが、胡平生前掲論文の発表以前に書かれた諸論文においては、すべてこの字を下文にかけて「すなわち」と副詞に読んでいた。胡氏は安徽省阜陽県にある西漢墓より出土の竹簡を調査され、そこに「卅歩為則」とあることから、「八則」と上につなげて読み、二四〇歩を示すとされた。さらに「漢二年律令」中の注（12）でもふれている史料(B)とほぼ同文の一条中には「袤八則」が「袤二百卅歩」とみえることから、[17]「則」とは長さの単位であることがほぼ定説化した。したがって、一畝は幅一歩、長さ二四〇歩を単位とする、と解することにしたい。「畛」については、李学勤論文、渡辺論文等でもいわれるように、『呂氏春秋』士容論・任地にみえる農作業の記述との関係から、二四〇歩の畝に沿って両側にある農作業用の細道である、と解釈することにしたい。[18]

(3)、Ⅱの(b)の解釈について。この部分をどう理解するかがこの田律全体の解釈のポイントになると考えられ、また諸氏と私との理解の岐れ目ともなる。

まず、ここには「百」字が二箇所、「千」字が一箇所みえる。二番目の「百」字は、「頃」という面積単位の大きさの説明の中に出てくるものであるから、これは明らかに数字としての百であり、一頃は百畝からなる、ということを意味することは間違いない。しかし、最初にある「百」および「千」はどうであろうか。渡辺論文では、これらのあとに「畝」字を補い、この二字は数をあらわす百・千であると新説を立てられた。たしかに、楠山氏をして「舌を巻かせる」鋭い解釈であり、これがために佐竹論文・原田論文・楠山論文など日本人研究者の論文はすべてがこれに従う結果となった。しかし、多くの中国人研究者は、この二字を、Ⅳにある「千」・「百」と同様に阡＝仟、陌＝佰であり道路の名称であると解することができるとしている。私もそれと同意見であるが、しかし、両国の多くの論者とも異なって、私はこの阡・陌と、この文に二箇所みえる「道」とは別のものであり、「道」とは阡・陌の下位にある、より小さい道路（Ⅲにその大きさが示される）であると考えるのである。

「一百（陌）に道あり」、「一千（阡）に道あり」とは、「道」とよばれる道路が、いずれも陌・阡という大道に所属する枝道として位置づけられていたことを示すのではないか。これらの「道」は陌又は阡と垂直をなし、どこか一つの「陌」・「阡」から出発する枝道という関係になっていたものと判断できる。前節でみたように、「陌」は東西、「阡」は南北の大道であったから、陌に属する「道」は南北に、「阡」に属する「道」は東西に走るものとなる。つまり、田間にはどこかの阡または陌に属する「道」が縦横にのびていたのである。

つぎに考えるべきことは、これら「道」と「道」との間隔が示されていないこと、および「一百（陌）道」・「一千（阡）道」という、二種の道路間の相互関係を示す文の中間に「百畝為頃」という耕地の面積の単位についての規定の文がはさまっているという文章構造になっていることである。これは何を意味するであろうか。

(2)でみたように、畝は一歩×二四〇歩の細長い南北に走る畝であった。一頃が百歩であるから、一頃は標準としては東西に畝が百本連なったもの、と考えられるであろう。そして百歩間隔に南北に「道」があり、二四〇歩間隔に東西に「道」があって一頃を区画している、と考えれば、きわめて整然とした土地区画ができあがるのである。推測するに、前節でみた商鞅変法当時は、渭水盆地を大規模に開発して、このような整然とした区画をもつ耕地が作られた可能性がある。まさに標準型である。しかし、開発が秦の全土に拡大し、また秦の領域も広まるにつれて、四川省青川県のような山地にまでこの阡陌制を適用していく段階になると、そのような標準型ではすまなくなる。しかし、一頃という面積単位の区画をはっきりさせておくことは、耕地面積全体を掌握するためにも、そしておそらく農民への耕地の配分の便宜をはかるためにも不可欠なことであったろう。区画の道路が斜めに走っていたり、曲っていたりでは困ることはいうまでもない。そこで、まず陌に属する南北の「道」が畝と平行に作られ、百畝一頃の耕地が区画されるような幅で阡に属する東西の「道」が作られたのではないか。したがって、一頃百畝の区画は、方形ではあるがさまざまな形があり得たわけであり、山間の狭い耕地ではこのようにしなければ区画はできなかったのではないだろうか。一畝＝一歩×二四〇歩とは、畝というものの標準の規定であるが、現実の区画はそれをそのまま百個集積してできるわけではなかったのである。

以上から、Ⅱの(b)においては、「道」とよばれる道路の位置を、阡・陌との関係で、それが作られる順序に従って記したものと思われるのである。『道』とは、このような目的で、このような状態で作られています」ということを、(a)も畝のあり方を前提において説明しているのであろう。

(4)、Ⅲの文の検討にうつりたい。ここには「道」および封、埒の広さや大きさが規定されている。まず、「道」は広さが三歩、すなわち五メートル近い。車がすれ違うことのできる広さを持っており、おそらく農民が車に種もみや肥料、収穫物等を積んでこの「道」を通って自らの耕作地と自宅もしくは作業小屋とを往復したにちがいない。したがって「道」とは公道なのであり、それ故にⅣにみえるような「道」についての諸作業が規定されているのである。つぎに「封」と「埒」であるが、これらが何を指すかはⅣの(a)の「封・埒を修め、疆・畔を正せ」の規定と併せて考察せねばならない。この文では、原田論文でも指摘されるごとく、「封」と「疆」、「埒」と「畔」が対応して記されているとみるべきであろう。封と疆については、史料(A)に「封疆」の句があり、前節で私は「封《つちもり》して疆たり」と読んだが、この田律のそれらも同様に解釈できよう。ただし、「封」を史料(A)では動詞として用いているのに対し、田律ではこの字で土盛りしたものを指す名詞として使っている相違はある。また、次節でみる史料(C)にも「可（何《い》）如《か》なるを封と為すや。封とは田の千佰に即くなり」とあり、ここでもそれがうかがわれる。つぎに「畔」についても、史料(C)に「頃ごとの畔」とみえるので、頃を区分する道路と一致すると思われ、この田律では先にⅡの(b)の「道」に一致する位置にあるものと思われる。

以上の検討から私はつぎのように考える。阡・陌にそって、高さ四尺（約一一〇センチ）とそれにふさわしい大きさの「封」が作られ、田土の大区画を示した。「道」に沿って高さ一尺（約二八センチ）・下の幅二尺の「埒」が作られ、一頃の耕地を区画していたのである。

以上の推定について三点付言しておく必要がある。第一点は、阡・陌と彊、および「道」と埒とを同一物と考えられるかどうか、もしそうなら何故にこの田律で所によって別の字を使って示しているか、である。彊・畔とは、阡・陌・「道」の上または傍に設置された盛土である封・埒をもふくめた概念であり、それは区画のための施設という意味で使われるのに対し、阡・陌・「道」はあくまで通行用の道路という側面からの表現なのではないだろうか。(A)〜(C)でのこれらの語の使われ方全体からみて、そのように判断できるであろう。そして、この田律では、Ⅱでまず道路の位置関係を示し、それに付されているものとしての盛土についてⅢで示す、という順で記されていると思われる。

第二点は、原田論文では「封」を解釈して、阡・陌が交わる十字路の角に四箇所、土盛りして作られた標識であるとし、関連史料を引用して論証されている。これは注目すべき見解で、今後十分検討されねばならないと考えられるが、現在のところ、つぎのような問題点があると思われる。同じ、盛土でもより小さい境界の標識である埒の方は長い土《ど》手《て》のように作られたと想定しながら、何故封の方が土手ではなくて単なる盛土の山なのであろうか、という点である。このことは、次節でみる(C)の解釈とも関係する。ここには封を密《ひそ》かに徙すのと、頃ごとの畔を徙すのを同様にみて同罪とする、とあるが、原田説によれば、形状の全く異なるものを徙すのを同様視することになり、やや不自然である。

私は今のところ、両者ともに土手状のものと解釈しておきたい。

第三点は、この田律に阡・陌の広さが示されていないのは何故か、ということである。阡陌については楠山修作「阡陌の研究」[19]において阡陌に関する諸史料が精査されているが、阡・陌ともその広さを数字で明記した例はない。阡陌が商鞅変法の時にはじめて創設されたものであるという楠山説に私は賛成するが、その時には広さについては一定の規定があったが、より下位の「道」を中心に規定したこの田律にはこのような周知の前提となっていることは記す必要がなかったとも考えられるし、そもそも「道」より大きい幹道であるから、一定の広さに規定することも最初からなかった、とも思われる。

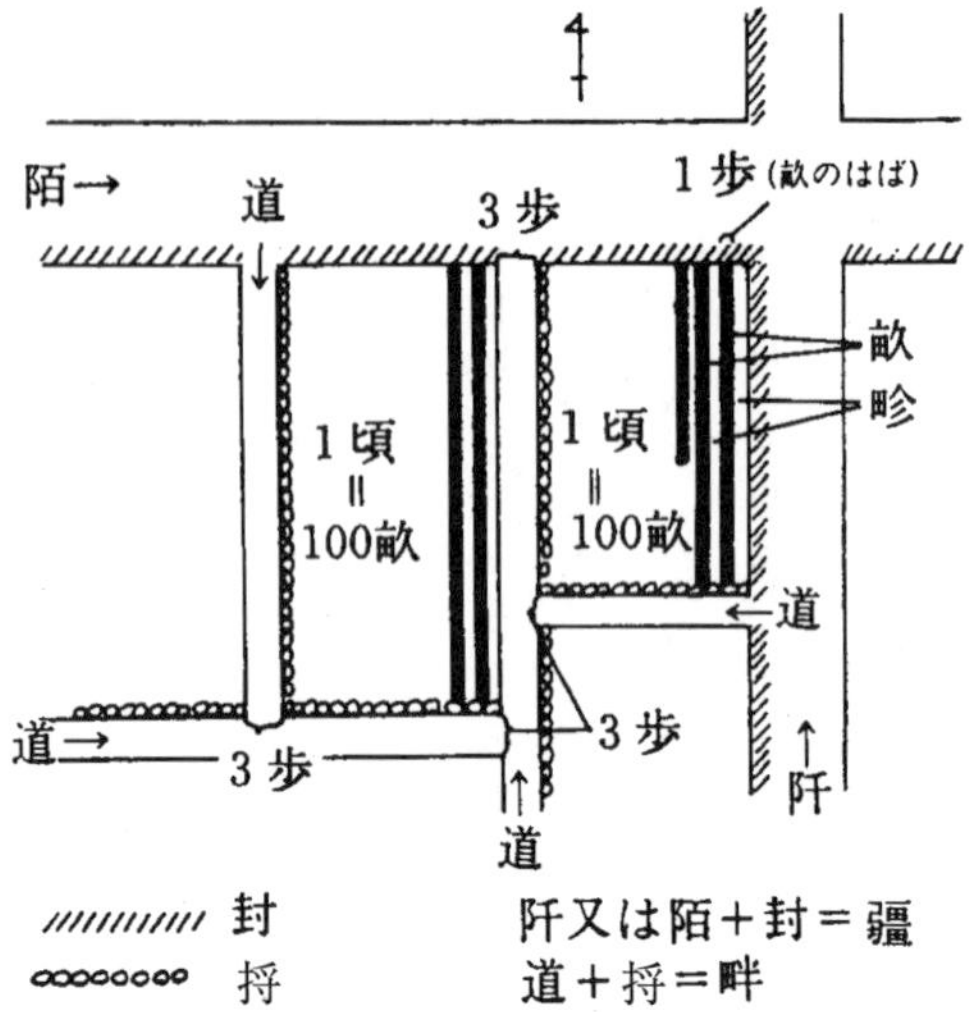

以上までの検討の結果から得られる道路と盛土の位置関係を図示すると右上のごとくになる。前述したように、これは阡と陌に直接面した隅の部分のみの図であり、農耕地全体の区分のありようを示すものではない。私の推論では、陌と阡にかこまれた全農耕地は一集落＝一小共同体の農耕地であり、その広さは当然一定のものではなかったであろう。

(5)、Ⅳの部分は、ⅡとⅢの規定を受けて、道路や盛土や他の田間にある諸施設の修理、維持に関する作業内容を月別に規定したものである。一読して容易に大意を理解できる文であるが、いくつかの点に説明を加えたい。「封・埒を修め」とは、盛土が崩落して農耕地区分が不明確となるのを防ぐためであろう。「疆・畔を正せ」とは、この作業の結果であり、疆と畔とが位置、形体において正常なものとすることを命じたものと思われる。(b)の「阪険を除せ」とは、農耕地区域内またはその周囲にある丘などから土砂が崩落して、農耕地や道路を塞ぐことを防ぐための作業規定であろう。(b)の「道を除し」の上に「大いに」という副詞が付されていること、および(C)で、正式に規定された九月以外の時期にも、必要があれば「道」を除すことを命じているのに対し、阡・陌に関してはⅢで大草を芟すべしとする規定があるだけである。このことは、この田律が「道」の保持を特に重視していることを示すものであろう。

さて、前にもふれたように、Ⅳに規定されている諸作業は、個人や「家族」単位で、それぞれの計画によって自分の耕作地にかかわる部分だけをおこなうのではなく、おそらく集落の単位で全体を共同作業としておこなうことが前提となっているであろう。[20]そうでなければ、これだけの作業がスムーズに完遂できるとは思われないからである。ということは、このような作業の段取りや任務分担等を決め、全作業を指揮・点検する官僚または集落の長老級の人物の存在をうかがわせる。現に、裏面には（武王）四年十二月に「道」を掃除しなかった日が列挙されているが、これは作業の点検がおこなわれ、作業がおこなわれなかった日を記録した者がいたことを示しているのである。

以上のことは、田律という法によって、国家が、一つの集落＝小共同体に対して、農業生産を保障する諸施設の保持を命じていることを示すものである。農耕地の耕作者や所有権についてこの田律から直接知ることはできないが、以上のことから、一頃ごとに区分された農耕地のもつ歴史的性格の一端はうかがうことができるであろう。

最後に、裏面の記載について若干ふれたい。律文に、掃除をおこなうよう規定されていない十二月において、掃除をしなかった日を列挙してある理由について、楠山論文では種々推測がなされているが、私はⅣの(C)の規定があるが故であると考える。そのことは、この田律を相当厳しく守ろうと努力した結果を示すものであり、この法は空文にすぎないものではなく、秦国内の実態として、現実に存在したことに近いものを示しているのではないかと推測されるのである。

四、『雲夢秦簡』にみえる阡陌について

史料(C)を検討する。これについては、本篇第三章での検討の際に、私なりの解釈に基づく書き下し文と日本語訳を掲げておいた（二〇九頁）ので書き下し文を再度示すと、「封を盗徙せば、贖耐。可（何《い》）如《か》なるを封と為すや。封は田の千佰に即《つ》くなり。頃ごとの半（畔）は封なりや、且《ま》た是に非ずや。而《も》し之を盗徙して、贖耐なれば、可（何）ぞ重きや。是にして、重からず」となる。「即」字を「すなわち」と読まずに、動詞として読んだのは、前節に示した封の存在場所の想定に基づくものである。

さて、この文中、冒頭の「封を盗徙せば、贖耐」のみが律文であると思われるが、何律に属するものかは不明である。答問の部分では、まず封というものの定義を問うているのに対し、それは阡陌に付随したものである、と答えており、前節でみた封と阡陌との関係と同内容である。ところがつぎの問には二点あり、①頃を区分する畔も封とみなすのか、②本来の封を盗徙（許可無く勝手に移すこと）したのと、その下位にある畔（前節でみた「道」と埒を合わせたもの）を盗徙したのと、同じ刑罰とするのでは重すぎはしないか、となる。答は畔を盗徙するのも封を盗徙するのも同じであり、刑罰は重すぎない、となる。①は、法のうえでは阡陌に付随する封に関しての犯罪規定を、畔についてまで拡大して適用するのか、という問であり、同一名称で呼ぶのかどうかを問うているのではない。何故なら、封の定義は前に限定して明言してあるからである。②は、拡大適用の結果の処罰の正当性を問うているのであり、処罰の適・不適の問題である。

以上のように理解するならば、この問答は実際に起こった犯罪について、被告またはその関係者と裁判にあたる官僚との間に実在した問答をもとにして記されているのではないかと想像される。内容がきわめてリアルであり、処罰の軽重にまで話が及んでいるからであり、官僚が机上ですべてを想定して作ったものとは思われない。とすると、実際に畔を盗徙した者は、それほど大きな罪を犯したと意識していなかったことが想像され、やや抗議調の問となっているのである。それに対し、答えた側は、畔の盗徙の犯罪としての重要性を認識し、国家の中央機関も同様な認識であったためにこのような答問を文章化して下部の官僚に配布し、参考資料とさせたのであろう。

では、本来、法に規定していた盗徙とは何か。阡陌に付随する封を動かすのであるから、集落＝小共同体の土地の区分を変えることであり、おそらく自らの小共同体の土地を大きくするための行為と思われる。封を徙すだけではなく、その規定となる阡陌の大道をも徙さなくては、その目的は達せないであろうから、かなり大規模な作業をともなう集団的「犯罪行為」であろう。このような盗徙に対する厳罰規定が存在したからには、現実にこのような行為があり得たことが予想されるのであり、一種の小共同体間の土地争いにその原因は発していたのであろう。

しかし畔を徙すことは、これとは本来性格の異なる行為である。共同体内で、何らかの形で配分された土地の区画を変えるのであるから、集落＝小共同体の何らかの単位――一種の「家族」――間の土地争いに端を発していると想定される。そしてこのような争いが起こり得るということは、集落＝小共同体内の一種の「家族」の農業経営における自立性の傾向が示唆されているのではないだろうか。「犯罪者」の当人または関係者が、それを国家の法に触れるほどの大事であると思わなくても、国家の側ではこのような行為を重視し、厳罰を加えようとしている、というところに、社会の変化にかかわる本質的問題が潜んでいると考えられるのである。

『雲夢秦簡』にはもう一箇所、阡陌の語が現われる。「為吏之道」（吏為《た》るの道）という名称で分類される文中に「千佰津橋」(21)の四字がみえる。これは、四字句が列挙されている中の一つで、楠山論文はこれを官吏が常に念頭に置くべき問題の一つとされ(22)、また(B)のⅣの内容を極度に煮詰めた表現とされる。このとらえ方は至当であると思うが、そうであるなら、前節で私がのべたように(B)のⅣにみえる諸共同作業が、その地域を支配する官僚によって指導されておこなわれたであろうことを物語っていよう。

五、阡陌と法——むすびにかえて——

史料(A)と(B)が発布された年は前三五〇年と前三〇九年であることはすでにのべた。(C)の「答問」がいつ作られて各地の官僚の手に入ったかは不明である。しかし、これは『雲夢秦簡』の出土した墓の主である喜という人物が、官僚としての職務遂行のための参考文献として座右に置いたものの一つであろうことは、大方の一致する認識である。喜は『雲夢秦簡』中の「編年記」に基づくと、前二四四年に役人となり、以後死亡の年の前二一七年まで続けたと思われる。その間のいずれかの期間、この答問が座右にあったと思われ、これはその間に具体的指針として生きていたと思われる。つまり(B)の田律発布より六五年以上あとの時期である。ここから、この答問が書かれ、下付されたのは(B)の発布よりあとであることはほぼ間違いなかろう。

ではこの三つの法・法関係文書の内容の間にどのような相違があり、それは秦の社会のどのような変化に対応したものであったのであろうか。第三章において私は、(A)と(C)との対比に基づいてこのことを論じた。いま、その中間の時期のものと思われる(B)が発見・公表された時点で、私の基本的論点は一層具体的かつ明確になったといえよう。

(A)の商鞅変法当時は、まず阡陌と封という施設が重視され、法の規定の対象となったのである。より下位の区分を規定した法の存在を否定する根拠はないが、少なくとも現在のところそれをみることはできない。変法の時の官僚制、行政組織の実状から判断して、当時の国家権力はそこまで規定できなかったと私は考える。(B)の段階になって、田律を増補改正することによって、「道」・畔・埒の位置や大きさを規定し、畝・畛のありように基づいて頃という単位の区画を明確化した。これは国家が土地に対してそこまで掌握し得るだけの支配力を持つようになったことを示す。国家権力の小共同体内部までの浸透である。おそらくこのことによって農耕地面積を国家が正確に掌握できるようになり、田租徴収を確実にし得たであろう。一方農民にとっても、この区画確定が何らかの単位——一種の「家族」によって定められた区画を耕作するという、農業経営の型が作られる発端となり得たであろう。

しかし、一方で農業生産を保障し、区画を維持するための作業は、官僚または集落＝小共同体の首長を通じて共同でおこなうことを国家は命じた。農耕地管理を共同でおこなう従来の慣習（共同体的機能）は、国家の法によって維持・強化されたのである。(B)は、国家の農耕地・農民支配の方法の二面性を示している。

(C)にいたると、国家は刑罰をもってしても、頃を単位とする農耕地区分を維持しようとする段階となる。何故にこれを必要とするのか。ここまで至ると、もはや国家の農耕地面積の把握のためではなく、農民の農業経営にかかわって、頃なる単位面積を正確に維持することが必要であったのであろう。それはおそらく、共同体内における農民間の矛盾の増大、農民の階層分化と小共同体崩壊への傾斜を恐れるが故であろう。(B)の段階で示された国家の農耕地・農民への支配の二面性はこの段階に至って一つの矛盾へと転化してきた。これは同時に、法の規定内容やその適用方法と、農民の農業生産の実情との矛盾でもある。この矛盾は、秦漢帝国を通じて、増大していく一方であった、と私は考えている。

注

（1）『文物』一九八二年第一期。
（2）文物出版社刊、一九九〇年。
（3）『李学勤集』（黒龍江教育出版社、一九八九年）に収録。なおこの論文は最初『文物』一九八二年第一〇期に掲載されたが、のちに若干の訂正と「附記」をともなって上記の書に収録された。
（4）『史林』第六七巻第一号、一九八四年。
（5）この秦墓の発掘報告書である『雲夢睡虎地秦墓』（文物出版社、一九八一年）の末尾に、全簡の写真と釈文が通し番号を付して発表された。引用文はこの釈文に基づき、その番号は四三四である。一九九〇年、同社より睡虎地秦墓竹簡整理小組編『睡虎地秦墓竹簡』が出版され、全簡の写真、句読点を付した釈文、注釈、一部の中文訳が収められ、釈文には内容分類別に番号を付している（以後これを『注訳本』と略称）。引用文は「法律答問」六四である。一九七八年には、後者とほぼ同内容で「日書」の部分および簡の写真を欠く平装本が同社より出版されたが（以後これを『平装本』と略称）、番号はない。引用文はこの書の一七八頁にみられる。
（6）『史海』第三五号、一九八八年。
（7）『史学雑誌』第九六編第三号、一九八七年。のち同氏『中国古代の田制と邑制』（岩波書店、二〇〇六年）に収録。
（8）『東方学』第七九輯、一九九〇年。のち同氏『中国古代国家論集』（著者出版、同年刊）に収録。
（9）間瀬論文では、この律文に示される田について、出土地の四川省が古来稲作地であるため、水田の区画を規定したものである、としている。しかし私は、原田論文でもいうごとく、この律文が秦国全体に適用されたものと考えるので、やはり陸田を前提とした規定であろうと考える。
（10）同氏『中国古代社会論』（青木書店、一九八六年）の第一部第二章。なお、私のこの書への書評を『東洋史研究』第四六巻第三号（一九八七年）に載せていただき、渡辺氏の阡陌制への理解について批判点を中心に私見をのべた。この時の基本的考え方は、今も変わっていないが、青川秦墓田律について私自身が深く考える以前であったため、二点ほど不適当なことを書いている。第一は、Ⅲの冒頭の「道広さ三歩」はⅡの(b)の「一千の道」のみの説明である、と解したが、これは明らかに誤りであり、その前にある「一百の道」をも説明している。第二に、「田律の文には、道路の名称としての「阡」・「陌」は出てこない」とのべたが、Ⅳには道路としての千・百がみえるし、Ⅱの(b)の「一百道」、「一千道」の百・千は、渡辺氏は道路の名称とは考えられないが、後述するように今回の私の論ではこれらを道路の名称と考えるものである。以上二点を訂正しておく。

(11)　同氏「青川秦墓木牘〝為田律〟所反映的田畝制度」(『文史』第一九輯、一九八三年)。

(12)　近年公表された「漢二年律令」(張家山二四七号漢墓竹簡整理小組『張家山漢墓竹簡〔二四七号墓〕』文物出版社、二〇〇一年)の中の「田律」と分類された一条の中に、史料(B)とほぼ同文がみられる(簡番号二四七・二四八)。「為田律」という律名はみられないことからも、渡辺氏や私の解釈が正しかったことが証明されたと思っている。

(13)　さらに加えて「漢二年律令」の田律との比較研究もまた必要であろう。

(14)　于豪亮「雲夢秦簡所見職官述略」(『文史』第八輯、一九八〇年)、工藤元男「内史の再編と内史・治粟内史の成立」(『睡虎地秦簡よりみた秦代の国家と社会』〈創文社、一九九八年〉所収)。

(15)　同氏「青川新出秦田律木牘及其相関問題」(『文物』一九八二年第九期)。

(16)　八篇上に「袠、衣帯以上。(中略)一曰、南北曰袠、東西曰広。」とある。

(17)　簡番号二四七。

(18)　佐竹論文では、山東省臨沂県銀雀山漢墓出土竹簡中の『孫子兵法』呉問にある「婉」、「畛」両語との関係、および「則」字について『説文』に「等画物也」とあることから、「則」とは一五歩、八則は一二〇歩で一畛の長さとなり、それが左右にあって、一方は休耕地となる、といわれる。佐竹氏によると畛＝畛であるが、これは農作業用の細道ではなく、耕地そのものとなる。では、農作業をおこなう人間はどこに居るのであろうか。

(19)　同氏『中国古代国家論集』(著者出版、一九九〇年)所収。

(20)　田間の細道である畛の保持も、農業生産のためには重要なことと思われるが、このための規定がみられないことは、おのおのの農耕地の耕作者に任されているからであって、法が規定することではないからであろう。

(21) 通し番号の六九二、『注訳本』の「為吏之道」14—参、『平装本』二八五頁。

(22) このとらえ方は、秦簡講読会「『睡虎地秦墓竹簡』訳注初稿・三」(『中央大学大学院論集』第一二巻第一号、一九八〇年)に依っている。

附論１　魏天安論文について

魏天安「〝阡陌〟与〝頃畔〟釈義弁析」（『河南大学学報（哲学社会科学版）』一九八九年第四期）は史料(C)にみえる阡陌と「頃ごとの畔」との相違を中心に論じており、短文ではあるが他の研究者にみられない独自の見解がみられ、私とも史料解釈の上では相い通ずる点もある興味深い論考であるので、紹介とともに私見をのべたい。

魏氏の考え方の根本には、商鞅変法以前から大土地を所有する地主が存在していた、という認識がある。史料(A)の「阡陌を開く」とは地主所有地の境界を示す道路を作って明確にし、阡と陌の交点に封＝盛土を置くことであると考えられているようだ。史料(C)の「盗徙」とは、この封を他の阡と陌の交点に移動させて他の地主の所有地を自分のものにすることである、と考え、阡・陌に沿って封があるのであれば、それを全部移動させることは大仕事でとても容易にはできないことであり、また阡・陌という大道をも通行不能にしかねないことで、考えられないことだ、とする。

以上までの点に関しての私見をのべると、第一に阡・陌が小土地所有者の耕地を区画するような道路ではなく、より大きな区分のための大道で、史料(C)の「頃ごとの畔」とは根本的に異なる、とする認識は私と同じである。しかし、私には地主の存在という観点はなく、事実として商鞅変法前においてその存在を示す、具体的史料は見当らないと思われる。もし存在したとしても、何故商鞅が地主のために、その土地の区分を明確にしてやる必要があるのかがわからない。また史料(A)の「阡陌を開く」の「開」をこのように解釈することにも無理がある。中国人研究者によくみられる、戦国時代以降は封建社会である、という時代区分論を無批判的に前提として考えられているようだ。封の位置についての見解は前述の原田論文とも共通する、もっともな考え方であり、私に再考を迫るものがある。ただ、魏氏が「頃ごとの畔」にもまた「封疆」の封と同様な盛土があったと考えられていることには疑問がある。また、魏氏は史料(B)を考察の対象とせず、したがって「道」、「埒」の語も検討外となっていることも考慮されなくてはなるまい。今後のさらなる関連史料の出現をも期待しながら、自身の再考課題に残したい。

魏氏はつぎに、一頃の土地に区分する「畔」（史料(C)の「頃ごとの畔」）は商鞅変法後に国家が租を徴収するため阡陌の内に作ったものであり、国家はこの畔を次第に重視するようになり、「封疆」の封の盗徒と「頃ごとの畔」にある封の盗徒を同様にみなし、同罪とした、と考える。史料(C)の問答に示されているこの「みなし」に対してやや抗議調のいい方は、次第に支配力を強めてくる国家に対する地主の態度が現われたものだ、と考える。

「頃ごとの畔」が変法後、次第に重視されてくるという認識は私も同じであり、これは商鞅変法の時に作られた阡陌とは全く別の意味をもっているからである。しかし、その目的は租の徴収のためであるとは私は考えない。そもそも、農民が、耕作地単位に個別に租が徴収され、その上に地主からも年貢を取られるのであれば、この二重収奪体制はあまりにも重荷であり、国家と地主との関係は一体どうなっているのであろうか。地主の存在など認めない私は、国家が畔を重視するようになってきた原因は、小共同体における耕作単位の「家族」への分化の進行、しかもその「家族」がより小さい単位に分化する傾向にあると考える。そして自立傾向をもつそれらの「家族」は小共同体内部で「盗徒」をおこない、自らの耕地を増やそうとし、一方盗られた者は没落して農地を離れる、という農村における階級分化の進行を国家はおそれたのであろう、と私は考えるものである。そして私は、租は小共同体単位にまとめて徴収された（たとえ「家族」への分化が進行しようとも）と想定している。

商鞅変法の時にはみられない「畔」が後の文書であらわれ、重視されていることに注目した魏氏の見解を貴重なものと考えるが、時代認識が私とはあまりにも違いすぎる。

附論2　『龍崗秦簡』にみえる関係史料について

一九八九年十月、『雲夢秦簡』の出土地から二キロメートルほどの所で九座の秦墓が発見され、そのうちの第六号墓から断簡を含む約三百点の竹簡が発見され、出土地名にちなんで『龍崗秦簡』と命名された。検討の結果、始皇帝による全国統一以後に書かれた律文であることは明らかとなったが、断簡多く、解読不能の文字も多く、整理に時間を要したようであった。一九九七年になって劉信芳・梁柱編著『雲夢龍崗秦簡』（科学出版社）が出され、一応全簡の写真・摹本・釈文が公表され、また簡単な注釈が付されたが、不明字多く、必ずしも十分なものではなかった。二〇〇一年八月、中国文物研究所・湖北省文物考古研究所編『龍崗秦簡』（中華書局）が出された。全簡が再検討され、不明とされた文字には赤外線が当てられて極力解読され、簡の配列も新たになされて簡番号も変え、条文ごとに、より詳しい注釈と大意が付され、写真・摹本も大きくて見やすくなった。難解なこの簡牘文の内容はこれでも不明な箇所は多いが、この附論においては一応この書に依りながら本章に関係あるいくつかの条文を検討しよう。釈文中の（　）内の文字は読み替え字として同書の釈文に示されたものである。

①盗徙封、侵食冢廬、贖耐。□□宗廟耎（壖）〼（簡番号一二一）

封を盗徙し、冢・廬を侵食すれば、贖耐。宗廟の壖を……

②侵食道・千（阡）・邵（陌）、及斬人疇企（畦）、貲一甲。（簡番号一二〇）

道・阡・陌を侵食し、及び人の疇畦を斬らば、貲一甲。

この両条を合わせてみることが必要であろう。①の前半部分は、史料(C)の冒頭部分とほぼ同文であるが、史料(C)には「侵食冢廬」の四字がないが、これは後の問答の内容には直接関係がないので省略されたものと思われる。前述したように、史料(C)の冒頭部分は既存の律文からの引用文と思われるが、その律文とは①の条文（下端を欠く断簡なので全文は不明）ではないかと推測され、この律文は統一以前からあったものが、統一以後にも生きて使われていたものであろう。「壖」とは牆垣の外側の空地を示すと注釈にあるので、□□には、侵食またはそれに似た語が入ると思われるが、明確ではない。

①②の双方にある「侵食」とは文字通り他人の使用するものを不当に自らのものとして占有・使用することであり、①では他者の耕作する土地との境界を示すべき「封」が存在している場合は「盗徙」＝不当に移動させる、の語が使われ、境界の目印のない場合には「侵食」といったのであって、意味するところは「他者の使用するものを不当に自らの占有物にする」の意であろう。したがって、前述のごとく「封」とは阡・陌に沿って土手のように作られていると考えている私は、①の「封を盗徙する」と②の「阡・陌を侵食す」（「道」字についてはつぎに検討する）とは、目的語が異なるので動詞も別の語を使っただけであって、結果としては同じ動作の侵犯行為を示していると考えるのである。

つぎに②にみえる「道」について。注釈ではこれを「馳道」「甬道」（簡番号五四・五九・六〇・三一の条文にみえる）と同様の、公用目的の大道を指すと解している。しかし、田地区分のための道路とこのような公道とを並列して示すことは不自然であり、また始皇帝巡行の時等に使われる大道を「侵食」すなわち実際上は破壊すれば、「貲一甲」の罰どころではすまないであろう。この「道」は、阡・陌より前に書かれてはいるが、小さい道路の方から記したものと考えて、資料(B)にある「道」と同じものではないかと判断し、このことをもって私は「道」字は単に道路一般を指す語だけではなく、阡・陌と同様に特殊な道路の名称としても使われることの証左であるとみなしたい。

このように考えると、②には、阡・陌の封の盗徒＝阡・陌の侵食も、道の侵食＝おそらく捋の盗徒も合わせて同罰の犯罪として律文として明記されていることになり、『雲夢秦簡』の時代では、「答問」という形式の文書で下達された内容が、全国統一後においては成文法に記されるようになったことが示されていよう。

なお、②にみえる「斬る」とは何を意味するのか、いま一つ判明しないが、「企」字の「畦」字への読み替えが正しいとするならば、「疇畦」とは畦より下の、農作業用のあぜ道であろうと思われ、「疇畦を斬る」とは他者の耕作する田地に何らかの危害を加えることを意味するのではないだろうか。
③黔首皆従千（阡）佰（陌）彊（疆）畔之其☐（簡番号一五四）
難解な断簡の文であり、依った釈文にも句読点がなく、また大意も記されていない。しかし注釈には「疆畔とは田界である」とあるから、少なくとも「疆畔」と熟語として読むように解されているようだ。しかし私の前述の考え方に従うならば、疆と畔とは対応するものであり、訓読するならば「黔首は皆な阡・陌の疆・畔に従いて其の……に之き、……」とでも読みたいところである。「疆」と「畔」とが併記してあるのだが、「疆」の上にわざわざ「阡陌の」という限定の句がついているのは、ただ「疆」だけでは境界一般を指すことが多く、またたしかに「疆畔」なる熟語もあり得ることから、「阡・陌にともなう田中の境としての疆」という、特殊な名詞であることを示す必要があったのではないか。そして「畔」字は他意にはあまり使われないので、何の限定句も付されていないのではないか。全文が不明なので、これ以上は想定できない。

第六章　戦国期秦の家族動態と商鞅変法——『雲夢秦簡』の分析を通して——

一、はじめに

本書は『雲夢秦簡』（以後本章では『秦簡』と略称する）の諸規定の中にみえる「室」「戸」「同居」の三語がおのおの何を意味しているかを検討することを通して、商鞅変法以後の秦における家族形態の移り変わりをさぐろうとするものである。

この検討にあたって、私は戦国～秦漢期について記されている諸典籍中のこれらの語と比較することは極力避けることにした。何故なら、これらの典籍のほとんどが、本章で主に対象とする戦国時代より後に成立したものであり、また用語がどの程度厳密な意味をもって使用されているかも知り難いからである。そしてこれらの点では、『秦簡』の文が戦国期に秦国内で書かれたものであることはほぼ間違いなく、また法の文または法律関係文書の文である以上、一定の統一した意味をもって用語が使用されていると思われるからである。現に官僚制度については、既存の文献に基づく理解をもってしては考えられない用語が『秦簡』中にはみられるのである。[1]『秦簡』を研究するには、まず『秦簡』の記述のみを対象とした検討によって明らかにできることを示していくという基礎作業が必要ではないかと思うのである。

この三語を検討の対象に選んだのは、単なる思い付きではない。成立当初の中国の諸国家権力の一つである戦国秦（と私は考えている）の王朝が、人民をどの単位で把握しようとしたか、それに対して人民の労働や生活の現実はどうであったか、その両者の矛盾は法のうえでいかなる規定として現象しているか、ということを知るために、相互に関係し合うこれら三つの語の分析が不可欠であると考えたからである。

本章に関係する日本での先行研究は古賀登[2]、佐竹靖彦[3]、好並隆司[4]の諸氏によってなされており、学ぶこと、影響を受けたことも多かったが、いずれも私と結論を異にしている[5]。また、本章はもともと本篇第二章・第三章よりあとで書かれた論文を基にしており、第二章・第三章で論じたことよりさらに進んで発展させた部分も存在する。『秦簡』という新史料の深い検討の結果であり、私の考えの軌跡をも示したいと思う。

『秦簡』からの引用の釈文（句読点も含めて）と簡番号は睡虎地秦墓竹簡整理小組（以後「整理小組」と略称する）編『睡虎地秦墓竹簡』（文物出版社、一九九〇年、以後この釈文を「新釈」と略称する）に主として依ったが、同書名で同出版社刊の線装本（一九七七年）の釈文（以後これを「旧釈」と略称する）をも参照し、その都度明記した。『秦簡』からの引用文は冒頭の( )内に1～36の通し番号を入れて再引用の便をはかった。文末の（　）内には整理小組による『秦簡』の分類名称と簡番号を入れた。簡番号の下の「壱」「弐」等の数字は、一簡が何段かに分かち書きされている場合の上から数えた段数を示す。また、引用文は一見して文意のわかる文以外は、のちに説明の必要から口語訳（時には書き下し文）を示したので、本章では書き下し文を釈文に併記はしなかった。

二、「室」について

まず、『秦簡』において、「室」という文字がいかなる内容を表わしているか、の検討からはじめたい。『秦簡』では、この文字がつぎの箇所で用いられている。

(1)甲盗不盈一銭、行乙室、乙弗覚、問乙論可（何）[7]殹（也）。（法律答問一〇）

(2)賊入甲室、賊傷甲、甲号寇、其四鄰・典・老皆出不存、不聞号寇、問当論不当。（法律答問九八）

(3)可（何）謂臧（贓）人。臧（贓）人者、甲把其衣銭匿臧（蔵）乙室、即告亡、欲令乙為盗之、而実弗盗之謂殹（也）。（法律答問二〇五）

(4)告曰：丙盗鋳此銭、丁佐鋳。甲・乙捕索（索）其室而得此銭・容（鎔）、来詣之。（封診式一九～二〇）

(5)此首某里士五（伍）戊殹（也）、与丁以某時与某里士五（伍）己・庚・辛、強攻群盗某里公士某室、盗銭万、去亡。（封診式二八～二九）

(6)即令令史己往執。令史己爰書：与牢隷臣某執丙、得某室。（封診式五〇～五一）

(7)即令令史某往診。令史某爰書：与牢隷臣某即甲診、男子死（尸）在某室、南首[8]、正偃。（封診式五五～五六）

(8)一室二人以上居貲贖責（債）而莫見其室者、出其一人、令相為兼居之。（司空律一三六～一三七）

(9)鈹・戟・矛有室者、抜以鬪、未有傷殹（也）、論比剣。（法律答問八五）

(10)郷某爰書：以某県丞某書、封有鞫者某里士五（伍）甲家室・妻・子・臣妾・衣器・畜産。●甲室・人：一宇二内、各有戸、内室皆瓦蓋、木大具[9]、門桑十木。●妻曰某、亡、不会封。●子大女子某、未有夫。●子小男子某、高六

尺五寸。●臣某、妾小女子某。●牡犬一。（封診式八～一〇）

(11)爰書：某里典甲曰：里人士五（伍）丙経死其室、不智（知）□[10]故、来告。●即令令史某往診。●令史某爰書：与牢隷臣某即甲・丙妻・女診丙。丙死（尸）県其室東内中北廦権、南郷（向）、以枲索大如大指、旋通系頸、旋終在項。（封診式六三～六五）

(12)小畜生入人室、室人以投（殳）梃伐殺之、所殺直（値）二百五十銭、可（何）論。（法律答問九二）

(13)或自殺、其室人弗言吏、即葬貍（薶）之、問死者有妻・子当収、弗言而葬、当貲一甲。（法律答問七七）

(14)甲到室即病復（腹）痛、自宵子変出。（中略）有（又）訊甲室人甲到室居処及復（腹）[11]痛子出状。（封診式八五～八七）

(15)可（何）謂室人、可（何）謂同居。同居、独戸母之謂殹（也）。●室人者、一室、尽当坐罪人之謂殹（也）。（法律答問二〇一）

(16)●吏有五失：（中略）五曰安家室忘官府。（為吏之道一三・弐、二三・弐）

(17)告将軍：叚（仮）門逆闒（旅）、贅壻後父、或衛（率）民不作、不治室屋、寡入弗欲。且殺之、不忍其宗族昆弟。（魏奔命律二二五・二三五・二四五・二五五）

(18)県及工室聴官為正衡石贏（累）・斗用（桶）・升、毋過歳壺（壱）。（工律一〇〇）

(19)非史子殹（也）、毋敢学学室、犯令者有罪。（内史雑律一九一）

(20)公室告[12]〔何〕殹（也）。非公室告可（何）殹（也）。賊殺傷・盗它人為公室；子盗父母、父母擅殺・刑・髡子及奴妾、不為公室告。（法律答問一〇三）

(21)子告父母、臣妾告主、非公室告、勿聴。●可（何）謂非公室告。●主擅殺・刑・髡其子・臣妾、是謂非公室告、勿聴。（法律答問一〇四）

(22)可（何）謂盗埱厓。王室祠、貍（薶）其具、是謂厓。（法律答問二八）

(23)擅興奇祠、貲二甲。可（何）如為奇。王室所当祠固有矣、擅有鬼立（位）殹（也）、為奇、它不為。（法律答問一六一）

二

さて、これらのうち、まず(1)～(7)に出てくる「室」は、新釈の訳でもすべて「家」と訳されているように、家屋を指すものと考えて間違いないであろう。関係部分の意味を順次のべると(1)は「甲は一銭未満を盗み、それをもって乙の家に行ったが、乙はそのことを察知しなかった」、(2)は「賊が甲の家に侵入した」、(3)は「甲がその衣や銭を乙の家に隠しておき、それらが無くなったと報告して乙がそれらを盗んだことにしようと企んだ」、(4)は「丙がこの銭を私鋳し、丁がそれを幇助した。甲と乙がこの二人を逮捕し、その（丙の）家を捜索してこの銭を押収した」、(5)は「（戊は）丁といっしょに、ある時刻、ある里の士伍の己・庚・辛と結託してある里の公士の某の家を襲い、銭一万を盗んで逃亡した」、(6)は「牢隷臣の某とともに丙をとらえ、某の家で逮捕した」、(7)は「男子の死体は某家にあって頭を南に向け、仰向けになっていた[13]」となろう。そして、この七例から、この家屋とは、官庁の建物や、特定の官吏のための官舎などではなく、おそらく農民であろう一般人民が「家族」とともに住む住居であろうと判断される。

では(8)に二箇所みえる「室」はどうであろうか。まずこの史料中の「居貲贖債」について、本条文の冒頭に「有罪をつぐない、あるいは国家に債務があって、支払い不能な場合、一日八銭の勘定で労役に服する[14]」と説明がある。この史料全体もこれに関する規定である。新釈の訳によるとつぎのような意味となる。「一家に二人以上〈居貲贖債〉にあたる者がいて、その〈家族〉を見てやる人がいない時は、一人だけが労役に出て、交替で役につくようにせよ。」この訳文では、注釈に「見」字を「視」と同義であるとしているのに基づいて、「見」を「めんどうをみる」「世話をする」「やしなう」の意で訳している。『秦簡』中では、金布律（七三）に「見牛者一人」という表現があり、「見」

を同様に解釈すべき用例ととれないこともない。そして、「見」のこのような理解によるならば、「室」は家屋ではなく、そこに住む「家族」を含めた表現、いやむしろ「家族」の方に重点のある表現ということになる。

しかし、この解釈では、前掲の(1)~(7)の「室」とは異なった内容の「室」字が本条では使われていることになり、このような「室」の用例が『秦簡』には他にないこともあって、私は疑問を禁じ得ない。また、同じ「めんどうをみる」でも牛と人間とを同じ字で表現してあることにもいささか抵抗を感じる。「見」字は「視」と同義ではなく、むしろ「現」に代置されるべきではないだろうか。『秦簡』においても、「効律」(一二)に「県料而不備其見数五分一以上」とある文の「見」は、新釈・旧釈ともに「現」字に読み替えているように、「見」は「現」に通ずるものであり、こうすると(8)の文は、「一〈室〉で二人以上〈居貲贖債〉にあたる者がいて、(本来の規定通りにすると)いずれもその〈室〉に現われない(すなわちその〈室〉に居ない)ことになる場合は、……」と解せると思われる。もちろん、こう解しても、この文全体の大意に新釈の訳文と基本的相違はないが、「室」字は二つとも「家族」を意味せず、家屋を意味することとなろう。かくすると、(1)~(7)にみえる「室」と同義に解せるのである。

(9)にみえる「室」は新・旧釈の注にいうように刀の鞘の意であろう。[15] おそらく、刀身がすっぽり納まっているもの、ということからくるものであり、人間が納まって居住している家屋を指す原義から派生したものであろう。

(10)・(11)では、前述のような意味での「室」の内部の構造にふれている。まず(10)にみえる「家室」であるが、文脈から考えてすぐあとにある「甲室・人」の「室」と同意であろうと思われ、新釈の訳でもそう解釈している。[16] さて、この二史料から古賀登氏は当時の家屋内の構造を詳しく検討されており、[17] 第三章でも古賀氏に基本的に賛成しつつそれに言及したので、ここで詳しく再考しないが、要するにここにみえる「室」は家屋であり、その内部が「内」「宇」(＝堂)といわれる部屋に分かれている、ということは確実にいえるだろう。なお封診式(七三~八三)には「室」はみえないが、「内」「大内」「房内」「臥堂」「小堂」の語がみえ、内、堂にもそれぞれ種類のあることがわかる。[18]

⑽に関しては若干附論すべきことがある。第一は「内室」とは何か、であるが、新釈の訳文では「室」「家室」と同一に「房屋」つまり家屋と訳してある。つまりここの部分は「家屋全体が瓦葺である」の意としている。しかし、文意全体は通るが、「内」字がなぜ付く必要があるか、もう一つはっきりしない。私は「〈室〉のうち、二つの〈内〉の部分の屋根は皆瓦で葺いてあり、〈宇〉の部分は他のもので葺いてある）」という意味ではないかと想定しているが、今後さらに検討する必要がある。第二は、甲の生活の状況についてである。古賀氏は「一宇二内」が当時の標準的家屋であるといわれるが、[19]甲の家には臣・妾が一人ずつおり、家屋も「木大いに具わり」とあって、新釈の注によると「家屋の木材がそろっている」状態であるから、並の農民以上の生活をしていたと思われる。とすると、甲の家屋をもって当時の標準とは一概にいえないであろう。

⑿〜⒂は、「室人」の語が「室」とともに、あるいは単独でみえる例である。このうち、⒂には「室人」の語の定義がある。「同居」を検討する次節で再度考察するが、後半の部分は「室人とは、室を一にする（もの）にして、尽《ことごと》く当《まさ》に罪に坐すべき人の謂なり」と読み、「〈室人〉とは、一つの〈室〉に居住する者で、すべて連坐の対象となる」という解釈ができよう。[20]「室」は前例と同じく家屋を指すと考えて間違いないであろうから、「室人」とは同一家屋に居住する人をすべて指すもので、居住形態に基づいて定義された人間集団の概念として秦の法律中に用いられている用語であるといえよう。そこで、この概念を念頭において⑿〜⒁の問題の箇所を検討してみよう。⑿は「小家畜が人家に入り込んだので、その家の住人が棍棒で殴り殺した、……」という意味であり、⒁は「甲が家に帰るやすぐに腹痛をおこし、夜半にかけて流産した。（中略）また甲の家の者に、甲が家に帰ってからの様子や、腹痛を起し流産した時の状況を訊問した。」という意味となろう。二例とも、「室」「室人」の語意を「家屋」と「その住人」、と解して

はじめて文意が通じよう。⒀には「室人」しか出てこないが、「或る者」の自殺が自分の家の中でおこなわれたと判断されるので、「室人」とは、当然その家の住人と解釈することができ、「或る者が自殺し、その家の住人が官に届け出ないまますぐに埋葬してしまった……」の意となろう。(21)

⒃は、役人の五箇条の誤りを三組のべた中の、二組めの五番目にのべられていることである。ここでは「家室」と「官府」が対比されているので、「官府」を官庁の建物に限定して考えるなら、「家室」はその役人一家の住む家屋、と解せられ、⑽の用例も同意であろう。しかし、⑽の場合と同様に「室」字の上の「家」字が何を表わすかが問題である。『秦簡』にみえる「家」の全面的な検討をまってはじめて明確になることと思われるので、(22)詳しくは今後の課題に残したいが、今のところ、人間的血縁的結びつきの一定の範囲を指す字には違いないと考えているので、ここでは「おおやけ」に対して「プライベート」を意味する形容詞である、というにとどめたい。

⒄の「室屋」は、この二字で家屋を表わす熟語ととるか、あるいは古賀氏の説くごとく「室」が五つ集まって「屋」を構成するのであれば、「室」と「屋」の二語であるか、(23)のいずれかであろう。しかし、少なくとも『秦簡』中には「屋」という語はみえないので、一応前者と解しておきたい。

⒅・⒆は一般家屋とは直接関係ない意味で「室」字が使われている例である。⒅にみえる「工室」については、新釈の注では、封泥の文字や『漢書』百官公卿表に依って、漢代では少府に属する機関で官営手工業を管理する、と解し、⒆の「学室」は、同注では文書を扱う役人の「史」の子弟に幼少から読み書きを教える一種の学校である、と解しているが、文意から考えていずれも首肯できる。とすると、この両者はいずれも国家機関の一種であり、それら機関の性格は熟語の上の字の「工」「学」によって示され、「室」字は共通しているといえよう。では何故これらの機関を「室」字を付して表現するか、であるが、前述の⑴～⒄における「室」字の意味から想定してみると、まずこれら

の機関を象徴するその建物を指す語があり、それが拡延して建物を含めた機関全体を指す語に転化したのではないかと思われる。

つぎは(20)・(21)についてである。この二条の要点はつぎのようである。

イ　他人を殺傷したり、他人から盗んだ場合、公室告にあたる。(20)に「公室」とみえるのはおそらく「公室告」のことであろう。新釈の訳文でもそう解釈している）

ロ　子が父母から盗んだり、父母が子を殺傷・刑・髡剃した場合は公室告にはあたらない（非公室告である）。

ハ　主人が奴妾・臣妾を殺傷・刑・髡剃した場合も公室告にはあたらない（非公室告）。

ニ　子が父母を、臣妾が主人を告訴してもそれは受理されない（非公室告）。

この規定について、佐竹論文や堀敏一氏[24]は家父長権の法的承認であると指摘されており、たしかにその通りであるが、ロには子が父母から盗んでも非公室告となる、とあるから、親子間、主人・奴婢間の犯罪を一般の犯罪と区別して規定したもの、と総括する方がよいであろう。そして、第三章でものべたごとく、この規定には、前述したような家屋としての「室」や、「室人」という語は出て来ないのであって、「室」にかかわる規定ではなく、むしろそれを越えた血縁・主従関係のある人間の相互間の犯罪に関する規定と思われる。何故なら、次節でみるように親子必ずしも同「室」に居住していないからである。

では「室」字を含む「公室告」とは何を意味するか、であるが、文意から考えて「公室に告すべき犯罪」の意であろう。そして「公室」とは、先秦時代について記した文献に広くみられる諸侯の一族を中心とした、時の政権を意味する言葉であろう。[25]ところが(22)および(23)には「王室祠」「王室所当祠」という用法がみえ、この「王室」も意味のうえでは同じとみられるから、秦の君主が「公」から「王」を称するようになった前三二五年を境にして国家・政府を意味する語は「公室」から「王室」へ変わったことが推測される。しかし、だからといって⒇や(21)の規定が書かれたのは前三二五年以前と判断するのは早計であり、私はむしろ「公室告」のような熟語としては、王を称するようになって以後も長く生きていたのではないかと考えている。

いずれにしても、「公室」「王室」の語は具体的事物を指さず、抽象性の高い意味を表わしており、しかも春秋時代以来の伝統的用語であるから、⑴～⒆でみた「室」とは異質な「室」字の使われ方であるといえよう。「公室」の語源を探ることから「室」字のもとの意味を求めることは一つの課題であろうが、本章の目的とははずれてくるのでこれ以上追求しない。

以上、『秦簡』にみえる「室」字について縷々のべてきたが、一般的なその意味を調べてみると『説文解字』に「実也。从宀从至。至所止也。」とあるように、藤堂明保・加藤常賢両氏ともに、「人が止足する一番奥の部屋」が語源であると解しているようである。[26] 藤堂氏は『論語』先進篇に「子曰く、由や堂に升れり。未だ室に入らざるなり。」とみえる「室」が本来の意を表わしていると引例している。しかし、『秦簡』での用法をみる限り、この「室」の意は「内」字で表わされている。そして、「公室」という特例的場合を除いて、具体的事物を指す場合の「室」はすべて家屋の意であり、そこから派生して刀の鞘としての「室」や「室人」の語があり、「室」と同義で「家室」「室屋」なる熟語も使われ、建物によって象徴される機関として「工室」「学室」の語が生まれた、といえるであろう。少なくとも法律中にのべられた具体物を表わすものとして使われている「室」は「建物」であると結論できるのではないだろうか。

「室」をこのように考えるならば、室に居住する人間を総称する「室人」の語が『秦簡』中に数箇所表われ、その定義までしてあることの意味を考えてみる必要があろう。私は第二章で『史記』商君列伝に記された商鞅の法の「而令民父子兄弟同室内息者為禁」の文を検討した。そしてこの「室」が家屋であるとし、法の目的は一家屋内に壮丁が二人以上居住しないようにし、徴兵や賦の徴収を逃れることを防ごうとしたものである、とした。

そして「商君列伝」と『秦簡』の双方にある「室」は、ともに秦国の法文中にある同義のものと考えている。したがって、商鞅が人民を掌握する単位として「室」に注目し、その構成人員である「室人」を重視した、という精神は、その後の法体系の中で原則として生きているのである。法的概念を表わす語としての「室人」が『秦簡』中にみられるのはそのためであろうと思われる。

しかし、「室人」をとらえることだけでは人民を掌握できないという、商鞅以後の社会の変化が、『秦簡』の諸規定中にみられる。このことを「戸」「同居」の語を通して次節でみよう。

三、「戸」と「同居」

「戸」と「同居」という字・語を一緒にして検討するのは、この両者が密接な関係をもつものとして『秦簡』に現われてくるからである。これらは何を指し、前述の「室」「室人」とどういう関係があるか、を考えるのが本節である。

まずこれらの字・語のみられる箇所を提示したい。

⒂（前節で提示。本節で再提示）

可（何）謂室人、可（何）謂同居。同居、独戸母之謂殹（也）。●室人者、一室、尽当坐罪人之謂殹（也）。（法律答問二〇一）

(24)盗及者（諸）它罪、同居所当坐。可（何）謂同居。●戸為同居、坐隷、隷不坐戸謂殹（也）。（法律答問二二）

(25)人戸・馬牛一以上為大誤、誤自重殹（也）、減罪一等。（効律六〇）

(26)可（何）如為大誤。人戸・馬牛及者（諸）貨材（財）直（値）過六百六十銭為大誤、其它為小。（法律答問二〇九）

(27)匿敖童、及占瘩（癃）不審、典・老贖耐。●百姓不当老、至老時不用請、敢為酢（詐）偽者、貲二甲；典・老弗告、貲各一甲；伍人、戸一盾、皆署（遷）之。●傅律（秦律雑抄三二）

(28)可（何）謂匿戸及敖童弗傅。匿戸弗繇（徭）・使、弗令出戸賦之謂殹（也）。（法律答問一六五）

(29)自今以来、叚（仮）門逆呂（旅）、贅壻後父、勿令為戸、勿鼠（予）田宇（魏戸律一八五・一九五）

(30)吏坐官以負賞（償）、未而死、及有罪以収、抉出其分。其已分而死、及恒作官府以負責（債）、牧将公畜生而殺・亡之、未賞（償）及居之未備而死、皆出之、毋責妻・同居。（金布律八三～八五）

(31)●戍律曰：同居毋并行、県嗇夫・尉及士吏行戍不以律、貲二甲。（秦律雑抄三九）

(32)自殺者必先有故、問其同居、以合（答）其故（封診式七二）

(33)甲誣乙通一銭黥城旦罪、問甲同居・典・老当論不当。不当。（法律答問一八三）

(34)律曰与盗同法、有（又）曰与同罪、此二物其同居・典・伍当坐之。云与同罪[27]、云反其罪者、弗当坐。●人奴妾盗其主之父母、為盗主、且不為。同居者為盗主、不同居不為盗主。（法律答問二〇～二一）

(35)士五（伍）甲毋（無）子、其弟子以為後、与同居、而擅殺之、当棄市。（法律答問七一）

(36)可（何）謂家罪。父子同居、殺傷父臣妾・畜産及盗之、父已死、或告、勿聴、是胃（謂）家罪。（法律答問一〇八）

まず、(15)と(24)に「何をか同居と謂う」という問の答として、「同居」の定義がのべられている。高敏氏はこの両定義が相矛盾するものと考え、『秦簡』にみえる諸規定が同時期に同一人によって書かれたものではないという証拠の一つとされている。[28] たしかに、江村治樹氏もいわれるごとく、[29]『秦簡』に書かれた規定はかなり長い時期にわたって成立したと考えてよいと思うが、一方では、出土した『秦簡』は墓主の喜がその職務の遂行上必要な箇所を写したものであることも共通した認識であろう。[30] とすれば、各規定間に矛盾があることは職務遂行に支障をもたらす可能性が十分あるわけである。我々が『秦簡』の諸規定を検討する時、たとえそれらの成立時期に相違があったとしても、まずそれらの内容を整合的に理解するよう最大限努めてみるべきであると私は考えるので、そういう態度で「同居」の両定義を考えたい。

⒂においては、「室人」とともにならんで「同居」の定義がなされている。ということは、「室人」と「同居」は秦律中においては異なった概念で用いられていると考えるべきである。その相違をはっきりさせるためにこの問答がある、といえる書き方だからである。また㉔には定義として「戸を同居と為す」とあることに注目したい。そして⒂・㉔の定義を合わせると、「戸」＝「同居」≠「室人」、という式が成立つ。そこで、「同居」について詳しく検討する前に、「戸」の検討からはじめたい。

⒂および㉔～㉙が「戸」字のみえる簡であるが、㉕～㉙は「同居」とは関係ない文である。㉕・㉖には「人戸」の語がみえる。いずれも役人の職務上の過失のうちの「大誤」と称されるものについての文であり、㉖はその定義である。㉕は「人戸、牛馬の一以上算え誤ると〈大誤〉と判定するが、自分でその誤りを発見した場合は[31]罪一等を減ぜよ」、㉖は「〈大誤〉とは何か。人戸、馬牛および値六百六十銭を越える財貨を数え誤ったのを大誤といい、その他の（数え誤りを）小（誤）という。」の意味と思われるが、「人戸を誤る」とは戸数の計算間違いか、戸内の構成人員についての誤りかは明確でない。しかし、ただ「戸」とせず、その上に「人」字を付したからには、単なる戸数統計の誤りではなく、「戸」を構成する「人」についての誤りをも含めていっていると推測され、新釈の訳もそう解している。

そうであるならば、これは戸籍作成に携わる役人の過失に関する罪をのべたものと思われ、一戸の人数を一人誤っても大罪となるほど厳しいものであった、ということがわかるのである。そして、「戸」の数のみでなく、その構成員を正確に把握することが国家にとってきわめて重大事だったことがわかるのである。

つぎに、相互に関連ある内容を含む(27)と(28)を合わせて検討しよう。まず(27)は「傅律」の一部であり、(28)にも「傅す」という動詞がみえるが、「傅」とは新釈の注（九頁）にいうように「傅籍」のことで、漢代においては男子が成年になると名籍に登録することを意味するが、ここでの内容は後に検討する。[32]両簡にみえる「敖童」については諸説ある。古賀登氏は傅籍すべき背丈に達しながら遊んでいるわらべ、と解される。[33]私は「敖童」が年齢によって決められるならば、その年齢は、戸籍によって判明するのだから、改めて傅す必要はないと考える。成人と子供を身長によって区別する例は『秦簡』の規定にもみられることから、[34]古賀説が当を得ていると思われる。そして、身長が一定基準に達した男子を傅すには典・老（里典・里老）が責任を負っていたことが(27)から判るが、このことは県の戸籍担当の役人ではなく、同一地域に永く住む人にしてはじめてできることだからこそ、その地域の責任ある長老格の者が責任を負うのではないだろうか。

(27)の大意はつぎのごとくであろう。「敖童を傅籍せず、障害者の申告が不十分な場合は里典・里老は贖耐の罪となる。百姓が免老になっていない場合と、免老になって申告しない場合で、ともに詐偽する場合は貲二甲の罪となる。そのことを里典・里老が報告しなかった場合はおのおの貲一甲の罪となる。同伍の人（すなわち商鞅変法の什伍の制の五人組に属する人）はこの場合戸ごとに一盾の罪となり、いずれも居住地が遷される」。ここで「戸」に関して注目すべきことは、免老についてのごまかしで連坐する伍人はその罰金を「戸」単位に課せられることである。国家は人民の処罰の単位としても「戸」を重視していることがわかるのである。

つぎに(28)の大意は「〈匿戸〉および〈敖童傅さず〉とは何か。匿戸とは徭役・使役をのがれしめ、戸賦も出さなくさせることである。[35]」となろう。この文の答は、「匿戸」によって生じる具体的な国家的損失をのべており、「匿戸」そのものが何を意味することかをのべていない。そこでこの文からはつぎのような問題を解明せねばならない。①問の文には「匿戸」と「弗傅敖童」の二つをあげているのに、何故答は「匿戸」しかとりあげていないのか。②「匿戸」とは何のことか。③「戸賦」とは何か[36]。

まず①については、三つのことが想定できる。一つめはこの文のあとに「弗傅敖童」についての答があるが、竹簡上で判読できない場合である。旧釈の第二分冊のこの簡の写真をみると、文は簡の中程で終っているので、この可能性はあり得るが、私の肉眼で写真を見た限りでは、簡の下半部分に文字があったとは判断できない。二つめは、筆写者の墓主喜が、以下の文を写さなかった場合である。写し落としか、写す必要がなかったかであるが、問の文中には「弗傅敖童」が明記され、また筆写された全体が短い文でもあるので、この可能性は少ないとみてよいだろう。三つめは、私が最もあり得ると思うことで「匿戸」と「弗傅敖童」が実質上同内容のことであるため、答が「匿戸」だけを問題にすれば足りるということである。このことを②③の問題と合わせて考えよう。男子が成年に足る背丈になった時に傅籍するということは、戸籍上の操作としては、戸籍を分けて独立させて傅《つ》ける、ということではないかと想定する。したがって、敖童を傅籍しないということは、本来新しくできるはずの「戸」を作らず、独立すべき男子をもとの戸籍につけたままにしておくことで、これが「匿戸」ではないだろうか。戸を一つ匿《かく》しておくことなのである。私は本篇第二章において、商鞅変法におけるいわゆる「分異の法」とは、一室に正丁一人になるよう居住させたことであると判断したが、戸籍の上でも商鞅以来正丁が一戸に一人となるよう構成され続けてきたのではないかと考えるからである。そのことは答の文の内容からも十分想定できるが、まず「戸賦」から考えたい。「賦」については、本篇第二章でも既に考察したように、兵役に出ない正丁が払うべき一種の人頭税と考えられる。これを「戸」を単位に徴収するのが「戸賦」と思われる。(37)その場合、「戸」に複数の正丁があると、戸毎に異なった額の賦が徴収されることになり、きわめて煩瑣な実務が必要となってくるであろうし、賦徴収の過不足も当然起こりやすいであろう。一戸に一正丁の基準があるならば、賦そのものがまさに「戸賦」となり、戸籍さえしっかりしていれば、その徴収は確実となろう。(25)・(26)にもみられるごとく、戸籍作成が国家によって重視されるのはそのためであろうと考えるのである。そして、同じく正丁に頭割りに課せられる労役と思われる「徭」「役」が「戸賦」とならんで答の文に出てくるのも当然であり、かくしてこの答はきわめて明解なものになるのである。つまり、戸籍は徭役、使役、賦など、正丁に頭割りで課せられるものを正確に徴発、徴収するために作成されるのであり、当然その便に供するよう編成されるものと考えられ、「匿戸」はこの意味で国家的に重大な損失をもたらすのである。

(29)は魏の戸律であり、必ずしも秦の人民の実態と一致するとは限らないものであろうと思われる。しかし、これを墓主の喜が筆写したからには、何らかの意味で職務上参考にすべきものであったからであろう。新釈の注・訳文によると大意は「今後、商人や旅館を営む者、贅壻や後父は独立した戸として認めず、田宇（耕作地や建物）も与えない」となろう。この文の前段には「民の或るもの邑を弃《す》てて壄（野）に居し、人の孤寡に入り、人の婦女を徼《もと》むるは、邦の故にあらざるなり」とあるので、「贅壻」「後父」は壮丁のいない家に入り込んで主人に成り上がった者を指すものと思われ、国家の側からみると正常なあり方ではないと判断されるのであろう。「戸」に関して考えると、末業を営む商人・旅館業者や他の家に入り込んで主人に成り上がった者は一つの「戸」として正式に戸籍を作らない、ということで、逆に一「戸」として戸籍に登録されることは、人民に負担がかかると同時に、身分として認められることを意味したのであろう。「戸」というものの社会的意味を考えるうえでこの魏国の規定が墓主喜にとって必要なものであったのではないだろうか。(38)

以上、数少ない「戸」について検討してきたが、そこから結論として考えられることは、「戸」は正丁一人を基準として編成され、徭役・使役・戸賦の徴収のために国家側からきわめて重視された単位であり、それが故に戸籍作成が厳密であった、ということである。おそらく一「戸」の中には正丁がまずあり、妻帯者の場合には妻・娘・未成年男子および免老となった祖父母がいたであろう（25）において、老に至ったことをごまかした場合の罰則規定をみたが、これは「戸」内の正丁が老となった時は役所の方で戸籍編成を変える必要があったからではないか）。そして男子が成人すると、たとえ一人でも新たな戸籍に独立させるのである。しかし、戸籍に登録されるということは同時に国家の民として認められ、身分的に保障されたことをも意味するのである。

つぎに「同居」を検討しよう。この語がみえるのは⒂・㉔および㉚〜㊱であるが、このうち㉟・㊱と、㉞に二箇所あるうちの後者は「同居する」という意味の動詞として使われており、他は「同居する者」という特殊な人をあらわす名詞である。前述の⒂にある「戸」＝「同居」という規定は当然名詞の方をいっている。しかし、まず「同居する」という動詞があって、そののちに「同居する者」という名詞が派生し、その名詞が一つの法律上の概念をあらわす語となったと判断される。したがって動詞の方から検討することにする。「同居する」とは「居を同じくする」という意味であり、「居」とは居住する所、すなわち家屋を意味すると思われるから、「同居する」とは「同じ〈室〉に住む」という意味であると考えてよかろう。㉟は「士伍の甲に子がなかったので、その弟の子を後《あと》つぎとし、同居していたが、それを擅殺してしまった場合は棄市の罪とすべきである」の意であろう。つまり養子をもらって自分の「室」に住まわせ、後つぎとしていた場合についてのべている。㊱は「何を〈家罪〉というか。父と子が同居し、（子が）父の臣妾や家畜を殺傷したり盗んだ時、父が死んだあとで或る者が告発しても受理されない。これが〈家罪〉である」の意となろう。ここで父と同居している子は、殺人を犯すことが想定されているのだから当然成人している者と考えられる。したがって父とは「戸」も別となっていると判断される。また、同居していても父独自の財産があったことがわかり、「戸」が別ならば財産も法的には別になっていたと思われる。にもかかわらず、父の死後は父の財産を盗んだ罪のとがめを受けないのであるから、そのまま子の財産になってしまうということを意味する。おそらく、父の財産は死後、同居の子に相続されるという規定が他にあるが故に、このような処置を法律答問で規定しているのであろう。

(34)の後半部分は「人は奴妾がその主人（すなわち「人」）の父母より盗んだ時、主人から盗んだとみなされるかどうか。主人と父母とが同居していれば見做され、同居していなければ見做されない」と解される。[39]ここでも奴妾の主人は当然成人であり、父母と財産を別にしていることがこの問答の前提となっている。ここで注目すべきは、父母と子が同居している時、子の財産たる奴妾が親の財産を盗んだ時、主人たる子の方から盗んだ場合と同等に見做されるという規定である。この規定の背後には、名目は親の所有物であっても実際生活の上ではあたかも共有物であるかのごとく使用していた、という実態が推測されるのである。同じことは奴妾についてもいえるのであって、親子で奴妾を使用していたのではないだろうか。親子が同居していても、所有している者のみが日常において使用しているのであれば、このような規定が生まれるはずはなく、むしろ法律上の「所有権」と実際生活における使用の慣習との間に乖離があるからこそ、このような問答の必要が生じたのではないかと思われるのである。

以上、動詞として用いられている「同居」の語の検討から、同居しているのは実子と養子の相違はあるが、いずれの場合も親子であることが判明した。また、(34)と(36)の場合は子が成人し、親と法律上は財産を別にしている場合であることもわかった（(35)では養子が成人していたかどうかは残念ながら不明である）。では「同居する者」という意の、名詞として用いられている「同居」はどうであろうか。動詞の場合の例から考えて、同じ「室」に同居する者で、親子が同居する場合に関係があることが十分想定される。ここで(24)の「戸」＝「同居」という定義と合わせて考えるならば、子が成人して独自の「戸」に移った後も、なお親と「同居する者」を指すのではないかと思われるのである。そして、こう考えてはじめて「室人」と「同居」との相違もはっきりしてくる。一つの「室」に居住する者はすべて「室人」であるのに対して、その中で成人となった男子を特に「同居」とよぶのである。だから、子の中には成人すると同居せずに居を別にした者も当然あったはずで、そのことは前にみた(34)からうかがわれるのである。

では、名詞の「同居」を論理のうえでこう想定した時、同語の出てくる諸規定の内容を矛盾なく解釈できるであろうか、順次検討してみたい。(15)は難解な定義があるので最後にまわし、(24)からみよう。ここにある「同居所」とは「居所を同じくする者」のことと思われ、新釈の注にいうごとく「同居」と等しいであろう。全体の意味は「盗や他の（類似の）犯罪の場合、〈同居〉が連坐する。〈同居〉とは何か。〈戸〉が〈同居〉であり、〈隷〉の犯罪に〈同居〉＝〈戸〉は連坐するが、〈戸〉の犯罪に〈隷〉は連坐しない」となろう。ここで私が依拠した「戸」＝「同居」の定義を文に即して解釈すると「（同居者の中で）独自に〈戸〉を構成している者が〈同居〉である」という意味と思われる。したがって、新釈の訳のように、「戸」を同じくする者が「同居」である、とは解さない。当該箇所を訓読すると、「戸なる（もの）を同居と為す」となるであろう。新釈の訳のように解釈するのならば、「戸」字の上に「同」字があって、「戸を同じくする（もの）」とならなくてはならないであろう。しかし、これだけでは、必ずしも成人した男子の戸には限定されない定義となる。たとえば親の兄弟が「室」を共にしていたり、贅壻の場合も「同居」とよぶことになろう。ここでは「同居」の一面の性格のみをのべているのであって、完全な定義とはなり得ていないことを注意したい（後にみる⒂の定義の方はほぼ完全なものといえる。後述）。この他に、この問答からはつぎの二点が確認されよう。①盗罪の場合、「同居」は連坐する、②この条にいう「隷」はこの家の主人、すなわち「同居」の父と想定される者の所有と考えられるので、「同居」はその家の「隷」の犯罪に連坐するが、その逆のことはない。この②からはさらにつぎのことが考えられる。ⓐ「同居」は「隷」の直接の主人ではないが、㊱にみられる関係と同様に、「隷」をあたかも自分の物と同様に日常使用していたが故に、「隷」の犯罪には責任を負って連坐するのが当然である。ⓑしかし、「同居」の犯罪に関しては、「隷」は法律上の主人ではないから連坐しない。ⓒ法律上の主人の犯罪に「隷」が連坐するかどうかは判明せず、また「隷」が主人の「戸」の構成員であるかどうかも、ここからは判断できない。

㉚は難解であり、特に中程の「抉出其分」「其已分而死」の部分の意味は新釈の注・訳を参照しても私には正確に意味を把握できず、今後の課題として残さざるを得ない。しかし全体としては、官吏が職務上の弁償義務がありながら弁償が終らずに死んだ場合の処置に関する規定であることに間違いあるまい。そして最後の部分は「いずれの場合も免除し、(40)（死んだ官吏の）妻や〈同居〉には弁償をさせない」の意であろう。ここの「同居」には、その意味に関して前述した私の仮説がまさに当てはまり、他には考えられない。主なきあとの弁償責任者としては同じ「戸」の人がまず考えられるが、そこには正丁はいないので妻がまず示され、つぎに「戸」を異にしても、同「室」に住む実子が当然責任者と想定されるので「妻・同居」と併記されているのであろう。(41)もし「同居」の語を、先にみた㉔に対する新釈の訳のように「〈戸〉を同じくする者」と解したり、一般的に「一緒に住む者」と解するならば、妻も「同居」のうちに入ってしまい、このような併記表現をする必要はなく、「同居」の一語だけで足りるはずである。

㉛は戍律、つまり辺境のまもりに関する規定である。したがってここにみえる「行」とは正丁が戍卒として国境に出かけることを意味すると思われる。冒頭の文章中の「并行」の部分が、誰と誰が一緒に行くのかについて様々に解

釈できるので、一番問題となる「同居毋并行」という短い句の意味も人によって多種の訳が生まれる余地がある。しかし、前述の私の仮説をあてはめて「〈同居〉はその父と同時に戍卒とはならない」と解して決して矛盾することはないと思われる。つまり、この文の前に「或行」等の語句を補って考え、「同居」はそれとともには行かない、という意味ではないかと考えるのである。まず正丁たる父が行くことを前提とし、父よりは新しく正丁となった「同居」はそれとともに行くことはない、といっているのであろう。そして、前述したように兵役への徴発は戸籍に基づいて決めると思われるから、「同居」とその父とは「戸」を異にするが故に、同時に戍卒として出征を決められる可能性があり、それを改めてチェックするためにこの規定はあると思われるのである。全体の意味は「戍律には、〈同居〉はその父と同時に戍卒とはならない、（もしそれを誤ったなら）県嗇夫・尉及び士吏は行戍について律にしたがわなかったとして貲二甲の罪となる、という」となろう。(42)

では何故同「室」の親子が同時に戍卒となるのを認めないのか。戍卒は遠地に行くため、一般の兵卒以上に長期にわたって現住地を離れることとなる。必ず帰還するという保障もない。もし同「室」の二人以上の正丁が出征したら、一挙に労働力の減少を長期にもたらし、その「室」の生活が破壊されることになるためではないかと思われる。(34)でもみたように、「戸」を異にしていても「室」内での実生活上の結びつきは強く、おのおのの財産も実質上は共同使用していたと思われ、おそらく農業労働も共同であったと考えられるからである。国家は「戸」を単位に人民を掌握しても現実の生活は「戸」だけで自立していない矛盾があり、従来の規定を機械的に実行するならば、強兵を求めることによって富国を失う結果をもたらすことになるが故に、このような法規定が新たに加えられたものであると私は判断したい。(43)

(32)は「封診式」の中の「経死」と題される長文の末尾の部分であり、その冒頭の部分は第二節に引いた(11)にあたる。

全体の内容は首吊り自殺した士伍の丙なる者の検屍に関するもので、その前半は令史某の爰書である。後半部分に関しては新釈の注では検屍に関する原則をのべている、としているのに対し、古賀登氏は爰書の内容の当否を実際に調べた結果をのべているとしている。[44] 前者であるなら(32)は「自殺者には必ず理由があるから、その〈同居〉にたずねて答えさせよ」の意となり、後者だと「自殺者には必ず理由があるので、その〈同居〉にたずねてその理由を答えてもらった。[45]」となろう。前者だと「同居」とは死者と居を共にしていた人一般を指すと解するのが自然であろうが、後者だと特定の人を指すことになり、私の前述の仮説をあてはめて十分理解できる。(11)には検死に丙の妻と娘が立ち合っていることが記されているが、これは丙と「戸」を同じくする者だからで、それらとは別に「同居」がいて、それに自殺の理由をたずねた、と解せるのである。「封診式」の爰書を引用した文の形式から考えて、爰書のあとに一般原則をのべたものは見当らず、むしろ爰書の内容を再調査した結果があとに付してあるものがみられることから、[46] 今のところ古賀氏の理解の仕方に従えるのではないかと思っている。

(33)と(34)はともに「同居」の連坐に関する問答である。(33)は「甲が、乙は一銭のわいろを送ったが、これは黥城旦の罪にあたる、と誣告した。甲の〈同居〉・里典・里老は連坐するであろうか。連坐しない」、(34)の前半部分は「律に〈盗と法を同じくす〉または〈ともに罪を同じくす〉という場合には、その〈同居〉・里典・伍を同じくする者は連坐すべきである。律に〈ともに罪を同じくす〉といいながら〈その罪を反す〉という場合には連坐しない」の意と思われる。ここで、連坐するかどうかが問題になっている者のうち、「同居」以外の「里典」「里老」「伍を同じくする者」はいずれも犯罪者と「戸」を別にする者である。したがって、「戸」を同じくする者は常に連坐の対象となることを前提にしたうえで、ここではそれ以外の者に関して個別に問題にしていると思われる。そう考えるなら、この「同居」を私の仮説通り同「室」の成人した男子という考えが成り立つであろう。

最後に(15)であるが、ここの「独戸母」については諸説ある。古賀登氏は「戸をひとつにし、母をひとつにする」ことであると解し、「一つ戸ぐちの家（部屋）に同居している同母兄弟（姉妹）」の意味であるとし、[47] 新釈の注は「一〈戸〉中の母を同じくする人」と解するから兄弟姉妹を指すものとみ、佐竹論文では「独戸貫」に等しいとし、「戸」を同じくするものと解している。古賀氏、新釈の注はほぼ一致する理解であるが、ともに「独」を「ひとつにする」の意としている。しかし、この字は「単独」「他からはなれてひとりである」の意をあらわし、「一」と同じではないと思われる。また佐竹氏が「母」を「貫」と考えるのは注目すべきものと思うが、具体的例が他にない限りやや唐突な感を否めない。私は「独戸母」を「〈戸〉を母より独にす」と読み、親から戸籍を独立させた者、すなわち成人して正丁となった者、と解したい。「室」を親とともにしているということは「同居」の字そのものが示しているのであるから、「同居、独戸母謂也」とは「〈同居〉とは、（字の通り「居」は同じであっても）〈戸〉を母より独立させた者をいう」と解せるのではないだろうか。そして、この定義は先にみた(24)に比べると、ほぼ完全にその本質をのべたものといえ、「室人」との区別を明確にさせるための必要からそうしたものと思われるのである。なお、親から「戸」を独立させることをいうのに何故「父」といわずに「母」の方をいったかも問題である。父と「戸」を別にする方に国家の目的はあったと思われるのであるが、実体としては成人に至らない子供は、主に母の方によって養育され、子供は母と一体と見做されていたのではないかと思われる。「倉律」に、公に従事する隷臣妾の月給についての記事があり（五〇～五一、第七章参照）、その中に「嬰児の母毋（無）《な》き者は各おの半石、母有ると雖も其の母と公に冗居する者は、亦た之に稟すること、禾は月に半石」とみえ、その一端がうかがわれよう。子供は母から離れることによって成人するという通念があったためにこのように表記されたのではないかと推測したい。

以上、「同居」という名詞の解釈の、論理上の私の推測に関して、具体的事例について当たってみた限り、それを否定するような事例は見当らず、むしろ積極的に肯定する(30)のような事例もあることがわかった。「同居」について「成人になっても親と〈室〉をともにする男子」という解釈をとりたい。

第二・三節で検討してきた「室」「室人」「戸」「同居」の内容は、商鞅の法のいわゆる「分異の法」との関係でどう理解すべきであるのか、当時の社会的背景を考えながらつぎにまとめたい。

四、むすびにかえて

私が第三章でも指摘したように、商鞅変法の段階における秦では、一「室」には正丁が一人しか居ないように「分異」し、もって徴兵や「賦」をのがれる者のないようにした。この段階では「室人」がまさに「戸」の構成員であり、戸籍も「室人」を規準に編成されたと思われる。しかし、これは小家族形成政策ではなく、この「室」は決して人民の生計の単位とはなり得ておらず、「室」を越えた血縁的集合体が存在したと私は考えている。これは古賀氏のいわれる「三族制グループ」というものに近いとも思われるが、私はこれを一種の家父長的世帯共同体であると考えている。『漢書』および『新書』にみえるかの「賈誼上奏」も、第三章でのべたようにこのような「室」を越えた生活・労働の結合を示すものであろう。

『秦簡』に記された諸規定の多くが発せられたのは、おそらく前三世紀中で商鞅変法後一〇〇年ほど経ていると考えるのが一般的であろう。この時代になっても、「戸賦」の語に象徴されるように、「戸」が一正丁を単位に国家で把握され、戸籍が作られていることに変わりはない。また商鞅時代に重要な意味をもっていた「室人」の語も法の中に現われてきて、その具体的定義もみられる。しかし、今や「室人」と「戸」とは一致しない。それは、現実の生活・

労働単位へ居住単位もまた近づいてきたことを意味する。家父長制の段階にまで達しているからには、当然「後」、すなわちあとつぎが重視され、少なくとも長子は親と同居するという形態に復しつつあり、場合によっては次子・三子までも生活単位であるが故に同居するという現象が再現しつつあったのではないだろうか。そして国家の側でも戸籍が次第に完全に作られるようになると、このような現象が進展してもさして支障はなかったのではないか。「分異の法」はあくまでも商鞅時代のさしせまる強兵策として意味があったのであり、戸籍の全国的完成に至るまでの時期の過渡的政策ではなかったかと考えるのである。

しかし、法は商鞅時代のものだけではすでに間に合わない。現実に即した追加の規定が必要となってくる。「同居する」という動詞から派生した「同居」という法律用語が連坐・賠償の責任・戍卒の徴発等の規定に出現するのはそのためであろう。「同居」の語の定義が必要であったのもそのためであろう。

もちろん、鉄製農具の広がりや牛耕の採用による生産力の急上昇は家父長的世帯共同体を細分化するという方向を促したこともまた当然としなくてはならないだろうから、「分異」がそのまま固定化した場合もあったであろう。親子が同居しない場合や、⑽にみられるように立派な家屋に臣妾まで有しながら小「家族」である場合もみられる。漢代までの時期、この傾向もまた強まっていったであろう。秦律を必要とした時代は居住形態の変化の様々なベクトルが存在していた時代であると思われる。漢代もかなり後に至ってはじめて「戸」と居住形態が本来的に一致する安定した支配を可能にする時代になった、と私は考えている。それは農業経営単位の均一化であるとともに、統一国家による「賦」の徴収や兵役への徴発の体制の安定化をも意味するであろう。

しかし、法と現実社会との関係をみる時、急速な富国強兵策をとった商鞅の法と、その後必要とした法との関係をこのようにとらえてはじめて合理的に理解できるのではないか。

『秦簡』にみえる「家」をどう解すればよいか、「伍」とはどのような組織と機能を持ち、居住形態とどうかかわっていたか、などこれと関連して追及すべき問題は多いが、今後の課題としたい。

注

(1) たとえば「嗇夫」の職掌については、その典型である。
(2) 『漢長安城と阡陌・県郷亭里制度』（雄山閣、一九八〇年）。
(3) 「秦国の家族と商鞅の分異令」（『史林』六三巻一号、一九八〇年。以後これを「佐竹論文」と略称）。
(4) 「商鞅〈分異の法〉と秦朝権力」（『歴史学研究』四九四号、一九八一年、のち『商君書研究』〈渓水社、一九九二年〉に収録、以後これを「好並論文」と略称）。
(5) 好並論文は私に対する批判が中心となっているが、そのほとんどに私は承服しない。氏との考え方の相違は『法制史研究』三二号（一九八二年）で概略をのべたが、今後も詳しい反論を続けたい。本章では『秦簡』のいくつかの条文の解釈についてのみふれた。
(6) 本節および次節では、まず史料とする簡牘文の釈文を列挙し、それぞれの私の解釈はのちの論述のなかで順次示していくという形式をとった。
(7) （　）内の字は、新釈による読み替えの文字を示す。以後同じ。
(8) この句読点は新釈にはないが、文意を考え、旧釈に依って入れた。
(9) この句読点は旧釈では「門」字の下に打ってあるが、新釈の注の解釈に依って、新釈の釈文に従った。
(10) この□は新釈にはないが、写真を確認し、一字解読不可能な文字があると判断し、旧釈の訳文に従って入れた。
(11) この句点は旧釈にはないが、文意を考え、新釈に従って入れた。
(12) 〔　〕内の字は、新釈による補充の文字を示す。以後同じ。

(13)　好並論文では、ここの「室」を「部屋」と解されているが、死体の存在場所についての報告書で、その死体がどの家屋にあったかについてはのべずにいきなりその家屋の部屋を記すのはやや不自然であり、(1)〜(6)と同様に家屋を指すと解した方が妥当と判断した。また「南首」について、新釈では「南方」と解し、「某室の南の方」と解して句読点を打っている。しかし、注釈には旧釈の注と同じく「頭を南に向けて」との解釈も併記してある。私はつぎにみえる「正偃」、すなわち「仰向けになる」の意の語と並列して記してあると解したので、後者をとった。

(14)　この「居」については張銘新「関于《秦律》中的〝居〟——《睡虎地秦墓竹簡》注釈質疑」（『考古』一九八一年第一期）参照。本条冒頭の部分の原文は「有罪以貲贖及有責（債）于公、以其令日問之、其弗能入及賞（償）、以令日居之、日居八錢。」

(15)　好並論文では、この「室」を「よりひろいいみで、〈家屋〉をさす」といわれるが、その根拠が私にはわからない。

(16)　(16)にも「家室」の語が出てくるので、同語については後に再検討する。

(17)　古賀前掲書の二九七〜二九九頁および四五五頁。

(18)　古賀前掲書三一三頁に、この部分の丁寧な訳があるので、詳しい検討は省略する。

(19)　古賀前掲書二九八頁。

(20)　この部分の解釈に関する佐竹論文の内容に対しての私の見解は第三章に記したが、本章ではさらにそれを訂正した。次節に詳述する。

(21)　この条の後半部分の理解は新釈の訳と古賀登氏（前掲書三一一頁注67）とでは異なっている。前者は「訊問によって、本来死体を引取って始末すべき妻・子があり、ただ報告せずして埋葬したことがわかれば、（その妻子が）貲一甲に当る」の意にとり、古賀氏は「問う、死者に妻子が有れば、収監に当るか（当らないか）、報告せずして埋葬すれば、貲一甲に当る」と訳している。前者の場合だと、この文においては室人＝妻子となり、室人の中の一般的な場合として妻子を具体的に挙げてのべたことになり、後者だと届出の義務は室人一般にあり、それを怠ると妻また子が没官されるかどうかが問われているのであって、もちろん妻子は室人の中には入るだろうが規定の上では区別してのべていることになる。「法律答問」の一般的文型から判断すると古賀氏の解釈の方が正しいと思われるが、(13)の句読点は一応新釈に従っておいた。

(22) 特に「法律答問」にみえる「家人」「家罪」の検討が不可欠となろうと思われる。

(23) 古賀氏前掲書二九八頁および四五五頁。

(24) 「中国の律令制と農民支配」（歴史学研究別冊特集『世界史認識における民族と国家』〈青木書店、一九七八年〉所収、のち『律令制と東アジア――私の中国史学（二）』〈汲古書院、一九九四年〉に収録）。

(25) 今、その例を『左伝』に求めると、昭公三年につぎのような記事がある。

叔向曰、然。雖吾公室、今亦季世也。戎馬不駕、卿無軍行、公乗無人、卒列無長。庶民罷敝、而宮室滋侈。道殣相望、而女富溢尤。民聞公命、如逃寇讎。欒・郤・胥・原・狐・続・慶・伯降在皁隷、政在家門、民無所依。君日不悛、以楽慆憂。公室之卑、其何日之有。讒鼎之銘曰、昧旦丕顕、後世猶怠。況日不悛、其能久乎。晏子曰、子将若何。叔向曰、晋之公族尽矣。肸聞之、公室将卑。其宗族枝葉先落、則公室従之。肸之宗十一族。唯羊舌氏在而已。肸又無子。公室無度。幸而得死、豈其獲祀。

ここには「公室」の語が五箇所にみえる。二・三・四番目にあるこの語の使われ方から察すると、「公族によって支配された政権」という意味であることがかなり明確である。しかし、一・五番目では、その政策がいかに駄目になっているかをのべた所にこの語が使われており、より抽象化された「時の政権」ぐらいの意味であろう。

(26) 藤堂『漢字語源辞典』（学燈社）の七四七頁および加藤『漢字の起原』（角川書店、一九七〇年）の四八六頁。

(27) 旧釈では、ここの「与同罪」の上に「不」字が入るべきであるとするが、新釈ではその必要なく文意が通るとして訳している。今、新釈の方に従って原文のままとする。

(28) 高敏「商鞅《秦律》与雲夢出土《秦律》的区別和連系」（同氏『雲夢秦律初探』〈河南人民出版社〉所収）。

(29) 江村治樹「雲夢睡虎地出土秦律の性格をめぐって」（『東洋史研究』四〇巻一号、一九八一年、のち『春秋戦国秦漢時代出土文字資料の研究』〈汲古書院、二〇〇〇年〉に収録）。

(30) この点については前掲江村論文の他、大庭脩「雲夢出土竹書秦律の概観」（同氏『秦漢法制史の研究』〈創文社、一九八二年〉の第二篇第一章）、古賀登「雲夢睡虎地某喜墓の秦律等法律文書副葬事情をめぐって」（『史観』一〇〇号、一九七九年）、

永田英正「中国における雲夢秦簡研究の現状」(『木簡研究』二、一九八〇年)、池田雄一「湖北雲夢睡虎地秦墓管見」(『中央大学文学部紀要』史学科二六号、一九八一年)等参照。

(31) 「誤自重也」の「重」について、旧釈の注は「重複」の意かまたは「踵」の意か、と二説並記するが、新釈の注は「踵」をとって、「自らふむ」「自分で調べて誤りをみつける」の意としている。一応後者に従った。

(32) ちなみに、墓主の喜は「編年記」に「今元年、喜傅」とあって十七歳で傅されている。

(33) 古賀氏前掲書三九〜四〇頁。なお、黄盛璋「雲夢秦簡《編年記》地理与歴史問題」(同氏『歴史地理与考古論叢』〈斉魯書社、一九八二年〉所収)によると、敖=大、高の意であるとし、敖男とは壮男であるとしているが、「大」「高」とは背丈とは考えず、年齢であると考えられている。漢代以降の制度にひきつけられすぎているように思われる。

(34) たとえば「倉律」五一〜五二、「法律答問」一五八。なお、渡辺信一郎「呂氏春秋上農篇蠡測―秦漢時代の社会編成」(『京都府立大学学術報告』第三三号、一九八一年、のち『中国古代国家の思想構造』〈校倉書房、一九九四年〉に収録)ではこのことを「生理的基準による社会編成」とよんでいる。

(35) 堀敏一氏前掲論文および佐竹氏論文では冒頭の部分を「戸及び敖童を匿して傅せず」と読まれているが、前述の「傅」および「敖童」の理解に基づくならば、新釈の訳文に従ってこのように解するべきであると思われ、(27)の「匿敖童」と(28)の「弗傅敖童」は同内容であろうと思われる。

(36) この他に、答の文に出てくる「徭」と「使」の相違についても問題である。本章の論旨と直接関係ないので、一応新釈の訳文に従ったが、秦における労働力編成の問題として今後の課題となろう。

(37) 堀敏一氏前掲論文参照。

(38) 好並論文はこの規定に関して、商鞅の「分異の法」以後、秦では贅婿が大量に生じ、この問題に対処する実務上の必要からこの魏律を参考にした、とされる。これは好並氏の「分異の法」の理解に基づく解釈で、私とは考え方を異にするのであるが、それにしてもやや穿ちすぎた解釈ではないだろうか。この規定では「贅婿」「後父」の他に「仮門」「逆旅」という、国家にとって好ましくない者をまとめて問題にしており、それらを身分のうえで一般人民と区別することがこの律文の目的だと思われ、そういう規定全体が秦にとっても意味があったのであろう。「分異の法」の結果おこった社会現象とは直接関係はないと私は思っている。

また古賀氏前掲書四七九〜八〇頁には、この規定の「田宇を予《あた》うる勿れ」をとりあげて商鞅以来の国家授田政策と結びつけ、先進中原地帯の魏では「仮門」「逆旅」「贅壻」「後父」に対するこのような規定があったが秦にはなかったため借用した、とされる。「勿令為戸」と「勿予田宇」が並んで出てくることから、戸籍に基づく授田政策に関する規定と考えられたのであろう。商鞅の土地政策に関して氏とは考えを異にしているので、この史料のみで議論してもはじまらないのであるが、(28)の「匿戸」に関する「法律答問」でも、農地や租についてはまったくふれられていないことから考えても、私は戸籍と農地の分割とは直接関係ないと考えている。(29)の「予《あた》うる」の主体がここでは国家であると考えて授田である、としてよいかどうかは再考の要があろうと思う。「勿予田宇」は「一般の人民と同様にあつかって農業生活を営むようにはさせない」という、身分区別のための一般的規定ではないだろうか。

(39)　新釈の訳は「盗其主之父母」を「その主人の父母のものを盗む」と訳しておきながら、そのあとの「盗主」を「主人のものを盗む」とはしないで「盗主」、すなわち「盗みの主体」と訳しているが、これは好並論文の佐竹論文への批判でいわれる通り誤りであろう。しかしそのあとの好並氏の、この規定についての議論はいただけない。私はここにいう主人と父母とは、後述するごとく戸籍は別だと考えており、好並氏は同居している場合は同じだと考えられるので、そもそも前提が異なるのであるが、たとえ氏の考えに基づくにしても、ここでいう「主」とは奴妾の主人をいうのであって、それが同時に戸主であるかどうかはわからないのではないか。父の方が戸主かもしれないではないか。何故なら、父母の方も盗まれるような財産をもち、子の方も奴妾という財産をもち、法的には別財となっているからである。したがって、ここから家長権に関する議論はできないと私は考えている。

(40)　「出」を「免除する」と訳したのは新釈の注によるが、この字が同様の意味で用いられている場合は「法律答問」(一五九)にもある。

(41)　なおここの「同居」の説明として、新釈の注には『漢書』恵帝紀にみえる同語の師古注を引用しているが、このような後代の解釈は参考にはなるが、それをもって『秦簡』にみえる語を判断することは私は避けたい。

(42) 新釈では「戍律曰」以下の文には句点を打っておらず、一貫した一文ととらえているので、それに従うなら訳では（ ）に入れた部分を補わない限り、文の前後の意味が分裂してしまう。「同居毋并行」の五字だけが戍律の文で、以下はその補助的説明をつけたもの、と解せなくもない。そうするとこの簡は「法律答問」に分類すべきものなのかも知れない。今後さらに検討してみたい。

(43) このことは(8)における一「室」に二人以上「居貲贖債」することを認めない規定と共通する。なお第三章で賈誼上奏文を検討した時にものべたように、私は「室」をも越えた生活・労働上の共同が、血縁結合を紐帯として存在していると考えているが、ここではまず「室」内の共同性を問題としたのである。

なお「同居毋并行」について、私の仮説によっても今一つの解釈が可能である。一「室」に「同居」が複数いる場合、すなわち複数の成人男子が親と「室」を共にしている場合に、それらが共に戍卒とはならない、と解することもできる。この解釈でも、若い労働力が一挙に出征して不在になることを防ぐための規定であって、その目的は同じとみることができる。

(44) 古賀氏前掲書三二二～三二三頁。

(45) 古賀氏は「合」字を「答」字に読みかえておらず、私とは異なった訳し方をされているが、私は氏の著書の後に出た新釈の読み替えに従った。

(46) たとえば告臣四〇～四一、賊死六一～六二等。

(47) 古賀氏前掲書二九七頁。

〈追補〉

関連論文は「傅籍」に関してのものに集中している。傅籍が年齢、身長のいずれに基づいてなされるか、について両説並存しており、呉樹平「雲夢秦簡所反映的秦代社会階級状況」（『雲夢秦簡研究』〈中華書局、一九八一年〉）、黄今言「秦代租賦徭役制度初探」（『秦漢史論叢』第一輯、陝西人民出版社、一九八一年）等は年齢説だが、渡辺信一郎「呂氏春秋上農篇蠡測」（注（34）参照）や高恒「秦律中的徭・戍問題」（『考古』一九八〇年第六期、のち『秦漢法制論考』〈厦門大学出版社、一九九四年〉に収録）は私と同じ身長説である。呉論文はさらに、戸籍制度と傅籍制度はよく混同されるが本来別のものであり、前者は民が生誕または死亡した際に著けたり削除して国家による人口把握や人頭税徴収に利用されるが、後者は成年男子のみが著けられる制度で、徭役徴発のためにあるとする。しかし、羅開玉「秦国傅籍制度考弁」（『中国歴史文献研究集刊』三、一九八三年）は、傅籍の基準は立戸＝為戸であり、男子が結婚して両親の家を出て一戸を構えてはじめて徭・戍・賦の負担や里・伍の連坐の責任を受けるようになる、とする。私は、結婚しなくても成人すれば戸が独立すると考えているが、他は羅氏と同見解で、傅籍とは「戸籍に独立させて傅《つ》ける」ことと考えている。『漢書』高帝紀の師古注の「傅、著也。言著名籍、給公家徭役也」は漢代に入ってからのことで、『秦簡』の時代には戸籍だけで処理された、と推定している。羅論文は他にも「戸」＝「同居」で、成年男子と両親・子供を含むが、妻は含まず、「室人」は妻も含むより拡大された概念である、とする説をのべており、前述の私の見解と異なるが、詳しい検討は省略する。

松崎つね子「睡虎地秦簡よりみた秦の家族と国家」（中国古代史研究会編『中国古代史研究・第五』雄山閣、一九八二年）は、本章とほぼテーマを同じくするのみならず、私が今回省いた『秦簡』にみえる「家」概念も十分検討された雄篇である。氏は「同居」「室人」「家人」の語を検討し、「同居」は動詞的表現、「家人」は名詞的表現であるが、ともに奴婢をも含む「家族」の意を表わすのに対し、「室人」はそこから奴婢を除いた、血族としての家族を表わす、と結論される。また、「公室告」「非公室告」の語について検討し、「非公室告」について、これは「家罪」のように父＝主人を通してのみ官に告せる犯罪をいう、とされる。そして、このことは、国家の制定した法は、父を通して家族内、親族内に入ってくることを示しており、決して「家罪」が刑法の対象外であることを意味しない、として、佐竹氏・好並氏とともに第三章の内容を批判されている。

後者については、父が子を殺して重罰が科される例が『秦簡』にあるので（本章引用の㉟）、本書本篇第三章の初出論文（一九八〇年、「あとがき」参照）への氏の批判は正当性をもっており、私は再検討の必要があろう。しかし、「非公室告」の意味については、私自身が「家罪」の内容の十分な検討をおこなったのちでなくては、氏の結論の当否を判断できない。前者については、本章の私の結論と異なるのは自明であるが、「室」の意味の理解の相違が根本にあると思われる。むしろ松崎氏からの批判を俟ってからの方が議論が十分展開するのではないか。

羅・松崎両論文に対する私見を明確にするためにも、「家人」「家財」等、『秦簡』にみえる「家」の概念の検討が不可欠であり、私は重い課題を負っているといわなくてはならない。

（以上は、本章の初出原稿脱稿後二年目の時点で書かれた「追補」の文のうち、現時点で意味があるものをとり出して、若干手を加え、本書本章の「追補」としたものである。）

第七章　『雲夢秦簡』日書にみえる「室」・「戸」・「同居」について

一、はじめに

本章は、第六章の補足にあたるものである。

『雲夢秦簡』の釈文や注釈が中国の出版社から出版されても、しばらくの間は「日書」の部分は省略されていて公表されなかった。そのため私たちはその内容を知る機会がなかったが、一九八一年になって発掘報告書である『雲夢睡虎地秦墓』（文物出版社）が発行され、出土全竹簡の写真とその釈文が掲載されてはじめて「日書」の全容を知り得た。

本章の初載は本書末に示したように『東洋文化研究所紀要』第九九冊（一九八六年）であるが、これはこの釈文に基づいた。しかし、秦代当時の社会生活習慣を知り得ない現代の私たちにとっては、この占験文を理解することは大変困難であった。幸いにして東大東洋文化研究所の池田温教授（当時）のもとでこれを講読する会がもたれていたので、私も参加させていただき、そこでの諸氏の報告や議論を通して少しずつ理解することができるようになったのであった。初載論文執筆にあたっては、この講読会での飯尾秀幸・大櫛敦弘・工藤元男三氏の報告中の丁寧な解釈や参考資料を最大限利用させていただいた。

その後、『睡虎地秦墓竹簡』（文物出版社、一九九〇年）においては、標点と注が付された釈文が同書整理小組によって発表され、また呉小強『秦簡日書集釈』（岳麓書社、二〇〇〇年）のような丁寧な解釈書も出されたので、本書に前稿を第六章の附論として収録するにあたっては新たに手を加えるとともに、全引用分の書き下し文を付加し、簡番号（引用釈文の下の（　）内の数字等）も『雲夢睡虎地秦墓』に記されたものから『睡虎地秦墓竹簡』のものに変えた。また、劉楽賢『睡虎地秦簡日書研究』（文津出版社、一九九三年）には両簡番号の対照表が付されているので参照した。

現在では「日書」をさまざまな角度から研究した成果も多く出されているが、この章は標題に示した三語が「日書」中にどう使われているかということだけを検討したものであって、決して「日書」の研究ではないので、これらの専門論文は参照されていない。

「日書」の文章は秦律や秦律関係文書の文のような厳密性を要する文ではないので、用語法もかなりルーズな面があり得るであろう。したがって、この三語も本論で論じたように厳密な規定が必ずしもできるとは限らない。この附論は秦代当時の一般的用語法をさぐり、それによって本論での私の法律用語の分析に基づく主張点を補強することが目論見である。

なお、簡番号の上に「乙」字があるものは乙種、ないものは甲種であり、簡番号の下の「正」・「背」字は、それぞれ簡の正・裏面上の文であることを示し、その下の「壱」「弐」「参」「肆」の文字は、一簡の文字が何段かに分かち書きされている場合の、その文の上から数えた位置を示している。

二、「室」の用法――あわせて「宇」・「内」・「宅」・「宮」・「屋」について――

「日書」がきわめて具体的な日常生活にかかわる事柄についての占いの文書であるため、家屋やその内部に関する語が多くみられ、「室」の字も多数現われる。これらを意味や用法によって私なりに分類し、それと関係ある諸字・諸語をあわせて検討したい。

イ、「室」字が単独で使われ、熟語を構成していない場合の例

(1)、直参以出女、室必尽。（二背・弐）
　参に直して以って女を出さば、室必ず尽く。

(2)、困居宇東南匽（陋）、不盈、不利室。（一五背・肆）
　困宇の東南の陋に居りて、盈たざれば、室に利あらず。

(3)、甲子死、室氏（疧）、男子死、不出卒歳、必有大女子死。（九六背・壱）
　甲子に死すれば、室疧《や》み（のちに説明）、男子死して、卒歳を出ずして、必ず大女子の死する有り。

(4)、竈毋（無）故不可以孰（熟）食、陽鬼取其気。燔豕矢室中、則止矣。（五四背・壱〜五五背・壱）
　竈故毋《な》くして以って食を熟す可からざるは、陽鬼其の気を取ればなり。豕矢を室中に燔けば、則ち止む。

(5)、人毋（無）故室皆傷、是粲迓之鬼処之。取白茅及黄土、而西（洒）之、周其室、則去矣。（五七背・弐〜五八背・弐）
　人故毋くして室皆な傷つくは、是れ粲迓の鬼之に処ればなり。白茅及び黄土を取りて之に洒《ま》き、其の室に周《あまね》

くすれば、則ち去る。

(6)、春三月、毋起東郷(嚮)室、夏三月、毋起南郷(嚮)室、秋三月、毋起西郷(嚮)室、冬三月、毋起北郷(嚮)室。有以者大凶、必有死者。(九六正・弐~九九正・弐、なお一四〇背~一四一背にもほぼ同じ文あり。)

春の三月《みつき》、東嚮の室を起《た》つる毋れ、夏の三月、南嚮の室を起つる毋れ、秋の三月、西嚮の室を起つる毋れ、冬の三月、北嚮の室を起つる毋れ。以ってする者有らば大凶にして、必ず死者有らん。

(7)、窖羅之日、……而遇(寓)人、人必奪其室。(乙一七)

窖羅の日、……而《も》し人を寓すれば、人必ず其の室を奪う。

(8)、□□□□亥不可伐室中尌(樹)木。(乙一二七)

……亥に室中の樹木を伐る可からず。

(9)、入月旬七日毀垣、其室日減。▨(乙一九五・弐)

月の旬七日に入りて垣を毀たば、其の室日ごとに減ず。

(10)、庚辛死者、不去其室、有死(屍)正北有火起。(乙二二〇・壱、なお、句読点、文字の読み替えは『睡虎地秦墓竹簡』と異にし、私独自のものとした。)

庚辛に死する者、其の室を去らざれば、屍有るの正北に火の起る有り。

(11)、丙亡、為間者不寡夫乃寡婦、其室在西方、疵而在耳、乃折歯。(乙二五五)

丙に亡《に》ぐれば、間を為す者寡夫ならざれば乃ち寡婦にして、其の室西方に在り、疵して耳に在り、乃《な》お歯を折れり。

(12)、丁亡、盗女子也、室在東方、疵在尾□□□、其食者五口、▨(乙二五六)

丁に亡ぐれば、女子より盗むなり、室は東方に在り、疵は尾……に在りて、其の食《やしな》う者は五口、……

⒀、己亡、盗三人、其子已死矣、其間在室。（乙二五八）

己に亡ぐれば、三人より盗み、其の子已に死せり、其の間は室に在り。

⒁、庚亡、盗丈夫、其室在西方、其北壁臣、其人櫝黒。（乙二五九、なお「櫝」字は『雲夢睡虎地秦墓』の釈文による。『睡虎地秦墓竹簡』は「擯」字に読む。）

庚に亡ぐれば、丈夫より盗み、其の室は西方に在り、其の北壁は臣にして其の人の櫝は黒なり。（「臣」の意味は不明）

⒂、一室中臥者眯也、不可以居、是□鬼居之、……（二四背・参）

一室中に臥する者眯なるや、以って居する可からず、是れ……鬼之に居すればなり、……

⒃、一室中有鼓音、不見其鼓、是鬼鼓、以人鼓応之、則已矣。（三四背・参）

一室中に鼓音有るも、其の鼓見られざるは、是れ鬼の鼓にして、人の鼓を以って之に応ずれば、則ち已む。

⒄、一室中、臥者容席以臽（陥）、是地辟（蠥）居之、注白湯、以黄土窒、不害矣。（三一背・参）

一室中、臥する者席と容《とも》に陥するは、是れ地蠥之に居ればなり、白湯を注ぎ、黄土を以って窒《ふさ》げば、害われず。

⒅、一室人皆毋（無）気以息、不能童（動）作、是状神在其室、……（三六背・弐～三七背・弐）

一室の人皆な気以《と》息無く、動作する能わざるは、是れ状神の室に在るなり、……

⒆、人毋（無）故一室人皆疫、或死或病、丈夫女子隋（堕）須（鬚）羸髪黄目、……（四三背・壱～四四背・壱）

人に故無くして一室の人皆な疫あり、或いは死し或いは病あり、丈夫・女子の鬚を堕《お》とし髪を羸《お》とし目を黄にするは、……

⒇、一室人皆夙（縮）筋、是会虫居其室西臂（壁）、取西南隅、去地五尺、以鉄椎椯（段）之、必中虫首、屈（掘）而去之。弗去、不出三年、一室皆夙（縮）筋。（三九背・弐～四一背・弐）

一室の人皆な縮筋するは、是れ会《たま》たま虫の其の室の西壁に居ればなり、西南隅を取りて、地を去ること五尺、鉄椎を以って之を段ずれば、必ず虫の首に中り、掘りて之を去れ。去る弗ければ、三年を出ずして、一室皆な縮筋す。

㉑、人毋（無）故一室人皆箠（垂）延（涎）、爰母処其室、大如杵、赤白、其居所水則乾、旱則淳、屈（掘）其室中三尺、燔豕矢焉、則止矣。（五〇背・参～五一背・参）

人に故無くして一室の人皆な垂涎するは、爰母其の室に処ればなり、大なること杵の如く、赤白なり、其の居所水ならば則ち乾し、旱ならば則ち淳《そそ》ぎ、其の室中を掘ること三尺、豕矢を焉《ここ》に燔けば、則ち止む。

㉒、一室人皆養（癢）體（體）、癘鬼居之、燔生桐其室中、則已矣。（五二背・参）

一室の人皆な癢體（＝体）なるは、癘鬼の之に居ればなり、生桐を其の室中に燔けば、則ち已む。

㉓、一室井血而星（腥）臭、地虫斲（鬭）于下、血上屚（漏）、以沙墊之、更為井、……（五三背・参）

一室の井血ぬられて腥臭あるは、地虫の下に鬭《さわ》ぎ、血の上に漏るればなり、沙を以って之を墊《おさ》え、更めて井を為り、……

㉔、正月・五月・九月、北徙大吉、東北少吉、若以是月殹（也）東徙、毄、東南刺離、南精、西南室毀、西困、西北辱、……（五九正・壱）

正月・五月・九月、北徙すれば大吉、東北は少吉、若し是の月を以ってや東徙すれば、毄たれ、東南は刺離せられ、南は精にして、西南は室毀たれ、西は困しみ、西北は辱しめらる。……

本章の結論と同じく、この一連の「室」字は(1)・(2)・(3)・(8)・(23)が一考を要する以外は、家屋＝建物を意味するとみて誤りはないであろう。(1)・(2)は建物だけでなく、その居住者をも含めた概念であるとも考えられ、また(8)は建物よりも敷地内の庭などの土地を主に指すと思われ、より広い意味で使われている場合である可能性が高い。(3)は難解な文であるが、「氏」字を「疷」字に読み替え、「病」字の意、すなわち「やむ」と解するのが妥当のようである。そうすると、ここにある「室」は建物よりむしろそこに住む人間に重点がある意味となる。つまりここの「室」は(18)～(22)の「一室人皆」と同様の意味で使われていると考えるべきであろう。しかしこれらのいずれの場合でも、原義である「建物」の意味から発展したものと考えられよう。(23)は「室」と「井」の関係について、様々な解釈が可能である。(a)「井」が建物の中にあるか、または建物に付設されている場合。冒頭の部分は「ある家屋に設置されている井戸」の意となり、「室」＝建物の意となる、(b)「室」を建物より以上に、その建物に居住する人々に重点をおいた表現ととらえ、「ある一家の常用の井戸」と解する、(c)「室」を建物だけでなく、その敷地をも含めた概念とし、その敷地内にある井戸を問題としている、などのことが考えられる。いずれにしても、ここでいう井戸は生活用水を得るためのものであり、農業用水のためのものではないことは明らかであるから、生活施設としての「室」であるととらえるのがよく、したがって(a)または(c)が妥当ではないかと思う。しかし、当時においてはたして一家屋に一つの井戸があったかどうか、ここでとりあげられているのはどのくらいの生活程度の者のことか、も関係してくるのであり、結論は簡単ではないであろう[1]。しかし、いずれの解釈にせよ、この場合の「室」字も家屋の意味をもとにしてそこから発展して他の意味をもつようになったものと判断できよう。

他の史料について若干の付加説明をおこないたい。(4)・(15)・(16)・(17)・(22)は「室中」という表現がなされているもので、上に「一」字が付加されると「ある家屋の中」という意味となろう。よく似た表現は⒅〜㉒にみえる「一室人皆……」という表現であり、「ある家屋の住人のすべてが……」の意味に解せられる。本論で検討した「室人」の語はこの「一室人皆……」を熟語化したものと考えられ、この熟語を「同一家屋の居住人」と解した本論の見解はこれによって補強されたと考えられる。なお、「日書」中にも「室人」の語はみられる。

㉕、一宅中毋（無）故而室人皆疫、或死或病、是是棘鬼在焉、……（三七背・壱〜三八背・壱）

一宅中に故無くして室人皆な疫し、或いは死し或いは病むは、是れ是に棘鬼在ればなり、……

㉖、一宅之中毋（無）故室人皆疫、多瞢（夢）米（寐）死、是是匀鬼貍（埋）焉、……（四〇背・壱〜四一背・壱）

一宅の中故無くして室人皆な疫し、多く夢みて寐死するは、是れ是に匀鬼の埋まれればなり、……

このうち、㉕の冒頭部分は⒆の冒頭部分と酷似しており、⒆では「室人」が「一室人」になっているが、「一宅中」の句はない。このことからも「室人」という熟語の形成過程が理解されよう。「宅」は住宅の意と思われ、「室」と同義と判断される。㉕・㉖とともに「室人」の語もみえるため、「一室（之）中」と表現せず、「宅」字を代わりに使ったのであろう。これらと関係あると思われるのが⑸である。「人毋（無）故室皆……」という表現は⒆・㉑の「人毋（無）故一室人皆……」と酷似しており、⑸の「室」は「一室人」または「室人」の略か、脱字があるものと思われる。⑸の後半に再びみえる「室」は明らかに家屋を意味すると思われるので、前半の「室」を、人を意味すると解すれば、同一文中に同一語が異なった意味で使われていることになり、不自然だからでもある。

⑵にみえる「宇」に関して。「封診式」の「封守」の文中に「一宇二内、各有戸、内室皆瓦蓋、……」（一宇二内、各おの戸有り、内室は皆な瓦にて蓋し、……八〜九）とあり、この「宇」を整理小組の注では「堂」と解し、本論においてもこれに従った。⑵の文は「囷」という一種の倉庫が敷地内のどこに位置するかをのべていて、家屋内の堂を基準

にした方角、すなわち東南であることを示していると解釈できよう。「宇」を家屋全体と解すると、囷の位置の指示の仕方があまりにも漠然としていることになると思われるからである。ところが、(2)の文は夢占いに関する一連の文（一四背～二三背、一簡が六段に分かれて記される）の中の一つであり、これらの文中には「宇」が二九個みえる。それらの中には、例えば、「宇四旁高、中央下、富。」（宇の四旁高く、中央下《さ》がるれば、富む。一七背・壱）、「宇南方高・北方下、利賈市。」（宇の南方高く、北方下がるれば、賈市に利あり。二〇背・壱）のように、明らかに家屋全体を意味するものもある。また、「法律答問」の「巷相直為院、宇相直者不為院。」（巷の相い直するを院と為し、宇の相い直する者を院と為さず。一八六）や「魏戸律」の「勿令為戸、勿鼠（予）田宇。」（戸を為《つく》ら令むる勿れ、田宇を予う勿れ。一九五）等の「宇」のように、「日書」以外でも家屋全体を表わす例がある。「宇」は「室」のような法規定の重要な内容とかかわる用語ではないので、文章によって意味を異にする場合もあるのではないか。

ロ、人室

(27)、大袜（魅）恒入人室、不可止、以桃更（梗）毄（撃）之、則止矣。（二七背・参）
大魅恒に人室に入りて、止む可からざれば、桃梗を以って之を撃てば、則ち止む。

(28)、有衆虫襲入人室、是野火偽為虫、以人火応之、則已矣。（三五背・参）
衆虫襲いて人室に入る有るは、是れ野火の虫に偽為すればなり、人火を以って之に応ずれば、則ち已む。

(29)、犬恒夜入人室、執丈夫、戯女子、不可得也、是神狗偽為鬼。（四七背・壱～四八背・壱）
犬恒に、夜、人室に入り、丈夫を執え、女子に戯れて、得る可からざるや、是れ神狗の鬼に偽為すればなり。

(30)、鳥獣恒鳴人之室、燔⿱舂虫（⿰髟春）及六畜毛邋（鬣）其止所、則止矣。（四七背・参）
鳥獣恒に人の室に鳴けば、⿰髟春及び六畜の毛鬣を其の止まれる所に燔けば、則ち止む。

(31)、寒風入人室、独也、它人莫為、洒以沙、則已矣。（五八背・壱）

寒風の人室に入るに、独《た》だなりて、它の人には為す莫ければ、洒《そそ》ぐに沙を以ってすれば、則ち已む。

(32)、鳥・獣・虫・豸甚衆、独入一人室、以若（箬）便（鞭）毄（撃）之、則止矣。（四九背・参）

鳥・獣・虫・豸甚だ衆く、独《た》だ一なる人室にのみ入らば、箬鞭を以って之を撃たば、則ち止む。

(33)、凡鬼恒執匴以入人室、曰気（餼）我食云、是是餓鬼。以屨投之、則止矣。（六二背・弐～六三背・弐）

凡そ鬼恒に匴を執りて以って人室に入り、我に食を餼《あた》えよ云ぬんと曰うは、是れ是の餓鬼なり。屨を以って之に投ずれば、則ち止む。

ここにみえる「室」もすべて家屋を意味するが、「人」字が付いているのは、その家屋に人間以外の動物や鬼または寒風などが入り込んでくる場合だからであろう。「法律答問」にも「小畜生入人室」（小畜生人室に入り、九二）とあるのと同例であり、「人様の家屋に入ってくる」の意であろう。人間以外のもののすまいを「室」であらわす例はないが[2]、

(34)、人恒亡赤子、是水亡傷（殤）取之、乃為灰室而牢之、縣（懸）以葸、則得矣。……（六五背・弐～六六背・弐）

人恒に赤子を亡くすは、是れ水亡殤の之を取ればなり、乃ち灰室を為りて之を牢し、懸くるに葸を以ってすれば、則ち得らる。

という例があり、「灰室」とは「灰を詰めたもの」であり、あるものを入れる「入れもの」が「室」であらわされると思われ、「人室」も人間を入れる入れものであろう。

ハ、「室」の建築に関する熟語

(35)、春三月、啻（帝）為室申、剽卯、殺辰、四廃庚辛。夏三月、啻（帝）為室寅、……。秋三月、啻（帝）為室巳、

……。冬三月、啻（帝）為室辰、……。（九六正・壱～九九正・壱）

春の三月《みつき》、帝の為室は申、剽は卯、殺は辰、四廃は庚辛。夏の三月、帝の為室は寅、……。秋の三月、帝の為室は巳、……。冬の三月、帝の為室は辰、……。

(36)、凡為室日、不可以筑（築）室。筑（築）大内、大人死。筑（築）右坏、長子婦死。筑（築）左坏、中子婦死。筑（築）外垣、孫子死。筑（築）北垣、牛・羊死。……●四廃日、不可以為室・覆屋。（一〇〇正～一〇一正・壱）

凡そ為室の日、以って室を築く可からず。大内を築かば、大人死す。右坏を築かば、長子の婦死す。左坏を築かば、中子の婦死す。外垣を築かば、孫子死す。北垣を築かば、牛・羊死す。……●四廃の日、以って室を為り・覆屋す可からず。

(37)、室忌・春三月庚辛、夏三月壬癸、秋三月甲乙、冬三月丙丁、勿以筑（築）室。以之、大主死、不死、痒（癃）弗居。凡入月五日、月不尽五日、以筑（築）室、不居、為羊牢・馬廐、亦弗居、以用垣宇・閉貨貝。（一〇二正・壱～一〇三正・壱）。なお乙一一〇には前半とほぼ同文がある。

室忌・春の三月《みつき》の庚申、夏の三月の壬癸、秋の三月の甲乙、冬の三月の丙丁、以って室を築く勿れ。之を以ってすれば、大主死し、死せざれば、癃にして、居せず。凡そ月に入りて五日、月の五日を尽きずして、以って室を築かば、居せず、羊牢・馬廐を為らば、亦た居せず、以って垣宇を用うれば、貨貝を閉ず。

(38)、土忌……五月丑、六月戌、……十二月辰、毋可有為、筑（築）室、壊、尌（樹）木、死。……（一〇四正・壱～一〇五正・壱）

土忌……五月丑、六月戌、……十二月辰、為有《い》る可からず、室を築けば、壊れ、木を樹《う》えれば、死す。……

(39)、冬三月之日、勿以筑（築）室及波（陂）地（池）、是胃（謂）発蟄。（一四二背）

冬の三月《みつき》の日、以って室及び陂池を築く勿れ、是れ発蟄と謂う。

⑽、正月：営室、利祠。不可為室及入之。以取妻、不寧。生子、為吏。（乙八〇・壱）

正月：営室、祠に利あり。室を為り及び之に入る可からず。以って妻を取らば、寧《や》すからず。子を生めば、吏と為る。

⑾、九月……可以為室。……（乙九九・壱）

九月……以って室を為る可し。……

⑿、正月・七月朔日、……以筑（築）室、室不居（乙一一七）

正月・七月の朔の日、……以って室を築けば、室は居せず。

⒀、稷辰……免、復事、毄（繫）、亟出、雖雨・斉（霽）、不可復（覆）室・蓋屋。……（二六正・壱～三三正）

稷辰……免ぜらるるも、事に復し、繫がるるも亟出す、雨・霽と雖も、室に覆し・屋に蓋す可からず、……

⒁、……□□□□□□不可復（覆）室。……（乙五三）

……室を覆す可からず。……

⒂、八月：角、利祠及□、吉。不可蓋室。……（乙九六・壱）

八月：角、祠及び□に利ありて、吉なり。室を蓋す可からず。

「室」字の上に「筑（築）」「為」「復」「蓋」の諸字が付いた熟語であり、家屋の建築の日を占う文中にみられる。「築室」と「為室」は同義で、家屋を建築することを意味すると思われるが、そうすると㊱の冒頭部分の「およそ為室の日には室を築いてはならない」と訳せる部分が問題となる。この「為室日」とは家屋建築に関しての日をあらわす熟語であり、家を建てるのにはよくない日、すなわち「為室」にとってマイナスの日をあらわす卜占の専門用語として使われているのではないかと察せられる。このことは(36)の引用文のあとに「殺日、勿以殺六畜（殺日、六畜を殺すを以ってする勿れ）」という文があることからもいえることではないか。「復」は修復することとも考えられるが、「復」または「復穴」の語に通ずるもので、地下家屋を作ることではないか。乙一一一簡に「復内」の語がみえる。この「内」とは(36)や「封診式」の「穴盗」の文にみえる「大内」「房内」、あるいは本論に前出の「封守」にあった「一宇二内」と同義で部屋を表わすと考えられる。したがって「復内」とは地下室を作ることであろう。「蓋」とは「封守」の「内室皆瓦蓋」、「内史雑律」の「廥及倉茅蓋者（廥及び倉の茅にて蓋せる者、一九五）」にみえるものと同じく「屋根をふく」の意と解せられる。なお、「蓋屋」の語が(43)の他にも「日書」には散見されるが、「室」と「屋」の異同についてはのちにのべる。

以下は若干の補足説明である。(36)には為室日に室を築いた場合の具体的な危害が列挙されており、「大内」「右圷」「左圷」「外垣」「北垣」を築いた場合が例示されている。大内は「室」内の部屋であり、左右の「圷」とは何を意味するか不明である。二種の「垣」があげられているが、「垣」も「室」の一部またはその延長とみなされているようであり、「室」の概念の拡大化の一例であろう。

(37)の「室忌」とは室に関する忌むべき事項をまとめてのべた文の標題である。この中に「羊牢」「馬廐」を築くことが出てくるが、人間の住まないこれらの建物も広義の「室」に含まれるものと思われる。(40)の「営室」はすなわち室宿のことであって星の名であり、建物とは関係ない。これとかかわって、八五背・壱〜九六背・壱の一二簡上にみえる「二室」「三室」「四室」「五室」「六室」「悪室」の熟語や単独でみえる「室」はすべて室宿にかかわるものであろうと考えた。しかしこれらの文意はいま一つとらえられておらず、また星の名になぜ「室」字が用いられているのかもわからない。今後の課題としたい。

二、「室」に対する人間の動作に関する熟語

(46)、収日、可以入人民・馬牛・禾粟、入室取妻及它物。（二三正・弐）
収の日、以って人民・馬牛・禾粟を入れ、入室して妻及び它物を取る可し。

(47)、久行毋以庚午入室。（九五背・弐、一二七背、乙四三弐）
久しく行して庚午を以って入室する毋れ。

(48)、天李（理）正月居子、二月居子、三月居午、……十一月居午、十二月居辰。●凡此日不可入官及入室、入室必威（滅）、入官必有罪。（一四五背～一四六背）
天理の正月子に居し、二月子に居し、三月午に居し、……十一月午に居し、十二月辰に居す。●凡そ此の日入官及び入室す可からず、入室すれば必ず滅び、入官すれば必ず罪有り。

(49)、墨（晦）日、利壊垣。徹屋。出寄者、毋歌。朔日、利入室、毋哭。望、利為囷倉。（一五五背）
晦の日、垣を壊し、屋を徹し、寄者を出すに利あり、歌う毋れ。朔の日、入室に利あり、哭する毋れ。望は、囷倉を為るに利あり。

(50)、作陰之日、利以入室、必入資貨。家（嫁）子・攻毄（撃）吉・勝。（乙一八・壱、なお『睡虎地秦墓竹簡』は最初にみえる「入」字を「納」字に読み替えるが、筆者の判断で原簡のままとした。）
作陰の日、利あるに室に入るるを以ってし、必ず資貨を入れよ。子を嫁し、攻撃するは、吉にして勝つ。

(51)、長行、毋以戌・亥遠去室。（一二七背、乙四三・弐の後半）
長行するに、戌・亥を以って遠く室を去る毋れ。

(52)、央光日、利以登高。飲食。邋（猟）四方野外。居有室、行有得。……（一二正・弐、なお『睡虎地秦墓竹簡』の

釈文は「室」字を「食」字に読むが、ここでは『雲夢睡虎地秦墓』の釈文を、一応採用してここに入れた。）

(53)、陰、是胃（謂）乍陰乍陽、先辱而後又（有）慶。利居室・入貨及生（牲）。可取婦・家（嫁）女・葬貍（埋）。……

夬光の日、利あるに登高、飲食、四方の野外を猟するを以ってす。居すれば室を有《たも》ち、行すれば得る有り。……

（四二正、なお、よく似た文として乙六〇～乙六一に「陰、先辱後慶。利居室、入貨・人民・畜生。可取婦▢葬貍（埋）・祠。……」の文あり。）

陰は、是れ乍《たちま》ち陰にして乍ち陽なりて、先に辱められて後に慶《よろこ》び有るを謂う。居室・入貨及び牲《いけにえ》にするに利あり。嫁を取り・女を嫁し、葬埋す可し。

(54)、毋以辛酉入寄者、入寄者必代居其室。……（五七正・参）

辛酉を以って寄者を入るる毋れ。寄者を入るれば、必ず代りて其の室に居す。……

(55)、入客戊辰・己巳・辛酉・辛卯・己未・庚午、虚四徹、不可入客・寓人及臣妾、必代居室。（五九正・参～六〇正・参）

客を入れるは戊辰・己巳・辛酉・辛卯・己未・庚午にして、虚に四徹すれば、客・寓人及び臣妾を入るる可からず、必ず代りて室に居す。

(56)、子・卯・午・酉不可入寄者及臣妾、必代居室。●久行、毋以庚午入室。……（一一七背）

子・卯・午・酉に寄者及び臣妾を入るる可からず、必ず代りて室に居す。●久しく行して、庚午を以って室に入る毋れ。

(57)、正月七日、●二月十四日、……●十二月卅日、●是日在行不可以帰、在室不可以行、是是大兇（凶）。（一〇七背～一〇八背）

正月七日、●二月十四日、……●十二月卅日、●是の日行に在りては以って帰る可からず、室に在りては以って行す可からず、是れ是に大凶なり。

(58)、到室（標題）（一三四正）

(59)、行者：遠行者毋以壬戌・癸亥到室。以出、兇（凶）。（乙一四〇）

行者：遠く行せる者壬戌・癸亥を以って室に到る毋れ。以って出づれば、凶。

(60)、入官：久宦者毋以甲寅到室。（乙一四一）

入官：久しく宦なる者甲寅を以って室に到る毋れ。

(61)、……生子毋（無）弟、有弟必死。以寄人、寄人必奪主室。（二正・弐）

……生まれし子は弟無し、弟有らば必ず死す。以って人を寄すれば、寄人必ず主の室を奪う。

(62)、正月不可垣、神以治室。（一四八背）

正月垣《かき》つくる可からず、神以って室を治すればなり。

(63)、除室：庚申・丁酉・丁亥・辛卯、以除室、百虫弗居。（乙一一五）

除室：庚申・丁酉・丁亥・辛卯、以って室を除すれば、百虫居らず。

(46)～(50)は「入室」の例であるが、簡によって意味を異にする。(46)は「取妻」と並列されていることから考えて、「よめにゆく」または「むこいりする」の意であろう。(50)も下に「必ず資貨を入れよ」の句をともなっていることから考えて、(46)と同意であると判断される。これらの場合、「室」とは結婚相手の家族を指すとも考えられるが、入室という現象をより即物的に考えて「こちらの家を出て相手の家の中に入って生活する」という意味であるとすると、「室」は入るべき相手の家屋を指すことになる。これらに対し(47)は「（自分の）家に帰ってくる」の意であり、長旅から帰宅する日の吉凶を占う文であると解せられる。のちにみる(56)の「入室」も同じである。(48)は「入官」する日とともに「入室」の日を占う文であるから、「新たに（転居等で）入居する」ことを示すと判断したい。ただしその前にある「居」とは、どこに居するかが示されておらず、のちにみる「居室」とのちがいも判断できない。(49)はこの三例のいずれにもあてはまるし、他の意味かもしれず、これだけからは判断できない。のちの(56)にみえる「入室」も同じである。(51)の「去室」は「家をあける」の意であろう。(52)～(56)は「居（有）室」の例であるが、これらは(57)の「在室」とは意味を異にすると思われる。「在室」とは現代語と同じく「家に滞在する」の意と思われるが、[3] (52)が「居して室を有《たも》つ」とあり、(54)～(56)がいずれも「（寄者・臣妾・客・寓人が）必ず代わってその家を乗っ取って居座るであろう」と解せられるように、「居室」とはある家屋に居住して長期にそれを維持することを意味すると思われる。ちなみにこの「家屋乗っ取り」については、(61)の「寄人必ず主の室を奪う」や、前出(7)の「人必ず其の室を奪う」にもみえるように、この『雲夢秦簡』の文書が書かれた戦国末期社会に頻繁に現象した出来事であると思われる。[4] したがって、自ら居住する家屋を守り通すことは、当時の人々にとって重要なことであり、「居室」についての占いがあるのも頷けよう。

(58)～(60)の「到室」は文脈から考えて「帰宅する」の意と思われるが、(58)の「到室」の標題の簡に続く諸簡の文では、帰宅のみでなく出発の日や方向を占うものも含まれている。(62)は「正月は土墻を作ってはならない。（人ではなく）神がその家を治めている時だからである」とでも解せようか。とすると、「室」は人間の居住する家屋のみではなく、その周囲の土墻をも含めた建築物を指すことになろう。(63)の「除室」とは家屋の掃除のことであろう。

ホ、家屋をあらわす諸種の熟語

(64)、陰日、利以家室。祭祀・家（嫁）子・取（娶）婦・入材、大吉。……（六正・弐）

陰の日、利あるに家室を以ってす。祭祀・子を嫁すこと・婦《よめ》を娶ること・材を入るること、大吉なり。

(65)、壬戌生、好室家。……（乙二四六。同様の文に「丙申生子、好家室」〈一四二正・参〉、「壬戌生子、好家室」〈一四八正・伍〉あり。）

壬戌の生まれ、室家を好む。

(66)、房、取婦・家（嫁）女・出入貨及祠、吉。可為室屋。生子、富。（七一正・壱、なお似た文として乙九九・壱に「方（房）、取婦・家（嫁）女・出入貨、吉。可以為室。生子、寡〈この字、「富」に字形近し《「整理小組」の注》〉。祠、吉。」がある。）

房なれば、婦を取《めと》り・女を嫁し・貨を出入し及び祠るは、吉。室屋を為る可し。子を生まば、富む。

(67)盈日、可以築閒牢、可以産、可以築宮室・為嗇夫。……（一六正・弐）

盈の日、以って閒牢を築く可く、以って産む可く、以って宮室を築き・嗇夫と為る可し。

(68)、鬼入人宮室、勿（忽）見而亡、亡（無）已、以脩（滫）康（糠）、寺（待）某来也、沃之、則止矣。（五九背・弐）

鬼人の宮室に入り、忽《たちま》ち見《あら》われて亡《う》せれば、已《や》む無くして、以って糠を滫《あら》い、其の来るを待つや、之に沃《そそ》げば、則ち止む。

(64)と(65)は「室」字と「家」字の組み合わせである。「家室」については本論でも検討したが、「封診式」の「封守」の中に「封有鞫者某里士五（伍）甲家室・妻・子・臣妾・衣器・畜産。」（八）とあり、「為吏之道」の中に「五曰、安家室忘官府（五に曰く、家室を安んじて官府を忘る）」（二三・弐）とみえる。(64)と(65)および「為吏之道」の「家室」「室家」は文脈から考えて単に家屋だけでなく、現に居住する家族またはその祖先をも含めていうようであり、建物以外の意味はすべて「家」字からきているように思われる。「封守」の場合は、妻子や財産と並べて記されているので、建物だけを指すかとも思われるが、ここの部分は「甲家の室」と読み、「家」は現在及び過去の一族の居住者を広く意味するとも考えられる。「家」字の意味するものの検討の必要な所以である。

(66)の「室屋」についても、本論でみたように「魏奔命律」に「不治室屋」(二四五)とある。「日書」には「屋」一字だけであらわれる例もあるので、この字の検討からはじめよう。すでに(36)に「為室・覆屋」、(43)に「復室・蓋屋」という、「室」字を含む熟語と並んで「屋」字をみた。[5] しかし六八正・壱には「星・角、利祠及行、吉。不可蓋屋。……(星・角は、祠及び行に利ありて、吉なり。蓋屋す可からず……)」とみえて、これを(45)と比べると、「行」字が加わっている他は、「室」字が「屋」字に代わっているだけでほぼ同文であることがわかる。つまり「室」と「屋」は別のものを指す場合と同一物を意味する場合の両方があるように思われるのである。古賀登氏は「室」が五つ集まって「屋」なる一つの建物が構成されると考えられた。[6] なるほど、「室」を棟割り長屋の一戸分を指すと考えると、五戸分の「屋」は、屋根は一つにつながっているのであるから、(36)・(43)のように「為室」と「蓋(覆)屋」を併記することもあり得ると思われる。私は、当時の家屋の構造という点では、古賀氏の考え方は十分説得力をもっていると思う。しかし、「室」「屋」二字の意味については疑問が残る。(45)の「蓋室」とは一戸分の所だけ屋根をつけることになり、不自然ではないだろうか。私は「屋」は屋根を意味すると考える。こう考えると、「蓋屋」でも「蓋室」でもともに「家屋に屋根をとりつける」意味になり、結果的には同じ意味となる。(36)は「建物を建てて、その上に屋根をつける」、(43)は「地下に『室』を作り、その上に屋根をかぶせる」の意味であろう。

屋根が瓦や茅で葺かれていたことは『雲夢秦簡』に散見されるが、家屋の他の部分はほとんどが土でできていたと思われる。屋根を作ることは家屋建築技術上でも一段と高度なものであり、費用の上でも大きな部分を占めたであろう。特に屋根を葺くことについてそれはいえるだろう。「蓋屋」または「蓋室」だけが占いの文中にみえる場合があるのは、屋根の作り替え（葺き替えを含めて）だけをおこなう必要が当時しばしばあったが故であろうと思われる。「室屋」とは(66)と乙九九・壱にみえる文（(66)のカッコ内に提示）を比較してもわかるように、「室」と同じ意味の熟語と思われるが、「為室屋」「治室屋」（「魏奔命律」二四五にみえる）とあえてのべるのは、その中でも屋根作りにかなりの重点があったからではないだろうか。(7)

「宮室」は(67)・(68)に一つずつみられるが、「宮」一字だけの語や「人宮」という熟語は「人毋（無）故而鬼祠（伺）其宮、不可去。……（人に故無くして鬼其の宮を伺《うかが》い、去る可からず）」（四九背・弐）、「鬼恒羸（裸）入人宮、……（鬼恒に裸にて人宮に入るは、……）」（五〇背・弐）、「天火燔人宮、不可御（禦）、……（天火人宮を燔き、禦ぐ可からざれば、……）」（四一背・参）、「雲気襲人之宮、……（雲気人の宮を襲えば、……）」（四四背・参）等でみられる。文脈や熟語構成の文字から判断して、「宮」字は「室」字と同義の文字として使われていると考えてよいであろう。したがって「宮室」も同義字を重ねた熟語と判断して間違いないであろう。ただ、何故「室」字に代わって「宮」字が使われているのか、また『雲夢秦簡』中で何故「日書」中にだけこの字が使われているのか、という課題は残される。

へ、その他

(69)、定日、可以臧（藏）、為官府・室祠、（一八正・弐）

定の日、以って蔵し、官府を為り、室祠す可し。

(70)、祠室中日、辛丑・癸亥・乙酉・己酉、吉。……（乙三一弐〜乙三二弐）

祠室の中日、辛丑・癸亥・乙酉・己酉、吉なり。……。

(71)、祠：祠親、乙丑吉。●祠室、己卯・戊辰・戊寅、吉。祠戸、丑・午▨（乙一四八）

祠：祠親、乙丑吉なり。●祠室、己卯・戊辰・戊寅、吉なり。祠戸、丑・午▨

(72)、在未、赤肉従北方来、外鬼父茉（世）見而欲、巫為姓（眚）、室鬼欲狗（拘）。（乙一七六）
(73)、壬癸死者、有惠（憙）、南室有亡子、且晋之。（乙二二一・壱）

「室祠」「祠室」はいずれも家屋にかかわるまつりを示す語であろう。

(72)および(73)は私には何とも読解できない文であったので、『睡虎地秦墓竹簡』の釈文（読み替えの文字も含めて）のみを提示し、訓読は今のところできていない。しかし(72)の「室鬼」はその上にみえる「外鬼」と対比されて用いられていることから判断して、「家屋内にいる鬼」を意味することは間違いなかろう。(73)の「南室」は「南側にある部屋」とも「南方の建物」とも解せる語ではないかと思われるが、(73)の全体の意味が理解できないので、今のところ保留しておく他ない。

また、一一四正・壱には「直（置）室」の一語、一一五正・壱には「門」の一語がみえ、そのあとに門の位置を示す図と門に関する卜占の文が続いている。この「置室」とは、室、すなわち住居の建設を意味していると察せられる。

さらに乙七九・壱には「人大室」の三字のみがみえるが、これだけでは意味不明である。

以上、「室」字の用例を検討したが、大部分が家屋・住居の意味で使われており、一部に建物の敷地をも含めた意味、または建物に住む人をも含めた意味に使われているとも思われる例があることがわかった。全体の使われ方からみて、これら少数の例は、本義の建物を意味するものから発展して、より広義のものになったと判断してよいと思われる。

三、「戸」について

「戸」がみえる簡は、「日書」中には次の一つだけである。

(74) ●毋以子・丑傅戸。（一五四背）

●子・丑を以って戸に傅す毋れ。

これは、「反枳（支）」という標題の下に二簡にわたって書かれた文の最後の部分にあたる。

「戸」については第六章において詳しく論じたが、「傅戸」という表現は『雲夢秦簡』中ではこれが唯一である。まず「傅」の意味から考えよう。この字は「編年記」に「今元年、喜傅」とあるのをはじめ、「秦律雑抄」中に「傅律」という律名がみえ、また「法律答問」中にも「可（何）謂匿戸及敖童弗傅。（何をか匿戸及び敖童傅す弗しと謂うや。）」（第六章に既載）とある。「編年記」への整理小組の注では、『漢書』高帝紀にある師古注の「傅、著也。言著名籍、給公家徭役也（傅とは、著なり。名を籍に著けて、公家の徭役に給するを言うなり）」を引用して「傅」とは傅籍のことで、徭役等のために、成年男子になると新たに登記することであると解している。第六章で私は、成年男子になると今までの戸籍から分けて、新たに独立した戸籍に著けることを「傅」という、と判断した。この「日書」中の「傅戸」という表現によって、「傅」とは「師古注」にいうような場合のみに限らず、まさに戸籍に著ける場合にも使われる動詞であることが判明した。また「法律答問」にみえる「傅」も「匿戸」と併記されていることから推測して、戸籍に著けることにほぼ間違いないと思われる。かくして自説は一段と補強された、と意を強くしているが、(74)の場合は短文であるため、これが子供の出生の時の「傅戸」なのか、成年男子のそれなのかの区別はつかず、占いの文であるからおそらく両方の場合を含んだ戸籍への登記をいっている可能性が大である。

四、「同居」について

この語も「日書」中に一箇所あらわれるだけであるが、商鞅変法の史料にみえる「分異」の語[8]とともに出てくるので、本論での自説とのかかわりで注目したい。

⑺、……離日不可以家（嫁）女・取婦及入人民・畜生、唯利以分異。……戊午去父母・同生、異者焦寠、居瘥。丙申以就、同居必寠。……（四九正・参～五六正・参）

……離日に以って女を嫁し、婦を取り及び人民・畜生を入るる可からず、唯だ利あるに分異を以ってす。……戊午に父母・同生を去り、異する者は焦寠し、居する者は瘥《や》む。丙申に以って就けば同居必ず寠《きゅう》す。

まず、テキストクリティークから。⑺の文は四七正から六〇正の一四簡の三段目にある一連の占いの文の中程に位置する。第二段目、つまり「弐」の部分には一つのまとまった図が描かれているので、この一四簡に錯簡はあり得ない。⑺の文の前の部分の釈文は「此所胃（謂）艮山、禹之離日也。従上右方数朔之初日及枳（支）各一日、数之而復従上数。□与枳（支）刺艮山之胃（謂）離日。」となっているが、この部分を私は理解できなかった。艮山・離日とは占いにかかわる何らかの日を表わすと思われるが、どういう日かがとらえられないことと、「枳（支）」「枳（支）刺」という動詞の意味が不明なことが主な原因である。一連の文である以上、全体を理解することが必要とされるとは思うが、前の部分はそれ以後の部分と異なって占いの内容にかかわることではないようなので、あとの部分を切り離してそこだけを解釈することも可能であると考え、前の部分は検討しなかった。また⑺の文のあとの部分は「居室」・

「入室」にかかわる占いの文であり、その主要部分はすでに(54)・(55)で引用し検討したので、ここであえて合わせて検討する必要はないと思われる。

つぎに読み替え字について。私はこれまで文字の読み替えについては「整理小組」のそれに多く従ったが、(75)にみえる「就」字を「僦」字に読み替えることには従わず、そのままとして解釈した。「僦」字は「銭を出して傭う」「借りる」等の意味であり、「整理小組」は「同居」を雇われて同居している者のように考えているようであるが、私はそのようには全く考えていないからである。

つぎに難解な語句について、「整理小組」の注釈をみると、「焦窶」の「焦」は「憔」に、「窶」は「窮」に、「痒」は「癃」の字の意であるという。一応これに従って「焦窶」を「憔悴して貧窮になる」、「窶」を「貧しくなる」、「痒」を「病気になる」の意とした。また「司空律」にみえる「同牲（生）」（一五一）への「整理小組」の注釈では「同産」の意であるとし、この文中では姉妹をいうとしているが、一般的には兄弟姉妹をいうことになろう。[9] この解釈を(75)の文の「同生」にも適用すると、「去父母同生」とは「父母兄弟姉妹のもとを離れる」の意味に解釈されよう。

以上のことを前提として(75)の史料を検討する。ここでは「分異」と「同居」という現象が起こる日、または継続される日が合わせて占いの対象になっていることが特徴的である。「父母・同生を去る」とはすぐ上にある「分異」することであり、すぐ下にある「異する者」もまた「分異する者」の省略表現である。これに対して、そのすぐ下の「居」とは、最後の部分にある「同居」の動詞形に違いなく、「同居する」の意であろう。そしてこの部分の占いの意味は「丙申の日に同居している者は、……」となろう。その下の「就く」とは「（父母・兄弟姉妹の）家屋に就く」、すなわちそこに入る、入居することであると私は考えたい。「就く」とは家屋に就くのみでなく、父母・兄弟姉妹のそばに就く、という、対人関係をも表現しているとも考えてよいであろう。そしてこの「就く」人とは、一度「分異」

した者を指し、再び父母・兄弟姉妹のもとにもどって「同居」することであり、その下の「同居」がまさに「就」いた人物、すなわち再度同居する人物なのである。[10] すなわち、(75)の後半部分は、まず父母・兄弟姉妹のもとを離れて分異する日について、つぎに分異しないで同居し続ける日について、最後に分異した者が再びもとの家に入る日について、それぞれの凶日を占っているのである。

私は本篇第二章において、商鞅変法の史料（『史記』商君列伝）にみえる「分異」とは、成年男子が、それまで一緒に住んでいた親族から離れて別の家屋（室）に住むことを指すと解した。また第六章においては、「同居」とは、一般的な「同居する（者）」という意味ではなく、『雲夢秦簡』においてはより限定された意味の、一種の法律用語として使われている語であるとし、一度分異した成年男子がもと一緒に住んだ親族と再度同居すること（またはその者）、あるいは分異すべき成年男子が引き続き一緒に住むこと（またはその者）を指すとした。私のこの説の正当性が(75)の史料によって完全に証明されたわけではない。(75)と「商君列伝」の双方にみえる「分異」が同じことを指す、という明証はないので、「分異」も「同居」も成年男子のなすことであると限定できるかどうかは、まだ確定的ではない。しかし、「分異」の語は他の文献には一般的にはあまり使われていないものであるので、自説がかなり正当性のあるものになってきたのではないか、と自負している次第である。

注

（1）さらに、いわゆる「家屋」としての建物と、生活単位としての「一家」との関係も問題である。たとえば、いわゆる棟割り長屋のような家屋であるならば、それに付属して一個の井戸があるのも、当時としても不思議ではない。しかし現代日本の、いわゆる一戸建て住宅が「室」であるなら、そこに各一個の井戸があるのは相当贅沢な場合と思われる。

（2）　つぎにみる(37)には羊小屋・馬小屋が「羊牢」「馬厩」と記されており、「室」字は使われていないが、「牢」「厩」も広義の「室」の一種であることは後述する。

（3）　この「在室」は、(57)ですぐに上にある「在行」と対で用いられ、いずれも熟語となっている。

（4）　寄人・客・寓人が何を契機にして他人の家屋に入り込めるのかはわからない。しかし、前近代社会では一般に旅人、遊民などに一宿一飯を与えることが通常みられることではなかったかと思われる。熊野聡「共同体・家族・世帯・家庭および個人」（『歴史評論』四二四、一九八五年）参照。

（5）　「室」字とは並ばないで「屋」字が出てくる例は「春三月季庚辛、……此大敗日、取妻、不終・蓋屋、燔……」（一背）、「入月七日及冬未、……不可初穿門・為戸牖・伐木・壊垣・起垣・徹屋及殺、大凶・利為嗇夫。」（一四三背～一四四背）、「蓋屋・□□春庚辛、……勿以作事・復（覆）内・暴屋。以此日暴屋、屋以此日為蓋屋、屋不壊折、主人必大傷。」（乙一一一～乙一一二）等がある。

（6）　古賀登『漢長安城と阡陌・県郷亭里制度』（雄山閣、一九八〇年）の二九八頁および四五五頁参照。

（7）　一四四正・参には「戊戌生子、好田野邑屋」とあるが、この「屋」はどうみても屋根ではなく、家屋に近い意味であろう。屋根をもって家屋を代表させたのか。

（8）　『史記』商君列伝に「民有二男以上不分異者、倍其賦」とある。本書第二篇第三章参照。

（9）　「日書」中には他にも「以生子、毋（無）它同生。」（乙一〇六・壱）とみえる。

（10）　最後の部分は「就」字と「同」字の間に句読点を入れず、「丙申に以って就ける同居は必ず窶す」と読むことも可能であろう。

第八章　戦国末期秦の倉庫――『雲夢秦簡』秦律十八種・倉律の分析――

一、はじめに

『雲夢秦簡』（以後『秦簡』と略称、この中の法律文を「秦律」と略称）の「秦律十八種」の中の「倉律」は、倉の管理に関して詳しく規定した最初の法律として注目されるが、その内容を詳しくみると、単に倉の管理のみでなく、そこに収蔵されている食糧によって生活する諸種の人々に関する詳しい規定をはじめ、倉にまつわる広範囲な内容を含んでいることがわかる。この「倉律」に関して、「湖北睡虎地出土秦律の倉律をめぐって」と題し一九七八年度史学会大会において私は報告を試みた。この報告に対して古賀登氏より、氏の「秦律」理解に基づいて根本からの疑問がのべられたことは私の喜びとするところであった。しかし、私との見解の相違は、「倉律」に関する限り、原文の内容の解釈の仕方に多くかかわっており、原文を私がどう読んだかをまず提示しない限り議論にはならないであろう。本論文では、したがってまず、「倉律」全部の私訳と訳注を掲げ、然る後に私の論を展開して、この「倉律」からみた戦国末の秦の社会のとらえ方の一端を開陳したいと思う。

二、「倉律」の訳・訳注

「秦律」の釈文は、最初に『文物』一九七六年の六・七・八期に分載されたが、のち、これをやや訂正し、簡明な注（本論ではこの注を以後「原注」と略称する）を付した『睡虎地秦墓竹簡』（文物出版社）が出されたので、私の訳においては、後者を底本とし、前者も必要に応じてみることにした。訳注の先行業績として、秦簡講読会「『湖北睡虎地秦墓竹簡』訳注初稿」（『論究』文学研究科篇十一一および十一一一所収）なる中大院生の共同労作があり（以後これを「中大訳」と略称）、大いに学ぶところがあったが、原注を見る前の訳稿であり、また私とも見解の相違があって、私訳とはかなり異なっている。

私の訳および訳注の作成にあたっては、明治大学の堀敏一氏を中心に、各大学の研究者十数名が集まって週一回おこなってきた『雲夢秦簡』の講読会での議論からきわめて多くのことを学んでいる。一人でながめていても皆目意味のつかめなかった所が、議論しあいながら読み進んでいくうちに、少しずつ輪郭がつかめてきたことの喜びはこのうえもない。私が「倉律」の重要さに気がついたのも、実はこの研究会で、私がたまたま「倉律」の部分を読むことになったことに起因している。

また、私とともに「倉律」を担当した山根清志氏からは特に多くを教わり、本訳注の後半部分は、氏が作成した訳文ならびに訳注に依っているところがある。しかし、氏と見解を異にする点も多く、本訳・訳注の責任はもちろん私にある。

まず、主に底本に依って、釈文をそのまま記載した。文中のカッコ内の文字は、釈文した人の置きかえた文字であり、訳を作成するにあたり主にこれに依拠した。注では、釈文の句読点・並列点との相違をひとつひとつ指摘し、また訳文の語句やセンテンスの意味をなるべく簡単に説明した。しかし、詳しくは後に展開すべき点が多い。関連する史料・論文は、注の中に重要と思われるもののみ記載した。

なお、この「倉律」の訳・訳注発表後、二つの注訳書が文物出版社より刊行された。①『睡虎地秦墓竹簡』（一九七八年、通称「簡装本」）、②『睡虎地秦墓竹簡』（一九九〇年）がそれらである。この両書の釈文・訳・訳注はほぼ同内容であるが、①は横書きで簡番号は記されていない。底本と②の簡番号との間には若干のずれがあるので、本章では現在ひろく使われている②のものに統一した。また、本章では第三節を設け、第二節の訳・訳注を若干補正した。その際①②の釈文・訳・訳注をそれぞれ「新釈文」・「新訳」・「新訳注」と略称した。また底本を「旧釈」、原注を「旧釈注」とした。

〔史料1〕倉律二一～二七

入禾倉、萬石一積而比黎之、為戸、県嗇夫若丞及倉・郷相雑以印之。而遺倉嗇夫及離邑倉佐①・主稟者各一戸以氣（餼）、自封印、皆輒出、余之索②而更為発戸。嗇夫免、効者発、見雑封者、以隄（題）効之、而復雑封之、勿度。県唯倉自封印者是度。県出禾、非入者是出之、令度之、度之当堤（題）、令出之。其不備、出者負之。其贏者、入之。雑出禾者勿更。入禾未盈萬石而欲増積焉、其前入者是増積、可殹（也）。其它人是増積、積者必先度故積、当堤（題）、及入焉。後節（即）不備、後入者独負之。而書入禾増積者名・事③・邑里于廥籍。萬石之積及未盈萬石而被（柀）出者、毋敢増積。櫟陽二萬石一積、咸陽十萬一積、其出入④・禾増積如律令。長吏相雑以入禾倉及発、見屡之粟積、義（宣）積之、勿令敗。倉

〔訳〕

禾を倉に入るるに、万石もて一積として之を比黎し⑤、戸を為し⑥、県嗇夫若しくは丞⑦及び倉・郷⑧と相《たが》いに雑《まじ》えて以って之に印せ⑨。而して倉嗇夫⑩及び離邑⑪の倉佐⑫・稟を主《つかさど》る者⑬各《おの》おのに一戸を遺《あた》えて⑭以って餼せしめ⑮、自《みずか》ら封印し、皆な輒《もっぱ》ら出し⑯、余の之れ索ならば更《あらた》めて⑰発戸を為せ⑱。嗇夫免ぜらるれば、効《しら》ぶる者発し⑲、雑えて封ずる者に見《まみ》えて、題⑳を以って之を効べ、而して復《ま》た雑えて之を封じ、度《はか》る勿れ㉑。県は唯《た》だ倉の自ら封印する者のみ是れ度れ。県の禾を出すに、入るるに非ざる者のみ是れ之を出し、之を度ら令め、之を度りて題に当り㉒、之を出さ令めよ。其れ備わらざれば㉓、出す者之を負え。其の贏㉔なる者は之を入れよ。雑えて禾を出す者は更《か》わる勿れ㉕。禾を入れて未だ万石に盈《み》たずして増積せんと欲すれば、その前に入るる者是れ増積するは可なり。その他の人是れ増積するは、積する者必ず故積を度り、題に当り、乃ち入れよ。後《のち》即きて備わらざれば、後に入るる者独り之を負え。而して禾を入れて増積する者の名・事㉖・邑里㉗を廥籍㉘に書せ。万石の積及び未だ万石に盈たずして披《わか》ちて㉙出す者は、敢えて増積する勿れ。櫟陽㉚は二万石もて一積とし、咸陽は十万もて一積とし、其の出入・禾の増積は律令の如くせよ。長吏㉛相いに雑えて以って禾を倉に入れ及び発し、屚見ゆる㉜の粟積は宜しく之を積し㉝、敗せしむこと勿れ。倉

〔訳注〕

①底本には、ここに並列点がないが、文意上必要とみて筆者が挿入した。

②『文物』一九七六年第六期所載の釈文では「出」の下の句読点はなく、「之」の下にあるが、文意から考えて従わなかった。

③この二箇所の並列点は底本にはないが、文意上必要とみて筆者が挿入した。

④この並列点は底本にはないが、文意上必要とみて筆者が挿入した。

⑤原注によって「比黎」は「順序よく並べる」の意に解した。また「之」をすぐ上にある「万石を単位とする一積」をうけると解したが、中大訳および史学会大会での古賀登氏の発言では「倉」を指すと解されて「之の比黎し」と読む。

⑥「戸」は原注によって「倉のとびら」と解した。この点では中大訳も同じであるが、「為」を中大訳および古賀氏は「つくる」と読み、禾を入れて満たしたのちにとびらを作る、と解されているようである。私は「為戸」で「とびらを閉じる」の意に解した。戸は倉庫の一部分なのであるから、禾の配列後あらためてつくるというのは不自然ではないか。とびらはそれが閉じられた状態にあってはじめてその機能をはたすのであるから、そのような状態にすることを「為」と表現したのではないか。

⑦嗇夫について、旧来の諸文献や漢簡にみえる嗇夫を検討したものに大庭脩「漢の嗇夫」(『秦漢法制史の研究』〈創文社、一九八二年〉の第四篇第四章)があり、「秦律」の嗇夫に関しては飯島和俊「『文無害』考——『睡虎地秦墓竹簡』を手がかりとして見た秦・漢期の官吏登用法」(『中央大学アジア史研究』三、一九七九年)、鄭実「嗇夫考——読雲夢秦簡札記」(『文物』一九七八年第二期)、高敏「論『秦律』中的〝嗇夫〟一官」(『雲夢秦簡初探』河南人民出版社、増訂本一九八一年)があり、特に高敏氏は秦代の嗇夫と漢代の嗇夫との関連を詳しく論じている。県嗇夫に関しては、原注ならびに鄭実氏は県令を指すとし、高敏氏は県令の助手的立場の者で丞よりは上に位置する、として鄭実氏を批判している。しかし、鄭・高両氏とも、県嗇夫が『秦簡』中に多くみえる「大嗇夫」と同一物を指すとみる点では一致する。私は基本的には高敏説を支持する。

⑧「倉・郷」は高敏氏前掲論文(一八六頁の注①)に依り「倉嗇夫・郷嗇夫」の略であると考える。「倉嗇夫」はすぐあとに出てくるが「郷嗇夫」の語は「秦律」にはみえない。しかし、『漢書』百官公卿表の序に「郷有三老・

有秩・嗇夫・游徼。」とある嗇夫は秦代から引き継いだものであろう。

⑨「雑」は原注によって「会合する」の意に、「印」も同じく「璽印で封緘する」の意に解した。この史料中に「封」「封印」なる語もみえるが、「印」と同内容であると解し、特に区別を考えなかった。

⑩「倉嗇夫」に関しては、鄭・高両氏とも、田嗇夫、苑嗇夫、庫嗇夫等々と同じく個別具体的な職掌をもつ官で、「官嗇夫」と総称される、としている。この点は異論ないが、高氏が「食糧を専門に管理する役人で県嗇夫の直接の管轄をうける」としている点については、のちの分析の中で具体的に検討する。

⑪「秦律」にみえる「邑」について高敏「従雲夢秦簡看秦的几項制度」(同氏前掲書所載)中の「関于〝邑〟的設置制度」参照。「離邑」について、原注では「付属の邑で郷を指す」としているが、何に付属している邑なのか判然とせず、郷と同じものならことさら離邑と表現する必要性が認められない。私は邑と郷は同規模の聚落で、それらに付属している小集落的なものが離邑ではないかと推測しているが、のちの分析の中で詳しく検討したい。なお中大訳は「邑に離てる倉佐」と読んでいるが、支持できない。

⑫「倉佐」は高・鄭両氏の前掲論文でもいうごとく、倉嗇夫の佐官であろう。のちに引用する「効律」にもみえる。

⑬「稟」は史料5にみえる同字の原注には「食糧を放出する」とあり、つぎにみえる「餼」と同意味に解している。一応これに従っておくが「主稟者」なる官については具体的に知り得ない。「倉嗇夫」「倉佐」と職掌がどう異なるか、本文において「離邑」の語は「主稟者」にもかかるのか、検討の要あり。

⑭「遺」字について原注では「与える」の意に解しているので読み方はこれに従った。藤堂明保『漢字語源辞典』によると「饋」にあてた用法で「おくる」の意に用いるので(七一〇頁)、その意味かと思われるが、ここでは、倉嗇夫・倉佐・主稟者に一棟ずつの倉庫を責任をもたせて分けあたえて管理させる、の意ではないか。中大訳で

は「つかわす」と読むが、疑問である。

⑮「饍」については注⑬。

⑯「輒」は原注によると「もっぱら」の意で、倉庫の責任をもたされた者だけが（他の者にはやらせないで）一人だけで収蔵物の放出にたずさわる、の意にとっているが、それに従った。『文物』一九七六年第七期所載の釈文は「封印」の下に「。」で切り、その下は「皆輒出餘之、索而…」と切ってあり、中大訳はこれに従って読むが、これでは文意が不明である。

⑰「索」は原注に従って「から」の意に解した。中大訳は「索して」とあって「もとめる」の意にとっているようである。

⑱「為発戸」は注⑥で説明した「為戸」の反対語で「とびらを開ける」の意に解した。ここの全体の意味は「ある一倉庫の収蔵物がからになって、（その倉庫の管理を委ねられた者は別の収蔵物満積の倉庫の管理を委ねられるので）あらためてそのとびらを開いてそこから放出せよ」と解した。

⑲「効者」とはどのような官かは不明。「効」の意味は注㉑参照。

⑳「題」は原注に「食糧の数量を記した台帳」と解したのに従った。

㉑「度」は原注に「量」と解するごとく、倉庫内の収蔵物の重量をはかることに解した。これに対し「効」は積数がいくつあるかを数える程度のことではないかと推察している。

㉒「当」は原注に「符号する」と解するごとく、題とひとつひとつ突き合わせてみることをいうものと思われ、「あたり」と読んだ。中大訳は「まさに題し」と読んでいるが、「題す」とはどういうことか意味が通じなくなる。

㉓「不備」はあとにみえる「贏」と対をなすと考え、原注に従って「不足」の意味に解した。

㉔「羸」は前注にのべたごとく、「あまる」の意である。題と突き合わせてみて、実数が多すぎた場合は、その分を倉庫から出すのではなく、倉庫に入れておけ、の意であろう。当然、その時点で題の数字を書き変えるのであろう。

㉕「更」は原注に従って「とりかわる」の意にとり、「人が入れかわってはならない」の意味にとった。中大訳の「あらたむ」では何をあらためるのか、不明である。

㉖「事」の原義は「公事に奉仕すること」で「つかえる」と読むが（藤堂氏前掲書）、そこから派生して「職」「仕事」の意が生じ、「末利を事とす」（『史記』商君列伝）のように使われたと思われる。ここでは後者の意味で、「名・事・邑里」で「氏名・職業・住所」の意であり、「廥籍」にはこの三者が記されるのであろう。原注に「姓名籍貫を指す」とある説明では、「事」については抜かしているのではないか。

㉗「邑」については注⑪参照。前述のごとく、ここの「邑里」は一般的に「住所」という意味と思われるが、「邑里」という行政単位が現実にあったのか、それとも「邑・里」で別々のものなのか、そうとすればこの両者の関係は、等についてはのちの分析で可能な限りとりあげたい。

㉘「廥」は原注にもいうごとく、一般には「まぐさぐら」と考えられ、穀物を入れる「倉」とは用途が異なるものであろう。ところがこの文では倉に「廥籍」が備えられていたものと思われ、何故に「倉籍」といわないのか、理解できない。

㉙「柀」は「わかち」と読むが、これは一積（万石に足りているものと不足なものがある）のうちの一部分を倉庫から切りはなして出す、の意に解した。

㉚「櫟陽」については、『史記』秦本紀に「（献公）二年、城櫟陽。」とみえる。

㉛「長吏」は『漢書』百官公卿表の序に「県令・長、皆秦官。……皆有丞・尉、秩四百石至二百石、是為長吏」とみえるものであろう。原注でも同様に考えている。
㉜「豦」は原注では「蠓」と同じと考え、穀物を食する害虫、としている。
㉝「よろしく之を積し」とは積し方をうまくして虫害の広がらないようにせよ、の意に解した。

〔史料2〕倉律二八

入禾稼・芻・藁、輒為廥籍、上内史。●芻[①]・藁各万石一積、咸陽二万一積、其出入・増積及効如禾。倉

〔訳〕

禾稼[②]・芻藁を入るるには、輒ち廥籍を為《つく》りて、内史に上《たてまつ》れ[③]。芻・藁は各《おのおの》万石ごとに一積とし、咸陽にては二万石ごとに一積とし、その出入・増積及び効は禾の如くせよ。倉

〔訳注〕

①この「●」は『睡虎地秦墓竹簡』(文物出版社)の第一帙の写真版の同箇所を見ても一字ぶんの大きな黒点になっており、これが何を意味するか、現在のところ定説はない。
②「禾稼」は穀物の総称であるが、「倉律」に多くみえる「禾」との相違については不明。
③「上」は原注に従って、「上級の官職の者に報告する」の意味にとった。「内史」は『漢書』百官公卿表の序に「内史、周官、秦因之、掌治京師」とある「内史」と同一であろう。「廐苑律」にみえる同語の原注に従った。

〔史料3〕倉律二九～三〇

禾・芻稾積索（索）出日、上贏①・不備県廷。出之未索（索）而已備者、言県廷。廷令長吏雑封其廥、与出之、輒上数廷。其少、欲一県之②可殹（也）。廥才（在）都邑当□者③与雑出之。　倉

〔訳〕

禾・芻稾の積の索出せる日④、贏・不備を県廷に上れ。之を出して未だ索ならずして已《すで》に備わる者⑤は、県廷に言え。廷は長吏の雑えて其の廥を封ぜしものをして与《とも》に之を出さしめ、輒ち数を廷に上らしめよ。其れ少なれば、一《すべ》⑥て之を県《はか》らんと欲するも可なり。廥、都邑⑦に在らば、………者は与に雑えて之を出せ。　倉

〔訳注〕

①この並列点は底本にはないが、文意上必要と考えて筆者が挿入した。

②底本には「之」の下に読点あり、『文物』一九七六年第六期所載釈文にはないが、ここでは必要ないと判断して『文物』の方に従った。

③底本はこの箇所は□が八個並んであるが、写真によると、不明箇所は必ずしも八字分とは限らないと思われるので、このような記号で不明箇所を表示した。

④「索」は、ここでも、史料1の注⑰に前述と同じ「から」の意味で使われていると考えられる。したがって「索出」とは「全部出して倉庫をからにする」の意に解した。

⑤「備」の字は、たりる、みちる、の意に解し、「未だ……」の全体の意は「倉庫内の禾、芻・稾のすべてを出さないでも十分足りる場合は、（一部しか出してないことを）県の役所に報告せよ」の意に解した。しかし、こう解すると、この前にある「贏・不備」の「備」と異なる意味となり、同じ条文で同字が異なる意で使われる、という不自然さが残り、問題点を残す。

⑥「一」は原注の「皆」「すべて」の解に従った。「県」も原注の、「懸」に通じて「はかる」の意に解する見解に従った。中大訳は「一県す」と読んでいるが不明。
⑦「都邑」についてはのちに検討する。

〔史料4〕倉律三一～三二

□[1]不備、令其故吏与新吏雑先索（索）出之。其故吏弗欲、勿強。其母（無）故吏者、令有秩之吏・[2]令史主、与倉□雑出之、索（索）而論不備。雑者勿更。更之而不備、令令・丞与賞（償）不備。　倉

〔訳〕

…………備わらざれば、其の故吏と新吏[3]をして雑えて先に之を索出せしめよ。其の故吏欲せざれば、強いる勿れ。其れ故吏無き者は、有秩の吏[4]、令史[5]をして主らしめ、倉□[6]と雑えて之を出し、索せしめて不備を論ぜよ。[7]雑える者は更える勿れ。之を更えて備わらざれば、令・丞をして不備を償うに与《あず》からしめよ。　倉

〔訳注〕

①底本ではこの箇所は□が八個並んでいるが、写真によると、不明の文字が八字とは確定できないので、この記号で表示した。
②底本ではこれは並列点ではなく読点になっているが、前掲『文物』所載釈文は並列点となっている。後者の方が文意からして正しいと思われるので、並列点とした。
③「故吏と新吏」とは「前任者と後任者」の意に解した。

④史料1の注⑧に引用した『漢書』百官公卿表の序に「有秩」がみえる。厳耕望『中国地方行政制度史』上編一、〈一九六一年〉の二三七頁参照。
⑤県の属史として秦・漢初に「令史」が散見される。厳耕望前掲書二二一頁参照。
⑥中大訳では□に「佐」を補い、「倉佐」と推定しているが、至当と思われる。
⑦この「論」は、「断決する」の意で、ここでは、責任の所在をあきらかにして罪を決めること。

〔史料5〕倉律三三

程禾・黍、□①以書言年、別其数、以稟人。　倉

〔訳〕

禾・黍を程②り③、……書を以って年④を言い、其の数を別ちて、以って人に稟せよ⑤。　倉

〔訳注〕

①写真を見ると、ここは少なくとも三字分にみえる。底本は□が二個しかない。前例によって、この記号を用いた。
②この「禾」は穀物の総称ではなく、原注によって「あわ」と解した。
③「程」は「容積をはかる」の意と思われる。
④「年」とは「食糧を収蔵しておいた年数」と原注は解しており、一応これに従う。
⑤「稟」については史料1の注⑬参照。ここにいう「人」はどういう人を指すかが不明であるが、私の見解はのちにのべる。

〔史料6〕倉律三四

計禾、別黄・白・青、秫（秫）勿以稟人。　倉

〔訳〕

禾を計り、黄・白・青を別ち、秫①は以て人に稟する勿れ。　倉

〔訳注〕

①「秫」は「もちあわ」で、原注によると酒や糖を作るのに用いる。したがって放出してはならない。というのがこの規定である。なお、禾の色による区別の具体的内容は不明。

〔史料7〕倉律三五～三六

稲後禾孰（熟）、計稲後年。已獲上数①。別粲・穤秙（黏）稲。別粲・穤之襄（釀）、歳異積之、勿増積、以給客②。到十月牒書数、上内□③倉。

〔訳〕

稲の禾に後《おく》れて熟すれば④、稲を後年に計れ⑤。已《すで》に獲したるは、数を上れ。粲《こめ》・穤黏⑥の稲を別にせよ。粲・穤の釀⑦を別にし、歳ごとに之を異積し、増積すること勿らしめ、以て客に給せよ⑧。十月に到りて数を牒書し⑨、……に上れ⑩。倉。

〔訳注〕

①底本はここが読点になって下に続いて読むようになっているが、内容からみて、ここで一旦切れると判断して句点とした。

②前注に同じ。

③「内」の下の文字は写真でも判明しない。底本、『文物』所載釈文はともにここに「史」字を補って読むが、内容から判断して妥当であろう。しかし、写真を見ると、下の「倉」字との間にかなりの空白があり、不明字は一字だけでなく、複数字あるとも思われるので、ここでは前例によってこの記号で表示した。

④この部分の意味はとらえにくいが、「稲が熟して収穫する時が禾よりおそくなった場合は」の意であろう。穀物の記帳時期は禾に合わせるのが普通であったようである。秦の地理的条件からして当然であろう。

⑤原注によると、「後年」とは次年を指し、「稲の記帳を次年の帳簿でおこなう」の意とし、秦は十月歳首であるからこのような措置がとられた、と判断しているが、妥当であろう。

⑥原注によると「粲」はうるち米、「糯黏」はもち米を指す、としている。これに従った。

⑦「醸」とは原注に従って、「醸造」をさすとし、この部分の意味は「うるち米、もち米の醸造用のものは（食用のものと）別にし」ととらえた。

⑧ここの部分、中大訳は「勿」をここまでかけて「客に給すること勿れ」と読むが、私は、「区別された醸造用の粲・糯で製造した酒は来客に給するものであり、……」の意に解した。県廷での接待用の酒を用意するのであろう。

⑨「牒書」は原注によって、「帳簿としての簡」とする。

⑩ここに「史」字を補って「内史」とすれば、史料2にみえる手続きと同じとなる。同注③参照。

〔史料8〕倉律三七

県上食者籍及它費大（太）倉、与計偕。都官以計時讐食者籍。　倉

〔訳〕

県は食者の籍①及び它の費を太倉②に上り、与《とも》に計偕せよ③。都官④は計時を以って食者の籍を讐《しら》べよ。　倉

〔訳注〕

①「食者」とは県の管轄下の倉庫の食糧を給与として受け取っている者の意に解した。

②「太倉」は『漢書』百官公卿表に、治粟内史の属官として均輸・平準・都内・籍田・斡官・鉄市とともにみえる。

③原注では、「食者の籍を年度財政報告（計偕＝上計）とともに報告せよ。」の意にとっている。「它の費」とはどの範囲を指すかはさだかでないが、大意としては従える。

④「都官」は「秦律」に多く見えるが、旧来の文献にはみえなかったものである。今後の分析が必要である。さしあたり高敏「従雲夢秦管看秦的几項制度」の第八章「関于〝都官〞之制」（高氏前掲書所載）参照。

〔史料9〕倉律三八～三九

種：稲・麻畝用二斗大半斗、禾・麦畝一斗、黍・荅畝大半斗、叔（菽）畝半斗。利田疇、其有不尽此数者、可殹（也）。其有本者、称議種之。　倉

〔訳〕

種まくこと。稲・麻は畝ごとに二斗大半斗を用い、禾・麦は畝ごとに一斗、黍・荅は畝ごとに大半斗、菽は畝ごとに半斗なり。利なる田疇①は其れ此の数を尽さざる有れども可なり。其の本あるは②、称議して之に種《たねま》け。　倉

〔訳注〕

①「利なる田疇」とは効率のよい土地、すなわち種もみが少なくて収穫の多い土地。

②「本」とは原注によって「作物の旧根」と解し、「旧根が残っている場合は、そこからの発芽も考慮し、事情をよく検討して播種量を減ずることを考えよ」の意か。

〔史料10〕倉律四〇

県遺麦以為種用者、殽禾以下臧（蔵）之。　倉

〔訳〕

県の麦を遺《のこ》して以って種用と為すは、禾に殽いて以って之を蔵せよ。　倉

〔史料11〕倉律四一～四三

□石①六斗大半斗舂之為糲（糲）米一石、糲（糲）米一石為鑿（糳）米九斗、九斗②為毀（毇）米八斗。稲禾一石、③～有米委賜、稟禾稼公、尽九月、其人弗取之、勿鼠（予）④。倉～為粟廿斗、舂為米十斗、十斗粲、毀（毇）米六斗大半斗。麦十斗為䴬三斗。叔（菽）、荅、麻十五斗為一石。稟毀（毇）・粺者以十斗為石。倉

〔訳〕

（波線の間の一文は、文中よりはずして、最後部においた。理由は注③に。）

（粟二）石六斗大半斗は之を舂《うすつ》きて糲米⑤一石と為し、糲米一石は糳米九斗と為し、九斗を毇米八斗と為せ。稲禾一石は粟廿斗と為し、舂きて米十斗と為し、十斗の粲は毇米にして六斗大半斗なり。麦十斗は⑥䴬《てき》三斗と為せ。菽・荅・麻十五斗は一石と為せ。毇・粺⑦を稟くるは、十斗を以って石と為せ。　倉

米の委賜するありて[8]、禾稼を公に稟くるに、九月を尽くして其の人之を取る弗《な》ければ、予《あた》うること勿れ。倉

〔訳注〕

①写真を見ると、この箇所は数個の字が不明である。底本、『文物』所載釈文ともに「粟一」の二字を補っており、これには根拠があるので、一応これに従って訳したが、字数はもう少し多い可能性がある。注⑤参照。

②底本ではここに「斗」字を補っている。また『文物』所載釈文では、この箇所を「為糳（糳）米九斗為糳（糳）米九斗為毀（毇）米八斗」と判読している。写真からは十分判読できない。一応底本に従って訳した。

③原注によると、この先は二行さきの「為粟廿斗……」につながり、「有米委賜……」の十八字は別の条文の誤抄で混入したものとする。一応これに従って訳したが、「秦律」における誤抄について、さらに検討してみる必要あり。

④「鼠」の字を底本はすべて「予」に読み替えており、一応これに従ったが、この根拠は不明である。

⑤この箇所は、『説文解字』七上に「糲、粟重一柘、為十六斗太半斗、舂為米一石日糲、从米萬声洛帯切」とあるのに一致するので、原注は冒頭に「粟一」を補ったと思われる。なお、粟の脱穀、精米過程を表にすると表1のごとくになる。（山根清志氏作製による）

⑥「麱」は原注では「麦麹」、つまり「むぎのふすま」とある。とすると、食用部分は七斗ということか。「麱」は一般には「むぎこ」を指すとされるが、ここでは製粉によって重量が三分の一以下になるとは思われないので適さない。なお、つぎの菽・荅・麻は、十五斗の皮をむいた食用分が一石となる、ということか。この両者については不明確である。なお稲禾＝いね、麦、菽＝だいず・荅＝あずき・麻＝あさのみ、の三者について、山根氏作成の表によると表2～4のごとくになる。

⑦原注に従って、「糓」は精製されたこめ、「粺」は精製されたあわを指すと解す。

⑧「委賜」は原注は「賞賜」と解するが、「委」に「賞」の意味はなく根拠不明。中大訳は「賜に委ねて」と訳すが、これも意味がとりにくい。再検討の要あり。

〔史料12〕倉律四四

宦者・都官吏・都官人有事上為将、令県貣（貸）之、輒移其稟県、稟県以減其稟。已稟者、移居県責之。　倉

〔訳〕

宦者・都官の吏・都官人①上に事《つか》うる有りて②将《おく》るを③為すに、県をして之に貸さしめ④、輒ち其の稟県⑤に移し⑥、稟県は以って其の稟を減ぜよ⑦。已に稟せる者は、居県に移して之を責めよ。　倉

〔訳注〕

①この三つの官の職掌、その地位、三者の相互関係、「都官」との相違や関係など研究課題である。「秦律」には他にみえない。

②「有事上」の三字について、原注では「朝廷のために仕事をする」と解しているのをうけてこう訳した。この原注によらなかった中大訳とは、つぎの「将」字の解釈の相違も加わって全く異なる解釈と

表1

粟

	粟1石6⅔斗	100%
脱穀	糲米1石	60%
精米	糳米9斗	54%
精米	糓米8斗	48%

表2

いね

	粟20斗（2石）	100%
舂	米（糓）10斗	50%
精米	麳米6⅔斗	33⅓%

表3

麦

	10斗	100%
?	麳3斗	30%

表4

菽・荅・麻

	15斗	100%
?	1石	66⅔%

なった。

③「将」を「おくる」と読んだのは原注が「督送」と解したのに従った。官吏がある県（本文中の「居県」）に仕事の必要上滞在していたのが、朝廷での仕事の必要から中央へ派遣されることになったことをいう、と解した。

④居県がその官吏に旅費としての糧食を貸与する、と解した。この県は「居県」を指す。

⑤「稟」は史料1の注⑬にのべたごとく、倉庫から食糧を放出することであり、したがって「稟県」とは、本来ならば倉庫から食糧を出してその官吏に給料を出している県、その官吏が所属している県を指す、と解した。

⑥「移」は原注に従って「文書を送りとどける」の意に解した。

⑦稟県が支給する給料から貸与分を差し引く、の意。

〔史料13〕倉律四五

有事軍及下県者①、齎食、毋以伝貣（貸）県。倉

〔訳〕

軍に事え及び県に下る②有る者は、食を齎《もたら》し③、（よりて）伝④を以って県に貸る毋れ。倉

〔訳注〕

①底本は句点で切るが、『文物』所載釈文の方に従って読点で切った。

②原注は「下県」に「属県」と注するが、属県の実態が不明確であるため、これには従わず、このように読んだ。中央の官吏が軍団や県に下派されることをいう、と判断した。

③「齎食」とは弁当持参の状態をいい、ここでは、中央政庁からすでに食糧を支給されているので、の意。

④「伝」は原注のごとく「符」であり、一種の通行手形。中央官庁の発行する伝の信用性を利用して、通過県から食糧をかり出す者がいたことがわかる。

〔史料14〕倉律四六

月食者已致稟而公使有伝食、及告帰尽月不来者、止其後朔食、而以其来日致其食。有秩吏不止。倉

〔訳〕

月食者[1]の、已に稟を致せども公の伝食有らしむる[2]、及び告帰して月を尽せども来らざる者は、其の後朔の食[3]を止め、而して其の来る日を以て其の食を致せ。有秩の吏は止《とど》めざれ[4]。倉

〔訳注〕

①「月食者」とは原注により月雇いの者、の意で、のちにみえる有秩などの正式官吏でない、臨時雇いの者と考えられる。

②「公使有伝食」を原注は「公差（役人）を出して沿途より糧食を供給する」と説明しているが、その月の給料を支給されながら、そのうえに出張などの時、その地方や経路地で役人から糧食を受ける、二重取りをしている、の意と考えられる。

③「其の後朔の食」とは一日以後の食、つまり翌月一日以後の給料、翌月分の給料、の意と解した。

④「有秩」は史料4の注④参照。下級官であっても、月食者とは明確に区別されている。

〔史料15〕倉律四七

駕伝馬、一食禾、其顧来、有（又）一食禾、皆八馬共。其数駕、毋過日一食。駕県馬労、有（又）益壺（壱）禾之。

倉律

〔訳〕

伝馬を駕すれば、一食の禾、其の顧来①には、又一食の禾、皆八馬共にせよ。其の②数《しばしば》駕するも、日ごとに一食を過ぐる毋れ。県馬③を駕して労さば、又壱《いち》禾を之に益せ。　倉律

〔訳注〕

①「顧来」とは復路。

②この「八馬」については不明。

③「県馬」と「伝馬」の相違、なぜ県馬を駕すと一禾を益すのか、など不明。

〔史料16〕倉律四八

妾未使而衣食公、百姓有欲叚（仮）者、叚（仮）之、令就衣食焉、吏輒柀（罷）事之。　倉律

〔訳〕

妾の未だ使せずして公①に衣食する（もの）、百姓の仮《か》らんと欲する者有らば、之に仮し、衣食は焉《これ》に就かしめ、吏は輒《みだり》に之を事《つか》うことを罷めよ。　倉律

〔訳注〕

①この箇所について原注では「まだ年少にすぎて使役できない」と解釈しているが、もしそうなら、百姓が借りたいと望むわけがない。官婢の身分であるが、まだ実際の労役には服していない、の意味ではないか。官庁ですぐ

に仕事がないのに食糧のみ与えておくのは不経済なので百姓に貸す、と解した方が自然であると思われる。

〔史料17〕倉律四九～五二

隷臣妾①其従事公、隷臣月禾二石、隷妾一石半。其不従事、勿稟。小城旦・隷臣作者、月禾一石半石。未能作者、月禾一石。小妾・舂作者、月禾一石二斗半斗。未能作者、月禾一石。嬰児之母（無）母者各半石。雖有母而与其母冗居公者亦稟之、禾月半石。隷臣田者、以二月月稟二石半石。到九月尽而止其半石。舂、月一石半石。隷臣・城旦高不盈六尺五寸・隷妾・舂高不盈六尺二寸、皆為小。高五尺二寸、皆作之。倉

〔訳〕

隷臣妾の其の公に従事するは、隷臣は月ごとに禾二石、隷妾は一石半。其の従事せざる（もの）は、稟する勿れ②。小城旦・隷臣の作する者は、月ごとに禾一石半石、未だ能く作せざる者は、月ごとに禾一石。小妾③・舂の作する者は月ごとに禾一石二斗半斗。未だ能く作せざる者は月ごとに禾一石。嬰児の母無き者は各《おのおの》半石。母有ると雖も其の母と公に冗居する者④も亦之に稟し、禾は月ごとに半石。隷臣の田《たづく》る者は、二月を以て月ごとに二石半石を稟し、九月の尽《おわ》るに到りて其の半石を止めよ。舂は、月ごとに一石半石。隷臣・城旦の高さ六尺五寸に盈たざると、隷妾・舂の高さ六尺二寸に盈たざるとは、皆小と為せ。高さ五尺二寸は、皆之を作せ⑤。倉

〔訳注〕

①「隷臣妾」とは「隷臣と隷妾」のことであるので、ここに並列点が必要と考え、底本にはないが挿入した。

②「稟」がなかったとしたら、いずれから食糧を得られるのかは不明。

③「小妾」とは、原注より「小隷妾」と考えてさしつかえなかろう。なお、ここに小城旦の規定はみえても城旦の

規定がないが、のちの史料20に詳しくみえる。

④「母と公に冗居する者」とは、母が刑徒となっている場合であろう。

⑤原注によると、秦の一尺は約二三センチとあるので、六尺五寸は一四九・五センチ、六尺二寸は一四二・五センチ、五尺二寸は一一九・五センチであり、「小男」「小女」の部類に属する者は現在の標準身長と比べると、かなり小さい者であったといえる。

なお、秦漢の刑徒の種類については、浜口重国「漢代における強制労働刑その他」（『秦漢隋唐史の研究』上巻〈東大出版会、一九六〇年〉）、それを旧文献と「秦律」とで比較して研究したものに堀毅「秦漢刑名攷――主として雲夢出土秦簡による――」（『早大大学院文学研究科紀要』別冊第四集、一九七七年）があり、参照。

〔史料18〕倉律五三

小隷臣妾以八月傅為大隷臣妾、以十月益食。　倉

〔訳〕

小隷臣妾は八月を以って傅《つ》け①て大隷臣妾と為し、十月を以って食を益せ。　倉

〔訳注〕

①「傅」について原注では「成年登記」とあるがどこに登記するかわからない。私は本篇第六章およびその附論において、男子が成人になると独立して新たな戸籍に著《つ》けることを「傅」字で表わしたとのべたが、ここでは「妾」という女性も傅せられているので、戸籍登記ではない。また漢代の「傅籍」のような徴兵適応者名簿への登記でもあり得ない。官庁に隷属する隷臣妾については、大小を区別した特別な名籍があり、それにつけることをも

「傅」といったのではないだろうか。

〔史料19〕倉律五四

更隷妾節（即）有急事、総冗、以律稟食、不急勿総。倉

〔訳〕

更隷妾は①、即し急事有らば、総冗し②、律を以って食を稟し、急ならざれば総する勿れ。倉

〔訳注〕

①「更隷妾」とは原注に「一定時間のみ労役に服務する隷妾」とあるが、他の文献にはみえないもので、この解釈の根拠は不明。

②「総冗」は原注で「集合させる」の意に解しており、従える。

〔史料20〕倉律五五～五六

城旦之垣及它事而労与垣等者、旦半、夕参。其守署及為它事者、参食之。其病者、称議食之、令吏主。城旦①・舂・舂司寇・白粲操土攻（功）、参食之。不操土攻（功）、以律食之。倉

〔訳〕

城旦の垣をつくること及び②它事にして労の垣つくることと等しきは、旦《あした》には半、夕《ゆうべ》には参。其の③守署及び它事を為すは、参にして之を食せしめよ。其の④病なる者は、称議して之に食せしめ、吏をして主《つかさど》らしめよ。城旦・舂・舂司寇・白粲の土功に操⑤するは、参にして之に食せしめよ。土功に操せざる者は律を以て之に食せしめよ。倉

〔訳注〕

①この並列点は文意から必要と考え、底本にはないが挿入した。

②「垣」は原注に「筑墻」とあるごとく、土で城壁や屋敷の囲りの垣を作る土木工事。ここでは動詞と考えられる。

③「守署」は原注にいう「岡の上の候望」すなわち見張り場所を指すと思われ、「守署を為す」で見張りをする、の意。

④「参食」は原注では、「三分の一斗ずつ朝晩二回食を与える」の意とする。すぐ前の規定が朝夕二回の支給であることをうけ、これも同じく三分の一を表わす、という解し方と思われる。これに従った。

⑤「土功」は土木工事。「操」はそれに従事する、ぐらいの意か。

〔史料21〕倉律五七～五八

日食城旦、尽月而以其余益為後九月稟所。城旦為安事而益其食、以犯令律論吏主者①、減春城旦月不盈之稟。倉

〔訳〕

日食の城旦は、月を尽《おわ》りて而して其の余を以て益して後九月②の稟所と為せ。城旦の安事③を為して其の食を益すは、令律④を犯すを以って吏の主る者を論じ、春城旦より減じて、月ごとの之が稟を盈たさざれ⑤。倉

〔訳注〕

①ここは底本は句点で切るが、文意のうえからはあとに続くので読点にした。

②「後九月」は秦が十月歳首であることを考えると、原注にいうごとく閏月の意であり、「毎月の余分を集めて閏月の食糧とせよ」の意ととらえた。

③「安事」とは、原注によると「比較的軽い労働」となる。
④「令律」をなぜ「律令」と表現しないか、疑問であり、この時代、律と令の区別がなく、ともに法令一般を指したのではないか、とも思われる。
⑤この読みはやや苦しいが、中大訳のごとく「舂城旦の月ごとの不盈の稟を減ず」では意味が通じにくいので、「吏の主者も罰し、労働者たる舂城旦の稟からも差し引くべし」の意となるようにした。

〔史料22〕倉律五九
免隷臣妾・隷臣妾垣及為它事与垣等者、食男子旦半、夕参、女子参。　倉
〔訳〕
免ぜられし隷臣妾・隷臣妾[①]の垣をつくること及び它事を為して垣つくると等しきは、男子なれば旦に半、夕に参、女子ならば参を食せ。　倉
〔訳注〕
①「免隷臣妾」とは、原注によると、「すでに刑を免ぜられた隷臣、隷妾」をいうとあるが、免ぜられた者が何故隷臣妾と同じ仕事をして同じ食糧しか給せられないのか、これでは免ぜられた価値がないわけで、やや疑問である。

〔史料23〕倉律六〇
食飯囚、日少半斗。　倉

〔訳〕
⿰飠厄《やく》囚①に食せしむるに、日に少半斗②。　倉

〔訳注〕
①「⿰飠厄」は饑餓のさまで、「⿰飠厄囚」で「飢えた囚人」の意。
②「少半斗」は三分の一斗。
なお、この条は、これだけの規定と考えるとやや不自然であり、この前に何らかの規定があって、その続きではないかと想像される。

〔史料24〕倉律六一～六二
隷臣欲以人丁粼者二人贖、許之。其老当免老、小高五尺以下及隷妾、欲以丁粼者一人贖、許之。贖者皆以男子、以其贖為隷臣。女子操敃（緡）紅及服者、不得贖。辺県者復数其県。　倉

〔訳〕
隷臣は人の丁粼なる①者二人を以って贖《あがな》わんと欲すれば、之を許せ。其の老の当に免老たるべき（もの）、小の高さ五尺以下なるもの、及び隷妾は、丁粼なる者一人を贖わんと欲すれば、之を許せ。贖うは皆男子を以ってし、其の贖を以って隷臣と為せ。女子の紅を操る②（もの）及び服（せる）者は、贖うを得ざれ。辺県の者はその県に復し数えよ③。　倉

〔訳注〕
①原注では「粼」は「齢」と読むと推測し、「丁粼」で「丁齢」すなわち壮年と考える。中大訳は「人丁の粼者」

と読む。「鄰」は「隣」にとっているようである。いま、一応原注に従っておくが、再検討の要あり。

②「女子操緡紅及服者」は原注は「女紅」すなわち織女と解している。「緡」は何を指すか、「服」の意味など、さらに具体的検討を要する。

③原注は「復数」を「戸籍を移す」としている。一応これに従って、こう読んだ。

〔史料25〕倉律六三

畜鶏離倉。用犬者、畜犬期足。猪・鶏[1]之息子不用者、売之、別計其銭。倉

〔訳〕

鶏を畜うには倉より離せ。犬を用いる者は、犬を畜うに足るを期せ。猪・鶏の息子[2]の用いざる者は、之を売り、別に其の銭を計えよ。倉

〔訳注〕

①この並列点は筆者の挿入。

②息子とは、原注によるとその小さなもの、すなわち小猪・小鶏を表わすとある。無用な繁殖物を処分し、利益分は別会計とすることを義務づけたと思われる。

三、前節（「倉律」の訳・訳注）の補正——新釈・訳注に接して——

〔史料1〕に関して

1　一行目の「比黎」を新釈注では『集韵』によって「芘莉」と解し、荊笆または籬笆（たけ、またはいばらで編んだもの）を指し、これでもって一万石単位の積堆の境界を作る、としている。旧釈注の「順序よく並べる」と解するより具体的な理解であるが、こうすると、その下の「之」は中大訳のごとく倉庫を指すとは解せなくなろう。

2　一行目の「為戸」は新釈訳では中大訳と同じく「扉を設ける」の意に解しているが、私の解釈は史料1の注⑥と変わらない。

3　二行目の「倉佐」と「主稟者」の間に、拙訳においては並列点をおき、「主稟者」を官名と考えたが、新釈訳においてはここの部分を「倉佐の稟を主る者」と読んでいるらしく、釈文でも並列点をおいていない。「主稟者」は他にはみえず、官名と考えてもその職掌は不明であることからそのような解釈となったのであろうが、それは正式な官名ではなく、下級属官もしくはのちにみえる「月食者」のような臨時補助員と考えてはどうか。

4　四行目に二箇所みえる「度県」について。拙訳では旧釈に従ってこの両字の間に読点をうち、「度」のみで「はかる」と読み、「県」字は下の文にかけた。しかるに新釈では「県」字の下に句読点があり、新釈注に「度県とは秤量をいう」とある。たしかに「県」字は「懸」に通ずるという解釈として史料3において「一《すべ》て之を県《はか》らんと欲するも可なり。」と読む例があるが、「度県」で「はかる」と読む例はなく、また史料1にはすぐあとに「度」一字だけで「はかる」とよむ箇所が二箇所ある。また「県」が文頭にきて主語またはそれに類する語として使われている例は史料8にあり、「県」一字で県廷、または県の役人の意で用いられている例も史料12・13にあることから、私の読み方を変える必要はなかろう。なお、のちの「附論」参照。

5　四行目の「県出禾、非入者出之、令度之、……」を拙訳では「県の禾を出すに、入るるに非ざる者のみ是れ之を出し、之を度らしめ、……」と読んだが、新釈訳によると、「禾を出すに、入るるに非ざる者是れ之を出さば、之を度らしめ、……」と仮定法に読んでいるようである。私は、倉庫への搬入者が搬出にも携わる場合におこりうる不正を防止するために、このように規定したと考えて読んだのである。詳しくは後に論ずることとする。

6　五行目、「其贏者、入之」の「入」について、注㉔で私は「倉庫に入れておけ」の意とのべたが、新釈訳では「上繳」、すなわち上納する、の意にとっている。私の解釈より自然であると思われるので、これに従う。

〔史料5〕に関して

「以書言年」の「年」について、旧釈注では「食糧を貯蔵しておいた年数」と解していたが、新釈注および訳では「産年」、すなわちその穀物の産した年と解している。後者の方が自然な解釈と思われるので、前者に依った注④を改めたい。

〔史料7〕に関して

一行目の「已獲上数」の下を、旧釈、新釈ともに「，」で切り、下文につなげて「已に獲して数を上るに、……」と読んでいるようであるが、拙訳では「。」で切った。上文の「稲の禾に後れて熟する」ものとの対比でのべられていると考えたからで、当年度の帳簿につける既収分は、その数を上報することを義務づけてのべた部分と判断できるので、改めない。

〔史料9〕に関して

二行目の「基有本者」の「本」について、旧釈注では作物の根と解しており、拙訳でもこれに従ったが、新釈注・訳では「田中にすでに作物がある時は」と解している。全体の文意から考えて旧釈注の方が妥当と思われる。

〔史料13〕に関して

「下県」について拙訳では旧釈注の「属県」とする解釈に従わず、「県に下《くだ》る」と読んだが、新釈注に指摘するごとく、『史記』項羽本紀に「使人収下県、得精兵八千人」とみえ、その他にも『漢書』循吏伝の文翁の条に「又修起学官於成都市中、招下県子弟以為学官弟子、……」とあって師古注に「下県、四郊之県、非郡所治也」とある。「属県」と訳すのが正当かどうか、疑問があるが、拙訳の読み方はやはり適当でなく、「軍及び下県に事えること有る者は」と訂正する。

〔史料15〕に関して

二行目の「駕県馬労」について、拙訳では「県馬を駕して労さば」と読んだが、「県馬」と「伝馬」の相違については不明であった。新釈注では「県」を「へだたる」「遠い」の意にとり（『淮南子』主術訓の「其於以御兵刃県矣」とある「県」と同意）、「駕すること県にして馬労さば」と読んでいる。律文中の「県」字をこう解することに若干の疑問はあるが、この方が文意ははるかに明確であり、一応これに従っておく。

〔史料16〕に関して

1　一行目の「妾未使」について、新釈注において『居延漢簡』にみえる「未使」「使」の数例を引き、六歳以下の幼年者を「未使」とすると解している。もしそうであるなら、これは官府において六歳以下の者を役使してはならないとする規定または慣例があったと考えねばならず、民間においては自由であったが故に、百姓の借用を望む者に貸し出したのであろう。この点、再検討を要する問題を含んでいる。

2　一～二行目の「吏輒柀事之」について、新釈注②によると、「（妾が成長したのちに）官府は一定状況の下で妾を使役してよい」と解しており、別の一説として旧釈注の柀＝罷と解して「吏は使役してはいけない」と解する読み方を並記している。いずれにしても「柀」字をどう解するかが問題であるが、妾が成長した後のことをのべていると解するのは飛躍がありすぎるようなので、一応後者＝旧釈注に従った拙訳の読み方を変更しないでおく。なお、新釈訳は後者によって訳してある。

〔史料21〕に関して

1　一〜二行目の「以犯令律論吏主者」の部分を拙訳では「令律を犯すを以って吏の主る者を論じ」と訳したが、何故「律令」と表記しなかったか疑問であるとした。この点に関し、新釈注③では「法律答問」（一四二）に「可（何《い》）如《か》なるを犯令、法（廃）令と為すや。律の謂う所は、令に為す勿れと曰うに之を為すは、是れ犯令と謂う。」とあるのを引用し、律に犯令の規定があると解している。明らかにこの解釈の方が正しく、拙訳の訳文は「犯令の律を以って吏の主る者を論じ」と改める。

2　同箇所で「。」で切った旧釈に反し、拙訳では「、」で切り、下の文につなげて解釈した。その理由は注⑥で示したが、やや不自然であった。新釈も旧釈と同じ読み方で、以下の文は、「舂・城旦の月に盈たざるの稟を減ぜよ。」と読み、「月不盈」とは「舂・城旦がその月の末まで労役を服さない」の意としている。そして全体として「舂・城旦が月末まで労役に服さない場合は、余分の稟を控除せよ」の意とし、上の文とは直接つながらないと考えている。上の文が城旦のみを問題としているのに、下の文では舂・城旦の両者が問題になっている点を考えても、つなげて読むのは正しくなく、新釈に従いたい。

〔史料24〕に関して

二〜三行目の「女子操敃紅及服者」について、新釈注は「敃」を文綉、「紅」を女工、「服」を衣服と解している。「敃」については「工人程」の条文が引用されており、正しいと思われるが、「服」については、この解では文意が通らない。動詞と解すべきと思われるが、その意味等については依然として不明である。

四、「倉律」以外の諸律における倉庫に関する規定（付、「法律答問」での規定）

「秦律」の中には「倉律」以外の諸律の中に、倉庫に関する規定がある。これらの中には「倉律」の文とほとんど同じものも含まれており、また「倉律」より詳しい、具体的な規定のみられるものもある。これらを逐次検討していきたい。

〔史料26〕秦律十八種・効律一六五～一六六

倉扇（漏）朽（朽）禾粟、及積禾粟而敗之、其不可食者不盈百石以下、誶官嗇夫。百石以上到千石、貲官嗇夫一甲。過千石以上、貲官嗇夫二甲。令官嗇夫、冗吏共賞（償）敗禾粟。禾粟雖敗而尚可食殹（也）、程之、以其秏（耗）石数論負之。　効

〔訳〕

倉漏《も》りて禾粟を朽《く》ちさせ、及び禾粟を積して之を敗せしむるに、其の食う可からざるもの百石に盈《み》たざる以下は、官嗇夫①を誶めよ。百石以上千石に到るは、官嗇夫に貲せしむること一甲。千石を過ぐる以上は、官嗇夫に貲せしむること二甲。官嗇夫、冗吏②をして共《とも》に敗せし禾粟を償せしめよ。禾粟敗すと雖もなお食うべきは、之を程《はか》り、其の耗せし石数を以って論じて之を負わしめよ。　効

〔訳注〕

①官嗇夫について、新釈訳では「官府の嗇夫」とあり、高敏氏前掲論文（史料1の注⑦所掲）では、田嗇夫、倉嗇夫

等の一県内の各種専門嗇夫の総称で、大嗇夫＝県嗇夫に直属する者、と解している。

②「冗吏」は『新釈注』には「群吏」とある。「金布律」七二に「都官之佐・史冗者、……」とみえ、その新釈注・訳では「人数が多い場合は」の意ととっている。本条では官嗇夫の属官の多くの者、という意味であろう。

〔史料27〕同前一六九～一七〇

入禾、万①〔石一積、②而〕比黎之、③為戸、籍之曰、其廥禾若干石、倉嗇夫某・佐某・史某・稟人某。是県入之、県嗇夫若丞及倉・郷相雑以封印之、而遺倉嗇夫及離邑倉佐主稟者各一戸、以若気（餼）人。其出禾、有（又）書其出者、如入禾然。　效

〔訳〕

禾を入るるに、万石もて一積として之を比黎し、戸を為し、之を籍して曰く、其の廥の禾若干石、倉嗇夫某・佐某・史某・稟人某、④と。是の県にて之に入るるに、県嗇夫若しくは丞及び倉・郷と相いに雑えて以って之に封印せよ。而して倉嗇夫及び離邑の倉佐の稟を主る者各に一戸を遺えて、以って人に餼せしめよ。其の禾を出すは、又其の出す者を書くこと、禾を入るるが如く然り。　效

〔訳注〕

全体を通して…本条の規定は、史料1に示した「倉律」の冒頭の部分と多くの部分で文章を一にするが、「倉律」にはみられない廥籍への記入に関する規定がその中に混ざって存在しており、むしろその部分が本条の中で史料的価値を有する部分となっている。これは、大庭脩氏がいわれるように（「雲夢出土竹書秦律の概観」〈同氏前掲書第二篇第一章〉）、「効律」の「効」が「校」または「考」の意で、「しらべる」ことを原義としていること、新釈の96頁に

「効律」とは官府の資産をしらべることに関する法律である、と註釈していることとかかわるものである。

①この〔　〕内の四文字は「倉律」によって補ったものであり、写真をみても空白になっている箇所である。なお、旧釈では〔　〕がないが、これは不備であり、新釈にはついている。

②③この二箇所の句点は新釈にはなく旧釈にあるが、「倉律」の同文の箇所と一致させるために、旧釈に従って入れた。

④この「稟人」について、新釈注では『周礼』巻十六、地官にみえる「廩人」と同様の官で、穀物の収蔵や出納を司るとしている。佐、史のさらに下にいた実務官僚であろう。

〔史料28〕同前一七二〜一七三

嗇夫免而効、效者見其封及隄（題）、以効之①、勿度②、県唯倉所自封印是度。県終歳而為出凡曰、某廥出禾若干石、其余禾若干石。倉嗇夫及佐・史、其有免去者、新倉嗇夫③・新佐・史④主廥者、必以廥籍度之、其有所疑、謁県嗇夫、県嗇夫令人復度及与雑出之。禾嬴、入之、而以律論不備者。　効

〔訳〕

嗇夫免ぜられて効ぶるに、効ぶる者其の封及び題を見て、以って之を効べ、度る勿れ、県は唯だ倉の自ら封印する所のみ是れ度れ。県は終歳にして出せる凡《すべて》を為りて曰く⑤、某の廥の禾を出すこと若干石、其の余若干石、と。倉嗇夫及び佐・史、其れ免ぜられて去る者有らば、新倉嗇夫・新佐・史の廥を主る者必ず廥籍を以って之を度り、其れ疑う所有らば県嗇夫に謁し、県嗇夫は人をして復た度り及び与《とも》に雑えて之を出さしめよ。禾嬴ならば、之を入れ、律を以って備わらざるを論ぜよ。　効

〔訳注〕

全体を通して。この条も史料1に示した「倉律」の前半部分と重なる文および内容が多いが、より具体的な規定を含んでいる。

①「題」と「以」の間に新釈では読点があるが、上に続けた方が文意が明確となるので、旧釈と同じく入れなかった。

②この箇所の読み方については、第二節で「倉律」の同文の箇所の読み方についてのべた通りである。また、旧釈では「県」字の下が「、」で切ってあるが、「倉律」の同箇所と同じく「度」の下で切る方が適切と考えた。

③ここは新釈では読点になっているが、文意から考えて旧釈によって並列点とした。

④旧釈には「史」字と「主」字の間に並列点があるが、第二節でみたごとく、「主廥者」は上にかかると考えられるので、新釈に従って除いた。

⑤「為出凡」について、新釈訳では「倉から出した総数の統計をとる」の意に解している。「凡」は総数を意味することからして、大意は賛同できる。「為」字をどう読むかについて、若干疑問は残るが、中大訳に一応従っておいた。

〔史料29〕同前一七五～一七六

禾・芻・稾積廥、有贏・不備而匿弗謁、及者（諸）移贏以賞（償）不備、群它物当負賞（償）而偽出之①、以彼賞②（償）、皆与盗同法。大嗇夫・丞智（知）而不辠（罪）、以平辠（罪）人律論之、有（又）与主廥者共賞（償）不備。至計而上廥籍内史。入禾、発屚（漏）倉、必令長吏相雑以見之。芻・稾如禾。効

〔訳〕

禾・芻・稾を廥に積するに、羸・不備有るに匿して謁さざる（もの）、及び諸《もろもろ》の羸を移して以て不備を償《つぐな》う（もの）、群《もろもろ》の它の物の負償すべきなるを偽りて之を出し、以って彼に償《つぐな》う（もの）は、③皆盗と法を同じくせよ。大嗇夫④・丞の知りて罪せざるは、罪人と平《ひと》しきの律を以って之を論じ⑤、また廥を主る者⑥と共に不備を償え。計⑦するに至りては廥籍を内史に上れ。禾を入れ、漏倉を発するには、必ず長吏をして相いに雑えて以って之を見さしめよ。芻・稾は禾の如くせよ。　効

〔訳注〕

①ここには、新釈には読点がないが、旧釈の方に従って入れた。ここの部分の解釈ともかかわるが注③参照。

②「彼」字は、新釈では「貱」字に読み替えているが、私は文意から考えて旧釈と同じくこのままにした。注③参照。

③「群它」より「彼償」までの文意は難解である。中大訳では「群々の它物をば負賞《ママ》に当て、而してこれを出し、以って彼の償と偽るは」となっているが、この訳だと「偽」字は「以」のつぎにこなくてはならないだろう。新釈では彼＝貱として「貱償」で「うめあわせる」の意としているが、私は「它物当負償」と対比して「彼償」が用いられたと解し、「別のもののつぐないとする」の意に解した。「出」字について、新釈訳では注銷＝取り消す、の意と解しているようであり、そうすると「之」は「当負償」を指すことになる。私は、「償いのために倉にあったものを偽って出して来て」の意に解し、「之」は「它物」を指すと考えた。

④大嗇夫については史料1の注⑦参照。

⑤「平」は新釈注に従ってこう解した。中大訳は「平罪人律」なる律名があったとしているが、ここは、「その罪

を犯した人と同等に、律にしたがって論ず」の意ではないだろうか。

⑥「主㑹者」とは倉嗇夫・倉佐・（倉）史を指すであろう。史料28参照。

⑦「計」は新釈訳に従って「帳簿を上る」という動詞に解した。

〔史料30〕同前一六三

実官佐・史柀①免・徙②、官嗇夫必与去者效代者。節（即）官嗇夫免而効③、不備、代者④〔与〕居吏坐之。故吏弗効、新吏居之未盈歳、去者与居吏坐之、新吏弗坐。其盈歳、雖弗効、新吏与居吏坐之、去者弗坐⑤。它如律。

〔訳〕

実官⑥の佐・史柀《わか》ち免ぜられ⑦・徙⑧らば、官嗇夫は必ず去る者と代者に効せよ⑨。もし官嗇夫免ぜられて効し⑩、不備ならば、代者は居吏⑪と之に坐せ。故吏効せず、新吏之に居ること歳に盈たざれば、去る者は居吏と之に坐し、新吏は坐さず。其れ歳に盈たば、効せざるといえども、新吏は居吏と之に坐し、去る者は坐さず。它は律の如くせよ。

〔訳注〕

全体を通して、本条は倉庫の管理とは直接関係はないが、倉庫の管理人の責任の所在をのべたものであり、参考までに訳出した。

①「柀」字は『文物』の釈文では「罢」字に読み替えているが、新釈、旧釈ともにこのままになっている。意味を考えて、このままとした。注⑦参照。

②この並列点は旧釈にはなく新釈にある。意味を考えたうえで新釈に従った。注⑧参照。

③旧釈にはここに読点がなく、「免」字の下に句点を打っているが、意味を考えて新釈に従った。注⑩参照。

④〔　〕内の字は、写真でみても判読できず、文意からみて補ったものである。旧釈に〔　〕がついていないのは不備で、新釈にはついている。
⑤ここは新釈では読点になっているが、文意から考えて、旧釈に従って句点とした。
⑥「実官」とは、後にもみるごとく「有実官」とも表わされており、旧釈注、新釈注に従って「穀物の貯蔵を管理する官府」の意に解した。
⑦「柀」は新釈訳では「それぞれに」の意に解している。つまり佐・史が一緒ではなくおのおの別々に、の意と思われる。やや不自然ではあるが、『文物』所載釈文のごとく「罢」字に読み替えるのも根拠がなく、一応これに従う。
⑧旧釈ではこの並列点がないことから、「やめて移っていく」の意に解したと思われるが、ここは「やめた場合と転任した場合」と並列してあると解する方が妥当と思われる。
⑨「官嗇夫」以下の一文は難解である。中大訳では「官嗇夫は必ず去者の効を代者に与えよ。」となっているが、「効」なる名詞は何を意味するか不明であり、また後に出てくる「効」字は動詞に読んでいる所もあり、ここの読みはやや妥当性に欠くと思われる。新釈注では「効代者」を「物資をしらべて新任者に（その内容を）説明する」としており、大意としては認められるが、この解釈だと「効」字が「しらべる」の意と「説明し、申しわたす」の意と両方をもつことになり、やや不自然である。一応前記のごとく訓読したが、再考の必要がある。
⑩旧釈の読点によれば「新任者があとでしらべて不備であることがわかった場合は」の意になるが、そのあとの文に「故吏効せず」とあることから、この文では故吏、すなわちやめた官嗇夫がやめる時にしらべたことを前提にしていると思われる。したがって新釈の読点を採用し、「故吏がしらべたのに、あとで不備であることがわかっ

た場合は」の意と解した。

⑪「居吏」とは新・旧釈注によって、留任している吏、の意に解した。

〔史料31〕同前一六七

度禾・芻・稾而不備十分一以下、令復其故数。過十分以上、先索以稾人、而以律論其不備。　効

〔訳〕

禾・芻・稾を度りて不備なることの十分の一以下なれば、其の故《もと》の数を復せしめよ。十分①を過ぐる以上なれば、先に索して以って人に稾し、②而して律を以ってその不備を論ぜよ。　効

〔訳注〕

全体を通して、この条は、倉庫に関しては何ものべていないが、禾・芻・稾は倉庫に収められているものと考えられ、その出納の規定であるので、参考までに訳出した。

①この「十分」は、新・旧釈注によって「十分の一」と同じであると判断する。

②この箇所の「稾人」を中大訳では史料27にみえる「稾人」と同義と考えているが、ここは史料5にみえるものと同じで「人に稾す」と読むべきであると思われる。新釈訳でもそう解している。

〔史料32〕内史雑律一九五～一九六

有実官高其垣墻。它垣属焉者、独高其置芻廥及倉茅蓋者。令人勿紤（近）舍。非其官人殹（也）、毋敢舍焉。善宿衛、閉門輒靡其旁火、慎守唯敬（儆）①。有不従令而亡・有敗・失火、官吏有重罪、大嗇夫・丞任之。内

〔訳〕

有実官②は其の垣墻を高くせよ。它の垣の焉《これ》に属するは③、独り其の芻を置く廥及び倉の茅蓋なる者を高くせよ④。人をして舎に地近づく勿らしめよ。其の官の人にあらざるは、敢えて舎する毋れ⑤。宿衛を善くし、門を閉じれば輒ち其の旁火を靡《な》くし、慎しみ守りて唯だ儆《いまし》めよ。令に従わずして亡し、敗有り、失火有らば、官吏は重罪有り、大嗇夫・丞は之に任《よ》れ。内

〔訳注〕

全体を通して、これは倉庫の保護に関する規定である。

①「敬」字は、新釈によって「儆」字に読み替え、意味を明確にした。

②「有実官」については史料30の注⑥参照。

③「属」は新・旧釈注によって「連接する」の意にとった。

④ここの部分は「他の垣が有実官の垣につながっていて、そこだけ高くできない場合は、芻を入れてある廥や茅でふいてある倉庫のみを高くして、延焼や賊の侵入を防ぐようにせよ」の意にとった。中大訳とは文のつなげ方、意味のとり方が異なっている。

⑤このような規定があることは、逆に倉嗇夫、倉佐、史、稟人等の官吏は倉・廥の中に居住していたことを推定させる。

以上の他に、「法律答問」中に、倉にかかわるいくつかの規定があるので、参考までに訳出し、検討する。

〔史料33〕法律答問一四九

實官戸関不致、容指若抉、廷行事貲一甲。

〔訳〕

實官の戸の関①致さず、指もしくは抉②を容るるは、廷行事③は貲一甲。

〔訳注〕

①「関」は新・旧釈注によって「ドアのかんぬき」と解する。

②「抉」は本来「隠れたものを手でかき出す」という意の動詞であるが、ここでは文意から、新釈注によって、さぐり出す道具の意味から発展してかんぬきをこじあける道具を指すと解するのが妥当であろう。

③「行事」とは「先例」であり（新釈注）、「廷行事」とは、したがって「判例」の意。

〔史料34〕法律答問一五〇

實官戸扇不致、禾稼能出、廷行事貲一甲。

〔訳〕

實官の戸扇致さずして、禾稼能く出ずれば、廷行事は貲一甲。

〔訳注〕

倉庫のとびらを十分閉ざしておかなかったために、中の収蔵物が流出した場合の罰則規定と考えられる。

〔史料35〕法律答問一五一

空倉中有荐、荐下有稼一石以上、廷行〔事①〕貲一甲、令史監者一盾。

〔訳〕
空倉中に荐有り、荐の下に稼一石以上有らば、廷行事は貲一甲、令史②の監する者は一盾。
〔訳注〕
①〔　〕内の「事」字は簡牘にはないことは、写真でみても「廷行貲一甲」となっていることで確認されるが、他例からみて補うべきとした旧釈、新釈に従う。
②「令史」については史料4の注⑤参照。

〔史料36〕法律答問一五二
倉鼠穴幾可（何）而当論及誶。廷行事鼠穴三以上貲一盾、二以下誶。鼷穴三当一鼠穴。
〔訳〕
倉の鼠穴は幾何《いか》にして論じ及び誶《せ》むべきや。廷行事は鼠穴三以上は貲一盾、二以下は誶①。鼷穴三は一鼠穴に当る。
〔訳注〕
①「誶」は「厩苑律」にみえる同字への新・旧釈注によって「戒告」と解する。

五、「倉律」の規定の分類

前節までの史料を中心にして、「秦律」に描かれている倉庫が、戦国末期の社会においていかなる意味をもつ存在であったかを考えていきたい。

まず、「倉律」の名の下にまとめられている二五条の条文の内容を検討したい。「倉律」の中にはきわめて多様な内容の規定があり、一見ばらばらな内容の条文の寄せ集めであるかの観を呈しているが、仔細にみると、その名の通り、何らかの面で倉庫の機能とかかわっていることがわかる。問題はどういう面でそれぞれの条文が倉庫とかかわっているか、ということであり、そのかかわり方を規準にして、私なりに大きく五つに分類してみた。

第一類：倉庫の管理・運営の全般に関する規定。史料1・2・3・4・5・6・7がこれにあたる。その内容は、

①倉庫に穀物・芻・稾を積する単位、および積する方法と放出する方法、収蔵物の管理についての規定（倉庫の運営の技術的な規定）。

②倉庫の管理にあたる諸官吏の具体的仕事の内容および交代に際しての手続（管理人に関する規定）に大別されよう。「倉律」の根幹をなす部分にあたると思われる。

第二類：穀物の播種および脱穀・精製に関する規定。史料9・10・11がこれにあたる。その主要な内容は、

①穀物の種類別の畝ごとの播種量の規定。

②脱穀・精製による容積変化の規準。

に大別されるが、いずれも直接倉または廥にかかわる規定ではない。しかし史料10をみると、麦を種用とする場合は禾と同様に蔵しておけ、と規定されており、「蔵す」とは倉庫に蔵することと思われる。したがって①の場合、播種すべき穀物のたねもみは倉庫に所蔵しておくものと推定され、毎春、播種期になってどの位の量のたねもみを倉庫から出すか、の規準を定めたものと考えられるのである。このように考えると、②についても、史料11にみえるアワ・イネ・ムギ・アズキ・ダイズ・アサノミのおのおのについて、脱穀・精製した各段階の名称をまず確定し、つぎにそれらの容積比の標準を示すことによって、おのおのを倉庫に積載する場合の規準を規定したものと考えられるのであ

る。

ここに分類される条文の内容は、農民の日常の農業生産活動に直接かかわる事がらを、国家が規定したものである。そしてその内容が倉庫の運営、管理にかかわりをもつ存在であるところに、「倉律」のもつ重要性がひそんでいると思われるのであるが、具体的にはのちに展開したい。

第三類：官吏の給与、職務上の諸経費、非常勤雇傭者の給与、伝馬の糧食に関する規定。史料8・12・13・14・15がこれにあたる。

第四類：官に仕える隷属的身分の者および刑徒への衣食の支給に関する規定。史料16～23のすべてがこれにあたる。

この二類は、その対象は異なってはいるが、いずれも食糧の供給に関する規定であり、これが倉庫とかかわるのは、そこから放出して支給するがためであると思われる。このことは、食糧を供給することを、いずれの史料においても「稟」と表現していることによって推測される。「稟」とは史料1の注⑬にも示したように、「食糧を放出する」ことを意味し、すなわち倉または廥から食糧を出すことであるからである。ここでは公費として支給される食糧もまた、倉または廥から放出されるのであり、どのような名目で、どの位支出するかに関して「倉律」で詳しく規定している、という事実に注目しておこう。

さて、第四類に近い内容でありながら、条文の規定だけからは倉庫との関係を見い出せないのが史料24である。強いて考えるならば、隷臣一人と壮丁二人、免老および小人の隷臣妾と壮丁一人とが交換されて、一方が隷属を解かれ、一方が新たに隷臣妾となるのであるから、これらの贖《あがな》いによって当然隷属者に対する倉庫からの食糧の供給は増加することになり、そのためにこの規定を「倉律」に入れた、ということである。しかしそう考えても、この条の規定の本質は隷臣隷妾の贖い方を示したことにあるのであるから、第四類の各条とは同一視できないが、一応第四類と分類しておくことにする。

第五類：家畜の飼い方、処分についての規定。史料25。三つの内容からなり、第一の「鶏を養うには倉より離せ」とは、養鶏の糧食は倉より放出しないという規定。第二の「犬を用いる者は、犬を養うに足るを期せ」とは、鶏と対比して養犬の糧食は倉より十分な量を放出せよ、の意であろう。第三の「猪・鶏の息子の用いざる者は、之を売り、別に其の銭を計えよ」とは訳注②にも示したごとく、売却金を倉に関する帳簿とは別に記録しておけ、の意と思われる。ここから推測できることは、これらの家畜は個別の「家族」またはそれに類する集団の私有物ではなく、何らかの形で、より大きな集団の共有物か、官府で飼育する公有物であったと思われる。私有物であるならば、倉からそれらの糧食を放出するはずはなく、これらの規定はそもそも無意味であるはずであり、また売却金の記帳についてまで法で規定するはずはないからである。しかし、犬に関しては護衛用に必要あるにしても、鶏や猪を官府で飼育する必要はさして認められず、同じ条文にこれら家畜についてまとめて規定があることから考えても、これらはすべて農民の集落の共同飼育物ではなかったかと推測される。そして集落の共有物が倉と関係して規定されているところに、「倉律」のもつ意味、倉庫の機能と法を定めた国家との関係が考えられるのである。

さて、以上のように「倉律」の内容を分類してみて気づくことは、第三類と第四類が、国家機関と倉庫とのかかわりを中心としているのに対し、第二類と第五類が農民の農業生産や家畜飼育と倉庫とのかかわりを中心としていることである。これらの二要素をまとめて、「倉律」という一つの法体系ができあがっていることに注目しなくてはならないであろう。問題は、このような二面性をもつ倉庫の管理、運営が誰によってどのようにおこなわれるべきかを規定した第一類の内容にある。この分析を進めねばならないが、その前に「倉」・「廥」の意味、その形態等についてふれておきたい。

六、倉庫の種類と形態

第四節までの史料の中で、倉庫を意味する語は「倉」と「廥」である。『説文解字』には、「倉」は「穀蔵也。」とあり、「廥」は「芻藁之蔵」とあるように、一般的には「倉」は穀物ぐら、「廥」はまぐさぐら、と解されている。ところが「倉律」ではこれはそのまま適用できない。穀物の収蔵を規定した史料1には、「倉」で表現されているが、穀物、芻・稾の両方を問題にしている史料3には「廥」で表現されている。また、倉庫に関する帳簿である「廥籍」は史料1に出てくるし、史料2には「禾稼・芻・稾を入るるには、輒ち廥籍を為《つく》りて……」とあって、「倉籍」というものはないようである。「効律」においても、史料27・29にみられるように史料3と同様の場合で「廥」で表現されている。しかし、史料28には、穀物だけを問題にしていても「倉」「廥」に両方が使われている。一方、「内史雑律」には、史料32に「芻を置く廥及び倉の茅蓋なる者」なる表現がみえる。これは引火しやすい建造物をのべた箇所であり、まぐさを置いてある廥と、(穀物を置いてあるが) 屋根が茅ぶきである倉庫は、の意であろうから、『説文解字』の説明と同じ区別がされていると考えられよう。

以上から推定できることは、本来は「倉」と「廥」には『説文解字』に記されているような区別はあるが、両者を総称した場合の表現としては「廥」が使われ、またどちらの場合でも、帳簿は「廥籍」と呼ばれた、ということである。

以上の他に、「秦律」には蔵府、書府と呼ばれる倉庫がみえる。「内史雑律」一九七に「敢えて火を以って蔵府、書府中に入る毋れ」とあるのがそれであり、夜警など厳重な管理を義務づけている。新釈注によると、これらはそれぞ

秋山氏によるＢ１式倉庫の一例
四川省徳陽出土乞貸画像塼
『東方学報・京都』46より複写

れ器物、文書を収蔵する倉庫であり、おそらく国家が直接管理していたものと思われ、倉や廥とは全く性質が異なる。

つぎに、倉、廥の形態であるが、漢代の画像石、塼、明器から、漢代の倉庫の形態を分類した秋山進午「漢代の倉庫」（『東方学報・京都』46、一九七四年）によって考えてみよう。秋山氏によると、大きく分けて円形のもの（A式）と方形のもの（B式）があり、A式は瓦屋根のあるもの（Ⅰ）とより簡単な屋根のもの（Ⅱ）に、B式は横長の建物（Ⅰ）と縦長の建物（Ⅱ）にさらに分けられるという。そして、先秦以来の文献にみえる「倉」とはこのBⅠ式建物であるとされている。

史料１に示されている「倉」は、一万石を一積として、これをいくつもならべて収蔵するのであるから、規模の大きなものが考えられる。また扉の開閉に関してもこまかく規定されているのであるから、日常簡単に取り出せないようなしっかりした扉がついていなくてはなるまい。したがって、「秦律」にみえる「倉」

も、秋山氏のいわれるようにＢⅠ式のものであると考えられるのである。

まぐさぐらについては、そこへの搬入、放出に関する具体的な規定がみられないので、その形態は推測できないが、穀物のようにしっかり積み重ねるものではないので、高い所に窓のあるＡ式の倉庫ではなかったかと想像される。

七、倉庫の管理に関して

(1)　県と倉庫との関係

倉庫への搬入、収蔵物の放出に最も関係の深い行政単位として、前記の史料中に頻出するのは「県」である。この県の秦における成立の時は、本篇第二章でのべたように商鞅の第二次変法の時であり、『史記』商君列伝に「而集小都郷邑聚為県、置令・丞、凡三十一県」とあるのがそのはじまりであろう。この県の編成のされ方についてはすでに第二章でのべたように、都・郷・邑・聚などの小共同体をまとめて新たな行政組織としての県を作り、そこに中央から令・丞を派遣して統治せしめた、と私は理解している。この県およびその下の小共同体が、「秦律」の形成時期までの間にどう変化してきたか、については、知るべき史料がないが、後にものべるように、基本体制としては変化していなかったと私は考えている。

この県を統べる役所が史料3にみえる「県廷」であり、この県廷はおそらく集合された共同体の中の中心をなす所に置かれたのであろう。前記の史料中でこの県廷に所属する官僚として明らかなものは、県令（史料4）、県嗇夫（史料1・27・28）、県丞（史料1・4・27・29・32）、長吏（史料1・29）、大嗇夫（史料29・32）、令史（史料4）である。このうち県嗇夫と大嗇夫が同一物であると思われることは史料1の注⑦でのべた。県令と県嗇夫についても同前注でふれたように、同一物を指すとする説があるが、私は高敏説に従い、県丞より上であるが県令より下にあるものとして県嗇夫を考えたい。長吏は史料1の注㉛に記したごとく、県令・丞にあたり、おそらく県嗇夫もこう呼ばれただろう。令史は県の属吏であって、前記の者の下に仕えて実務を担当する者であろう。

以上のことを踏まえたうえで、国家の人民支配の機関である県が、倉庫の管理とどうかかわっているかを具体的にみていきたい。

1　史料1に「県嗇夫若しくは丞及び倉・郷と相いに雑えて以って之に印せ」とあることから、倉庫に搬入し、ならべたうえで扉をしめると、県の官吏（すなわち長吏）が加わって封印する。その収蔵物を搬入したことの責任に県が参与するのである。ただし、以下の文にみえるように、以後の収蔵物の放出は倉嗇夫、倉佐等がおこなうのであるが、県が倉庫管理の責任の一端を担うことは明らかである。[1]

2　史料1に「嗇夫免ぜらるれば、効ぶる者発し、雑えて封ずる者に見えて、題を以って之を効べ、而して復た雑えて之を封じ、度る勿れ」とある。史料28には「（前略）効ぶる者其の封及び題を見て以って之を効べ、度る勿れ」となっている。前者では効《しら》べる前後に、まえに雑えて封印した人々と再度会合することになっているが、後者では効べる者が封緘と題を見るだけで会合はしないことになっている。本来は前者であり、簡略にすませる場合でも最低おこなう必要のあることを記したのが後者であろう。さてここにある「嗇夫」とは何か、についてであるが、史料28には、この規定のあとに「倉嗇夫及び佐・史、其れ免ぜられて去る者有らば」という別の規定があることから考えて、県嗇夫を指すものと思われる。そうすると、「効ぶる者」とは、どういう官の者か不明ではあるが、いずれにしても県から派遣されて来る者であろう。さきに封印に立ち会った県嗇夫がやめた場合は、県から官吏が来て、その時立ち会った人々の再度の立ち会いのもとに収蔵物を効べるのであるが、重量を度ることはしないのであろう。

3　史料1には「県は唯だ倉の自ら封印する者のみ是れ度れ」、史料28は「県は唯だ倉の自ら封印する所のみ是れ度れ」とみえる。県が倉庫の収蔵物の重量まで度ることを特定の倉庫に限定した規定である。ここで「自ら封印する者（所）」とは何かが問題である。史料1および27では、封印する時に県嗇夫または丞と倉嗇夫・郷嗇夫が雑えて会合する、つまり立ち会っておこなうのである。これが普通の場合であろうが、県の責任のみで管理するために、封印にも県の官吏しか立ち会わない倉庫が別にあるものと思われる。そして、そのような倉庫の収蔵物は県が独自に重量を度れるが、一般の倉庫ではそれができないのではないだろうか。これと関連する規定として、史料28に、倉嗇夫・佐・史がやめた場合のこととして「新倉嗇夫・新佐・史の廥を主る者必ず廥籍を以って之を度り、其れ疑う所有らば県嗇夫に謁し、県嗇夫は人をして復た度り及び与に雑えて之を出さしめよ」とあることが注目される。新任の倉嗇夫は度ることができるのであり、疑問が生じた場合のみ、それを県に報告して、県から来た官吏が度れるのである。県は倉庫の管理者としての一端の責任をもっているが、特殊な場合以外は倉嗇夫の「度る」という権限を無断で犯してはならないのである。以上から、倉庫の管理権を一方的に県が握っているのではないことが知れるのである。

4　史料1に「県の禾を出すに、入るるに非ざる者のみ是れ之を出し、之を度らしめ、之を度りて題に当り、之を出さしめよ」とある。ここにいう「県の禾を出す」というのは特殊な場合であると考える。なぜならば、その前に、倉庫から出す場合は倉嗇夫、離邑の倉佐がもっぱら出す、と記されており（この職掌については後に検討する）、その場合とは別に、県の責任において直接出す場合のことをここではのべていると考えるからである。倉庫から出す場合のこの二つの記述の間に、嗇夫がやめた場合の別の規定が入り込んでおり、両者は連続した規定とは思われないのである。そして以下は、この特殊な場合の慎重な手続きがのべられている。まず出す時は、倉庫に搬入した者と同一人物が出してはならない、とある。その人物が不正を働く可能性があるからであろう。つぎに出す量を度り、きちんと「題」にあたって記入したのち、初めて出せるのである。さらにそのつぎに、後で点検して不足があった場合と、多すぎた場合の責任の所在と処置がのべてあり、最後に「雑えて禾を出す者は更わる勿れ」とある。これは、複数者で出す場合、搬出途中で人が入れ替っては、やはり不正がおこりやすく、これを防ぐためであろう。このような慎重な手続きがおこなわれるのは、何も県の責任において出す場合に限らず、一般に倉嗇夫や倉佐が出す場合でも同じであろうが、あえてこの特殊な場合にこの手続きが明記してあるのは、それなりに理由があろう。すなわち、倉庫は県が一方的に管理すべきものではなく、このような特殊な搬出の場合にも、本来の担当者たる倉嗇夫や倉佐の搬出の場合と同様、いやもしかするとよりきびしい手続きの必要があることをのべたのである。より下級の官ではあるが、倉嗇夫や倉佐の倉庫に対してもつ権限がかなり強かったことがうかがわれるのである。

では、収蔵物の搬出についての、このような特殊な場合とは、どういうことを指すか。私の推測では、第五節で分類した「倉律」の第三類と第四類の規定にあるようなものの搬出の場合である。すなわち官庁の諸経費にあてる穀物・芻・稾を搬出する場合である。国家の官僚機構の地方における機関である県においてのみ、このような支出が担当され、その支出分は県がその責任において独自にその管理下の倉庫から搬出するのであろう。少なくとも官僚の給与に関しては、史料8に「県は食者の籍及び它の費を太倉に上れ」とあることから、県の計算に基づいて支出され、上級に報告されていることは明らかである。(2) 第三類と第四類の条文で、「倉律」の名のもとに、あのように詳しく支出項目と量が規定されているのも、このように考えてはじめて理解できるのではないか。

5　史料1の最後に「櫟陽は二万石もて一積とし、咸陽は十万もて一積とし、其の出入、禾の増積は律令の如くせよ。長吏相いに雑えて以って禾を倉に入れ及び発し、……」とみえるのは、櫟陽と咸陽という、当時の秦における大都市の倉庫の特別の場合のことをいっていると考える。ここで「律令」といっているのは、ここの条文以外に別にある律と令であろう。(3) この倉庫への搬入と搬出は、長吏だけが一緒に立ち会っておこなうという点で、すなわち郷嗇夫や倉嗇夫が一緒に立ち会わないという点で、前記の場合と異なるのである。また、最後尾にある、虫くいのある粟積に関することも、一積の単位を異にするような、収蔵量の多い大倉庫においてあえて問題とするような事柄であろうと推測されるのである。

6　史料3に「禾・芻・稾の積の索出せる日、羸・不備を県廷に上れ。之を出して未だ索ならずして已に備わる者は、県廷に言え。廷は長吏の雑えてその廥を封ぜしものをして与に之を出さしめ、輒ち数を廷に上らしめよ」とある。ここで、県廷に報告しなければならない場合が二つのべられている。その一は、収蔵物を空《から》にしてしまう日に、「題」と突き合わせて不足量または余分の量があった時、それを報告する。その二は、最初は倉庫を空にするつもりではなくて搬出していたのに、全部出し終らぬうちに「題」のうえでは全部出したことになっている場合、すなわち、「その一」の余分の量があった場合と同じことになる場合、その事態を報告するのである。そして、この後者の場合には、日常の搬出の場合と異なって、封緘の時立ち会った長吏、すなわち県嗇夫または丞が立ち会うのである。そのあとに「其れ少なれば、一《すべ》て之を懸《はか》らんと欲するも可なり」とあるのは、本来収蔵物の重量は県がはかることはできないのであるが、題に記載する量以上に倉庫に残っている分量が少量である場合は、立ち会った県の長吏がその重量をはかって県廷に報告するのである。

この条文には、上級管理者としての県の職権とその限界が明示されているといえよう。

7　史料4の全文を問題にする。この条文で明確でないことが三つある。第一は、冒頭の部分が欠けているため、「不備」とある上に条件があったと思われるが、それが判らないこと。第二に、「故吏」「新吏」とある「吏」とはどのような官かわからないこと。第三に、「倉□」の一字が不明なことである。これらを検討してみよう。第一は、史料30の内容を参照することによって推測できる。史料30には、故吏がやめる時に効べて、新吏も確認したのに、のちになって不備が発覚した場合には、故吏に罪はなく、また、故吏が効べなくても一年を経てしまえば、のちに不備であることがわかっても罪はないことが規定されている。本条には「故吏欲せざれば、強いる勿れ」とあるから、罪は故吏にはいずれにしても無い場合であろう。そうすると、欠けた部分の条件とは、史料30でいう二つの場合のことであろう。第二は、やはり史料30が官嗇夫のやめた者と新任者を「故吏」「新吏」と表現している。官嗇夫とは、史料26の注①にのべたごとく、具体的職掌をもった嗇夫と考えられ、ここでは倉嗇夫を指すであろう。本条でも倉嗇夫の新任、旧任者を指すと思われる。第三は、中大訳の補に従って、「倉佐」と考えるのが妥当であろう。

　さて、本条の前半は、「不備がわかった場合、新倉嗇夫と旧倉嗇夫が一緒に倉庫からまず全部出してしまうべきであるが、旧倉嗇夫が欲しなかったら、有秩の吏・令史・倉佐の三者でこれを出し、しかるのちに不備を論ずるのである。令史は県の属吏であるが、これは一緒に搬出する者が郷の事務官僚の有秩と、倉嗇夫の下にいる倉佐であるのと見合っている。しかし、この場合も、県が責任を負うが故に官吏が派遣されるのであろう。そのことは、後半に「雑えて搬出する三者を更えて不備であったなら、県令、丞も弁償の一端を荷え」とあることから明らかである。

　6・7ともに、倉庫に不正常な事態が発生した場合は、必ず県から官吏が派遣されて責任を負うことが示されているのである。

　8　史料28に「県は終歳にして出せる凡《すべ》てを為りて曰く。其の廥の禾を出すこと若干石、其の余若干石、と」とある。県は一年間の倉庫ごとの搬出量、年度末の現存量をきちんと掌握していなくてはならなかったと思われる。

　9　史料29には、倉庫をめぐってのさまざまな不正行為が列挙されており、その後に「皆な盗と法を同じくせよ」

とあり、さらに「大嗇夫・丞の知りて罪せざるは、罪人と平しきの律を以って論じ、また廥を主る者と共に不備を償え」とある。盗と同様に罰せられるのは「廥を主る者」、すなわち倉嗇夫・倉佐・史等であろう。しかし、知りながら見逃した場合は県嗇夫・県令も罰をうけ、弁償の義務があった。ここでは両者の上下関係がはっきり示されている。関連して、史料32にあるような、収蔵物の紛失、腐敗、失火による焼失などの場合は、県嗇夫・丞も罪をまぬがれなかったのは当然であろう。

10　史料29に「禾を入れ、漏倉を発するには、必ず長吏をして相いに雑えて以って之を見さしめよ」とある。穀物を入れる場合については、史料1ですでにみたが、漏倉を開けるという、特別の場合も県の責任者が立ち会うのである。6、7にのべた場合と同様なケースであろう。

(2)　倉庫の直接管理者と倉庫の所在場所

以上、県が倉庫の管理にどうかかわっているかをみてきた。つぎに、直接倉庫管理にたずさわっていると思われる諸官吏と、彼等が所属していると思われ、したがって倉庫管理を直接担当している官府と思われる「実官」について検討していきたい。しかしこの検討は、必然的に、「倉律」にみえる倉庫（倉・廥）がどこに所在していたかにかかわっており、戦国末期の秦の聚落の問題と同時に検討しなくてはならない。

史料27に「禾を入るるに、万石もて一積として之を比黎し、戸を為し、之を籍して曰く、其の廥の禾若干石、倉嗇夫某、佐某、史某、稟人某、と」とある。廥籍には入倉した穀物量と同時に、倉嗇夫、佐、史、稟人の名前が記入されるのである。ここの「佐」とは史料1にも出てくる「倉佐」のことであろう。稟人を除いた他の三者は史料28・29に、さらに史を除いた二者が史料1に「廥を主る者」と表わされており、史、稟人は一段低い実務官僚と思われるから、除外される場合もあるのであろう。これらの者が、まさに直接、倉庫を日常的に管理していたと思われる。

では、これら廥を主る者の具体的職掌は何であったか。史料1に「県嗇夫若しくは丞及び倉・郷と相いに雑えて以って之に印せ。而して倉嗇夫及び離邑の倉佐・稟を主る者おのおのに一戸を遺えて以って餼せしめ、自ら封印し、皆な輒ら出し、余の之れ索ならば、更めて発戸を為せ。」とある。まず「倉・郷」とは注⑧にのべたごとく倉嗇夫、郷嗇夫のことであろうと推定されるから、[4]倉嗇夫は倉への入禾および封緘の時に立ち会う者の中に入っていることが確認されよう。次に郷嗇夫であるが、注⑧には『漢書』百官公卿表を引いて、郷に嗇夫がいたことを示した。しかし漢代と戦国秦では同じ「郷」で表わされていても、その指すものは必ずしも同じとはいえない。「秦律」にある「郷」はむしろ前引の『史記』商君列伝にみえる「小都・郷・邑・聚」という、小共同体の一名称としてのそれに近いと考えるべきであろう。そして、このような郷にいたのが郷嗇夫であろうが、行政組織の末端に位置づけられていた漢代のそれよりは、やや自主的な、聚落のまとめ役的要素を多く持っていた存在であったと推定されるのである。

いずれにしても、郷という小共同体の中から選ばれ、そこに存在していたと思われる郷嗇夫が、倉への入禾、封緘に立ち会うということの意味を考える必要がある。もし倉庫が県内の特定の場所に行政的に設置され、県がそれを管理するような状態であれば、その入禾、封緘に郷嗇夫が立ち会う必要は何もない。倉庫が郷の農民の日常生活と深いつながりをもち、郷内に置かれているからこそ、県の長吏と共に立ち会いが必要ではなかったかと思われる。

つぎに「離邑の倉佐」について、「邑」なる名称が戦国秦に存在したことは史料1の訳注⑪所引の高敏氏の論文でも論証している。これもまた、「商君列伝」にみえる邑と同種のものと思われる。ただ、「離邑」とは何か、新釈注では『説文解字』によって、「郷」であると説明するが、これは漢代の制度に基づくもので、適用はできまい。しかし、他の文献にみえないので論証はできないが、他の聚落より離れた所に存在する、より小規模な聚落ではなかったかと思われる。そして、そこに倉嗇夫の下僚で倉庫をつかさどる倉佐がいたと思われ、当然その離邑にも倉庫があったにちがいないのである。倉庫の所在地に関連していま一つ、史料3に、「廥、都邑にあらば、」とみえる。この下に多くの文字が不明なので文意はつかめないが、倉庫が「都邑」にあったことだけはたしかである。この都邑について、新釈注では『左伝』荘公二十八年の記事を引いて、「都」と「邑」であるとするが、これは古すぎる例引である。「都邑」なのか「都」と「邑」なのか不明であるが、この名称も同じく「商君列伝」にともにみえるのであり（ただし「都邑」という熟語としては出てこない）、何らかの小共同体に倉庫が存在した例であろう。

さて、史料1にもどると、倉嗇夫と離邑の倉佐の職掌は何か。彼等は倉庫の扉一つずつを担当し、そこからの放出に関してすべて責任を負い、途中の封印も自分の責任でおこなうのである。扉一つからとり出せる収蔵物がなくなると、また新たな扉について同様のことをおこなうのである。この、放出の作業のために、彼等は、県の官吏には特殊な場合以外にはできない権利、収蔵物の重量をはかる権利があった。史料5に「禾、黍を程り、……以って人に稟せよ」とあり、「内史雑律」一九四にも「有実官の料（量）を県《はか》るは、……」とあるのは、みな彼等の仕事をのべていると思われる。史・稟人は、おそらくこれらの作業を補助したり、題や廥籍への記入などを助けた者と思われる。そして、この倉庫からの放出の責任は、特殊な場合に県が負う以外、すべてこの両者が担ったことは前述の通りである。また史料29にみえるような不正行為があった場合に処罰をうけるのは当然としても、史料31にあるような不備が生じた時に論ぜられ、史料33〜36にみられるような管理上の過失についての罰をうけるのもこの両者であろう。史料32にみえる紛失、腐敗、失火による焼失の責任は重罪となるのである。これが「廥を主る」内容である。

では、倉嗇夫・倉佐はどういう目的で倉庫から放出するのか。史料5・6には禾、黍を人に稟すること、秫は人に稟してはならないことが規定してあるが、この「人」がどういう人か不明なため、「倉律」の具体的内容がいまひとつつかめない。推測し得ることは、第五節で分類した中の第二類にある播種用の種もみと、第五類の中にある犬等の糧食である。これらが「倉律」にみられる以上、倉庫から放出したことは明らかである。しかし、これらの放出だけでは、彼等の仕事としてはあまりにも小さすぎると思われる。そこで推測するに、聚落の農民の日常の食糧の共同貯蔵所として倉庫があり、倉嗇夫等はそこから農民に穀物をたえず放出していたのではないだろうか。その理由は「倉律」という、国家の必要上作られた法に規定する必要のない、または規定できない、農民間の慣習的な倉庫の利用がもともとあったことが想定される。そして、伝統的なこのような倉庫の側面こそが、本来的な機能として存在したのではないだろうか。倉嗇夫以下の官吏は、主としてそのための仕事をする人々であったと思われる。[5]

つぎに、「実官」「有実官」について検討する。これらの語は史料30・32・33・34にみられ、他に「効律」「内史雑律」にみえる。意味は新釈注により、穀物を貯蔵する官府、と解してよいと思われるが、史料32をみると、芻を収蔵する廥をも管理していたとも思われるから、本章で総称している「倉庫」を管理している官府、というのが正確であろう。この官府に属している官吏が倉嗇夫・倉佐・史であることは史料30からわかり、おそらく稟人も入るであろう。この官府のありさまは史料32からかなり知り得る。すなわち、高い垣をめぐらし、近くに人を住まわせないようにし、そこの官吏だけがそこに居住して宿衛してもっぱら倉庫を守っていたのである。つまり地理的にはかなり独立して存在していたものであることがうかがわれる。

このような実官の責任者であった倉嗇夫と、県嗇夫との関係を最後に考えてみよう。高敏氏は、倉嗇夫等を総称して官嗇夫といわれる者は、県嗇夫の直接の管轄をうける、としている（史料1の注⑦所引論文）。たしかに、実官の側からはたえず県に報告をしてその指導を受けねばならず、また県側は実官の官吏の不正を監視する義務がある（史料29）など、その上下関係は明確である。しかし一方では、前に縷々のべたごとく、倉嗇夫は独自の職掌をもち、倉庫の収蔵物に関して独自の権限をもち、独立した官府の責任者として下僚を従えていた、という点で、県機構に対して一定の独自性を留保しており、そのことが「倉律」の規定にも示されているのである。倉嗇夫のこのような二面性こそ、この時代の倉庫のありようを示すメルクマールとなり得るのではないだろうか。

以上、かなりの推定をまじえてのべてきたことをまとめて、あえてさらに仮説を試みたい。「倉律」にみえる一般的な倉庫は各聚落に古くから存在していた、そこの農民の共同利用のための建造物であり、倉嗇夫以下のこれを管理する者は、本来的にはこの倉庫の管理をその聚落から委任された者であった。しかし、秦の国家権力が商鞅の変法以後、次第に下部の聚落にまで浸透してくるに及んで、倉庫は従来の倉庫のままではあり得なくなってきた。まず倉庫の管理人を県という国家機構の下部に組み入れて国家の官吏とし、それを通じて倉庫の収蔵物に対する国家側からの利用をすすめた。しかし、農民は以前通り日常の食糧の共同貯蔵場所として倉庫を利用しており、まだ倉庫が完全に国家の機関とまではなりきっていない状態が、この「倉律」に示されているのではないか。

八、秦の国家権力と「倉律」

「倉律」成立時期の、倉庫のありようと共同体・国家の相互関係が、前述のような状態であったとするならば、このような成文法としての倉律が形成される国家権力側の必要性をどのように認識すればよいであろうか。

ふたたび第五節の倉律の分類を考えてみよう。第三類と四類に分類される諸規定は、まさに社会から疎外されていく国家権力が、自らのその権力機構を維持するための費用を具体的に示している。階級分化の結果として現われた隷臣をはじめとする奴隷身分の者を国家が確保し、それを再生産するための費用、公権力の発動のための機関としての官吏の再生産に必要な費用等は、国家の公的機能を契機として人民の倉庫から収奪されていくのである。第二類と五類はどうか。これらに記されていることは、共同体の慣習として、日常生活の中に文章化されないで存在したことである。国家としては、共同体の慣習はそれとして維持しなくては、自らが基盤とする人民の再生産構造を破壊してしまうことになる。したがって、これらの慣習のうち、人民支配にかかわるものと、倉庫運営に必要なものを成文化し、他は法律外での慣習として温存したのである。かくて共同体をその機構のまま国家権力の支配下に組み入れ得たのである。人民の倉庫にかかわる利益が、倉嗇夫の権限とともに維持されたのはそのためである。そして、第一類の規定において、そのような二面性をもつ倉庫の機能を、そのまま維持していくような管理の仕方として示されているのである。[6]

このような「倉律」という法は、しかし永く続くわけではない。人民の生産力が高まり、共同体的再生産機構の意味が失われていくにつれて、倉庫のもつ人民の側からの意味も失われていく。有力者は私有の倉庫を作るようになっていくであろう。しかし、国家権力を維持するためには倉庫は不可欠であろう。かくして倉庫に関する法は、国家がいかにそれを管理運営するかのみを規定した法となっていく。たとえば現存のものでは、唐の「倉庫令」やそれ以後の諸法はまさにそれであろう。

注

（1）　史料27にも同内容の規定があるが、「印」が「封印」となっている。

（2）　ここにいう「它の費」とは何を指すかは不明であるが、県で使う公費を全部ふくめるとするならば、第三類と四類にのべられているものがすべてふくまれることになろう。

（3）　この「律令」を新釈訳では、史料1の条文そのものを指すとして訳している。しかしこれは疑問である。『秦簡』において、各条の最後に「某律」と書かれている場合と「某」のみの場合とがある。「某」のみのものが令ではないかという解釈もあるが、いずれにしても律と令は別であって、律令とよばれる条文はないと思われる。

（4）　「封診式」四六に「●丞某告某郷主」とあることから、ここの「郷」は「郷主」の略称とも考えられるが、「倉主」という官は他にみられないので「倉・郷」とあるこの文は、やはりともに「嗇夫」字を略したと考えた方が妥当であろう。なお「郷嗇夫」と「郷主」との関係、それぞれの職掌については、『秦簡』から察せられない。今後の課題である。

（5）　では、播種量についてなぜ法でかくもこまかく規定したか、についてであるが、秦では商鞅以来、重農政策をすすめ、富国強兵をはかったことは有名であり、したがって農民の土地利用の仕方にまで法による規定が作られたのではないかと思われる。犬については、「足るを期せ」と法で明確にのべている限り、国家的必要があったことは確かであろうが、その理由は推測し難い。鶏を倉から離す理由は、卵・肉を得るための鶏の飼育は、あまりにも私的なもので、倉庫からそのためにえさとなる穀物を出す必要はなかったからであろう。

（6）　倉嗇夫や、共同体の成員の、倉庫に関する利益や権限の維持は、国家権力に対する抵抗の一種であろう。しかし同時に、その抵抗をそれとして一定程度認めることが、国家権力を存立せしめる必要条件であったのであり、それは同時に国家の人民支配の形態でもあるのである。

〔追記〕

本章は一九八〇年の初出原稿に加筆したものであり、発表から現在まで二十五年以上を経ている。この間、『秦簡』全体はもちろん、「倉律」に関してだけでも多くの研究成果が発表された。第二節の「訳注」において、私が解釈できないと書いた部分についても、その後諸見解が出されているし、「倉律」に関係する諸制度（特に官僚制度）については夥しい研究成果が出されている。したがって第二節の「訳注」の部分を現時点で完全・正確なものとするためには、その数倍もの分量の補訂を要するであろう。しかし、第二節は本章の目的である戦国末期の秦の倉庫について論じることの前提として、「倉律」の構成、内容のあらましを提示するために置かれたものであって、訳・訳注それ自体が目的ではない。したがって、初出原稿に必要最小限の補訂を加えたにとどめておいた。

また、第三節以下の分析の箇所についても、いまからみると不十分、不正解と思われる点のあることを多々発見したが、この部分については大櫛・冨谷両氏との論争があるので、初出原稿に大幅に手を加えたのでは論争点が不明確になってしまう。ゆえに、この箇所には必要最小限の補訂（字句の修正、表現の不適当・不十分な箇所の修正・増補）のみにとどめ、のちに私が修正・追加すべき内容については「附論１・２」においてのべることにした。（二〇〇六年三月）

附論1　大櫛敦弘氏の批判に答える

一

本章発表ののち十年以上を経過し、『雲夢秦簡』（略称『秦簡』）に関する研究も多く出されるようになり、今日に至っているが、「倉律」を中心とした倉庫についての研究はほとんどみられなかった。唯一、一九九〇年に、大櫛敦弘「秦代国家の穀倉制度」（『海南史学』二八、以後「大櫛論文」と略称）が出され、拙稿に対するほぼ全面的な批判が展開されている。大櫛氏の関心は、その題名によって示されるごとく制度史にあると思われ、私とは問題関心において本質的に異なるのであるが、それにしても「倉律」に規定されている倉庫の性格については全く見解を異にし、その根源は「倉律」の文の読解の仕方にあるのであるから、私としては当然この批判に答えなければならない。本附論の目的は第一にそこにあるが、それだけではない。

第二に、大櫛氏の『雲夢秦簡』という史料のとらえ方、扱い方が、私のそれとまさに対照的なものの典型であると思われるので、大櫛氏への反論を通して、私なりの研究方法の「個性」を世に問うてみたかったのである。

第三に、本章でのべたことが、大櫛氏と同様に、他の研究者からも多く誤解され、または理解されていないのではないかという不安があるからである。これは私にも責任があることなので、批判に答える形で、再度より明確に自分の主張点をのべる必要性を感じているからである。なお、引用史料については、本章で示した史料番号と簡番号を用いた。

二

私が最初に「倉律」に注目したのは、この律の中に、一見して倉庫とは関係ないと思われる諸規定が多く存在したからである。「倉律」の中に規定されている倉庫の管理についての内容を理解するためにも、「倉律」の全体の構成を正確にとらえることから始めなくてはならない、と私は考えた。そして、本章において、「倉律」全二五条をその内容から五つに分類した。

一、倉庫の管理・運営の全般に関する規定
二、穀物の播種及び脱穀・精製に関する規定
三、官吏の給与、職務上の諸経費、非常勤雇傭者の給与、伝馬の糧食に関する規定
四、官に仕える隷属的身分の者および刑徒・四人への衣食の支給に関する規定
五、家畜の飼い方・処分についての規定(1)

一の規定は「倉律」として当然のものであろうが、二～五は、倉庫そのものとは関係ない。私はこれらを、倉庫に収蔵されている穀物や芻・藁に関する規定であると考えた。そして、三および四は官が必要とする穀物・芻・藁を倉庫から持ち出すことにかかわるのに対し、二および五は農民が自らの食糧や家畜の飼料、播種用の種もみとして使用するものを倉庫から持ち出すことにかかわって「倉律」に規定があるものと推測した。これはあくまで私の推測であ

り、他の理由があってこれらの規定が「倉律」の中にふくまれている可能性もある。しかし、つぎの二点だけは確実にいえることであろうと思われる。すなわち、これらの規定が何らかの意味で倉庫とかかわるものであるが故に、文末に「倉」または「倉律」と記された規定として存在したことが第一点。第二点は、これらの規定の中には、県、県廷という名で『秦簡』に現われる国家機関とかかわるものと、それとは関係なく農業生産や農民生活に直結する規定とがある、ということである。

さて、この推測をもとにして、私は「倉律」の規定の対象となっている倉庫からは、国家機関と農民がともに必要な穀物・芻・藁を取り出すことのできる倉庫であるに違いない、と考えた。そして、農民といっても、後漢時代の豪農のような、私有物としての倉庫を持つ者はこの時代にはあり得ないと判断し、この倉庫は聚落＝共同体に存在する共有のものであったに相違ない、その聚落とは律文に「郷」・「邑」の名で現われるものであろう、と判断したのであるが、この点はのちに史料を検討する所で詳述する。

さて、大櫛氏は前記の私の五分類をその論文中の本文にそっくり引用されているが、その分類の仕方については何も批判されていない。

ところが、その分類の中の一の部分、わけても冒頭にみえる長文の一条（史料I、すなわち「秦律十八種」二一～二七、のちに再検討する）が、最も基本的事項を規定しており、「穀倉の性格を考えるうえでの主要な問題点は、ほとんどここに集中している」（大櫛論文二頁下段）と判断され、以後この一条以外はほとんど検討されていない。さらに、「倉律を中心とするここでの穀倉管理規定は、太田氏も指摘されるように、本来の穀倉管理の範囲をこえる多様な内容を含むなど、一面では行政法規として未分化・未整備な側面をとどめるものである」（八頁上～下段）という、「倉律」の内容の評価がなされているのである。ここには、法を史料として検討するにあたって前提とすべき重要な問題が多く示されている。

大櫛氏は、「倉律」とは「穀倉管理規定」であるべきであると自ら規定しておられるようである。だから、「管理規定」にあたらないものは重要ではない、余計なものであり、そのようなものを「倉律」が含んでいるのはそもそも「秦律」自体が未整備だからだ、したがって余計なものは検討にも値《あたい》しないものだ、と判断されているとしか思えない。つまり、自ら想定したあるべき「倉律」の規定以外は、すべて未整備のためにまぎれ込んだ条文である、ということである。

この観点は、法という史料に対する、私の立場とは根本的に異なる。

現代に残されている、当該社会に存在し機能した法は、それ自体として全体として認識し、何故にそのような規定が、そのような構成と内容で存在したかを考えることが、当該社会の実態を正確に把握することの第一歩となる、と私は考えている。倉庫の管理規定以外の諸規定を多く含んだ構成として「倉律」が存在している以上、自らの主観ではなく、その事実から研究は出発しなくてはなるまい。また、未整理のために、倉庫とは全く関係ない条文が「倉律」の中にまぎれ込む、ということが実際にあり得るだろうか。「倉律」、「田律」、「工律」等々の、条文のグルーピングは、法を体系化させるためにあるというよりは、法に基づいて実務にあたる官僚が、その職務を遂行する便宜のために分類される必要があっておこなわれているものであろう。グルーピングが無秩序におこなわれ、無関係な条文が一まとまりになっているとするならば、法に基づく行政に混乱がもたらされることは必然である。我々は古代の法を検討するにあたっては、現代社会の法体系を物差しとして考えるのではなく、古代なりの一定の基準があって構成されているものと考え、その基準が何であるかを考察する必要があるのではなかろうか[2]。

つぎに、秦代の倉庫の性格を判断するのに必要な条文は、「倉庫」の管理規定にあたる部分だけであると考えられるであろうか。たしかに史料1の長文の規定がきわめて重要であることはいうまでもない。しかし、この規定だけからでは倉庫内に貯蔵されるものが誰によって、何の目的に使われるかを知ることはできない。

ところが、このことこそが倉庫の性格を知るうえで重要なことと私には思われる。もちろん「倉律」の中の他の条文からも、これらのことを明確に知ることはできない。しかし、倉庫内の貯蔵物が国家の財政支出としてのみ使われていたとは思えない条文が、「倉律」の中にみられることも事実であろう。大櫛氏は、「倉律」に規定されている倉庫が、徴収された田租等の税物のみを貯蔵する倉庫であると最初から決めているがために、国家によるその管理・運営しか主要問題はないと思われているのではないだろうか。(3)

三

つぎに、史料1の問題の中心をなす倉庫管理規定部分の考察に入りたい。この史料の私自身の解釈は「倉律」の他の条文および「倉律」以外の倉庫にかかわる条文の解釈と合わせてすでに詳しくのべている。本論では大櫛氏との理解の相違がどこから出てくるのか、を明確にさせることに重点を置きたい。まず、原文を、私なりの句読点を打って示すが、さらに全文をA〜Fに区分する。この区分法は大櫛氏のそれに一応従うものであり、そうすることが両者の条文理解の対比にとって有効と思われるからであるが、各部分の内容の理解は氏と異なっていることはのちにのべる通りである。（　）内は、新釈の釈文による読み替えの字である。

A、入禾倉、万石一積而比黎之、為戸、県嗇夫若丞及倉・郷相雑以印之。而遣倉嗇夫及離邑倉佐・主稟者各一戸以気（餼）、自封印、皆輒出、余之索而更為発戸。

B、嗇夫免、効者発、見雑封者、以隄（題）効之、而復雑封之、勿度。県唯倉自封印者是度。

C、県出禾、非入者是出之、令度之、度之当堤（題）、令出之。其不備、出者負之。其贏者入之。雑出禾者勿更。

D、入禾未盈万石而欲増積焉、其前入者是増積、可殹（也）。其它人是増積、積者必先度故積、当堤（題）、及入焉。後節（即）不備、後入者独負之。而書入禾増積者名・事・邑里于廥籍。万石之積及未盈万石而被（柀）出者、毋敢増積。

E、櫟陽二万石一積、咸陽十万一積、其出入・禾増積如律令。

F、長吏相雑以入禾倉及発、見彖之粟積、義（宜）積之、勿令敗。倉

まず最初に確認しておかねばならないことは、倉庫への穀物（禾または粟として表現される）の搬入や、倉庫からの搬出の手続きについて、このように具体的、詳細に規定した法は、これ以後に全く見あたらないということである。法体系が時代を経るにつれて整備され、規定も具体的になっていくのが一般であるにもかかわらず、このような内容の規定が戦国秦の「倉律」にのみみられるのである。ということは、「秦律」の「倉律」に規定されている倉庫とは、後代のそれ（租税としての徴収物の保管施設）とは異なった性格をもち、戦国時代であるが故に存在した独特のものであったと考えるのが常識であろう。法とは伊達《だて》にあるものではなく、その時代の社会的要求を基礎として、作られるべくして作られたものであるということを、条文分析の前提として銘記しておかなくてはならない。

内容の検討としては、私の解釈の要点を、大櫛氏のそれとの違いと合わせて列挙していきたい。

1、大櫛論文二頁下段にある氏の句読点を付した原文の引用と比較して、その相違が明確なのは、BおよびCに各一箇所みえる「県」字（波線部）の位置である。私はこれを一字だけで県という国家機関またはその官吏を示すものと解した。本章第七節でのべたごとく、このような用法は「倉律」の中にも四箇所ほどみられる（「新釈」の句読点も

この解釈によって打たれている）。大櫛氏は当該箇所を「新釈」の句読点および注釈に従い、「県」字の上の「度」字と結合させて「度県」という熟語と解し、「はかる」の意とされた。このために、私はCの冒頭に「県」字を置くが、大櫛氏はBの末尾に置かれている。この相違がCの内容のとらえ方を全く異なるものとし、ひいては全文の理解をも全く異なるものとしたのである。

「県」は「懸」に通じ、これだけで「はかる」の意となることは周知であり、現にその用法は「倉律」中にもある。しかし、この条文中にはCに二箇所、「度」一字だけで「はかる」の意で用いられている所があるので、Bの二箇所の「度」字も、それ一字だけで使われていると解する方が自然ではないだろうか。「度懸」なる用法が『秦簡』中で他にみられないことから考えても、わざわざ二字の熟語とする竹簡整理小組の読解に与することはできない。

2、では1で示した句読点の場所の相違は内容理解にどう影響するか。大櫛氏は、Aの部分が倉庫に穀物を搬入するに際しての諸手続きを主に規定し、搬出に関しては付言しているに過ぎないのに対し、Cの部分ではもっぱら搬出に際しての諸手続きの規定を示している、とされる。私は、Aでは搬入の諸手続きと同時に一般的な、倉嗇夫・倉佐による搬出の手続きを共に規定しているのに対し、Cでは、県の権限と責任において穀物を搬出する場合の規定であり、搬出の場合には二種の異なった条件と手続きがあったと解釈する。

大櫛説で合点のいかない所は、Aの後半部分が何故に搬入手続きの説明のついでに、倉嗇夫等による搬出手続きにもふれただけのものといえるのか、ということである。おおよそ、法の条文において、のちに正式に規定することの一部分だけを他の規定のついでにのべておく、などというまぎらわしい表現の仕方は常識からいってあり得ない。内容からいっても、Aの前半は搬入に際して、県嗇夫・丞、倉（嗇夫）、郷（嗇夫）が立ち会って扉に封印する手続きが記されているのに対して、後半は倉嗇夫・離邑の倉佐が扉一つを受け持って搬出やその後の扉の封印をもっぱら司ること等が記されているのである。両者に共通しているのは倉嗇夫という官名だけであり、手続きも全く別のことである。後半の記述はきわめて具体的であり、その手順・手続きは明白であって、それだけで完結している。

これに対して、Ｃの文は同じ搬出に関することであっても全く別の規定である。ここには倉嗇夫等のＡにみえた官名は一切あらわれない。搬出の作業にあたる者をきびしく限定し、搬出重量を度《はか》り、題＝台帳と突き合わせることを義務づけ、過不足があった場合の責任や処置を示している。この両者の相違は、Ｃの文の冒頭に「県」字があることによって生じてくるものではないか、というのが私の理解である。

３、読解の相違を明確にするにあたってもう一つ鍵となる点がある。大櫛氏はＢの最後の句の中にある「倉」字の下に「嗇夫」を補い、この句の意味を「ただ、倉嗇夫自身が封印をしている（発給中の）扉の穀物についてのみ計量するように」と解されている（大櫛論文五頁上段）。そして、このＢの文全体においては、「共同で封印した倉」と「倉嗇夫自身が封印をしている現に発給中の倉」の両方について、嗇夫交替にあたっての貯蔵物の点検方法の相違を規定したものと解されている。また、冒頭の「嗇夫」とは、ここでは県嗇夫を指す、としておられる。私によると、この解釈には相当無理があるといわなくてはならない。順次指摘していくと、

(ア)、冒頭の「嗇夫」とは県嗇夫ではなく倉嗇夫である。Ａの部分の後半では倉嗇夫と離邑の倉佐の稟（発給）を主《つかさど》る者がもっぱら倉庫からの搬出を司ることがのべられていて、それを受けてＢの文があるからである。県嗇夫とは何か、については諸見解があるが、いずれにしても県の高官であり、たしかにＡにみえるように倉庫への搬入に立ち会って、共同で封印する者の一人ではあるが、以後は直接倉庫の管理にあたる者ではない。その人が免ぜられたからといって、その都度倉庫の内容を点検する必要はないのである(4)。

(イ)、「倉」字の下に「嗇夫」を補って、「倉」とは「倉嗇夫」の略語だと考えるのは、文脈からみて無理である。大

櫛氏はAの文の「県嗇夫若丞及倉・郷相雑以印之」の「倉・郷」とは「倉嗇夫・郷嗇夫」の略と考えられるから、Bのこの「倉」についても同様だといわれる。しかしAの文にはすぐ上に「県嗇夫」があり、その下に「倉」と「郷」が並列されているから、「嗇夫」の語を二箇所略したものと考えることも可能であるが、Bの文の場合はいきなり「倉」字のみが出てくるのであるから、同じ論法を適用するのはあまりにも牽強付会である。氏がこのように無理を強いられたのは、そもそも「県」字を「度」字と結びつけて読んだために、当該箇所の文の主語を何とか作り出さねばならなかったからであろう。しかし、このような無理はBの文意全体を歪めてしまうことになるのである。

付言すると、Aの文の「倉・郷」について、各字の下に「嗇夫」の語を補って解釈したのは高敏氏であり(5)、第二節において私もそれに一応従ったが、現在考えてみると、これにも少し無理がありそうである。新釈に付された中国語訳ではここの部分を「倉・郷主管人員」(倉・郷の担当の人々)と訳しており、嗇夫に限定していない。Aの後半の部分では搬出を司る者に倉嗇夫とならんで離邑の倉佐がみえるのであり、倉佐も倉庫への搬入の時に立ち会い、共同で封印していても不自然ではない。また、「郷」も郷嗇夫とは限らず、郷にいる官吏または郷の長老であって、何らかの意味で郷を代表できる人物であればよいのである。「倉・郷」とは「倉庫に関して、および郷を代表する関係者(役人)」ぐらいに理解しておく方がよいと思われる。

(ウ)、Bの文中に「現に発給中の倉」と「封印したままの倉」の区別があるとどうして考え得るのか、理解に苦しむ。Bの問題の箇所の前の部分の文意は「嗇夫が免ぜられた時は、効者(県から派遣されて倉庫を検査する役人、官名ではない)がやって来て倉庫を開き、以前搬入の時に立ち会った人々に会見したうえで、題＝台帳にあたり直して貯蔵物の現状を確認し、再び(以前と同様に)封印を施す、という段取りが必要であるが、貯蔵物の重量までは度《はか》ることはできない、……」となるから、すべての倉庫の扉は、あらためて封印のやり直しがおこなわれるのであって、現に発給中かどうかは関係ない。発給中の倉庫であっても、題と突き合わせて、どのぐらい搬出済みかを確認したあとで封印することが明記されているからである。

４、３での考証に基づいて、私はＢの文中の「県唯倉自封印者是度」の部分を次のように解釈した。「県はただ県だけが責任を負って封印した（つまり他者と共同で封印したものではない）倉庫についてのみ、倉嗇夫交替の時点で貯蔵物の重量を度れ。」この私の解釈をうけて、大櫛氏は私が「倉律において、県ひいては国家権力の統制が強く及んでいる倉と、いわば『共同体の倉』ともいうべき倉との二種類の倉が存在することを指摘」している、と解された（大櫛論文四頁上段）。一見、正確に私の意図を把握されているようであって、実は本質的な点で異なるのは、大櫛氏との間に、倉庫に対する認識の大きな相違があるからであろう。私は倉庫には二種類あったとはいっていない。三種類か、あるいはそれ以上かも知れず、限定できるものではない。しかし、誰がその管理権をもち、貯蔵物が何に使われるかによって異なった性格の倉庫が存在したことを窺うことができる、と考えている。管理権を最もよく象徴することは、倉庫への搬入の時に誰が立ち会って、最後に誰が封印するか、である。この条文にみえる倉庫はたしかに二種類である。一つはＡの部分にある共同で封印する倉庫、他は前述の県が管轄し、県関係者のみが封印する倉庫である。前者はその貯蔵物が一般農民と県＝国家の側の双方の必要によって搬出されるのに対し、後者は県のみによってもっぱら搬出される倉庫である。しかし、他にも推測可能なものとして、本当の意味の「共同体の倉」、すなわち郷又は同レベルの聚落＝共同体においてのみ管理され、その必要のみで搬出される倉庫の存在がある。要するに、既存の、聚落＝共同体管轄の倉庫に対して県の側がどこまで支配権をもっているか、その程度によって何種類かの倉庫があり得ると考えられるのである。

また、「いわば『共同体の倉』」という表現は、私の意図と大きく離れたいい方であるが、この点は後に論ずる。

5、4でみた後者の場合、すなわち県が一方的に管理する倉庫については、「倉律」においては、封印についても、搬入・搬出についても何ら規定がみられない。大櫛氏はこの点について、「『国家の必要上作られた法』という「倉律」の性格を考えるならば、むしろ『共同で封印する倉』は次要のものにすぎず、それ以上に強力に県の統制が及んでいたはずの『県の官吏のみが封印する倉』についての規定がまずなされているべきはずであろう」（大櫛論文四頁下段）といわれるが、このような氏の考え方こそが私には理解できない。法とは社会的問題となり、トラブルが起こりそうな事柄、もしくはすでに起こった事柄に関してこそ必要なものである。社会的諸矛盾を調停する規定を権力の側で作成したものが法である。「共同で封印する」倉庫に関してこそ、厳密で詳細な規定がまず必要なのではないだろうか。国家にとっては、倉庫に関しては、このことを規定しておくことが当事何よりも重要であり、それによって、社会的矛盾の緩和をはかりながら自らの権力基盤を確立していったのである。もちろん、県の管理する倉庫の管理法について規定は不必要だ、と考えるものではない。しかしそれこそ「次要」のものであり、少なくとも当時の国家にとっては「倉律」という倉庫に関する規定の中には必要のないものであったはずである。

なお、私が存在を推測した聚落＝共同体のみで管理した倉庫について、規定がないのはいうまでもない。共同体に永くあったであろう慣習法に基づいて共同体によって独自に管理されるべきものであって、国家の関与できないことであるからである。

6、では、倉嗇夫・離邑の倉佐がおこなう穀物の一般の搬出は、誰に対して何のためにおこなわれるのであろうか。本章第七節でのべたことをここでも確認しておく必要がある。史料5に、「禾黍を程《はか》り、……書を以って年を言い、其の数を別ちて、以って人に稟せよ」とあり、史料6に「禾を計り、黄・白・青を別ち、秫は以って人に稟する勿れ」とある。ともに「倉律」の規定であるから、稟とは当然倉庫から出して与えることである。私は、これらの「人」とは一般の農民であろうと考える。また、史料27には「禾を入るるに、万石をもて一積として之を比黎し、戸を為し、之を籍して曰く、其の廥の禾若干石、倉嗇夫某・佐某・史某・稟人某、と。是の県にて之に入るるに、県嗇夫若しくは丞及び倉・郷と相《たが》いに雑えて以って之に封印せよ。而して倉嗇夫及び離邑の倉佐の稟を主る者各《おのおの》に一戸を遺《あた》えて、以って人に餼せしめよ。其の禾を出すは、又其の出す者を書すこと、禾を入るるが如く然り」とある。この規定は「効律」にあり、Aの部分より詳しいものであり、特に廥籍への記入について重点を置いて規定している。いま注目すべきは、Aの文にはなかった「人」字が「餼」字の下に入っていることである。また「稟人」「史」なる官名と思しき語もみえる。「稟」と「餼」とは同義で、倉庫から出して与えることであると解されるので、貯蔵物は「人」に与えられるのである（「稟人」の「人」は与えられる人を指すのではないが）。つまり、私のいう一般的な搬出とは、農民に穀物等を倉庫から出して与えることであり、そのために、倉嗇夫・倉佐の下にさらに史・稟人という下級官らしき者（臨時雇いとも推せられる者も含めて）もいたことがわかるのである。そして、推測するに、これら搬出した穀物等は、農民の日常の食料、家畜の飼料、種もみ等として使われたのであろう。本来は、聚落＝共同体には不可欠の共同の倉庫であったと思われる。しかし、その倉庫から農民に給する人＝倉庫の直接の管理人が倉嗇夫等の官僚となってしまったことに、この時代の特徴があり、「倉律」という法規定の必要性もあるのである。

7、以上の考証から自《おのず》と明らかであるが、倉庫とは各聚落＝共同体に存在した、と私は考えている。戦国期聚落の名称は、郷・都・邑・聚などで諸史料に現われる。たとえばAにみえる「離邑の倉佐」についてであるが、他の聚落より離れた所に位置しているので「離」字が付されていると思われ、そこには倉佐がいたのである。倉庫が存在しないのに倉佐なる官吏がいるはずがない。また史料3に「廥の都邑に在らば、……」の句がみえる。「廥」と「倉」とは、第二節で考察したようにほぼ同義で「秦律」中に使われている。「都邑」なのか、「都」と「邑」なのかは判然としないが、いずれにせよそのような名称の聚落に𥳑＝倉庫がある場合についての規定である。

県がすべてを管理する倉庫は県廷の付近にあり、共同利用の倉庫は聚落＝共同体にある、と所在場所を区別しては考えていない。当然ながら、一つの聚落に複数の倉庫がある場合があり、その中のいくつかは全面的に県の管理下において収蔵物はすべて国家の用に徴し、またあるものは従来通り、聚落＝共同体の全面的な管理下に置かれたままになっていたのではないかと想定している。察するに大多数の倉庫は「倉律」の規定の対象となるようなものではなかろうか。

8、倉庫管理の直接の責任者であったと思われる倉嗇夫の性格について最後に考察しておきたい。すでに本章第七節において検討したように、「秦律」や「法律答問」には、「実官」、「有実官」という倉庫を管理するための官府がみられる。高い垣をめぐらし、近くに人を住まわせず、特定の官吏だけが宿衛して倉庫を守っていたのである。この官吏とは、さきにみた倉嗇夫・倉佐・史・稟人であり、倉嗇夫はそこの責任者であったと思われる。したがって倉嗇夫は聚落に存在した官府にいたのである。その上官としては、当然ながら県令（県嗇夫）など県廷に勤務していた諸官が考えられ、その上下関係は明瞭である。しかし、倉嗇夫は一方では、倉庫からの食糧等の発給を農民に対しておこなっており、聚落の農民の日常生活と密着した職務を担当している。聚落の実状を全く知らない天下り官僚であるならば、たとえ下に補佐官を従えて実務にあたらせていても、相当な困難が予想される。Aの規定の中に「県嗇夫若《も》くは丞及び郷・倉と相いに雑えて以って之に印し」とあったが、郷と倉とは並列されていて、「及び」をはさんで県の官吏と相対置した表現になっている。県嗇夫・県丞が県側《がわ》なのに対して郷嗇夫（と一応仮定する）などや倉嗇夫などは郷側＝聚落側なのである。私の推論では、倉嗇夫とはもともと倉庫の管理に携わっていた聚落の人物が、県の下部の官吏として官僚体系の中に組み込まれ、国家の倉庫支配の末端に置かれるようになったものではないか。聚落の農民のための仕事をしながら、官吏として県にも仕えるという二面性をもった存在が倉嗇夫なのではないか。国家の側からみるならば、聚落の農民の共同体の信任を負って倉庫の管理をしていた人物をとらえることによって倉庫をとらえ、そして農民をとらえていったのではないか。法の規定だけからそこまで推測するのはいきすぎかも知れないが、私はそのような軌跡を頭に描いている。

四

大櫛氏は、「倉律」に規定された倉庫とは、農民から徴収された田租を収納するための、県に置かれた倉庫であるといわれる。「倉律」とは、その倉庫を官吏がいかに管理するかを主に規定したものであるといわれ、「倉律」という法は農民にはもはや無関係なものであり、一部の官吏にとってのみ関係ある法規定ということになる。では、農民からどのようにして田租が徴収され、倉庫までどのようにして運ばれるか、については、いまのところどの文献からも知ることはできない。このことは漢代においても同様であって、田租徴収の率《りつ》は数字で示されていても、徴収の具体的手順は皆目不明である。

私は、少なくとも戦国末期の秦においては、聚落＝共同体に存在する倉庫から穀物・芻・藁等を県によって搬出することがすなわち田租の徴収ではなかったか、と考えている。具体的に考えてみて、個々の農民に、ある場所に持参させたり、役人が個々の農民から徴収して歩く、などということは煩瑣なうえに能率が悪く徴収率も低くなりがちである。それより、聚落の共同利用の倉庫を国家の側で押えることの方が確実な徴収となるのではないか。それも、倉庫を国家の手で完全に押えてしまったのでは、その倉庫へ集めることが十分できなくては無意味となる。農民が共同で利用している倉庫から持ち出すことが、確実な徴収方法ではないだろうか。

田租は戦国時代においても本来一定の徴収率なり徴収量が定まっていたと思われるが、毎年のように戦争が繰り返された時代であるから、追加、臨時の徴収は跡を断たなかったことが想像される。兵士の糧食だけを考えても膨大な量にのぼろう。その都度、個々に徴収することは、当時の官僚組織の段階ではきわめて困難であろう。確実に穀物・芻・藁が収納されている聚落の共同利用倉庫から持ち出す体制を作ることが最も実現可能なことと思われるのである。

しかし一方、国家の必要だけで一方的に持ち出したのでは、農民の生存、再生産を損なうことになる。「倉律」の中に畝ごと播種量や穀物の精製について、さらに家畜の飼料等にいたる農民の日常活動にかかわる規定があるのはそのことと関係があると思われるし、倉庫内の穀物量を毎年上計させるのもそのためである。

このように考えてみると、「倉律」とは単なる官吏の職務だけにかかわる無味乾燥な規定集ではなく、国家の存立の基盤にかかわる重大な法であったといわざるを得ない。『秦簡』の「秦律」の中で、「倉律」の部分が最も分量が多いのも当然といわなくてはならない。

五

大櫛氏は、私の「倉律」に関する見解を、「共同体の倉」または「共同体の倉としての性格」を指摘したものととらえられているようである。このような誤解をうけたのは、おそらく私の文章表現の不十分さゆえのことと思われる。

しかし、この「附論」の以上の説明で「倉律」の主たる規定の対象となっている倉庫が、その本質において「共同体の倉」ではないことはお分かりいただけたと思っている。そもそも、共同体の倉庫の管理について国家が法でもって規定するということはあり得ないではないか。法の性格について、共同体の性格について考察すればこのような氏の見解は生まれ得ないのではないか。

一言でいうならば、「倉律」の規定の対象たる倉庫は、「共同体の倉」として存続していたものを、その管理者を官僚体系の中に組み込むことによって国家の支配下に置き、従来の倉庫にかかわる共同体的関係を利用してその収蔵物を国家の財源に転化させた「国家の倉庫」である。

誤解を招いた原因は二つあると思われる。第一は、倉庫の質的転化がはかられても、その存在場所、そして恐らく建物自体も変わっていないということである。何か新しい場所に、新しい建物が建築されなければ世の中が変わった気がしない、という錯覚を生んだのであろう。第二は、倉庫は引き続き共同体的機能を持っている、ということである。そしてその機能を発揮させる人物も同一であったのである。ただ、その人物は国家によってオーソライズされて換骨奪胎し、新しい機能も倉庫に付与されたが、世は戦乱時代、「村を守るために」というお題目の声に耳を奪われて国家権力に従ったのであろう。

注

（1）　これらのどれとも異なり、倉庫との関係もいまのところ直接には見い出せない一条があるが、関連性からみて一応、四に分類してある。今後の検討課題である。本章第五節参照。

（2）　ちなみに、古代法として一応の体系化がなされたとされる唐代の法をみてみると、『唐令』に「倉庫令」があり、前述の「秦律」の「倉律」五分類のうち一～四の内容の規定はみられるが五の内容はない。この点からみても、倉庫に関する「整備された」法であっても、決して倉庫の管理に関する規定だけではないことが分かろう。仁井田陞『唐令拾遺』倉庫令第二十四（六九二～六九六頁）参照。

（3）大櫛氏は「穀倉からの支出に関わる費目」（九頁下段）の中に播種、家畜の飼料をあげているが、公田への播種、官府で飼育する家畜のみを念頭に置かれているのであろうか。そうであるならば、このように限定して考えなくてはならない根拠は、貯蔵物の性格を氏自身が一方的に限定していると判断する以外にはない。

（4）なお、免官に際しての倉庫への処置については、史料28の「効律」の部分により詳しい規定があるので、若干の検討を加えたい。「嗇夫免ぜられて効《しら》ぶるに、効ぶる者其の封及び題を見て以って之を効べ、度る勿れ。県は唯だ倉の自ら封印する所のみ是れ度れ。県は終歳にして出せる凡《すべて》を為りて曰く：其の禾を出すこと若干石、其の余若干石、と。倉嗇夫及び佐・史、其れ免ぜられて去る者有らば、新倉嗇夫・新佐・史の禾を主る者必ず禾籍を以って之を度り、其れ疑う所有らば県嗇夫に謁し、県嗇夫は人をして復た度り及び与《とも》に雑えて之を出さしめよ。禾贏ならば、之を入れ、律によって備わらざるを論ぜよ」がその全文である。中ほど以後に倉嗇夫等の免官に際しての倉庫への処置がのべられているが、だからといって冒頭の「嗇夫」が県嗇夫であるとは判断はできない。前半は県から来た「効ぶる者」の検査についてであるのに対し、後半は新倉嗇夫等の検査についてのべているからであり、ともに倉嗇夫免官の場合についての記述であると判断される。また、後半には、新倉嗇夫等が禾籍と照らし合わせて必ず度ることを義務づけているのであり、それは大櫛氏のいわれるように「自ら封印した扉」の中の穀物に対してのみに限られてはいない。さらに注目すべきことは、新倉嗇夫等が検査して疑問点があった場合は、県嗇夫に連絡し、県から人が派遣されて再び度る、ということである。倉庫に対する最終的な権限は県が握っているのであり、のちにのべるように、本質的には「共同体の倉」などといえるものではないことは明らかである。

　また史料30は同じ「効律」の規定であるが、官嗇夫が免官となってのちに不備があった場合、官嗇夫がどこまで責任を負うかについての細かい規定がある。ここでいう官嗇夫とは、倉嗇夫にあたると思われる。

（5）同氏「論『秦律』中的〝嗇夫〟一官」（同氏前掲書一八六頁）注①参照。一八六頁注①参照。

（6）「是の県にて」の句があるからといって、倉庫はすべて県に存在した、と早合点してはいけない。この句は、その下に、県嗇夫又は丞が倉庫への封印のために出向くことをいうために、「その県の管轄内の倉庫にものを入れるに際しては」の意味である。原文は「是県入之、県嗇夫若丞……」である。県とは、県廷の置かれた中心となる聚落を合わせた行政単位を指す場合とがある。この場合は後者であり、県嗇夫の「県」も同様である。

附論2　大櫛氏の再批判および冨谷至氏の批判に答える

一

附論1を執筆後まもなく、大櫛郭弘「雲夢秦簡倉律より見た戦国秦の穀倉制度――「秦代国家の穀倉制度」補論――」（『海南史学』三〇号、一九九二年。以後これを「大櫛第二論文」と略称し、同氏のさきの論文を「大櫛第一論文」と略称する）が発表された。これは同氏の第一論文より詳しくかつ具体的に私の本論に対して批判を展開したものであり、これによって氏の批判点が私にはより明確に理解することができた。この数年後、冨谷至「漢代穀倉制度――エチナ川流域の食糧支給より」（『東方学報　京都』第六八冊、一九九六年。以後これを「冨谷論文」と略称する）が出された。これは冨谷氏独自の論を展開はしながらも、結論的には大櫛氏の「倉律」の該当部分（史料1の部分）とほとんど同じであり、ほぼ同内容の私への批判である。しかし冨谷論文は次のような新たな特徴をもっている。①漢代のエチナ川流域に存在した食糧倉庫の実態について、新旧居延漢簡を用いて明らかにした大部分の、いわば附論として「倉律」にみえる秦の倉庫について論じている、②「倉律」全体を論じたものではなく、史料1の中の特定の部分（たしかにその部分の解釈が大櫛氏と私の相違の中心点ではあるが）のみの分析である、③大櫛氏と私との双方とも異なった見解もみられる、④大櫛氏の理解だけに対する批判部分も若干ある。

さて結論から先にいうと、私はこの両氏の批判の大部分を受け入れることはできない。そこで返答の方法として、まず大櫛氏の系統的な批判に対して逐一答えながら、あわせて必要に応じて冨谷氏の批判にもふれて見解をのべたい。然るのちに冨谷氏の前述の四点のうち、主として最初の二点について、私の見解をのべていきたい。

なお、以下において「倉律」の文を示す時の史料1史料2等々は、私の本論におけるそれらを指すのであり、大櫛第二論文でも独自に使われている同様の史料番号ではない。また私は、附論1において史料1をA～Fの六つの部分にわけて検討したが、この区分は大櫛第二論文でもそのまま使われているので、以下でも使用したい。

二

まず、大櫛・冨谷両氏と私の認識の相違を生み出した「倉律」の前述の部分、すなわち史料1のBの冒頭部分を三たび引用しよう（この訓読は私の解釈によるもの）。

畜夫免、効者発、見雑封者、以隄（題）効之、而復雑封之、勿度、県唯倉自封印者是度。県出禾、非入者是出之、……

畜夫免ぜらるれば、効《しら》ぶる者発し、雑えて封ずる者に見えて、題を以って之を効べ、而して復た雑えて之を封じ、度る勿れ。県は唯だ倉の自ら封印する者のみ是れ度れ。県の禾を出すに、入るるに非ざる者のみ是れ之を出し、……

さて、この読みと異なる訓読をされる大櫛氏は、ここに二箇所みえる「度」字と「県」字の連続を合わせて「度県」とするが、間に・を入れて「度・県」とし、県＝懸＝重さをはかるの意とする。また「度」とは同じ「はかる」の意でも「懸」より軽いはかり方を意味する、とするが、具体的には不明とする。冨谷氏も間に・は入れないが「度懸」と二字を合わせて読む点では大櫛氏と同じであり、本論の「はじめに」で示した①②の書の釈文の句読点に依っている。

私は「度県」なる読み方に附論1で疑問を呈したが、これは今でも変わらないばかりか、間に「・」を入れることによって一層疑問は強まった。「度」と「県」とははかり方の程度のちがう動詞であるとする大櫛氏の見解（冨谷氏も同見解であり、私もおそらくその通りであろうと思う）に基づくならば、「度・県」とは「度る、または県る」であるはずで、「度りかつ県る」ではあり得ないであろう。そのような意味で「度県」と連字して表現することがあるであろうか、少なくとも私はみたことがない。冨谷氏は「度県」を熟語として読まれているようであり、察するに「県」字に重点を置いた意味と考えられているようだが、それならばわざわざ「度」字を上に加えて新たに熟語にしなくて、「県」だけでよいわけで、（史料3の例のように）この熟語は何とも不自然である。ちなみに、本論で私が底本とした、最初に出版された線装本の釈文は二箇所とも「度」字の下に句読点があり、「平装本」の出版にいたってこれが改められて「県」字の下に句読点が打たれるようになった。私はこれは改悪であると思っており、前者の読み方のままでよいと思っている。

両氏（特に冨谷氏が強調される）は史料28の「秦律十八種」中の効律および「効律」二九〜三一（この部分は「倉律」とほぼ同文の所多く、本論では訳注を施さなかった）においても「度県」と二字連ねて出てくる所が二箇所ずつあることを以って、「度県」は「秦律」中の他の箇所にも見られる、とするが、この二史料は「倉律」の該当部分と一、二字の出入り、逆転を除くとほぼ同文であり、『雲夢秦律』中同文が二種の律に採用されている例の典型なのであるから当然であるといえよう。ただ、二箇所目の「度県」に続く文は「倉律」とこれら二種の「効律」の文は異なっているが、両「効律」も、あとに続く文は「県」を主語とみて解釈した方がベターであると考えるものである。

つぎに大櫛氏は「倉の自ら封印する者」とはAの後半に出てくる「自ら封印し」を受けたもので「自ら」とは倉嗇夫自らのことであり、すなわち発給途中の倉を指す、と考えられている。これに対し、「見雑封者」はAにある「県嗇夫若丞及倉・郷相雑以印之」（県嗇夫若しくは丞及び倉・郷の相いに雑えて以って之に印し）を受けたもので、「雑えて封ずるものを見《み》」（雑えて封印したその封印をみて）と解されているようである。

Bの文章をAにある「相雑以印之」と「自封印」の対比を受けて理解しようとした大櫛氏の読解を、第二論文ではじめて理解することができ、冨谷氏もそれに全面的に同意されるように、構文から解釈する方法としてなるほど、と思わせるものがある。しかしそう読んだ時の文意から考えるならば、この解釈は私にはやはり納得できないのである。問題点は二点ある。

第一は、「見雑封者」を私は「雑えて封する者に見えて」と読み、効ぶる者がAにみえる諸々の「雑封者」に会って、と解した。それはすぐ下に再び封印する時のことを「而して復た雑えて之を封じ」とあるから、その前に「効者」と「雑封者」が対面する、と解したのである。私はこの両者が一緒に倉内に入り、題を効べた、と考え（あたかも現今、官庁において、会計検査院が監査に入る時に会計課等の幹部職員が各部署をぞろぞろ付いて巡るように）のであり、それは未発給の倉（雑えて封ずる倉）も発給中の倉（倉嗇夫自ら封ずる倉）もともに同様であると考えた。嗇夫（この嗇夫が何嗇夫であるかはのちに検討する）解任の時はすべて新規巻き直しで、封印も発給中の倉であっても最初と同じようにした、と考えたのである（ただし旧嗇夫は新たな封印には加わらなかったと推測はするが）。これに対して、大櫛氏の読み方に基づくと、大櫛氏が未発給の倉より以上に監査の必要性が高い発給中の倉を効べるにあたっては、律文中には、倉嗇夫自らの封印の確認も、また閉じる時の倉嗇夫の封印の作業の記事も省略されていることになり、不自然ではないだろうか。

第二点は、今第一点でふれたことと関連するが、大櫛氏は未発給の倉は封印さえしっかりされていれば、途中の出し入れはなかったのであるから、効べる者の監査はさほど重要性はなかったのに対し、発給中の倉は倉嗇夫等の倉の役人や搬出者が不正を働く可能性の大きい倉なので監査の重点はこちらの方にこそあり、だから収蔵物の重量まで度かる必要性があった、といわれるが、私も、重量まで度ったかどうかの点は別にすると、全く同様に考えるものである。未発給の倉は、封印さえ確認すれば中味の監査は無くもがな、であるが、嗇夫の交替に際して念のために見ておこう、という程度ではなかっただろうか。そうすると、大櫛氏の読み方とは矛盾することになるのであり、未発給の倉については封印の確認から再び閉じて封印するまで丁寧にのべられているのに対して、発給中の倉については、「唯……」とあたかも付加記述のごとくにされているのは何とも不自然ではないか。記述の詳しさも順序も逆になって然るべきではないだろうか。Bにみえる「自封印者」とはAのその語を直接受けるのではなく、一般的に封印が諸氏雑えてなされているのではなく、個人またはある種の役人だけでなされているもの、という形式のみを示しているのではないだろうか（この点は何故か冨谷氏と一致するのであるが、のちに検討する）。なお、私の読み方で、「県」を主語とする文で示される倉の収蔵物が何故度る必要があり、それ以前にのべている倉のそれは度らないのか、については本論および附論1において説明済みである。

冨谷氏は、Bの部分の私の読み方に対する批判を四点（冒頭で私がまとめた冨谷氏の批判の特徴の四点とは全く別で、冨谷論文中にみられる四点なので混同なきよう）あげられているが、そのうち大櫛氏のそれと重複しない点について検討する。

第一、Bの最後の部分を私が「県は唯だ倉の自ら封印する者のみ是れ度れ」と読んだのが「語法を無視した強引なもの」（六六頁）といわれるが、もう少し具体的に、どこがどのように強引なのか説明されなければ、それに対しての私の考えをのべようがない。私は大櫛氏の読み方の上に「県」という主語を付して読んだ（「度」と「度県」の相違はあるが）にすぎないのである。私の読みは「自ら封印」・「度（県）」の両動詞ともに主語は「県」（「効ぶる者」は県から派遣される）であるのに対して大櫛読みは前者の主語は倉嗇夫、後者のは効ぶる者と別になるのであるから、むしろ複雑で難解な構文、ということになるのではないだろうか。私には「度県」などという見たこともない熟語を創出して読む方がよほど強引であるように思える、なお、「県」という語（そこに働く官僚を含めた機関）が主語として使われている例は、「倉律」中にも史料８史料10等にみられる。これらは簡の冒頭にみえるのであるから、まさか他の読み方はできまい。

つぎに、同箇所にみえる「唯」字について。冨谷氏は「この一字（即ち「唯」字）をもって『県関係者のみが封印する』と展開していくことは危険ではないだろうか」（六六頁、（　）内筆者、傍点冨谷氏）といわれ、「唯」字は「助辞であり、語調をととのえ、文章の流れを少しく変えるほどのもの」（同頁）とされるが、私は冨谷氏のいわれるように「展開」したのではない。私の解釈はその前の頁に氏自身が引用されている。すなわち、「県はただ県だけが責任を負って封印した（つまり他者と共同で封印したものではない）倉庫についてのみ、倉嗇夫交代の時点で貯蔵物の重量を度れ」である。

いずれの場合も「自ら」の内容を具体的にいい替えた所で「のみ」「だけ」といっているのであって「唯」字とは関係はなく、やや紛らわしいいい替えにしてしまったかな、とは思うが、それにしても「ただ……のみ」という日本語の構文の場合、「ただ」はその「……」の部分、すなわちここでは（修飾部分を除くと）「倉庫について」にかかることは明らかであろう。そもそも原文では「唯」字が「県」字の下にあるのであるから、その部分は「ただ県のみが」

などと解せないことは当然であり、冨谷氏の極端な誤解という他ない。したがって「唯」字は、冨谷氏のいわれるような文法に基づく解釈方法を用いなくとも、一般的に「ただ」と訳す解釈、つまり「度（県）」すべき倉を限定する形容詞と考えてよいであろう。

冨谷氏はまた、大櫛氏を批判して、倉庫を「貯蔵中の倉」（すなわち雑えて封じた倉）と発給中の倉（倉嗇夫自らが封印した倉）に区分はできない、とされるが、これは見当違いなことである。いわれる通り、「自ら封印する者」とは「封印の形態を規定したもの」以外ではなく、「自ら」の主語が変われば発給中の倉とは別の意味になることは当然であり、大櫛氏もそのような自明のことは先刻御承知であろう。しかしAの部分の「自ら封印」した倉とは倉嗇夫が自ら封印したものであり、すなわち発給中の倉を指すことは明らかである。大櫛氏はBにおけるそれもAのものを受けていわれているのであるから、発給中の倉以外にはないはずである。そして冨谷氏もそれに賛成されたはずである。これを、「封印の形態」と一般的な形態のみで解するならば、冨谷氏はむしろ私の読解に賛同する他にどういう解釈があり得るのであろうか。冨谷氏は、太田ばかり批判してはバランスが悪いと思われて一点だけ大櫛氏を批判されたのかも知れないが、それによって自己矛盾に陥ってしまったのではないだろうか。

私も同様に余計な気を遣っていうわけでは決してないが、冨谷氏の指摘で一点だけもっともかも知れない、と思われることがある。Bの冒頭にみえる「嗇夫」について、大櫛氏も私も「倉嗇夫」を指すと思い込んで議論していたが、冨谷氏はこれを「県嗇夫」であろうと推定された点である。冨谷氏はその根拠を種々説明されているが、ここではそれらは再録しないが、「効律」等を見ても、県令＝県嗇夫の交替時に官有物のかなり徹底した検査がおこなわれている。県内には多くの倉が存在していると思われるが、倉嗇夫交替の都度、いちいち雑封者が再集合したりしては大変な労力消耗となる。県の最高責任者たる県嗇夫の交替期に一斉に倉の検査をすると考えた方が現実性があると思われる。再検討したい。

大櫛氏が第二論文で取り上げなかった「離邑の倉佐」（Aにみえる）について、再度強調しておきたい。「離邑」とは県廷から離れた所に所在する邑であって、「山間の小聚落」ほどの意味であろう。また、この時代の「邑」とは「郷」と同レベルの聚落と私は考えており、その根拠は『史記』商君列伝に「小都・郷・邑・聚を集めて県を為る」とあるからである。そして「離邑倉佐」とは「離邑に常駐する倉佐」の意味であると私は考える。つまりいわゆる「郷官」であって、「離邑からの租を収める倉の佐で県廷に常勤する」ととらえるのはうがち過ぎであろう。「倉佐」とは、「佐」字があるからといって、「倉嗇夫のそばに常に居てそれを佐《たす》ける」者ではなく、倉関係の官吏のランクとして倉嗇夫、倉佐、……があるが、職掌は実際はどれもほぼ同様であろう。あたかも現今の大学における教授・助教授は、単なるランクの違いだけで、法令上は「助教授は教授を助ける」となっていても、実際にはそれぞれが独自に教育・研究に携わっているがごときである。「離邑」のような、中心部にはなく、小規模な所には若年、経験の少ない倉佐が駐在していた、と考えられるのである。

そう考えると、離邑に倉が存在しなくてはなるまい。そして、離邑から徴収した租を収納するために、国家が新たに離邑に倉を建設した、と考えるのは不自然であろう。国家が一方的に管理・支配する倉を新たに創設するのなら、発して収蔵物をすぐ使える県廷近くに作るであろう。離邑にもともと存在した倉を国家＝県が管理するようになったからこそ、倉佐がそこに配置されなくてはならなかったのである。そう考えると他はないのではないか。

三

つぎに、CとEの部分についての大櫛氏の批判について検討する。まずCの部分とAの部分の両方に倉からの搬出の手続きの規定がみえ、私は本論においてAはその郷の一般農民へ与えるための搬出規定、Cの部分は国家の必要から搬出する時の規定、と区別して考えた。大櫛氏はこれに対して、AとCとでは搬出に関する規定という点では同じだが、その内容は別のことをのべていて重複していないから、私のように異なる目的の搬出規定であると区別する必要はない、といわれる。しかし私はこの両規定を同一目的の搬出とするのはかなりの無理があると思う。第一に、ともに大櫛氏のいわれるような規定であるなら、わざわざ二箇所に分けて規定する必要はなく、搬出にかかわる複数内容の規定をまとめて記すであろう。第二にAの方は倉嗇夫・離邑の倉佐・主稟者がおのおの一人で搬出・封印をするのであり、特別厳重な手続きはみられないのに対し、Cの方の規定は、搬出者（複数いるらしい）の限定、題との突き合わせ、重量を度ることの義務づけ、過不足が出た場合の責任の所在が記されており、きわめて厳重である。これは、国家の管理下に置かれて以後も、もともとは郷の構成員の生産物を収蔵し、郷の構成員が共同で利用する倉であったのだから、構成員に出し与えるのは当然であり、その規定も厳重ではないのに対し、国家が租として持って行く場合には厳しくチェックされた上で搬出するからであろうと私は考える。第三に、Aの方に「餼」・「主稟者」の語が出てくる。「餼」とは「新訳注」の「注」によると「発放」で日本語に訳すと「発給」・「出し与える」の意となろうか。餼するために搬出するということは、国家目的で搬出することではないであろう。また「主稟者」という官がどのような位置づけの者かは不明であるが「稟」とは「あたえる」の意であり、国家管理下に入った倉から民にあたえることであって、国家目的で搬出することに対してこういう表現はしないであろう。

もっとも、国家機関に従う諸隷属民や刑徒等の食糧、官僚の給与等も倉から搬出されるようであるが、だからといってそのための搬出を「稟」・「稟」などとは表現しないであろう。それらに用いられる食糧は、まず県によってまとめて搬出され、各単位や種類別に分離・計算されたうえで各人に支給されるであろうから、倉から直接各人に支給されるということはまず考えられないであろう。そして、「稟」・「稟」の字がCにはみられないことは、私の先述の推定の正当性を示しているのではないだろうか。

つぎにEについて。大櫛氏は、私がEの末尾の部分を「律令の如し」と読んだのに対して「律の如し」と読まれ、「令」字をFの部分の冒頭に付けて使役の助動詞と解され、「如律」とは「倉律」のこの条文のA～Dの規定を指す、と解された。そして「如律令」を、「倉律」のこの条文以外の別の規定があったと考える私の説を批判し、「国家が一方的に管理する倉」と「共同利用の倉」の搬出・入の規定がそれぞれ別にあったなどとは考えられず、咸陽・櫟陽の倉であろうと他の倉であろうといずれも「倉律」のこの部分の規定によって運用されている、とされ、その証拠に『雲夢秦簡』の倉律や効律のどこにも別の規定らしきものは見当たらない、とされる。

まず「如律令」か「如律」かについて。たしかに『雲夢秦簡』には「如律令」という表現は他にはみえないのみか「律令」の語すらないが、「如律」は管見する限り四例みられ、大櫛氏の読み方も一理あろう。しかし、「法律令」と三字連ねる例はいくつかあり、また「如律令」は『居延漢簡』等にはみられることから、現在私は「法律令」・「律令」ともに「成文法での規定」ぐらいの意味で使われているのではないかと考えている。「附論1」では「律」と「令」を厳密に区別しすぎて考えたため、それが「倉律」を指すと考えるのはおかしい、といい、大櫛氏もそれに対抗するためにあえて「令」字をFの文の冒頭に置いて両字を分けて読まれたのかもしれない。しかしそれにしても大櫛氏の理解の仕方にはやはり疑問がある。第一に、「倉律」の文の中で、同じ「倉律」の同じ条文のことを「律」といい、その条文の前半に記した内容と同じであることを「如律」と表現するのは、やや不自然の感をまぬがれない（これは「律令」と読んでも同じことがいえる）。第二に、Fの文章を使役型にする必要はなく、同じ型の文がAにあるが使役文にはなっていない。「簡装本」など他の諸解読でも「律令」と「令」字をEの末尾に付して読んでいることからしても、それはいえるのではないか。

つぎに、二種類の倉の存在について。私は附論1において、郷にある倉、すなわち共同体の共同利用の倉に国家権力の支配がおよんできた結果、倉まるごと国家の完全な支配下に入ってその収蔵物が国家の意のままに利用できる倉と、管理権は国家のもと（具体的には官吏となった倉嗇夫・倉佐のもと）に入りながらも、共同体との共用の倉の二種類があり得る、とした。これら二種類の倉にそれぞれの管理規定を示す律文があったかどうかは不明である。しかし出現した『雲夢秦簡』の「倉律」だけで、二種類の倉の規定は十分であると解せられる。なぜなら、この二種類の倉の規定上の相違は搬出規定にあるからであり、前述のように「倉律」にはAとCの二種類あると私は考えるからである。国家が一方的に管理する倉は、搬出に関してはAの搬出規定は関係ないものと考えればよいのである。これに対して、Eにみえる咸陽と櫟陽の倉は全く異なった性格の倉である。咸陽は秦の首都、櫟陽は前首都である。それらの都市に存する倉が「国家が一方的に管理する倉」であることはいうまでもないが、それのみでなく、各地の倉から租として搬出された穀物が集められている特大の倉であったと思われ、それ故に一積という単位の重量がそもそも異なっているのである。そして、このような特殊な倉の管理については、また別に管理規定があったと考えるのは当然であるが、雲夢県の一小役人であった「喜さん」にとってこのような規定は職務上関係なく、したがって書き写す必要もなく、『雲夢秦簡』には存しないのであろう。

また、Fの規定について。これは、その別にある律文の一部分、または要約であろうと私は推測する。大櫛氏のいわれるように、Eにある「律」(私は「律令」であると思うが)が「倉律」の当該の規定とするならば、Fにある搬入時の「雑える」人が長吏だけであることは、Aにある搬入時の「雑える」人と異なることをみても矛盾してくる。私の考えでは、咸陽・櫟陽の倉が前述のような性格のものである以上、「雑える」人が長吏だけなのは当然なのである。ただ、「倉律」に他律の内容の一部を付加するという形式は不自然かもしれないが、このような律文の形態についての検討は今後の課題とさせていただきたい。

四

冨谷氏の私への批判に関連して、前述したこと以外の二点について一言しておきたい。

第一は、冨谷氏が私への批判の結論として「[A]は、あくまで管理者における関係官吏の封印をめぐる規定であり、それは官吏の職務準則に含まれるもので、官と民との関係をそこから読みとることはできない」(冨谷論文六九頁)といわれることについてである。Aの部分の解釈の相違は前述の通りであるが、私の結論(引用した冨谷氏の文章の前に私のそれを要約されているが、これは私の意の通りの正確なものである)は何もAの部分からのみ引き出されたものでは決してなく、またA～Eの部分からのみ結論づけたわけでもない。私は「倉律」という律全体を検討し、その性格を考えた上で、そこで主対象となっている倉の性格を結論づけたのである。冨谷氏がAの部分以外の「倉律」の理解の仕方はすべて大櫛氏と全く同じであるから前述のように結論づけたのであるならば、そのように明記すべきであり、検討史料の一部分の解釈の相違だけをもとにして、私の結論を全面否定されることには、私は批判のあり方として承服できない。

第二に、冨谷論文はその副題でも示されているごとく、漢代のエチナ川流域の食糧支給制度について主として分析されたものであり、その主題に関しては大変手堅い実証論文で私も得るところ大ではあったが、「倉律」A～Cの部分の検討と私への批判の部分はあくまでも「付け足し」にすぎないもののようである。しかし、この付け足し方に私は大いなる疑問を持たざるを得ない。

いうまでもないことであるが、漢代エチナ川流域に存した倉庫と、「倉律」で規定対象となっている倉庫とは全く性格の異なるものである（いま前者の倉庫をa、後者のをbとする）。いくつかを挙げるならば、

⑴、時代が少なくとも二百年以上の開きがあり、王朝も異なる。私の考えるところでは、bは国家形成の初期で、国家と人民との関係が新たに作られようとしている時期、aは統一国家による一応の安定が形成されてのちの時期の倉庫、ということになる。

⑵、aは一度国家の手で徴収された穀物が、さらに辺境へ運ばれて収納されるための特殊な倉であるのに対して、bはたとえ大櫛氏の理解する倉であったとしても、農民から徴収された租としての穀物が何らかの役人によって直接運び込まれる倉である。

⑶、aは、収納物の搬出目的も兵士の糧食、官吏の糧食または給与として以外には考えられないのに対して、bはたとえ大櫛氏の想定するような性格の倉であったとしても、収納物の国家による用途は多様であって、「倉律」にはそれをうかがわせる規定があることは本文でのべた通りである。

⑷、倉庫の存在場所も、aについては県廷があり、商品流通もみられる都市的性格をもつ所と想定されるが、本来は人の住まない荒涼地であったのである。対匈奴の辺境防備のため全国各地から徴発された兵士の駐屯地となったた

めにこのような様相となったのではないか。兵士は毎年入れ替わっており、また倉庫内の穀物も主として兵士の糧食用に中国内地から国家の手で運搬されたものと思われる。ｂについては農村もしくは農村に近い所と考えてよく、多くの農村は西周時代以来の歴史があったとみてよい。したがって私の想定するような旧い倉庫もまたあり得たのである。

つまり、たとえ倉庫の形態や規模、収納物が同じであったとしても、その社会的存在形態は全く異なるのであるから、ｂはとてもａの検討のついでに扱えるような性格のものではなかろう。冨谷氏は「倉律」の分析を通して、その時代の倉庫について考えるのであれば、別の論文が書かれるべきであった、と私は考えるのである。しかし、冨谷氏が両者を一緒に考えたのは、おそらく倉庫の管理ということしか考えずに、ａと同様にｂも管理されていたに相違ない、そしてその管理規定だけを記したものが「倉律」にちがいない、という前提で考えられたのではないだろうか。たしかに管理の技術、という点だけから考えるならば、二百年ほどの時間差はあっても、それほど大きく変化発展したとは思われないから、両者を一緒に考えてもよいであろう。もしかすると、現代における国家の倉庫管理方法にも通じるような、超時代性があるかもしれない。しかし、このような視点からのとらえ方は、決して歴史学的認識には通じないであろう、と私は思っている。

五

私の「倉律」のとらえ方について「考え方としては面白いが、やはりうがち過ぎではないか。あれはやはり官吏の倉の管理方法以外のことは読み取れない文章だ」といってくれる研究者は多い。どうも中国古代史の学界では私の考えに異論が多いようである。「倉律」はやはり「効律」と同様の、官有物の厳重な管理の規定以上のことは読み取れない文献、という評価は、たとえば「効律」には「倉律」とほぼ同文の規定が多くみられることからもかなり一般化しているようだ。しかし、この論理でいくと倉庫も国家が管理する官有物であるから、倉庫に関してもすべて「効律」の中で規定されればよいのであって、わざわざ別に律を立てて細かく規定することはなく、現に『唐令』の「倉庫令」ははるかに簡単な規定しかないのである。

私がなおも執拗に自説を主張するのは、「倉律」を通して、戦国末期の社会の変化と国家権力との関係を把握できるのではないか、と考えたからである。だから、もし私の簡牘文の読み方が間違っていて、大櫛・冨谷両氏のいわれる通りであるならば、私の「倉律」に対する関心はほとんど失せ、以後は傍証としての一部の文章を引用するのみとなるであろう。私を口頭で批判してくれた研究者の多くがそうであるように。

冨谷氏との倉庫に対する認識のずれは前述したが、大櫛氏にしても、その第一論文をみるならば、「倉律」を熱心に研究される目的は、戦国末の秦においては、大小・各段階の倉庫を国家は整然と管理していて、租として徴収した穀物の管理は末端までほぼ貫徹していた、ということを主張したかったようである。諸史料を用いて整然たる制度を復元してみせる伝統的実証研究に私はあまり興味をもたない。「立派な制度ができていますね」というだけでおわりであり、あとは制度の細部をつつくだけである。

両氏からの批判を受けて返答までに長時間をかけたのは申し訳なかったが、私にはその気力がわかなかったのが主要因である。論争点は漢文の読み方のみにあり、相手の歴史認識・社会認識とぶつかり合って互いに考え合えるようなものではなく、読む人にとっても興味はわかないだろうからである。今回、自著に本章を立てるにあたって、御批判を放置しておくわけにもいかず、筆を執った次第である。

大櫛・冨谷両氏は私のこの返答に納得できないということで、再・再々批判をされることもあろうが、以上のような理由で私はそれにまた答える気力はないので、私としてはここまでにしておく。ただし、別の方が私を批判しながら自らの歴史認識・国家観・社会観をぶつけて来られた時は、私もまた筆を執るであろう。

あとがき

一

本書においては、春秋戦国時代を中心にして、第一篇では斉、第二篇では秦における国家形成について、諸側面から考察してきた。

私はこの時期に、中国大陸上に複数の、それぞれ地域の特殊性に基盤を置いた国家が形成されてきたと認識しており、それがさらに統一されて秦帝国となったのであるから、上記二国以外の国々の形成過程が具体的に分析される必要があると考えている。若き日に私が目指したのは、中国における国家形成の全体像であったから、私の仕事はまだ未完成の状態であるといえよう。したがって、本書の『中国古代国家形成史論』という表題は誇大に過ぎるかも知れず、「序説」とでも付加する必要があるかも知れない。

私が二国だけの分析に終ってしまったのは、私の怠慢と能力不足によるものだ、といってしまえばその通りではあるが、しかし特にこの二国を選んで系統的に国家形成について実証した背景には、中国古代国家形成の全体像に関する私なりの理論的見通し（仮説）が存在したのである。このことについては、すでに拙稿「中国古代国家成立について」（拙著『中国古代史と歴史認識』〈名著刊行会、二〇〇六年〉所収）においてのべたことではあるが、本書を結ぶにあたって、中国古代国家形成の二つの道について私が見通したことと、私が実証した二国の場合がその中でどう位置づけてとらえられているか、について、あらましをのべておきたい。

二

春秋末期~戦国時代に、中国大陸上には複数の国家が相いついで形成されてきた、と私は考えているが、それらの国家の構造上の性格は一様ではなく、各種各様であったと思われ、この相違が『史記』や『戦国策』等に描かれる種々の物語の背景ともなっていたであろう。それらの相違を生み出したものは、一つには各国が位置した場所の自然条件(最近よく使われる「環境」という語に相当するかと思われるが、「環境」には人間の手が加わった二次的環境も含めた概念と思われるので、ここではあえてこの語は使わない)の相違とそれに基づく生産力の地域的不均等性が考えられ、二つ目には各国の前身となった周代の諸侯国の封建された時の事情やその後の貴族政治の展開のされ方の相違が考えられる。そして三つ目には、各国の民族の相違や周辺に存在した諸民族(特に非農耕民族)からの諸影響の有無や大小という相違が考えられよう。

そして、これらの相違は、政治史的にみるならば、各国が封建された時には一様に存した邑制的秩序構造が、歴史の展開とともに崩壊していく時期の早晩や崩壊のされ方の相違に基づくものであろう。それらは国ごとに各種各様ではあろうが、国家が形成される場合の形成のされ方やその構造には、大きく分けて二つのタイプがあるのではないかと思っている。

私が本書第一篇で時期を追って実証してきた斉がその一つのタイプの典型であろうと推定している。すなわち、邑制秩序体制における貴族階級内部の階層分化、被支配階級である農民の共同体としての邑の階級分化が春秋中期以降急速に進むとともに、新たな支配従属関係が形成されてきたのである。これは分化して出現した有力農民と一般農民との新しい階級関係、有力貴族と一般農民との共同体的秩序を介さない新たな階級関係、新有力貴族と没落または低下した貴族との支配従属関係等が現出してくるが、これらのいずれにおいても家父長的支配従属関係として現出したところにその特殊性があった。増淵龍夫氏はこの家父長的関係の中国的特質を任侠的関係であるととらえ、こういう関係は春秋末～漢代社会に普遍的に存在すると考えられた。M・ウェーバーの社会学概念を駆使した増淵氏のこの考え方は大変魅力的であり、私も多く影響を受け、古代社会の分析方法の一つとして十分正当性を持ち得るものであると考えている。

しかし増淵氏は、この中国古代に特殊な支配従属関係を戦国・秦漢の諸国家における人民支配や権力構造にも適用して考え、いわゆる家父長的国家権力としてそれを特徴づけた。このことに私は大きな疑問をもったのである。すなわち、家父長的人間関係とはあくまでも私的な関係であり、そのような関係が公権力である国家を成り立たせる人間関係としてとらえられ得るものであろうか。つまり、「家父長的国家」なるものは、古代の国家形成期において一時期には成立し得たものの、長期に、持続し得るものではなく、それは自壊していく運命を必然的にもっていたことは、第一篇第三章でのべた通りである。そして中原にあった韓・魏・趙の諸国もまた斉と同じくこのタイプの国家であったろうと推測しているが、これは今後の実証を待たなくては結論づけられないであろう（なお、この点での私の増淵氏への批判は「中国古代の共同体と奴隷制――その学説史の検討――」〈拙前掲書所収〉においてより詳しくのべた）。

このような、滅ぶべくして滅んだ（現象としては秦によって、その軍事力によって滅ぼされたのであるが）家父長的権力に基づく国家に対して、それらを滅ぼして全中国を統一した秦は、別のタイプの国家として形成・発展してきたものではなかったか、ということに私の関心は集中した。この秦という国家の形成過程や構造を諸側面から検討したのが本書第二篇である。

秦は西周・春秋時代には非農耕民族と接する西方の辺境に位置し、支配下の人民が農耕を開始したのも中原の諸国に比べてかなり遅くなった。風俗習慣・祭祀などにも非農耕民の影響がかなり後まで残存しており、中原諸国からは「野蛮な辺境国」とみなされていた史料が多く残されている。豊穣な関中平野で農耕を営むようになってからは中原地方と比べてどちらが生産力が高かったかは容易に比較はできないが、牛耕、鉄製農具の使用などの先進的技術の導入が他国と比べると遅かったことは明らかであろう。社会的にみても、農民の住む邑の分解の進行が遅かったこと、政治的にみても貴族層の活動があまり史料には現われず、公族一族による独裁的支配が顕著であったと思われる。

中国大陸全体が戦国時代に入り、各国ともに富国強兵策をとり始めた時、遅れて野蛮的と目されていた秦はこの時代趨勢にどう対応したであろうか。その内容をまさに如実に示すものが商鞅の変法であろうと私はとらえている。農民層や貴族層の分解が進まず、旧来の邑共同体が基本的に維持されている状況のもとで、変法によってその共同体を丸ごと君主化した公の支配下に置き、またこの支配のために貴族層を（他国からの渡来者を含めて）新たな官僚として容易に使い得たのである。秦においてはもともと斉のような強力な世族集団がみられなかったため、これが可能であったのであり、斉・晋のような下克上的現象はそのきざしすらみられなかったのである。しかし生産力向上に役立つ新たな技術は他国から次つぎと導入したと思われる。多量で巨大な戦国期の鉄製スキ（鏵）が渭水平野各地から出土したこと、および『雲夢秦簡』には牛に関する記事が多くみられ、牛が当時は重要視された動物であったことや鉄製農具が何らかの形で国家管理のもとにあったことを思わせる記事があることから、鉄器牛耕が国家によって農民にすすめられていたことが推測される。また、魏国の策謀を逆手にとり鄭国をうまく使って水利工事を完成させ（鄭国渠）

きわめて一時的とは思われるが生産力を飛躍的に高めたこと等がその典型例である。

つまり、戦国君主の誰もが推進しようとした富国強兵策は、秦において最も成功裡に実現したのである。これは階級分化が十分に進まず、いわゆる遅れた国であったが故にいち早く中央集権体制を実現させ得たからであろう。そして、このような体制の基礎を築いたのが商鞅変法であり、基本的にはこれを受け継ぎ、発展させ得たのである。マルクスのいう「アジア的専制国家」、「アジア的共同体」の中国的特殊形態は、まさにこの秦タイプの国家と社会においてみられるのではないかと私は考えている。

では、この秦タイプの国家は唯一秦国だけであって、その国が中国の統一を成し遂げたのであろうか。系統的・実証的研究をしていないために私の推論に過ぎないが、秦によって滅ぼされた同じ秦タイプの国家があったのではないかと思う。そしてそれらは、同じタイプではあったが、秦ほど徹底した中央集権体制を作り得なかった何らかの理由があると思われる。それが何であったか、私にはまだ推測すらできないが、楚と燕がそれに相当する国家ではなかったかと思っている。燕は文献史料も考古史料も今のところきわめてわずかしか存在せず、その国家形成と展開を系統的に追求することは困難である。逆に楚は、近年多量の出土文字史料が発掘されたが、文字も文も大変難解であり、私は手をつけることができなかった。現在楚だけを専門とする歴史研究者が日本にも中国にも多く現われているので、今後楚についての系統的研究が進められるであろうと期待している。

以上、具体的個別実証を抜きにした私の仮説の中において、私なりに斉と秦を位置づけて考えてきたことをのべ、決して偶然に、あるいは無作為に二国を選んだのではないことは分かっていただけたであろう。個別実証研究が今後進むなかで、私が想定した中国古代国家の形成と発展の全体像は書き変えられるかも知れないが、斉・秦二国についてのとらえ方に関しては大きくは狂っていないと確信するものである。

三

本書で示した私の斉・秦二国の研究についても、現時点に立ってみると多くの不十分な点がある。のちに示すように、本書のもとになった諸論文はかなり以前に書かれたものが多く、古いものは三〇年以上も前のものである。その後多くの新史料が発掘され、また研究成果も多く発表されている。私の論旨に直接かかわるものについては、本書を編集するに際して補充して検討を加えたが、とても全てを取り上げることができなかった。史料に関しては、第一篇について『銀雀山漢墓竹簡』の諸文献の中には田氏についての新史料が相当みられ、また斉国における土地・農業政策を知るための史料ともなり得る記述がみられる。また、臨淄故城をはじめとする山東省の諸遺跡の近年の発掘成果もおびただしくある。これらを十分咀嚼して私の論理の中に組み入れることがほとんどできていない。研究成果では、地元の山東省の研究者によってまとめられ、山東省の出版社から出された古代地方史の成果、例えば安作璋主編『山東通史・先秦巻』（山東人民出版社、一九九三年）、王閣森・唐致卿主編『斉国史』（山東人民出版社、一九九二年）、宣兆琦・李金海主編『斉文化通論』（上・下、新華出版、二〇〇〇年）、王志民主編『斉文化概論』（山東人民出版社、一九九三年）、劉武軍・張光明主編『文物考古与斉文化研究』（山東大学出版社、一九九六年）等はほとんど参照していない。

第二篇について、史料に関しては特に重要な未検討のものはないと思うが『張家山漢簡』中の『漢二年律令』は数年前に全釈文と写真が公刊され、私は現在検討中である。『雲夢秦簡』の内容のどの部分が引き継がれ、どの部分が漢律独自のものかを正確に知ることは『雲夢秦簡』を正しく理解するために不可欠のことと思われ今後の課題とすべきであろう。研究成果では秦領域出土の文字史料や考古資料に関する研究、これらをもとにして商鞅変法を再検討する研究成果はここ数十年間に日本・中国双方でおびただしい量にのぼり、精読し得なかったものも相当数ある。また斉国史の場合と同じく、近年地元陝西省の研究者の手によって書かれ、地元の出版社から出され、様々な分野、様々な角度からなされた概論的書物（例えば『《秦俑・秦文化》叢書』〈陝西人民出版社〉）は、特に私の論旨に反するものでないかぎり、十分検討されていない。いずれかの時点で、これらの研究史整理だけでも手掛ける必要があると思っており、これも今後の課題として残る。さらに重要な研究内容として、近年「環境史」というふれ込みのもとで主に渭水流域を対象として、土壌の特性、水資源の実態、動植物の生態とその変化、気象状況とその変化等を、自然科学的方法をも使って追求していく研究が陸続と出されている。これらの研究は同地域における農作物の種類や農業技術のありよう、水利施設の実態をとらえるための基礎をなし、それはさらに同地域の農業生産力の他地域との比較や商品流通の実態の把握へと認識を発展させる足掛かりとなろう。政治史や社会経済史的方法で国家の形成や構造を追求してきた私は、この方法による諸成果をいまだ自らの論理の中に組み入れ得ていない。特に原宗子『「農本」主義と「黄土」の発展』（研文出版、二〇〇五年）はこの分野でのまとまった成果であるが、その第三章「商鞅変法の環境史的意義」は私とは異なった角度から私と同じテーマに迫り、異なった結論が出されているが、これに対応できる準備が私にはまだできていない。重い課題を負わされたというべきであろう。

以上列挙した今後の諸課題は、余命の中で一つひとつ追求されていかねばならず、その結果では本書の内容にも修正・補充が加えられるべき時もあろう。研究とは、進めれば進めるほど常に新しい課題が生まれてきて終わることのない自分との格闘であるといわれるが、そしてそれを私も覚悟しているが、それ故にこそ諸氏の御助言・御叱正をもよろしくお願いしたいと思っている。

四

本書の各篇各章の初載の誌・書とその時の題名、本書への収録に際しての手直し等については以下の通りである。

序章　中国古代の社会・国家研究の課題と方法

「中国古代史研究の課題と方法に関する覚書」（『東京学芸大学紀要・第Ⅲ部門社会科学』第三十七集、一九八五年）を加筆修正した。

第一篇

第一章　春秋時代の斉国と田氏

「斉の田氏について――春秋末期における邑制国家体制崩壊の一側面――」（『歴史学研究』三五〇号、一九六九年）に大幅な加筆修正を施した。

第二章　田斉の成立

「田斉の成立――斉の田氏について・その二――」（中国古代史研究会編『中国古代史研究・第四』〈雄山閣、一九七六年〉に所収）を加筆修正した。

同章附論　好並隆司氏の批判に答える

本書編集に際して書き下ろした。

第三章　田斉の崩壊

「田斉の崩壊——斉の田氏について・その三——」（『史海』〈東京学芸大学史学会編集〉二一・二二合併号、一九七五年）を加筆修正した。

第二篇

第一章　商鞅変法以前の秦国

「秦の政治と国家」（『歴史学研究』五八六号、一九八八年、これは一九八八年度歴史学研究会大会古代史分科会での報告内容である）を加筆修正した。

第二章　商鞅変法論

「商鞅変法の再検討」（『歴史学研究別冊特集・歴史における民族の形成』〈青木書店、一九七五年〉に所収、これは一九七五年度歴史学研究会大会東洋前近代史分科会での報告内容である）をもとに、本書編集に際して全面的に書き改めた。

第三章　商鞅変法論補正

「商鞅変法の再検討・補正」（『歴史学研究』四八三号、一九八〇年）を加筆修正した。

第四章　轅田攷

同題論文（『三上次男博士頌寿記念東洋史・考古学論集』〈一九七九年〉に所収）を加筆修正した。

同章附論　渡辺信一郎氏の轅田論について

本書編集に際して書き下ろした。

第五章　阡陌制論

「阡陌三考」（池田温編『中国礼法と日本律令制』〈東方書店、一九九二年〉に所収）を加筆修正した。

同章附論１　魏天安論文について

同章附論2　『龍崗秦簡』にみえる関係史料について
　ともに本書編集に際して書き下ろした。「附論1」は同章初載論文の「追補」を参照した。
第六章　戦国期秦の家族動態と商鞅変法――『雲夢秦簡』の分析を通して――
「睡虎地秦墓竹簡にみえる『室』『戸』『同居』をめぐって」（『西嶋定生博士還暦記念・東アジアにおける国家と農民』〈山川出版、一九八四年〉に所収）を加筆修正した。
第七章　『雲夢秦簡』日書にみえる「室」・「戸」・「同居」について
「睡虎地秦墓竹簡の『日書』にみえる『室』『戸』『同居』をめぐって」（『東洋文化研究所紀要』第九十九冊、一九八六年）に大幅な加筆修正を施した。
第八章　戦国末期秦の倉庫――『雲夢秦簡』秦律十八種・倉律の分析――
「湖北睡虎地出土秦律の倉律をめぐって・その一」および「同前・その二」（『東京学芸大学紀要・第Ⅲ部門社会科学』第三十七集および第三十八集、ともに一九八〇年）を加筆修正した。
同章附論1　大櫛敦弘氏の批判に答える
「湖北睡虎地出土秦律の倉律をめぐって・追補――大櫛敦弘氏の批判に答えて――」（『東京学芸大学紀要・第Ⅲ部門社会科学』第四十三集、一九九二年）を加筆修正した。
同章附論2　大櫛氏の再批判および冨谷至氏の批判に答える
　本書編集に際して書き下ろした。
なお、第一篇は、そのまたもとになる論文は、一九六三年度に東京大学文学部に提出した卒業論文である。

五

怠惰で遅筆であった私が、自分が仕事として残したものをひとまず不十分ながらまとめた今日においては、私を育ててくれた両親も、私の学生・院生時代の指導教官で丁寧に指導して下さった西嶋定生・田中正俊両先生も、いずれもこの世を去って久しくなった。わが子や教え子の仕事をまとめた本を見せられなかった私は、儒教倫理風にいえば、不孝者の見本のような人間である。儒者でない私も、その点ではその通りだなあ、と認めざるを得ない。

さらにまた、私にとって心残りなことは、大学の教室や研究室以外の場で、すなわち研究会や学会において、あるいはまったく個人的に、私に多くの影響を与えてくださったのに、すでに他界された方が多いことである。増淵龍夫・影山剛・五井直弘・小山正明・太田秀通等の方々が、何の義務も個人的必要もないのに、若輩の私に対等に意見や指摘をして下さったことに対して、私は何も応えられなかったのである。

現在も活躍中の先輩諸氏、同世代や後輩の諸研究者で私が多くのことを教わった人は数え切れない。いちいちお名前を挙げられないが、この私のまとめに対して、彼等はきっと何らかの意見をいい、別の考えをのべ、さらには別の史料の読み方も提示してくれるのではないか、と心ひそかに期待している。そのことが、前述の私の課題にこれから取り組んでいくためのエネルギー源になるであろうからである。

本書を作りあげるという、限られた作業に関しても、私は多くの人々の助言・助力を得ることができた。堀敏一氏が汲古書院に私を紹介して下さったことによって、やっとこの文集も世に出せることになった。その後、書き込みが多く、わかりにくい原稿の整理をしてくれたのは、研究会の仲間の佐々木研太氏と我が次女山田みやであった。また、視力のうえで心細くなった私に代わって、引用史料の原典との照合や校正等を手伝ってくれたのは石黒ひさ子さん（明治大学）・小嶋茂稔氏（東京学芸大学）・高村武幸氏（明治大学）と我が妻太田雅代であった。

汲古書院の坂本健彦氏には、堀氏より紹介されて以来終始お世話になり、とくに校正や索引作りについてはこと細かに助言をいただいた。

これらの人々の援助がなければ本書は出来上がらなかったであろう。文末ながら、衷心より感謝の意を表わしたいと思う。

（二〇〇七年一月）

汲古叢書

1	秦漢財政収入の研究	山田　勝芳著	本体 16505円
2	宋代税政史研究	島居　一康著	12621円
3	中国近代製糸業史の研究	曾田　三郎著	12621円
4	明清華北定期市の研究	山根　幸夫著	7282円
5	明清史論集	中山　八郎著	12621円
6	明朝専制支配の史的構造	檀上　寛著	13592円
7	唐代両税法研究	船越　泰次著	12621円
8	中国小説史研究－水滸伝を中心として－	中鉢　雅量著	8252円
9	唐宋変革期農業社会史研究	大澤　正昭著	8500円
10	中国古代の家と集落	堀　敏一著	14000円
11	元代江南政治社会史研究	植松　正著	13000円
12	明代建文朝史の研究	川越　泰博著	13000円
13	司馬遷の研究	佐藤　武敏著	12000円
14	唐の北方問題と国際秩序	石見　清裕著	14000円
15	宋代兵制史の研究	小岩井弘光著	10000円
16	魏晋南北朝時代の民族問題	川本　芳昭著	14000円
17	秦漢税役体系の研究	重近　啓樹著	8000円
18	清代農業商業化の研究	田尻　利著	9000円
19	明代異国情報の研究	川越　泰博著	5000円
20	明清江南市鎮社会史研究	川勝　守著	15000円
21	漢魏晋史の研究	多田　狷介著	9000円
22	春秋戦国秦漢時代出土文字資料の研究	江村　治樹著	22000円
23	明王朝中央統治機構の研究	阪倉　篤秀著	7000円
24	漢帝国の成立と劉邦集団	李　開元著	9000円
25	宋元仏教文化史研究	竺沙　雅章著	15000円
26	アヘン貿易論争－イギリスと中国－	新村　容子著	8500円
27	明末の流賊反乱と地域社会	吉尾　寛著	10000円
28	宋代の皇帝権力と士大夫政治	王　瑞来著	12000円
29	明代北辺防衛体制の研究	松本　隆晴著	6500円
30	中国工業合作運動史の研究	菊池　一隆著	15000円
31	漢代都市機構の研究	佐原　康夫著	13000円
32	中国近代江南の地主制研究	夏井　春喜著	20000円
33	中国古代の聚落と地方行政	池田　雄一著	15000円
34	周代国制の研究	松井　嘉徳著	9000円
35	清代財政史研究	山本　進著	7000円
36	明代郷村の紛争と秩序	中島　楽章著	10000円

37	明清時代華南地域史研究	松田　吉郎著	15000円
38	明清官僚制の研究	和田　正広著	22000円
39	唐末五代変革期の政治と経済	堀　敏一著	12000円
40	唐史論攷－氏族制と均田制－	池田　温著	近刊
41	清末日中関係史の研究	菅野　正著	8000円
42	宋代中国の法制と社会	高橋　芳郎著	8000円
43	中華民国期農村土地行政史の研究	笹川　裕史著	8000円
44	五四運動在日本	小野　信爾著	8000円
45	清代徽州地域社会史研究	熊　遠報著	8500円
46	明治前期日中学術交流の研究	陳　捷著	16000円
47	明代軍政史研究	奥山　憲夫著	8000円
48	隋唐王言の研究	中村　裕一著	10000円
49	建国大学の研究	山根　幸夫著	8000円
50	魏晋南北朝官僚制研究	窪添　慶文著	14000円
51	「対支文化事業」の研究	阿部　洋著	22000円
52	華中農村経済と近代化	弁納　才一著	9000円
53	元代知識人と地域社会	森田　憲司著	9000円
54	王権の確立と授受	大原　良通著	8500円
55	北京遷都の研究	新宮　学著	12000円
56	唐令逸文の研究	中村　裕一著	17000円
57	近代中国の地方自治と明治日本	黄　東蘭著	11000円
58	徽州商人の研究	臼井佐知子著	10000円
59	清代中日学術交流の研究	王　宝平著	11000円
60	漢代儒教の史的研究	福井　重雅著	12000円
61	大業雑記の研究	中村　裕一著	14000円
62	中国古代国家と郡県社会	藤田　勝久著	12000円
63	近代中国の農村経済と地主制	小島　淑男著	7000円
64	東アジア世界の形成－中国と周辺国家	堀　敏一著	7000円
65	蒙地奉上－「満州国」の土地政策－	広川　佐保著	8000円
66	西域出土文物の基礎的研究	張　娜麗著	10000円
67	宋代官僚社会史研究	衣川　強著	11000円
68	六朝江南地域史研究	中村　圭爾著	15000円
69	中国古代国家形成史論	太田　幸男著	11000円
70	宋代開封の研究	久保田和男著	10000円
71	四川省と近代中国	今井　駿著	15000円
72	近代中国の革命と秘密結社	孫　江著	15000円

（表示価格は2007年５月現在の本体価格）

太田幸男（おおた・ゆきお）
1939年名古屋市に生まれる。1963年東京大学文学部東洋史学科卒業。1966年東京大学大学院人文科学研究科修士課程修了。1971年同博士課程中退。1969～74年武蔵中・高校教諭。1974年東京学芸大学教育学部講師。1975年同助教授。1986年同教授。2003年同定年退職。現在、東京学芸大学名誉教授。1993年～現在、東洋文庫研究員。
〔著書〕
『中国古代史と歴史認識』（名著刊行会、2006年）
〔共著〕
『世界歴史大系・中国史１』（山川出版社、2003年）
〔訳書〕
侯外廬『中国古代社会史論』（飯尾秀幸・岡田功と共訳、名著刊行会、1997年）

汲古叢書69

中国古代国家形成史論

二〇〇七年六月一五日　発行

定価一一、〇〇〇円＋税

著　者　太　田　幸　男
発行者　石　坂　叡　志
整版印刷　富　士　リ　プ　ロ

発行所　汲　古　書　院
〒102-0072 東京都千代田区飯田橋二－五－四
電　話　〇三（三二六五）九七六四
ＦＡＸ　〇三（三二二二）一八四五

ISBN978-4-7629-2568-9 C3322

Historical Studies on the Formation of Ancient States in China

Ota Yukio

Kyuko Shoin
Tokyo

索　　引

研究者名索引

※1　19世紀末以後の日本と中国の研究者名を採録した。
※2　研究者名が記されていなくても、その著書・論文名が記されていたり（注の箇所等）、それらの内容が記されている（前頁の続き等）頁は採録した。
※3　「あとがき」において研究者名のみられる頁は採録しなかった。

ら　行

わ　行

史料名索引

※1　史料として使用されている書物の名（篇名・巻数をふくむ）・出土文献の名（簡牘〈簡番号をふくむ〉・銘文のある青銅器）を採録した。

※2　史料の文章が引用されていなくても、その内容が記されている頁は採録した。

※3　傍証として使用されている後代の文献（注釈もふくむ）は採録しなかった。

※4　史料名は五十音順に配列したが、数字の部分は数の順にしたがった。

あ　行

か　行

さ　行

た 行

ま 行

ら 行